La Vie Agricole
et Pastorale
dans le Monde

À André Leroi-Gourhan,
qui a ouvert des voies nouvelles à l'ethnologie et à la technologie
et qui voulut bien parrainer mon entrée au Centre National de la Recherche Scientifique.

À Georges Henri Rivière,
qui fut le créateur et l'animateur du Musée des Arts et traditions populaires
et qui, en m'y confiant les départements agricoles et pastoraux,
me fit mieux comprendre la beauté et la signification « humaines » du moindre objet.

À Charles Parain,
dont les travaux ont montré combien les recherches interdisciplinaires,
notamment entre ethnologie et histoire, étaient enrichissantes
dans tous les domaines des sciences humaines.

À André G. Haudricourt,
avec lequel j'ai cheminé sur quelques-unes des voies originales
si nombreuses qu'il a ouvertes à la recherche et à la réflexion.

L'Association Française des Musées d'Agriculture et du Patrimoine rural (AFMA) est une association de type «loi de 1901», fondée en 1982 sous le double patronage des ministères de la Culture et de l'Agriculture.

Elle a pour but : l'étude, la préservation et la mise en valeur du patrimoine rural sous tous ses aspects, qu'il s'agisse de machines agricoles, de paysages, d'outils anciens, de bâtiments, etc. L'agriculture y est entendue au sens le plus large, comme il est d'usage en France, en incluant toutes les productions spécialisées (viticulture, élevage, plantes textiles, etc.) ainsi que la forêt, la chasse, et la pêche en eau douce, sans distinction d'époque.

Elle réunit tous ceux qu'intéresse l'histoire de l'agriculture et du monde rural : personnes, associations, groupes, organismes, responsables de collections publiques ou privées, collectionneurs, chercheurs de diverses disciplines et institutions, enseignants, agriculteurs, professionnels du monde agricole.

Lieu d'échange d'informations, lieu d'interrogations et de réflexion, l'AFMA met les compétences très diverses de ses membres au service de la sauvegarde et de la valorisation du patrimoine agricole et rural.

L'AFMA poursuit ses buts en organisant des manifestations scientifiques sur les sujet les plus divers (le machinisme agricole, l'huile, les labours, la traction animale, etc.), des débats sur le rôle des musées ruraux dans le développement local, des stages de formation sur des thèmes tels que la gestion des collections ou l'animation scolaire au musée. Elle élabore et fait circuler des expositions destinées au grand public ou au public scolaire. Elle édite ou diffuse auprès de ses membres les résultats de ses travaux. Elle a publié un *Guide du Patrimoine rural* qui décrit 400 musées et collections agricoles de France. Elle entreprend la réédition d'ouvrages importants devenus introuvables, tels que celui de Mariel Jean-Brunhes Delamarre consacré à *La vie agricole et pastorale dans le monde.*

Siège social : Musée national des Arts et Traditions populaires.
6, avenue du Mahatma Gandhi 75116 - Paris.
Secrètariat : Bergerie nationale, Parc du château. 78120 - Rambouillet.
(tél. : 01 34 83 68 08).

Couverture : photos Musée Dauphinois

BP 177, 38008 Grenoble Cedex

ISBN : 2.7234.2879.6
Dépôt légal : mars 1999

Mariel J.-Brunhes Delamarre

La Vie Agricole et Pastorale dans le Monde

Techniques et outils traditionnels

Documentation iconographique
réunie avec la participation de Michèle Gavet-Imbert.
Réalisation graphique de Joël Cuénot.
Conception de la couverture : J.-M. Boudou.

Directeur de collection : André Pitte

Un livre réalisé en collaboration avec
l'Association française des Musées d'Agriculture
et du Patrimoine rural (AFMA).

Glénat

Claude Royer, qui a pris l'initiative de cette réédition au nom de l'Association française des Musées d'Agriculture et du Patrimoine Rural, m'a fait l'honneur de me demander une préface... J'ai eu la faiblesse d'accepter. Faiblesse est le mot, je m'en rends bien compte aujourd'hui que je suis au pied du mur. Car que dire d'un chef-d'œuvre ? Il suffit en effet de feuilleter *La Vie Agricole et Pastorale dans le Monde* pour se rendre compte que Mme Jean-Brunhes Delamarre, ou plutôt Mariel, comme elle a toujours voulu que nous l'appelions, nous a donné un chef-d'œuvre. Il se trouve que ce chef-d'œuvre est aussi ce qu'on appelle communément un "beau livre", et cela ne gâte rien. Rendons à ce propos l'hommage qui lui revient à son premier éditeur, Joël Cuénot. Mais ce beau livre est aussi un bon et un grand livre. Mariel nous y transmet le trésor de savoir et d'images qu'elle a accumulé dans sa longue vie de recherches, un trésor sans aucun équivalent où que ce soit ailleurs. Géographe, aucune partie du monde n'échappe à son regard. Ethnologue, elle nous explique avec patience, avec précision, avec clarté les objets qu'elle nous montre. Et peu à peu, une espèce de miracle se produit : nous commençons à comprendre. Tous ces objets étranges, bizarres et biscornus, cessent d'être seulement des curiosités. Ils deviennent des créations intelligentes et intelligibles, des solutions ordinaires et ingénieuses aux multiples problèmes rencontrés par les hommes et les femmes de tous les pays du monde dans leur vie quotidienne.

Ces hommes et ces femmes vivent dans des conditions dont nous ignorons tout, et c'est pourquoi nous avons si souvent tant de mal à les comprendre. Ils nous sont étrangers, au sens le plus large du terme – et jusqu'à la xénophobie trop souvent. Nous vivons dans une société où la xénophobie et le racisme sont presque unanimement condamnés, et c'est tant mieux. Mais condamner n'est pas guérir. Le seul remède, c'est de comprendre. Et dès lors que nous commençons à comprendre leurs inventions ordinaires (parfois pas si ordinaires que ça), les hommes et les femmes des pays les plus lointains nous deviennent proches. « L'intelligence technique », a dit un auteur bien oublié aujourd'hui, Louis Weber, « se retrouve partout et toujours identiquement la même ; les règles de l'art et les opérations qu'elles régissent sont comprises par tous, parce qu'elles sont les mêmes pour tous. C'est bien là une sorte de langue universelle, le moyen par lequel les hommes les plus divers se comprennent le mieux et le plus directement et se sentent peut-être le plus en communauté d'entendement ».

Bel et bon propos, mais auquel, pour qu'il prenne tout son sens, il faut donner de la substance. C'est justement ce que fait le livre de Mariel. On y voit combien les objets ordinaires peuvent être beaux, d'une beauté nécessaire, si je puis dire, parce qu'elle est le résultat du travail bien fait et de l'adaptation réussie des formes à leurs fonctions. Et cette beauté ne nous est pas imposée, peut-être justement parce qu'elle est nécessaire. Je veux dire qu'il n'y a pas de mode, pas de théorie esthétique ni de chapelle artistique pour s'interposer entre ces objets et nous et pour nous dicter nos jugements. Nul objet n'est beau ou laid en soi, et ceux qui nous sont montrés dans ce livre ne le sont pas davantage. Ils le deviennent dans la mesure où nous les comprenons, c'est-à-dire où ils nous mettent en communauté d'entendement avec ceux qui les ont conçus. Cela demande assurément un effort. Mais je peux garantir que le plaisir qui est au bout en vaut largement la peine, et que ceux qui ont connu ce plaisir ne sont pas près de l'oublier. Dans ce livre, Mariel s'est fait plaisir et nous fait plaisir, à nous ses lecteurs. Je dois, je veux l'en remercier au nom de tous.

Le 9 décembre 1998
François Sigaut

Association française des Musées d'Agriculture et de Patrimoine rural.

sommaire

« Le berger est plus important que le mouton mais sans le mouton il n'y aurait pas de berger »

« Le vigneron est plus important que la vigne mais sans la vigne il n'y aurait pas de vigneron » *

● Des relations et des influences réciproques sont ainsi mises en valeur, et sous une forme concise et frappante. Elles traduisent en réalité des rapports fort complexes entre utilisateurs et utilisés. Les objets qui figurent dans le présent volume tentent de le signifier à l'aide de commentaires mais qui laissent une large place à l'illustration : les « lecteurs » ne sont-ils pas de plus en plus enclins et entraînés, notamment par la télévision, la presse et les livres illustrés, à regarder des images ? Alors, voici donc des images, beaucoup d'images, quelque 900 images destinées à montrer des séries d'objets liés aux activités agricoles et pastorales ainsi qu'aux modes de transport associés à ces activités. Les uns et les autres de ces outils défilent ici dans l'ordre des travaux et des tâches qu'ils sont chargés d'assumer au cours d'une année — une année « agricole » s'entend —, c'est-à-dire dont les limites et la longueur ne correspondent pas, dans la majorité des cas, à celles de l'année du calendrier.

L'on peut ainsi suivre le déroulement des travaux agricoles qui, à l'aide de ces outils, s'enchaînent de la préparation du sol à la récolte ; puis observer le rôle confié aux animaux domestiques et les diverses manières de tirer parti de ceux-ci, de leur force, de leur intelligence ainsi que des produits qu'ils mettent à notre disposition. En fin de parcours de tant d'observations et réflexions, deux « cas » très particuliers sont présentés, celui des abeilles et celui des vers à soie.

Photographies et dessins ont été choisis parmi une multitude d'images, puis ils ont été agencés sur chaque page de manière à « frapper » le regard, à retenir l'attention du lecteur. Avec de notre part, disons-le franchement, une arrière-pensée — en réalité une pensée première —, que ce regard, séduit de prime abord, soit aussi interrogateur. A ces interrogations, le texte a cherché alors à répondre, du moins en partie, compte tenu de la place dont il disposait. Mais il s'est employé à dégager certaines données essentielles ; celles-ci peuvent mettre sur la route de beaucoup de réflexions et de recherches complémentaires, notamment à propos des spécimens d'outillage pré-industriel ici figurés et commentés. Outils *pré-industriels* : ce sont ceux dont des hommes et des femmes, ou des animaux, sont le support ou le seul moteur. Ces objets sont pour certains d'entre nous un autrefois ; pour d'autres, à travers le monde, un présent toujours vivant.

● L'outil mérite plus, en effet, qu'un simple coup d'œil jeté sur telle forme, aussi attractive que soit celle-ci pour le regard. On commence à le connaître mieux quand on

étudie la fonction dont il est investi et comment il remplit celle-ci. A quoi sert-il ? comment est-il utilisé ? Les réponses données sont une prise de contact initiale avec cet outil, à condition que celui-ci soit au travail, ou du moins en position d'utilisation. A plusieurs reprises l'outil est figuré animé par la ou par les mains de son utilisateur, ou par la force motrice d'un animal ; mais même lorsque l'« animateur » n'est pas figuré sur le document, il est toujours ici omniprésent.

La fonction de l'outil étant précisée on peut mieux comprendre la structure de l'outil, le rôle, la forme, l'agencement des différentes pièces qui le composent. Dans la majorité des cas, des dimensions ont été données, ce qui permet d'évaluer la taille réelle des objets figurés ; précisions importantes qui concourent à mieux cerner la physionomie de chacun d'entre eux et à faciliter des comparaisons.

---

* *Jean Brunhes*
« La Géographie humaine ».

1 : *Des deux mains, Sennedjem et sa femme, Iyi-Neferti arrachent du papyrus, plante aquatique poussant sur les rives du Nil. Scène agricole, parmi d'autres (dont l'une de moisson à la faucille comparable à celle de la p. 67) ornant la tombe de Sennedjem. 19e dynastie (vers – 1500). Égypte, Deir el-Medineh. Arracher est une technique agricole appliquée à diverses plantes. On a arraché des céréales, tel le blé ; récemment encore on récoltait ainsi le lin dans le nord de la France. On ne déterre pas toujours tel ou tel légume primeur (carotte) : on l'arrache.*

2 : *D'une main, le jeune cueilleur récolte du riz. Il égrène les épis composés de plusieurs épis secondaires ou épillets, puis il dépose les grains dans sa callebasse. Ce récipient a été obtenu en faisant sécher et en vidant le fruit d'une courge, dont on peut juger des dimensions par sa seule moitié utilisée. Ainsi, la partie d'une plante potagère est-elle mise au service de la cueillette d'une autre plante alimentaire. 1977. Nigéria, Biafra (Inf. M.-Chr. Aubin).*

● Certains auteurs ont cherché à « classer » les outils en commençant à les distinguer les uns des autres par leur forme, le détail et la description de leurs diverses pièces, le mode d'assemblage de celles-ci, les matières employées. Ce classement, au lieu d'être d'abord « fonctionnel », comme nous le préconisons, à la suite d'André G. Haudricourt, aboutit à un éparpillement des objets en un grand nombre de divisions et de subdivisions « formalistes ». Sans nier l'importance de tous ces éléments au point de vue technique, les mettre cependant en première ligne fait perdre à l'objet considéré sa véritable signification et le sens de sa mission première, en un mot son identité.

Les outils ont été présentés suivant leur emploi au cours des mois, des saisons, ce qui ne signifie pas qu'ils soient, au cours de ceux-ci, toujours et partout présents. Dans diverses régions du monde, certaines pratiques culturales sont absentes ; des cultivateurs plantent ou sèment sans avoir soumis le sol à une préparation. En d'autres régions, le sol est minutieusement préparé avant semailles ou plantations. Peuvent intervenir, dans les uns ou les autres de ces cas, certaines pratiques d'ordre magique.

Mais gardons-nous de juger d'avance des « systèmes » sans en avoir étudié auparavant les caractéristiques et tout d'abord celles d'ordre pratique, en tel lieu et dans telles ou telles conditions et circonstances.

De tous les outils, le plus « maniable » n'est-il pas la main avec cette disposition si pratique du pouce opposé aux autres doigts — dispositif facilitant la préhension et le « maniement » des objets et des outils (rappelons que seul le singe, parmi tous les animaux, bénéficie aussi de cet avantage). Les opérations agricoles effectuées avec la main seule ou avec les deux mains sont très nombreuses ; lors de l'emploi des deux mains, les gestes faits avec l'une et l'autre sont pareils ou dissemblables ; ils sont simultanés ou échelonnés. Ce ne sont pas seulement des documents anciens qui en témoignent (**1**), mais des travaux contemporains de pratique courante, dans diverses parties du monde (**2**,**3**). En octobre 1973, dans une commune de la haute vallée de la province du Chansi (Chine), je voyais un jeune cultivateur briser de ses mains les mottes de terre après le passage de la charrue. En certaines parties de l'Afrique, tâche analogue effectuée par des femmes après un « labour » à la houe. Semer — mais comment : grain à grain ? à la volée (p. 66-67) ?, planter, repiquer, ramasser, arracher, cueillir... tous ces travaux peuvent être exécutés manuellement, nombre d'entre eux le sont encore. Près de Bordeaux, certaines vendanges sont faites tardivement (aux environs de la Toussaint), afin d'obtenir un vin très sucré ; à cette époque tardive, les grains sont desséchés, concentrés, ridés, en proie à la « pourriture noble » qui confère au vin ses caractéristiques si appréciées ; mais il a fallu détacher les grains un à un, à la main, étant donné leur état et la qualité du vin à préserver (p. 114). Des techniques modernes, très élaborées, ont recours aussi à de délicates « manipulations » (**4**,**5**).

4

3

5

3 : La cueillette du thé à la main permet de sélectionner les deux dernières feuilles de chaque rameau ainsi que le bourgeon terminal dans lequel se concentre l'arôme. Cueillette dont la périodicité varie suivant climat et latitude. Cueillette annuelle ou bien, dans les zones plus chaudes du sud de la Chine, tous les 10 ou 12 jours au cours de l'année. S'ajoutent à la grande variété des thés, celles de leur traitement et de leur préparation : on apprécie les thés comme on le fait des vins. Cueillette près de Hangzhou (Zhéjiang), dont le thé vert est le plus réputé en Chine. 1974 (Inf. J. Marchisio).

4 : Une « manipulation » à proprement parler : la fécondation artificielle d'un hévéa. Opération « manuelle » dont dépendront l'avenir de la nouvelle plante, la production de latex que fournira celle-ci, et finalement le caoutchouc. Photographie prise en 1945 dans le sud Vietnam (ex-Cochinchine). (Inf. M. Huet).

5 : Une autre invervention capitale de la main pour l'avenir d'une plante : la « castration » du maïs ; la panicule, élément mâle, est saisie d'une main à sa base et arrachée d'un coup à la fois sec et délicat afin de ne pas blesser les autres organes de la plante. Le réceptacle femelle de celle-ci, ainsi « libérée » de la panicule, sera dès lors fécondée naturellement — grâce au vent, aux insectes — par une autre variété de maïs, semée à cet effet à proximité. Un maïs hybride est ainsi obtenu. 1982. Allier, Limagne (Inf. L. et S. Levard).

6

● D'autres parties du corps sont appelées à remplir directement des tâches agricoles : les pieds sont à ce titre extrêmement utiles pour piétiner le sol afin de l'émietter ou de le tasser, pour étaler du fumier, recouvrir des semences, dépiquer des céréales (1, p. 96) ; ou bien fouler le raisin (1, p. 114) comme cela se pratiquait encore couramment en France au cours de la première moitié du 20e siècle (observé personnellement, notamment en 1920 en Bourgogne). Mais le pied est souvent associé à la main lors de travaux agricoles exécutés avec des outils « à main » ou attelés (p. 15, 19, 21, 38). D'autres parties du corps interviennent pour assurer l'efficacité de l'outil : l'utilisateur de la *breast plough* pousse celle-ci avec le bas de l'abdomen ou le haut des cuisses (8, p. 20) ; celui de certaines faux place le haut du manche de l'instrument sous l'aisselle ou le cale contre l'épaule. La tête, ou d'autres parties du corps, peuvent être le support de lourdes charges (p. 120-121).

● En réalité, quelle que soit la partie du corps mise plus spécialement à contribution, c'est le corps tout entier qui intervient lorsqu'il s'agit de manier un outil ou de porter une charge. Tout travail exige une « posture » particulière ainsi que l'a montré Michèle Salmona à propos de diverses techniques agricoles et pastorales ; tout en montrant combien la posture peut être différente pour accomplir des tâches comparables (par exemple celle du berger surveillant son troupeau (**6**) ; voir aussi p. 168 à 170).

C'est pourquoi il importe de considérer aussi cette posture pour comprendre mieux le geste. Certains récoltent accroupis (scène observée en Syrie en 1924) ; ailleurs le moissonneur (femme ou homme) est debout, mais plié en deux, la tête plus basse que le postérieur, position qui peut surprendre, mais qui aux dires des intéressés est des plus pratiques et permet un geste plus vigoureux ; en même temps les jambes, droites, restent constamment disponibles pour des déplacements incessants qu'exige telle cueillette, moisson ou coupe de l'herbe (1, p. 76). Ce à quoi il faut ajouter l'habitude héritée ou acquise de travailler ainsi.

● Afin d'épargner aux cultivateurs de se baisser ou de se plier en deux, pour certains travaux, une fabrique d'outils agricoles a pourvu tous ceux-ci de longs manches pour les travaux en question ; mais ce type de manche est surtout utilisé en jardinage. Un cultivateur de l'Aubrac m'expliquait : « Avec ce manche court, je suis courbé, c'est vrai, mais vous voyez, de ma main droite, je peux retirer une pierre, arracher une touffe d'herbe sans chaque fois me courber autant que si j'avais un manche long » (**7**). Explication peut-être valable ici, mais l'est-elle aussi pour tant de manches courts, à lames diverses, utilisés en Afrique notamment alors que sols et cultures sont tout à fait différents (p. 22 à 30) ? Travail près de l'obstacle : plus de précision pour vaincre celui-ci. Long manche de l'outil : plus d'élan ; fabrication et attitude de travail : importance de la tradition.

● Avoir classé un outil à une étape du travail ne doit pas laisser supposer que cet outil n'est apte à remplir qu'une fonction au cours des « années agricoles » ; plusieurs outils ont un rôle à jouer dans de nombreuses séquences. Le bâton dit « à fouir » (p. 10 et 11), ouvre le sol pour une plantation, mais il sert aussi à déterrer racine ou tubercule arrivé à maturité. Dans un tableau que j'ai consacré (dans *Aubrac, VI-2*) à « L'analyse des opérations » et à « l'outillage agricole correspondant en Aubrac » (France, sud du Massif central), la fourche est mentionnée à six reprises comme intervenant à diverses étapes des travaux. L'araire a dû d'abord servir à recouvrir les semences (1, p. 37 ; 1, p. 67), puis à déraciner les mauvaises herbes, à ameublir, émietter, aérer le sol (labours croisés « fossilisés » de champs préhistoriques, d'après G. Hatt, A. Steensberg), puis elle a ouvert la raie pour les semailles. La herse est chargée d'émietter la terre, entre autres raisons pour l'aérer avant les semailles ; ou bien elle est utilisée pour recouvrir les grains semés (p. 55) ou encore en liaison avec d'autres opérations culturales (p. 56 à 61). Liaison dans le temps : utilisation successive mais coordonnée de différents outils ou instruments sur un plan « vertical » pourrait-on dire. Liaison dans l'espace : utilisation simultanée de différents outils ou instruments dont l'action se complète sur le « plan horizontal » : ici (**8**), battage aux baguettes et au rouleau attelé (à comparer avec le rouleau tracté (p. 202), dans la conclusion).

● Les manières différentes de manœuvrer un outil font presque de celui-ci un autre outil suivant le cas : l'araire est un instrument symétrique et utilisé en général « symétriquement » (p. 34 à 45), mais si l'utilisateur le maintient incliné au cours du travail de labour, la raie sera dissymétrique, en ce sens que la terre sera soulevée par une « aile » plus que par l'autre (3, p. 39). Est-ce, techniquement, un acheminement vers la charrue ? Questions que A. G. Haudricourt et moi-même avons étudiées dans *L'Homme et la charrue à travers le monde.*

Le « passage » d'un type d'araire à un certain type de charrue y est envisagé, soulignant ainsi des « filiations » possibles entre deux instruments différents, mais situés dans une même « lignée ». Ce qui nous a permis d'affirmer, par contre, que des auteurs, en soutenant que l'araire était issu de la houe, faisaient une erreur : avec la houe (1, p. 22), l'utilisateur frappe le sol de coups répétés, discontinus, tandis qu'avec l'araire, l'instrument attelé effectue un travail continu, ce qui distingue, fondamentalement, les deux outils. L'emploi de l'un (houe) avant ou après l'autre (araire ou charrue), dans le

7

6 : Berger peul en position de repos et de surveillance (à comparer avec la position du berger qui, au contraire, s'appuie sur sa boulade, 1, p. 168). Ici, le berger est assis en partie sur l'une des extrémités de son bâton ; il a relevé son pied droit et il l'appuie sur sa jambe gauche, à hauteur du genou. 1954. Bourkina-Fasso (ex-Haute-Volta), Tougan, Barani (Inf. Dr. L. Pales). Grande diversité des positions des bergers suivant le bétail, le lieu, les moments de la journée, la coutume... : assis (7, p. 153 ; 1, p. 183), debout avec appui ou non, ou encore à cheval (cow-boy) ou même en bateau, gardant du bétail dans des marais.

7 : La main intervenant au cours du travail de l'outil : ici, association de la main et de la houe. Des vignerons sont en train de piocher leur vigne. Mais, pour arracher avec précision une pierre, une touffe d'herbe près du pied de la plante et sans risquer de blesser celle-ci, la main est l'outil précis et vigoureux, indispensable. Emploi de houes « composées » : d'un côté des dents, de l'autre le crestou *(voir p. 31 et 84). 1966. Aveyron, Saint-Côme, La Rozière (Inf. MJBD).*

passé (1, p. 38 et 67) comme dans le présent, prouve la complémentarité, et non la parenté, du travail respectivement effectué.

● Sur environ 220 000 espèces animales qui peuplent la terre, il ressort d'un tableau que Hélène Balfet a dressé que seules 70 espèces sont « utilisées » par l'homme (qui en a multiplié les variétés et qui continue à le faire). Si l'on retient des espèces citées celles qui sont associées aux travaux agricoles (piétinements du sol pour ameublir celui-ci, dépiquage des céréales, traction de divers instruments...), et celles qui sont associées à des transports, on peut en relever 16 ; les animaux cités sont les suivants : bœuf, zébu, buffle, biblos, yak, mouton, chèvre, renne, chameau, lama, cheval, âne, mulet, éléphant, chien, porc... c'est peu si l'on considère les innombrables espèces qui ont peuplé, qui peuplent notre Terre.

Le chien — probablement le plus ancien compagnon domestiqué de l'homme — est dressé à apporter son concours en de nombreuses occasions, notamment pour la défense et la garde des troupeaux : ce sont ces dernières activités que l'on évoque dans le présent volume ; évocation à l'aide des divers équipements dont le chien est muni suivant les responsabilités qui lui sont confiées. Quant au porc qui figure aussi dans la liste ci-avant, il est surtout connu comme un abondant fournisseur de divers produits. Mais, en général, lui rend-on assez hommage pour ses exceptionnelles qualités, spontanées mais que l'on peut affiner, en tant que détecteur des truffes, de ces champignons qui se développent dans le sol, au pied de certains arbres (surtout chênes et noisetiers). Des chiens sont aussi utilisés à ce repérage des truffes mais après un particulier dressage, et sans qu'ils « piochent » le sol comme le fait le porc avec son groin.

● Porc, chien, animaux domestiqués. Mais il est significatif de noter que des animaux qui ne le sont pas rendent aussi d'éminents services en divers domaines de l'activité humaine abordés dans ce volume : cueillette, agriculture, élevage. Ainsi une autre manière de repérer les truffes, pour les récolter, est-elle d'observer d'abord les « mouches truffières » (R. Pujol) : à certaines heures du jour, elles survolent (est-ce un vol nuptial ?), au pied de l'arbre, l'endroit où se trouve la truffe, parce que dans celle-ci elles ont déposé leurs œufs ou iront les placer.

En bien d'autres cas les hommes utilisent à leur profit les genres de vie, d'activité, de production d'animaux non domestiqués. S'ils veulent recueillir la fiente des pigeons pour enrichir leurs terres, ils construisent des pigeonniers, en Égypte comme en France, en Quercy notamment (des « cases » ici et là mais dans des architectures d'ensemble bien différentes). Des pasteurs nomades d'Iran veulent-ils ensemencer leurs parcours avec certaines graines de variétés sauvages qu'ils jugent les meilleures, ils attachent au cou de leurs bêtes un sachet empli de ces semences : celles-ci se répandront sur le sol au cours des déplacements du troupeau et sur les terres en train d'être pâturées (R. Crémade-Beaumont). Des vers de terre aèrent le sol grâce aux galeries qu'ils creusent dans la terre. On protège, on « encourage » les coccinelles : elles servent à détruire les pucerons des arbres fruitiers. Dans le nord-est du Vietnam, à certaines époques, des bandes de canards sont lâchées dans la boue des rizières où ils sont chargés de détruire les mauvaises herbes (information de Nguyen Khak Vien). En France méridionale, des abeilles sont transportées dans des ruches, auprès de grands vergers, afin de contribuer à la fructification de ceux-ci : elles ont pour mission, en effet, tout en butinant de fleur en fleur, de transporter le pollen des unes pour le déposer dans le pistil des autres. Quant aux cigales qui chantent « séga, séga » (« coupe, coupe, moissonne, moissonne », en provençal), elles sont, nous dit Éric Olivier, un puissant stimulant en cours d'ouvrage pour les moissonneurs... Ne le sont-elles pas comme les battements de tam-tam qui rythment le travail à la houe dans certaines campagnes africaines ?

● Puissent les lecteurs, tout en « lisant » images et textes, entendre en même temps les bruits qui, à la campagne, font partie intégrante de tant de travaux ruraux, à main ou attelés et, en liaison avec ceux-ci, de tant de réjouissances collectives. Du moins pendant que ces bruits ne sont pas encore entièrement recouverts par ceux des moteurs ou même remplacés par le silence et la solitude que créent certains automatismes. Sans être passéiste, comment ne pas regretter tous ces « chants » qui montaient autrefois de nos campagnes ?

● Nos propos ont été ici plus particulièrement parrainés par l'ethnologie et la technologie, mais plusieurs « appels » sont adressés, en cours de route, à d'autres disciplines scientifiques (voir la conclusion). Puisse, par réciprocité, le présent ouvrage parvenir à ouvrir, à ces autres orientations de recherches, certaines voies nouvelles de connaissance et de réflexion.

Mariel J.-Brunhes Delamarre

***8 :** Dépiquage de la moisson : outils à bras et instrument attelé associés sur l'aire. Avec des bâtons, les épis sont battus, travail qui prépare et complète celui du rouleau de pierre, tracté par un animal (voir le rouleau motorisé, 1, p. 202). Au centre, un bâton dressé auquel l'attelage est en général relié afin que celui-ci tourne régulièrement, en rond, sur l'aire. Répartition du travail : les femmes accroupies sur le sol travaillent de leurs mains ; l'homme est assis au-dessus du rouleau, son poids accroissant l'efficacité de l'instrument (Inf. P. Almasy).*

1

2

5 7 6 3

CUEILLETTE ET CULTURE AVEC DES « BÂTONS »

● Quoi de plus simple, à première vue, que ces bâtons ou pieux (**1** à **9**) utilisés encore, ou encore récemment, en Amérique, Afrique, Indonésie. Avec eux, certains groupes humains, les cueilleurs, ne font que déterrer racines, tubercules, plantes sauvages, tandis que d'autres groupes, les agriculteurs, les utilisent pour planter et récolter les végétaux qu'ils ont fait choix de cultiver (ce qui ne les empêche pas de procéder aussi à des cueillettes). ● Pour pénétrer assez profondément dans le sol, les pieux sont soulevés puis abaissés avec une certaine force ; ce sont donc, dans ce cas, des outils à percussion lancée (A. Leroi-Gourhan). ● En Nouvelle-Guinée, les bâtons longs (2 m à 3 m) sont les outils des hommes (**5**,**6**,**7**), tandis que les bâtons plus légers et courts (**7**,**8**) sont les outils des femmes ; plusieurs usages : trouer le sol pour y déposer graines ou tubercules, pour sarcler, récolter (Fr. Girard). ● En Éthiopie, travail en équipe, parfois 10, 20 hommes alignés, ou bien 2 ou 3 hommes groupés pour détacher une motte de terre (**2**,**3**). Si nécessaire, un même pieu est empoigné par plusieurs hommes à la fois. Le trou obtenu (20 à 35 cm de profondeur en moyenne) est ensuite agrandi, élargi avec les pieux servant ainsi de levier pour soulever ces mottes ; celles-ci sont alors rejetées à droite ou à gauche (A. Gascon). ● Dans certaines îles du Pacifique, les femmes émiettent ensuite les mottes avec leurs mains, puis ratissent la terre de leurs doigts. ● Les « bâtons » de labour servent, grâce à la force et à la dextérité des utilisateurs, à effectuer de nombreux autres travaux : défonçage des sols durs ; défrichage de terres incultes ; terrassement ; extirpage de plantes sauvages. A Timor (Indonésie), on les utilise pour déraciner l'alang-alang, fléau des cultures, à 50 cm de profondeur,

4

8

9

10

ce à quoi ne parviennent pas les charrues utilisées localement (J.-B. Avé). ● Différents des pieux, qui effectuent un travail ponctuel, sont les outils agricoles en forme de pagaie (**10**) ; leur travail est plus proche de celui de la bêche. Observés en diverses parties de l'Afrique (O. F. Raum), entre autres chez les Foulbés (Haute-Volta). Témoignages aussi en Nouvelle-Guinée (Indonésie) mais parfois munis d'une pale de chaque côté du manche. Leur forme les a fait rapprocher d'objets comparables, trouvés au Danemark dans des fouilles préhistoriques (A. Steensberg et G. Lerche). ● Les travaux effectués avec les uns ou les autres de ces outils ne sont pas l'œuvre d'agriculteurs « primitifs », comme certains auteurs l'ont cru trop longtemps. Ils traduisent, au contraire, beaucoup d'expérience et de savoir. (Voir aussi 1, p. 18.)

1/2/3/4 : Le « pieu » au service de cultivateurs de différentes parties du monde ; monoxyle, ferré ou non. **1** : Ameublissement du sol avant mise en culture. Colombie, presqu'île de Goajira. **2** : Défrichage avec un pieu, *dangora* (L : 1,50 m). Ethnie Oromo. Éthiopie, Harrar, et à l'ouest, vers le Nil Bleu. **3** : *Dangora* (L : 1,25 m). Une lourde pierre percée (Poids : 4 k. ; d : 15 cm), en granit poli, placée au sommet du manche, accroît la puissance de percussion, lancée, de l'outil dans le sol. Le soir, le cultivateur laisse la pierre sur le champ et n'emporte que le bâton ferré. 1938. Éthiopie, Harrar. **4** : Ameublissement du sol d'une rizière par piétinements et à l'aide de bâtons, à la fois appuis et outils de travail. Est de Madagascar, province de Moramanga.

5/6/7/8/9 : Des gestes comparables avec des outils différents. Chez les Buang, nord-est de la Nouvelle-Guinée, province de Morabe, vallée du Snake. **5,6,7** : Trois pieux, *beser*, en bois dur (L : 1,81 m) réservés aux hommes, qui ne doivent s'en servir que pour les champs d'ignames. **8** : Pieu, *relai tuta* (L : 1,22 m), plus court que celui des hommes, réservé ici aux femmes. Pieux assez vite usés, facilement retaillés, remplacés. Une femme travaille dans un champ (extraction de taro, igname ou patate douce). **9** : Ces femmes ont reçu de leur époux, qui travaillent dans une entreprise dirigée par des Européens, des bêches à lame métallique ; elles les utilisent (position, gestes) non en percussion posée (voir ci-après, p. 12-13), mais comme elles ont l'habitude de le faire avec des pieux, en percussion lancée.

10 : Outil à long manche, en forme de pagaie ; mais à la différence de celle-ci (en bois relativement léger), cet outil, destiné à travailler la terre (labour, drainage) est en bois plus lourd et résistant. Encore en usage en Nouvelle-Guinée il y a une cinquantaine d'années. Papouasie, Mont Hagen (Inf. G. Lerche, Copenhague). Étudié aussi en Nouvelle-Guinée et en d'autres îles mélanésiennes, telle Yap (J. Barrau).

1

2

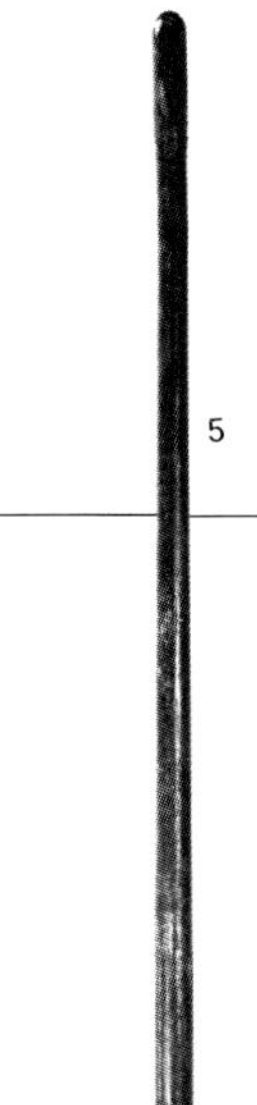

5

6

7

3

« LABOURER » A BRAS AVEC UNE BÊCHE OU UN « CHAKI TACLLA ». « LABOUR » EFFECTUÉ EN RECULANT

● En vue des semailles ou des plantations, il faut travailler la terre pour l'ameublir, l'aérer, détruire les mauvaises herbes, pour faire pénétrer l'humidité et conserver celle-ci, ou au contraire pour assécher le sol. Des outils à bras, telle la bêche, sont aptes à remplir ces tâches. ● La bêche, dont la lame pleine (ici) ou les dents (p. 17 à 19) sont dans le prolongement du manche, est un outil à percussion posée (à la différence des outils précédents). Elle n'est pas partout tenue et maniée de la même manière. Formes, dimensions, matières peuvent être aussi très différentes (**1** à **9**, et pages suivantes). ● Le laboureur pose d'abord, en général, le tranchant du fer sur le sol, tenant la bêche en position droite ou oblique ; puis il fait pression sur le fer pour l'enfoncer ; pression des deux mains avec le manche, du pied éventuellement sur le fer ou un appui-pied (**3**,**4**,**9** et ci-après, p. 14 à 17). La motte découpée est soulevée ; le cultivateur la dépose, en la retournant, en général, à côté de la précédente bêchée. ● Il bêche une bande de terre ; à l'extrémité de celle-ci, il recule d'un pas sur la bande de terrain qui, derrière lui, n'a pas été encore travaillée ; il la bêche, et continue ces reculs et va-et-vient réguliers. Si le bêchage est effectué collectivement, il n'y a pas de va-et-vient ; mais seulement pour chaque travailleur un recul suivant un mouvement d'ensemble, rythmé. ● Travail collectif que pratiquent ces cultivateurs iraniens (**1**) : ceux-ci se groupent ici par trois pour détacher et soulever une même motte de terre, grâce à quoi la motte détachée et soulevée est plus volumineuse que celle que représenteraient trois bêchées séparées, additionnées. Les longs manches sont de puissants leviers. ● En contraste avec un type de bêche de Madagascar (**2**), la bêche d'Aubrac a un fer plat, trapézoïdal (**3**) ; la présence d'un appui-pied est significative : résistance du sol, pression accrue, possibilité de faire pénétrer la lame

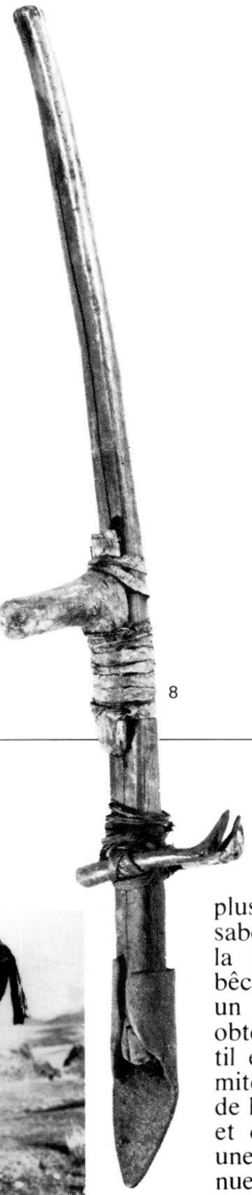

8

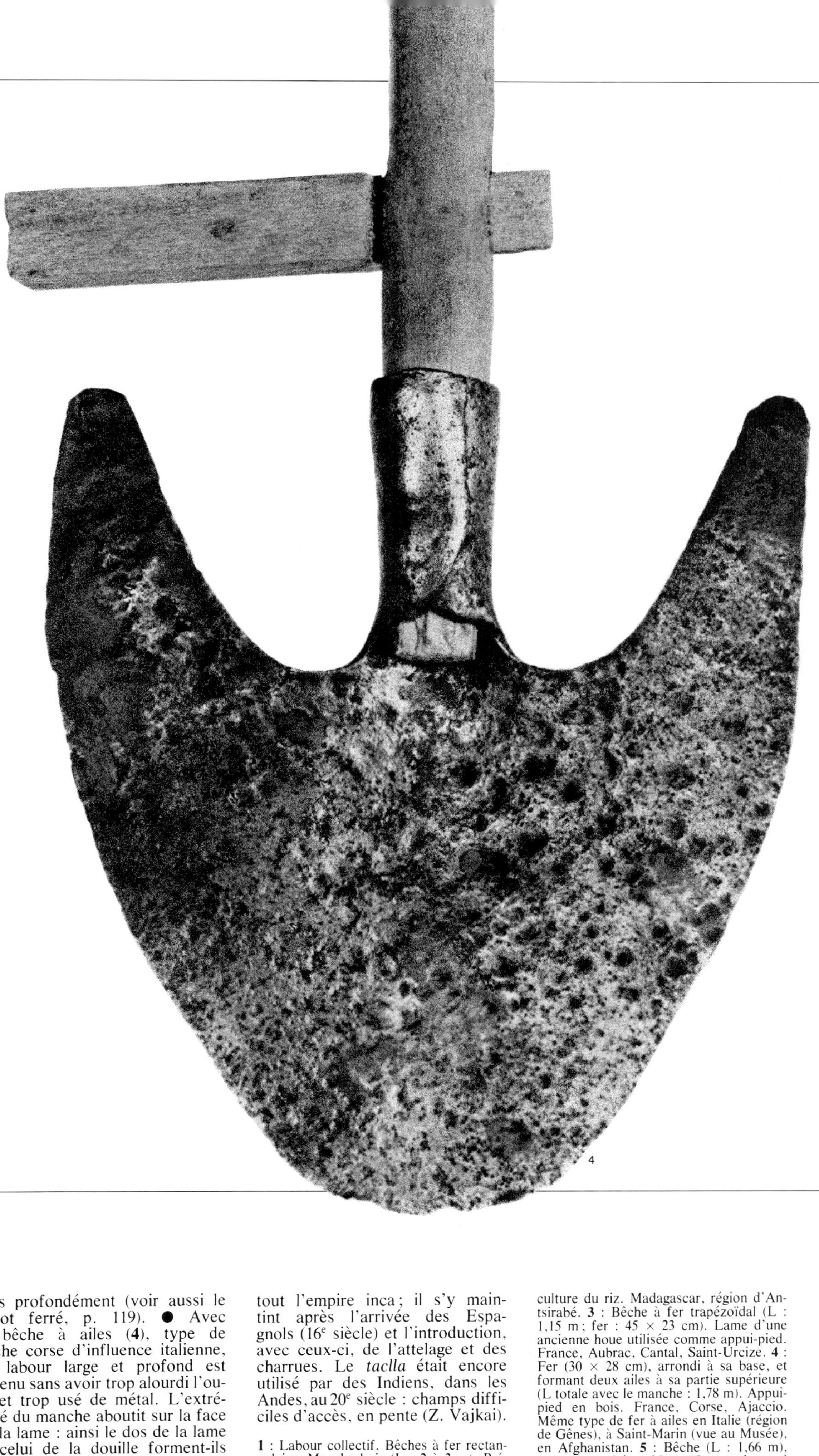

4

9

plus profondément (voir aussi le sabot ferré, p. 119). ● Avec la bêche à ailes (**4**), type de bêche corse d'influence italienne, un labour large et profond est obtenu sans avoir trop alourdi l'outil et trop usé de métal. L'extrémité du manche aboutit sur la face de la lame : ainsi le dos de la lame et celui de la douille forment-ils une grande surface, lisse et continue, ce qui, avec les ailes et l'appui-pied, facilite la pénétration de l'outil en profondeur. ● Trois outils de la « famille » des bêches (**5**,**6**,**7**) : chacun a ses particularités. ● En Amérique du Sud, dans les pays andins, dont le Pérou, l'agriculture, avant notre ère, était déjà très avancée. Quand les Incas, à partir du 13ᵉ siècle de notre ère, dominèrent peu à peu ces régions, ils tirèrent parti des techniques et outillages qui les avaient précédés. Le *chaki taclla* (**8**) fut répandu dans tout l'empire inca ; il s'y maintint après l'arrivée des Espagnols (16ᵉ siècle) et l'introduction, avec ceux-ci, de l'attelage et des charrues. Le *taclla* était encore utilisé par des Indiens, dans les Andes, au 20ᵉ siècle : champs difficiles d'accès, en pente (Z. Vajkai).

1 : Labour collectif. Bêches à fer rectangulaire. Manche bois (L : 2 à 3 m). Préparation du sol pour les semailles d'orge. Iran, province de Kerman.

2/**3**/**4**/**5**/**6**/**7** : Différents types de bêche à lame pleine et à douille. Manche en bois. Diversité des structures, formes, dimensions. **2** : Grandes bêches utilisées par les Betsiléo du nord. Lame longitudinalement incurvée (L : 71,8 cm ; l : 12,7 cm). Servent à préparer le sol, inondé, pour la culture du riz. Madagascar, région d'Antsirabé. **3** : Bêche à fer trapézoïdal (L : 1,15 m ; fer : 45 × 23 cm). Lame d'une ancienne houe utilisée comme appui-pied. France, Aubrac, Cantal, Saint-Urcize. **4** : Fer (30 × 28 cm), arrondi à sa base, et formant deux ailes à sa partie supérieure (L totale avec le manche : 1,78 m). Appui-pied en bois. France, Corse, Ajaccio. Même type de fer à ailes en Italie (région de Gênes), à Saint-Marin (vue au Musée), en Afghanistan. **5** : Bêche (L : 1,66 m), fer rectangulaire (35 × 19 cm), incurvé transversalement. Utilisée dans le Marais vendéen. France, Vendée. **6** : Bêche (L : 1,55 m), fer rectangulaire, usé (20 × 28 cm). France, Finistère, Goulien. **7** : Bêche (L : 1,25 m) ; manche bambou ; fer étroit (25 × 9 cm). En usage chez les Khmer. Cambodge.

8/**9** : Bêche, *chaki taclla*, utilisée par des Indiens au Pérou. **8** : Manche (L : 1,11 m) ; partie supérieure arrondie et plus étroite ; fer à douille (L : 20 cm). Outil amélioré depuis son origine ; poignée et appui-pied ligaturés au pieu ; liens en peau. Puño, province de Carabaya. **9** : Un Indien, ayant utilisé le *taclla* pour labourer son champ, jette des semences dans la terre ainsi préparée. Région de Cuzco.

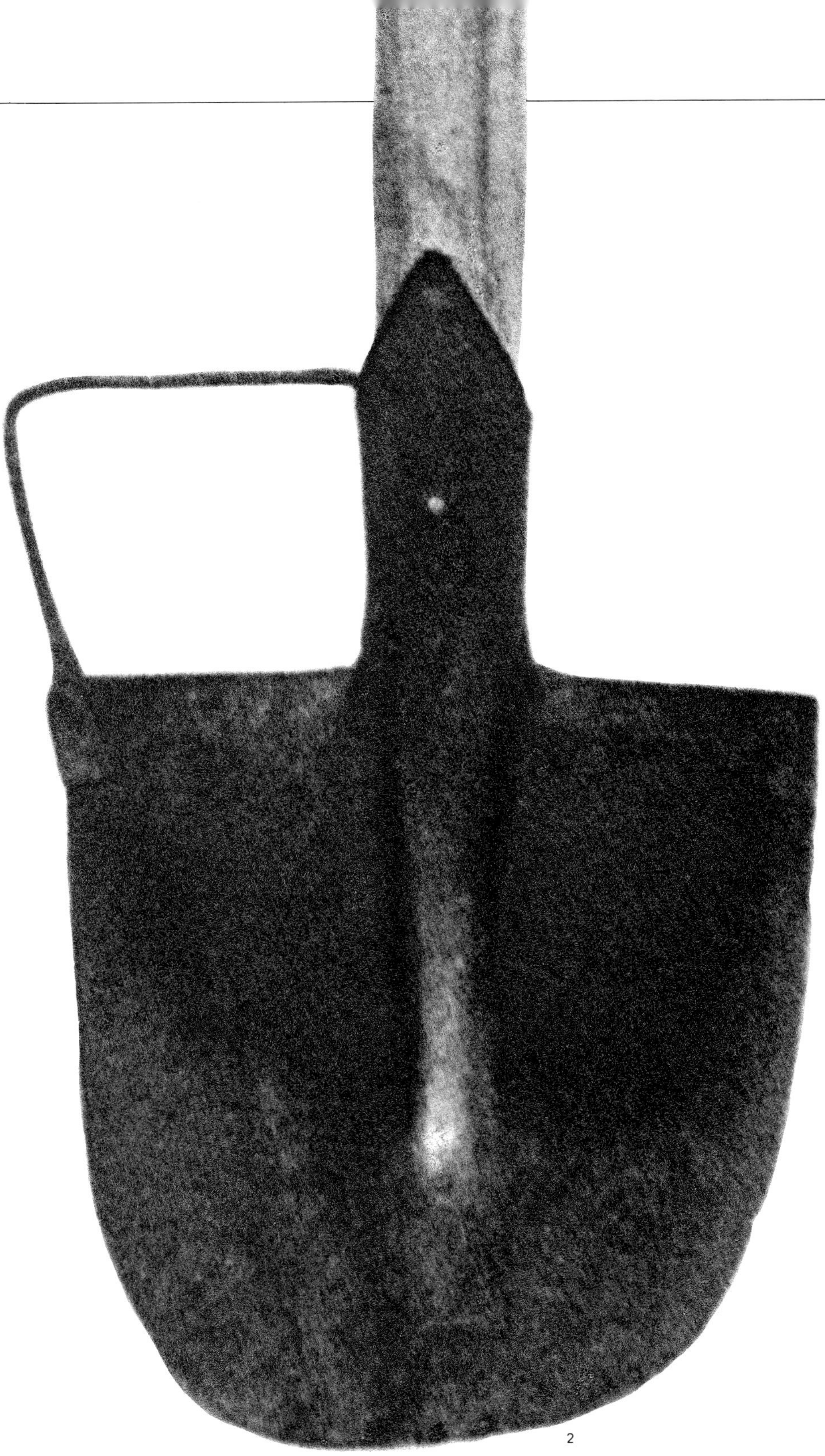

2

3

4

LA LAME DES BÊCHES EST SYMÉTRIQUE OU DISSYMÉTRIQUE

● Des bêches destinées, elles aussi, à montrer l'ingéniosité des forgerons et des cultivateurs, et comment, diversement, sont utilisées les bêches. ● Sur une miniature du 13e siècle (**1**), un petit personnage, à droite, a posé directement son pied sur le rebord de la lame de la bêche, pour faire pénétrer celle-ci dans la terre. ● Le vigneron bulgare (**2**) a fait ajouter un appui-pied, *zenguia*, à son outil, par le forgeron du village ; cette pièce dessine un arc entre le manche et le haut du fer. ● Sur la lame triangulaire d'une bêche (**3**), une cale de bois a été placée transversalement comme appui-pied. Cette bêche a servi à creuser des canaux d'irrigation dans les Alpes, à Saint-Véran ; mais ce savant système d'arrosage des champs et prairies a été détruit (non rétabli) par les pluies et inondations torrentielles de 1957 : l'emploi de l'outil a donc disparu. ● Le fer de la bêche de l'île de Ré (**4**) rappelle le fer allongé des bêches dites *louchet*, *louchit* (termes du Nord de la France répandus, avec le type de bêche, jusque dans le Midi). Ce fer comporte, ici, un double appui-pied sur la lame même. ● Bêche dissymétrique de l'île de Man (**5**), pour creuser des canaux en régions montagneuses : une partie, prolongée en « aile », augmentait la hauteur de coupe, et comme cette aile, développée et coudée, était placée à droite ou à gauche du manche, deux utilisateurs pouvaient travailler d'une manière symétrique, face à face, le dos parallèle aux rives. ● L'un, la petite aile à sa droite, la grande aile, coudée, à sa gauche, au contraire de son vis-à-vis (grande aile à gauche, petite aile à droite). L'un, puis l'autre, enfonçait sa bêche ; le petit côté coupait, à leurs pieds, les bords du canal tandis que le front de celui-ci était attaqué, en même temps, par les grandes ailes, coudées à cet effet. ● Manche et lame, monoxyles, avec seulement l'extrémité de la partie travaillante ferrée, dans cette bêche de Hongrie (**6**). La lame (bois, fer) est symétrique (front d'attaque du sol élargi, ici, par le fer), mais le manche n'est pas dans le prolongement médian de la lame : il a été réservé sur l'un des côtés de celle-ci, disposition qui ménage un appui-pied de l'autre côté (ici pour le pied droit). ● Des figurations anciennes dans des manuscrits moyenâgeux (**7**), ou encore sur la tapisserie de Bayeux (11e siècle), indiquent que ce type d'outil était très répandu jadis : il fut utilisé en Écosse jusqu'au 15e siècle ; il en a disparu tandis qu'il se maintient encore en Europe centrale.

1

5

6

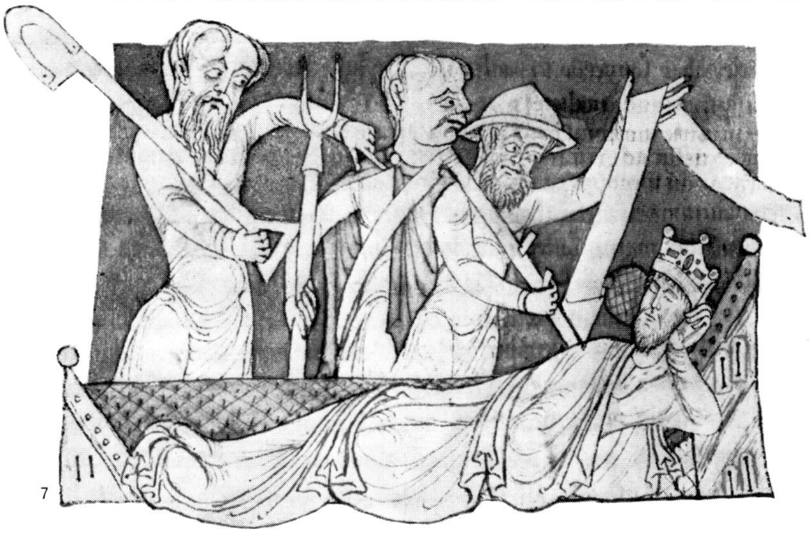

7

1 : Attitude et gestes de celui qui bêche ; il fait ici pression aussi avec son pied. A comparer (position, outil) avec celui qui, en vis-à-vis, pioche (voir ci-après, p. 22). Miniature, 13ᵉ siècle. Psautier de Baumont (Bibliothèque de Besançon, Doubs).

2/3/4 : Différentes formes et dimensions de bêches et de leur lame. Lames pleines. Montage à douille comme dans les bêches précédentes et suivantes, sauf indications contraires (manche monoxyle, 6, 7). **2** : Fer plat, tranchant arrondi (L : 20,05 cm ; l : 20,02 cm ; L de la douille : 12 cm) : autrefois forgé à la main ; ici, seul l'appui-pied l'a été par un forgeron local. Bulgarie, Pazardjik (Inf. A. Arnaoudov, Musée de Pazardjik). **3** : Fer triangulaire avec appui-pied en bois (l fer aux épaules : 29 cm ; cale : 14 × 7,5 cm). Manche bois (L : 1,11 m), avec, en haut, traverse dite béquille saisie des deux mains ; trait significatif du travail de force à effectuer (voir aussi 5). Avant 1957. Hautes-Alpes, Queyras, Saint-Véran, quartier des Foranes. **4** : Fer incurvé, longitudinalement ; plus large aux épaules qu'au tranchant (L : 29 cm ; l aux épaules : 24 cm ; au tranchant : 16,5 cm). Double appui-pied. France, Charente-Maritime, île de Ré, Le Bois.

5/6/7 : Types de bêches comportant des structures dissymétriques, l'une dans la forme de la partie travaillante, l'autre par le dispositif du manche. **5** : Bêche. Fer (38 × 39 cm) dont le côté le plus grand est coudé (dimensions maximales : 38 × 39 cm). Manche (L : 66 cm), avec béquille (L : 58 cm) ; à ce sujet, voir aussi ci-contre (3). Grande-Bretagne, île de Man. **6** : Bêche (L : 98 cm), ferrée. Manche « décalé » sur le côté. Utilisée en Transylvanie par la minorité hongroise. Roumanie. **7** : L'un des quatre cauchemars du roi Henri Iᵉʳ, en 1130, en Normandie : le roi (couché ici au premier plan) est menacé par les cultivateurs qui sont armés de bêches — du type ci-contre (6) —, de fourches et de faux. Manuscrit 12ᵉ siècle. Chronique de Jean de Worcester, Oxford, Corpus Christi College (comparer avec 3, 4, p. 21).

2

1

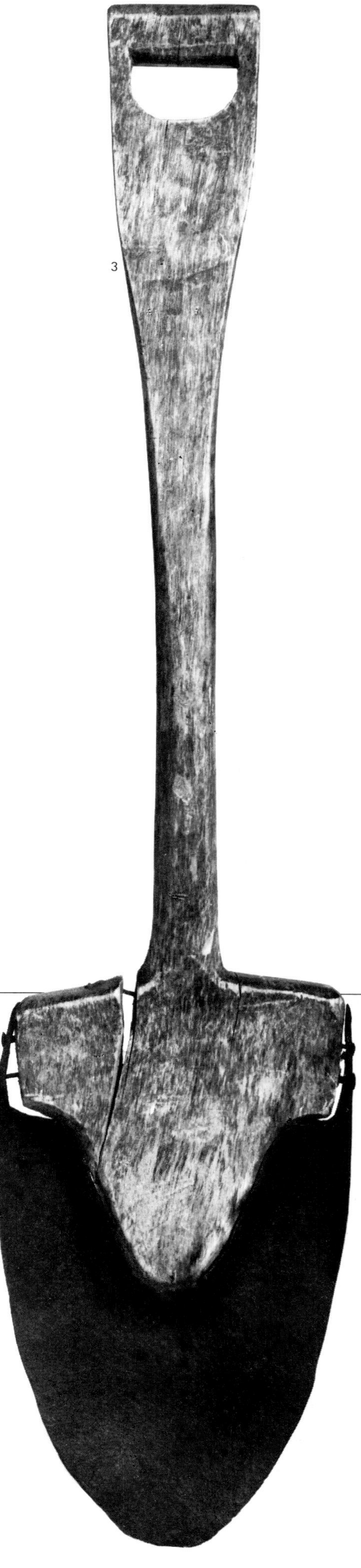

3

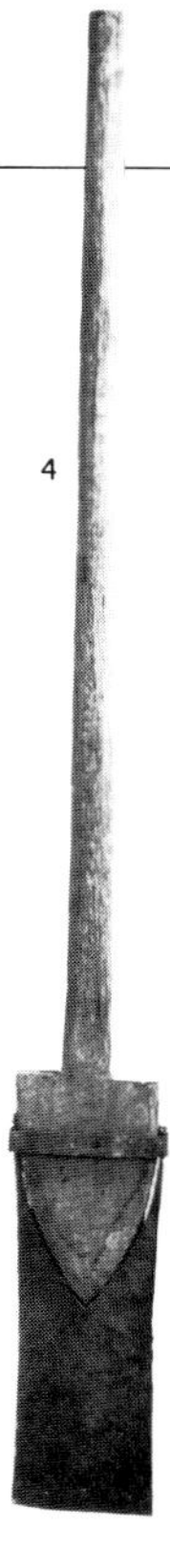

4

5

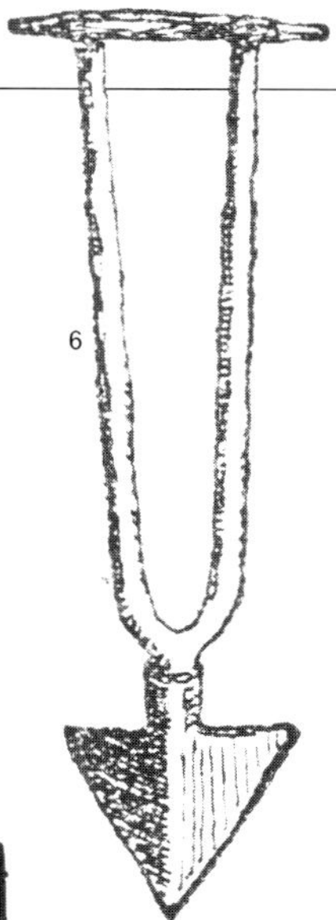

6

BÊCHES « ARMÉES » OU « FERRÉES ». BÊCHES A DENTS

● Ferrer les lames de bêches, c'est-à-dire ajouter à l'extrémité de la lame de bois une garniture de fer pour servir de tranchant, peut avoir diverses causes. ● Pénurie de ressources financières ou de possibilités d'échange chez l'utilisateur : celui-ci, n'étant pas en mesure de rétribuer le forgeron, devait se contenter de cette garniture réduite qu'il pouvait lui-même exécuter et fixer. ● Pénurie plus générale de matière première chez le forgeron, soit d'une manière permanente (absence de production locale ou bien de possibilité d'acquisition facile et à bon marché du métal nécessaire) ; soit

7

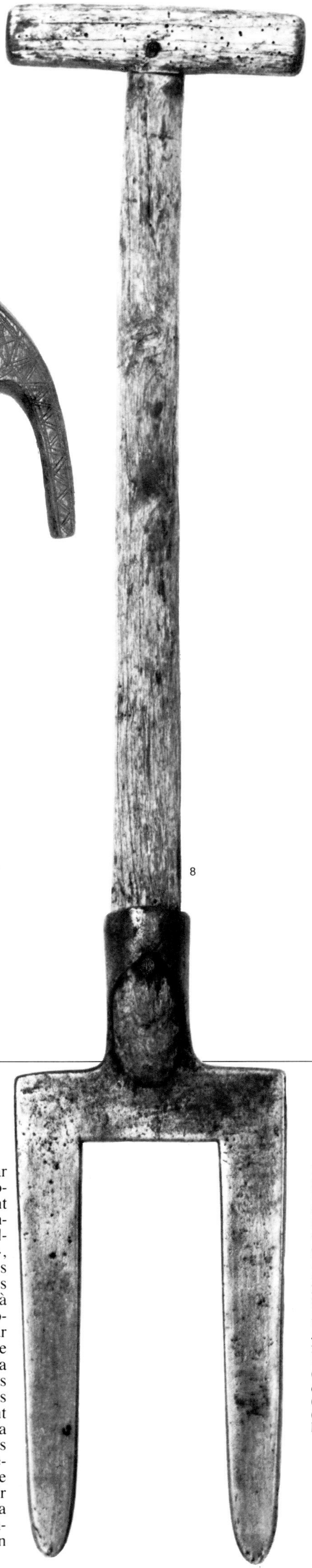

8

9

d'une manière momentanée, par suite de divers événements historiques et économiques ; pendant les guerres de la Révolution française, des cultivateurs se révoltèrent au cri : « Du fer, du fer », car ils n'en avaient plus pour leurs bêches, leurs houes et leurs socs de charrue. ● Quant à la bêche à dents, elle représente un net progrès technique de fabrication par rapport à la bêche pleine, compte tenu de la résistance et de la solidité que doivent présenter ces dents et leur attache, affrontées à un sol souvent particulièrement dur, compact ou pierreux. ● La bêche fourchue, connue depuis l'Antiquité, se substitua tardivement mais largement à la bêche pleine : en France, surtout à partir du 18e siècle. Amélioration de la métallurgie en général, de la technique de fabrication des houes en particulier.

1 : Bêche monoxyle avec armature de fer sur le dos et pour le tranchant. Manche à béquille (comme ci-avant et ici, **5**,**6**,**8**). Ce cultivateur du 15e siècle porte aussi faux (p. 84 à 87) et serpe (pour tailler haie ou vigne, voir p. 112 à 114). Livre des Exchets moralisés en français, 1483, Bibliothèque municipale de Rouen.

2/**3**/**4**/**5** : Bêches monoxyles, armées. Différents manches. **2**/**3** : Deux bêches de Norvège, 18e siècle. L'une (L : 1,17 m) a une base arrondie (lame : 26 × 24 cm). Jaeren, comté de Rogaland. L'autre, de forme ovale, a un manche à poignée (L : 1,06 m ; lame : 38 × 25 cm). Eidsborg, Ostfold. **4** : Manche droit (L : 1,35 m ; L de la lame : 13,5 cm). Nord du Vietnam (ex-Tonkin). **5** : Manche à courte béquille (qui peut être, éventuellement, placée sous l'aisselle pour accroître la pression). Base, dos, rebords, recouverts de fer. L totale : 109 cm. Forez (Loire) Musée Alice Taverne, Ambierle.

6 : Bêche, fer triangulaire, manche fourchu ; longue barre transversale supérieure. Caucase, RSSA du Daghestan (d'après J. Zichy, dans A. Byhan, *Civilisation caucasienne*).

7 : Petite bêche, *fourio* (L : 42 cm ; fer, sans la douille, ouverte : 10 × 13 cm) ; lame irrégulière découpée dans un vieux fer de bêche. Décor géométrique sur manche et poignée. Outil saisi et utilisé d'une seule main, et par les femmes, pour désherber et planter. Cameroun, Baldou (Inf. R. Biannic-Imbert).

8/**9** : Bêches fourchues. Bois, métal. Deux dents. Montées à douille. France. **8** : Manche à béquille. Fer, épaules droites. Pointes dents arrondies (L : 1,15 m ; L dents : 35 cm). Pour travail dans les vignes. Beaujolais, Mâconnais. **9** : Bêche (48 × 19 cm). Deux dents pointues dont partie supérieure pleine : renforcement mais aussi rôle fonctionnel, en partie celui de la lame pleine. Appui-pied pour le pied droit. Bouches-du-Rhône, Saint-Martin-de-Crau, domaine de Regardevenir.

2

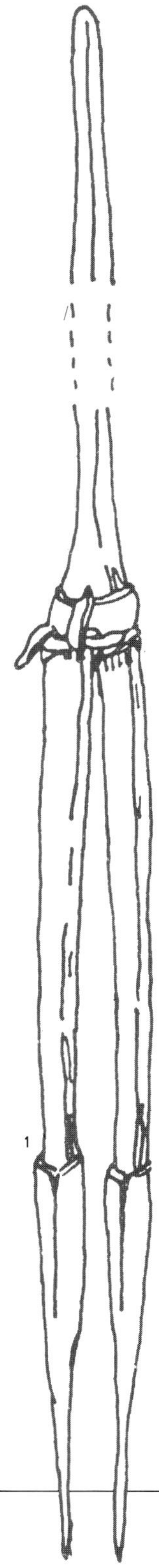

1

3

DE DIVERSES BÊCHES FOURCHUES. DU « MARASSA » A LA « LAYA »

4

● En doublant le nombre de dents de leur bâton à fouir (revoir p. 10-11), en augmentant celui des dents de leur outil, les cultivateurs ont cherché à améliorer leur travail et à agrandir la surface à labourer d'un « coup de bêche ». ● La bêche à deux dents d'Éthiopie, *marassa*, représente, à ce sujet, une solution très particulière (**1**) : une fourche de bois dur (naturelle ou formée artificiellement) prolonge le manche ; ses extrémités sont coiffées chacune d'une pointe métallique ; le cultivateur fait pénétrer celles-ci en les lançant vers le sol (A. Gascon) — percussion lancée comme pour le « bâton » —, mais le travail effectué ensuite est plus proche de celui de la bêche à deux dents (labour, sarclage, récolte). ● Quant aux bêches à trois ou quatre dents (**2**,**5**), elles présentent, en France et ailleurs, une grande variété (formes, poids et dimensions), suivant leur technique de fabrication et leur usage ; elles exigent équilibre et maniabilité, comme les bêches à deux dents ; mais, plus encore que celles-ci, une importante quantité de métal et des qualités de solidité et de résistance : allongement des épaules de la lame, nombre accru des dents, efforts plus grands, plus étendus à fournir, à supporter. ● Les bêches fourchues, ou *laya*, du Pays Basque espagnol (**6**,**7**) ont, comme certaines bêches pleines, un manche placé sur le côté (p. 15), ménageant ainsi un large appui-pied. Mais leur mode d'utilisation est très spécial. ● Chaque travailleur en manœuvre deux à la fois : il pose un pied sur chacune d'entre elles ; se balançant de droite à gauche, il soulève et enfonce successivement l'une ou l'autre des *laya*, puis continue ainsi tout en

7

6

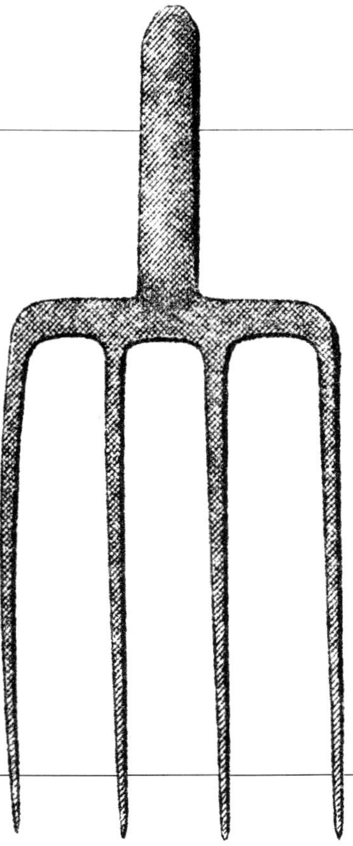

5

reculant ; les mottes de terre sont chaque fois détachées, inclinées vers l'avant, mais non retournées ni émiettées ; maillet ou herse complètent alors le labourage. Les *laya* étaient encore utilisées au début du 20ᵉ siècle, et généralement pour un labour exécuté à plusieurs (**7**).

1 : Bâton fourchu, muni de deux pointes ferrées (L totale : 2,15 m ; fer : 25 cm ; d fer : 3 cm). Écartement maintenu par liens de cuir et ligatures en fibre d'ensat. Outil polyvalent, réservé aux hommes. Ethnie Oromo et autres. Éthiopie, ouest d'Addis Abeba (d'après dessin A. Gascon). Voir aussi 2 et 3, p. 11-12.

2/3/4/5 : Fers de bêche à 3 ou 4 dents, de formes et longueurs différentes. Montés à douille. 20ᵉ siècle. **2** : Fer sans le manche ; forgé, robuste ; pour défoncer le sol ; dents plates, pointues (L dents : 28 cm ; l épaules : 19 cm). Eure, Boissy-Saint-Léger, Sorel. **3**. Manche bois, élargi et plat à la partie supérieure ; dents écartées, relativement courtes (L : 1,02 m ; dents : 19 cm ; l épaules : 19 cm). Suède, Dalsland (Nordiska Museet). **4** : *Médra* (L dents : 17 cm ; l épaules : 15 cm). 1923, Libye. **5** : Fer de bêche, 4 dents, relativement fines et allongées (L dent : 32,5 cm). France, Isère.

6/7 : Les *laya* : deux principaux types en Pays Basque espagnol et dans ses confins. Forgées localement par artisans. (J. Caro Baroja, P. Tauzia). Encore vues en usage en 1960 (A. de Fonvielhe). **6** : Laya à manche long et dents courtes (L manche + dents : 1 m + 30 cm environ) ; écart entre les 2 dents (12 cm environ). Type le plus ancien des laya. **7** : Laya à manche court et dents longues (manche et douille + dents : 24 cm + 65 cm) ; écart réduit entre les 2 dents (6,5 cm). Type plus moderne (à partir du 19ᵉ siècle). Labour collectif.

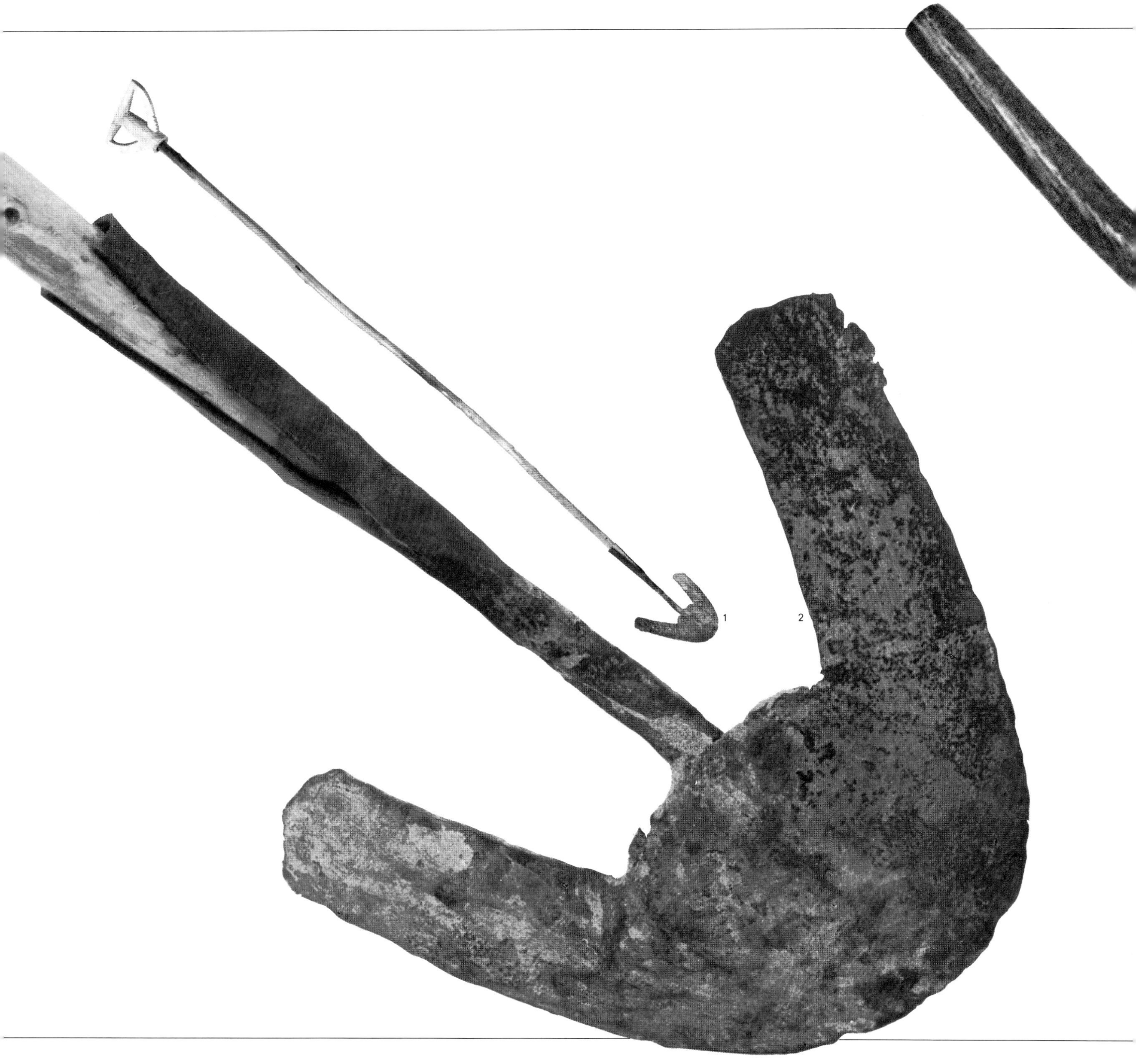

1 2

« LABOURER » AVEC DES BÊCHES POUSSÉES : « ILER », « CAS CHROM » ET « BREAST PLOUGH »

● Des cultivateurs, pour créer et entretenir des champs, au lieu d'enfoncer la lame de leur outil verticalement (ou presque) dans la terre, poussent devant eux cette lame fixée à l'extrémité d'un manche plus ou moins long. Les outils travaillent plus en surface et, en général, en position plus inclinée que la bêche proprement dite. ● Telle est, en Afrique tropicale, au nord de l'Équateur, la manière d'utiliser *l'iler* (**1**,**2**) ; le manche, très long, rejoint à hauteur des bras l'utilisateur, si bien que celui-ci pousse *l'iler* sans se courber (H. Raulin). ● L'adoption, ultérieure, assez généralisée, de la houe, liée à l'intensification des cultures, obligea les cultivateurs à travailler dans une position courbée (p. 22 et suiv.) ; certains revinrent à *l'iler*, plus adapté à certaines conditions d'emploi, plus conforme aussi à d'anciennes habitudes et attitudes, corporelles et gestuelles. ● En Écosse, en Irlande, dans des conditions climatiques plus humides et une couverture végétale différente, il s'est agi de gagner à la culture de vastes surfaces, notamment gazonnées, à l'aide de divers outils (A. Fenton). Travail effectué, en général, collectivement. ● L'usage des *cas dhireach* (**3**,**4**) remonterait, en Écosse, aux 15e-16e siècles. Légère courbure de ces outils : ils permettent de détacher des couches superficielles assez étendues de terres gazonnées. Outils utilisés pour la culture en *lazy bed :* découpe d'une couche de terre gazonnée, qui est ensuite retournée sur une surface correspondante et contiguë de gazon, donc gazon contre gazon, et terre à l'extérieur ; celle-ci devient surface à cultiver (surtout avoine puis pomme de terre introduite au 18e siècle. ● Au 17e siècle, le *cas chrom* (**6**,**7**) ou *crooked spade* (bêche coudée) défriche, extirpe, laboure plus efficacement. Il peut travailler dans les marais ou sur terrain rocailleux, là où des instruments attelés (charrue et chevaux) ne peuvent pénétrer. L'usage de cet outil, actionné des mains et d'un pied, resta cependant confiné au nord de l'Écosse. ● Quant à la *breast plough* (**8**) — littéralement charrue de poitrine, mais elle n'est, en réalité, ni une charrue ni poussée par le haut du corps — et à la *flauchter spade* (**9**), elles sont

8

9

7

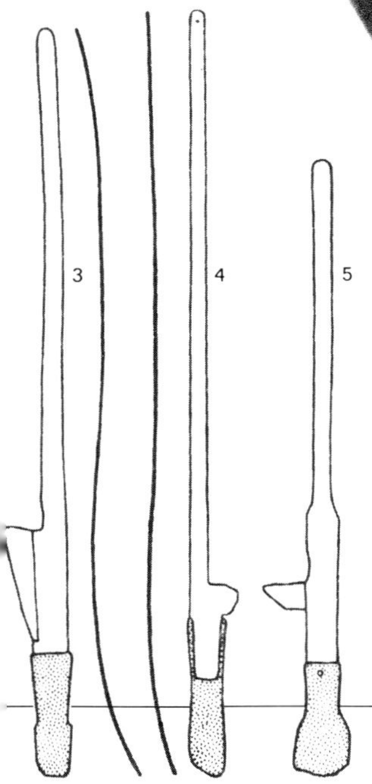

3 4 5

6

mises en mouvement par pression des mains avec celle de l'abdomen ou du haut des cuisses. La lame de ces outils poussés coupait une bande de terre horizontalement,

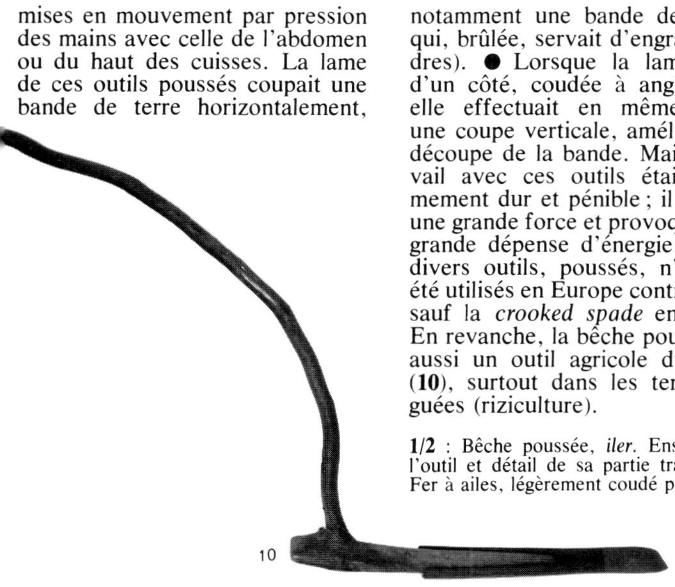

10

notamment une bande de gazon, qui, brûlée, servait d'engrais (cendres). ● Lorsque la lame était, d'un côté, coudée à angle droit, elle effectuait en même temps une coupe verticale, améliorant la découpe de la bande. Mais le travail avec ces outils était extrêmement dur et pénible ; il exigeait une grande force et provoquait une grande dépense d'énergie. ● Ces divers outils, poussés, n'ont pas été utilisés en Europe continentale, sauf la *crooked spade* en Suède. En revanche, la bêche poussée est aussi un outil agricole du Japon (**10**), surtout dans les terres irriguées (riziculture).

1/2 : Bêche poussée, *iler*. Ensemble de l'outil et détail de sa partie travaillante. Fer à ailes, légèrement coudé par rapport au manche (L totale : 2,44 m ; L de la lame avec la douille : 32 cm ; l à hauteur des « ailes » : 24 cm). Niger.

3/4/5/6/7 : Divers types d'outils de la « famille » des bêches. Écosse, Irlande, Angleterre. **3,4** : *Cas dhireach*. Face et profil (noter la courbure à la base). Deux fois plus longs que larges. Fer emboîtant la base du manche. Appui-pied (ou talon). Utilisés pour culture en *lazy bed*. Surtout Écosse, Highlands et îles à l'ouest (à comparer avec 6, 7, p. 15). **5** : *Delving spade*. Lame fixée à la base du manche ; léger angle. Appui-pied. Creuse, retourne, émiette la terre. Travail effectué en équipe (3 ou 4 cultiyateurs), encore observable récemment. Écosse, îles Shetland. **6,7** : *Cas chrom* ou *crooked spade*, bêches coudées. Bois, fer. Poussées des deux mains et du pied droit. Écosse. *Cas chrom* de profil : manche coudé et semelle (maintenus par cercles de métal), formant un angle très ouvert (L du manche : 1,20 m ; semelle : 59 cm). Pour faire pénétrer l'outil, pression sur l'appui-pied ; pour le relever pression sur le talon à l'arrière de l'outil. *Cas chrom* en fonction : pour déterrer des racines (de bamboulin, de féculents), même profondes. Ile de Skye.

8/9 : Pas de pression du pied avec ces instruments : pression des deux mains (longue poignée horizontale), et du bas du corps (abdomen ou haut des cuisses). Travail pénible, gros effort à fournir. **8** : *Breast plough* (ou *breast spade*), (L : 1,40 m environ ; L poignée : 60 cm ; L lame : 18 à 22 cm ; l : 10 à 12 cm). Ici, protection de cuir à hauteur des hanches. 1911. Près de Stratford-on-Avon (Angleterre, Warwickshire). **9** : *Flauchter spade*, la bêche poussée, écossaise, au dispositif de prise en main particulièrement long (L poignée : 75 cm). Large et long manche (L : de 1,07 m à 1,83 m ; en majorité, 1,37 m à 1,52 m). Partie travaillante arrondie (Lame : 23 × 27 cm) ; front coupant ; une « aile » est parfois redressée. Écosse, îles Shetland.

10 : Bêche poussée, avec le concours du pied droit, posé sur le talon (L manche : 1,60 cm ; L semelle : 84 cm ; dont partie ferrée : 57 cm). Japon, Musée d'Iwate.

1

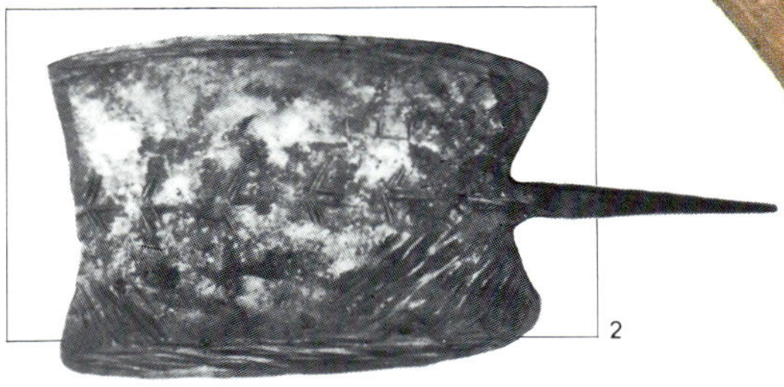

2

4

3

AVEC LA HOUE, LABOUR A BRAS EN AVANÇANT. HOUE A MANCHE COUDÉ, FER PLEIN A « SOIE »

● La houe, étant donnée la position de la partie travaillante par rapport au manche — l'une et l'autre formant un angle plus ou moins aigu —, nécessite des gestes d'emploi et une attitude de l'utilisateur (**1**), tout à fait différents de ceux que nécessite l'utilisation de la bêche (fer dans le prolongement du manche, p. 12 à 21, et pour comparaison, revoir aussi 1, p. 15). ● En conséquence, différence entre ceux qui bêchent et reculent en travaillant, et ceux qui piochent : ceux-ci travaillent en avançant. Ils marchent donc sur la terre qu'ils ont retournée. ● La houe à fer plein ou à dents (p. 30-31) est encore l'outil agricole, à bras, le plus répandu dans le monde : on la trouve en usage de l'Europe à l'Extrême-Orient, ainsi qu'en Afrique et en Amérique. Sa lame métallique ou ses dents font un angle plus ou moins aigu avec le manche. ● La houe est un outil à percussion lancée : l'utilisateur, après l'avoir saisie et soulevée, l'abaisse vivement et avec force. La lame pénètre dans le sol et en détache une partie ; celle-ci, terre friable ou compacte, sèche ou humide, est soit pulvérisée par cette attaque, soit débitée en mottes. ● La lame est ici (**1** à **9**) « montée à soie » : elle est prolongée par une tige, appelée « soie » qui pénètre dans un coude du bois, à la base du manche (**2** à **8**), ou qui est fixée le long du manche (**9**). Pour assurer la fixation de cette lame dans le manche, en certaines régions de l'Afrique de l'Ouest notamment, on faisait tremper l'outil quelques jours dans l'eau : le bois gonflait et enserrait la pointe de la lame ; ou bien on plantait cette pointe dans un jeune plant, non déraciné, qui continuait donc à croître, emprisonnant cette extrémité ; il suffisait ensuite de couper le manche à grandeur et à grosseur voulues. ● De l'angle formé par la partie travaillante (lame ou dents) et le manche, et suivant la longueur de celui-ci, dépend la position plus ou moins courbée du piocheur et la manière de piocher : piocher devant soi, avec rejet de la terre vers soi (**1**) ; ou bien, avec la houe très coudée (**3,5**) et à manche court, le piocheur est très courbé ou pioche parallèlement à lui-même. ● La houe présente une grande variété de types. Principaux caractères différenciant ceux-ci : les techniques de fabrication, soit formes, dimensions, structure, modalités d'assemblage des pièces, poids… ; les techniques d'utilisation suivant les opérations à mener : labourer, défricher, arracher, récolter, butter… ; suivant les modalités d'organisation et de répartition du travail : pour la fabrication (fer façonné par le for-

5

6

7

8

9

geron ; manche, assemblage assurés par l'utilisateur...), et pour l'utilisation de l'instrument (travail en équipe ou non). ● Toutes ces techniques impliquent de très importantes et très variées techniques du corps de la part de celui qui « fabrique » et de celui qui « utilise ».

1 : Utilisation de la houe pour défricher un champ. Les gestes — non synchronisés ici — des travailleuses permettent de voir les diverses positions des utilisatrices et des houes au cours du labour à bras. Grèce.

2/3/4/5/6/7/8 : Différentes formes de fer de houe « à soie ». Angle fer-manche plus ou moins ouvert. **2** : Lame de houe (pour sarcler sorgho, mil, maïs) non montée. Bénin, région de Dompago et Ouaké (Collection R. Pujol, Muséum d'Histoire Naturelle, Paris). **3/4** : Grande houe pour culture de l'igname (poids total : 2,31 k ; poids de la lame : 1,41 k). Vue de profil et par en-dessous. Mêmes région et collection que 2 (lames de 40 à 50 cm de longueur). **5** : Houe, *daba*, utilisée par les Bambara (lame : 22 cm × 29 cm ; L manche : 46 cm). Mali, région de Sikosso. **6** : Houe, utilisée par les Peul ou Haoussa (L lame : 35 cm ; L manche : 50 cm). Nigeria, région Nord Sokoto. **7** : Houe utilisée par les Bassari (L manche : 49,5 cm ; lame : 19 × 14 cm) Sénégal oriental. **8** : Lame montée sur racine de bambou (L manche : 42 cm ; lame : 15 × 7,5 cm). Vietnam, région centrale.

9 : Houe. Le fil de la lame est fixé le long du manche (L manche : 1,02 m ; lame : 29 × 24 cm). Suède, Dalsland.

2

1

DES HOUES AUSSI A FER PLEIN MAIS FER MONTÉ A DOUILLE

● Voici une autre manière de fixer le fer au manche. Ici ce n'est pas le fer qui pénètre dans le manche, mais le manche qui est placé et fixé dans une douille ; le forgeron a forgé celle-ci en même temps que la lame. ● Fabrication qui nécessite plus de fer (problème d'approvisionnement en matière première), mais qui renforce l'attache fer-manche. ● Celui qui empoigne une houe la soumet à tout un cycle de mouvements ; ceux-ci, à certaines époques de l'année surtout, sont répétés inlassablement au cours de plusieurs journées : levée puis abaissée avec force, la lame de fer ou de fer et de bois continue sa trajectoire dans le sol, à plus ou moins grande profondeur. ● Observer ces gestes de labour, c'est entendre aussi le bruit des coups répétés de la lame sur le sol. Mais c'est aussi entendre parfois le cri ou le chant des travailleurs, rythmant ainsi leur travail collectif ; à moins que ce ne soit un « musicien », face à l'équipe, qui scande et stimule les gestes des travailleurs, à l'aide de quelque instrument, instrument à percussion en général (tambour, tam-tam...). ● On peut, on pouvait, l'observer et l'entendre, entre autres, dans plusieurs parties de l'Afrique ou en Martinique (tradition ici sans doute africaine). Rythmes — et bruits — diffèrent suivant les régions car ils dépendent de plusieurs facteurs : qualité et consistance du sol, manière d'attaquer celui-ci, caractéristiques de l'outil et du travail qui lui est demandé, matière, dimensions, formes des parties travaillantes (fer pointu, arrondi, angulaire, plat ou à rebord, lourd ou relativement léger...). ● Dans certaines régions de l'Afrique, notamment, la houe — et la houe à lame pleine — est encore le principal outil agricole, même depuis l'introduction d'araires ou de charrues : ces derniers instruments posent le problème de l'attelage (animaux tracteurs et dispositifs de traction, etc. ; voir introduction). ● Façonner le fer des houes est donc toujours une occupation majeure des forgerons ; ceux-ci continuent ainsi à jouer un rôle technique et économique très important dans certaines sociétés agricoles ; mais aussi un rôle social et même magique, religieux, parmi certaines d'entre elles (p. 151). ● Grâce aux houes, des millions d'agriculteurs, à travers le temps et l'espace, ont pu : « Malgré la pauvreté (souvent) de leur domaine, malgré les soucis spirituels et les craintes, malgré la rusticité de l'outil, édifier des terrains parmi les plus profondément humanisés » (G. Rougerie).

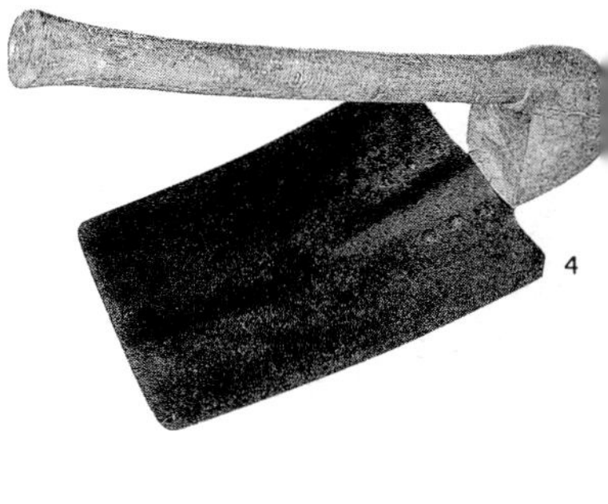

4

8

1/2/3 : Quelques différents types de fer de houe lame pleine. Fixation par douille au manche, bois coudé. **1** : Houe, *daba* (L manche : 44 cm ; fer : 21,6 × 8 cm). Tranchant du fer rectiligne. Sénégal oriental et Guinée. **2** : Grande houe à igname. Fer martelé. Tranchant arrondi, forme ovale, 1927. Massif de l'Atacora, Kuandé, Bénin (comme 2 à 4, p. 22-23 et ci-dessous, 5, 6 ; même collection, R. Pujol). **3** : Fer de houe incurvé (L manche : 60,5 cm ; fer : 23 × 16,7 cm). Pérou, département de Cajamarca.

4/5/6 : Manche coudé, « emboîté » directement dans la lame. **4** : Houe, *akafa* ; fer martelé (L manche : 52 cm ; fer : 32 × 22 cm ; angle inclinaison : 28 à 30° ; poids : 2,40 k). Pour désherber, butter, transférer de la terre. Éthiopie, Harrar. **5** : Grande houe, lame au tranchant ovale. Bénin, région littorale du golfe de Guinée ; environs de Oujdah. **6** : Lame à tranchant droit et à « fenêtres ». Houe utilisée par les Yova (Pila-pila). Bénin, Djougou (5, 6 : mêmes date et collection que ci-dessus, 2). Longueur des lames de ces grandes houes : 40 à 50 cm.

7 : Lame, tranchant rectangulaire : partie antérieure très ouverte, dans laquelle pénètre l'extrémité du socle monoxyle ; la partie antérieure de celui-ci, taillée à angles, est relativement volumineuse (solidité, poids, meilleurs équilibre et efficacité de l'outil). Emmanchement vertical (L manche : 85 cm ; fer avec talon : 36 cm ; fer : 10,5 cm). Vietnam.

8 : Houe, *daramba*, maniée parallèlement à lui-même par l'utilisateur. Ethnie Mandingue, Sénégal, Casamance, Sedhiou.

1

7

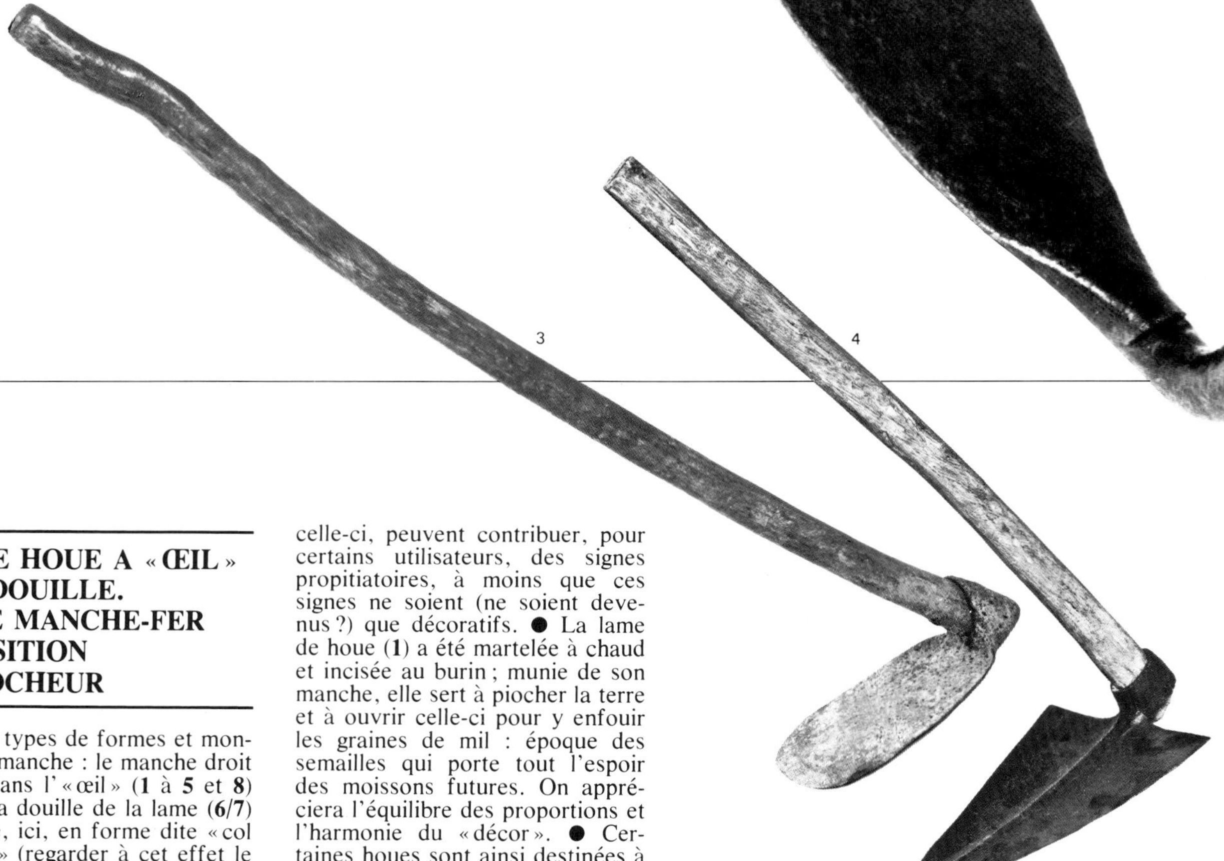

3

4

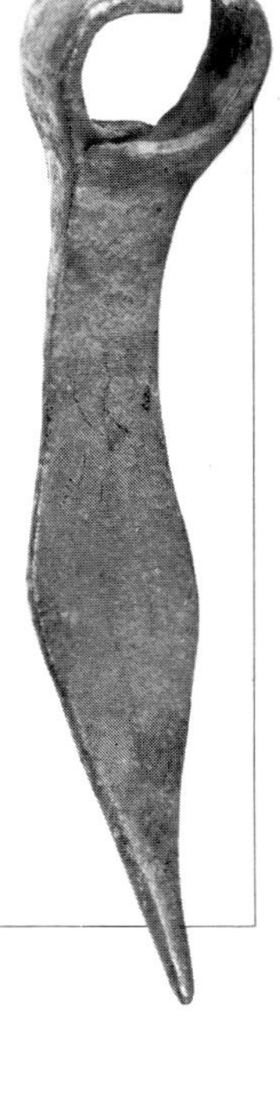

5

FER DE HOUE A « ŒIL » OU A DOUILLE. ANGLE MANCHE-FER ET POSITION DU PIOCHEUR

● Autres types de formes et montages fer-manche : le manche droit pénètre dans l'« œil » (**1** à **5** et **8**) ou dans la douille de la lame (**6/7**) — douille, ici, en forme dite « col de cygne » (regarder à cet effet le **7** à l'envers). Quant à l'« œil » il est pratiqué dans la lame (**1**), ou joint à celle-ci (**3**,**8**), diversement façonné, ou encore placé après un col ou collet (cou), plus ou moins développé (**2**,**4**). ● Les artisans de tous ces outils investissent dans ceux-ci leur savoir, une juste appréciation des rapports entre les pièces, un souci d'efficacité. A celle-ci, peuvent contribuer, pour certains utilisateurs, des signes propitiatoires, à moins que ces signes ne soient (ne soient devenus ?) que décoratifs. ● La lame de houe (**1**) a été martelée à chaud et incisée au burin ; munie de son manche, elle sert à piocher la terre et à ouvrir celle-ci pour y enfouir les graines de mil : époque des semailles qui porte tout l'espoir des moissons futures. On appréciera l'équilibre des proportions et l'harmonie du « décor ». ● Certaines houes sont ainsi destinées à effectuer des tâches spécifiques. Telle aussi la houe à écobuer (**3**) qui fut utilisée en Bretagne pour « peler » le sol, et débarrasser celui-ci d'une couche de végétation et de terre en vue de la « création » d'un champ. Technique de l'écobuage pratiquée aussi ailleurs : mottes de gazon détachées, séchées ; construction d'un four-

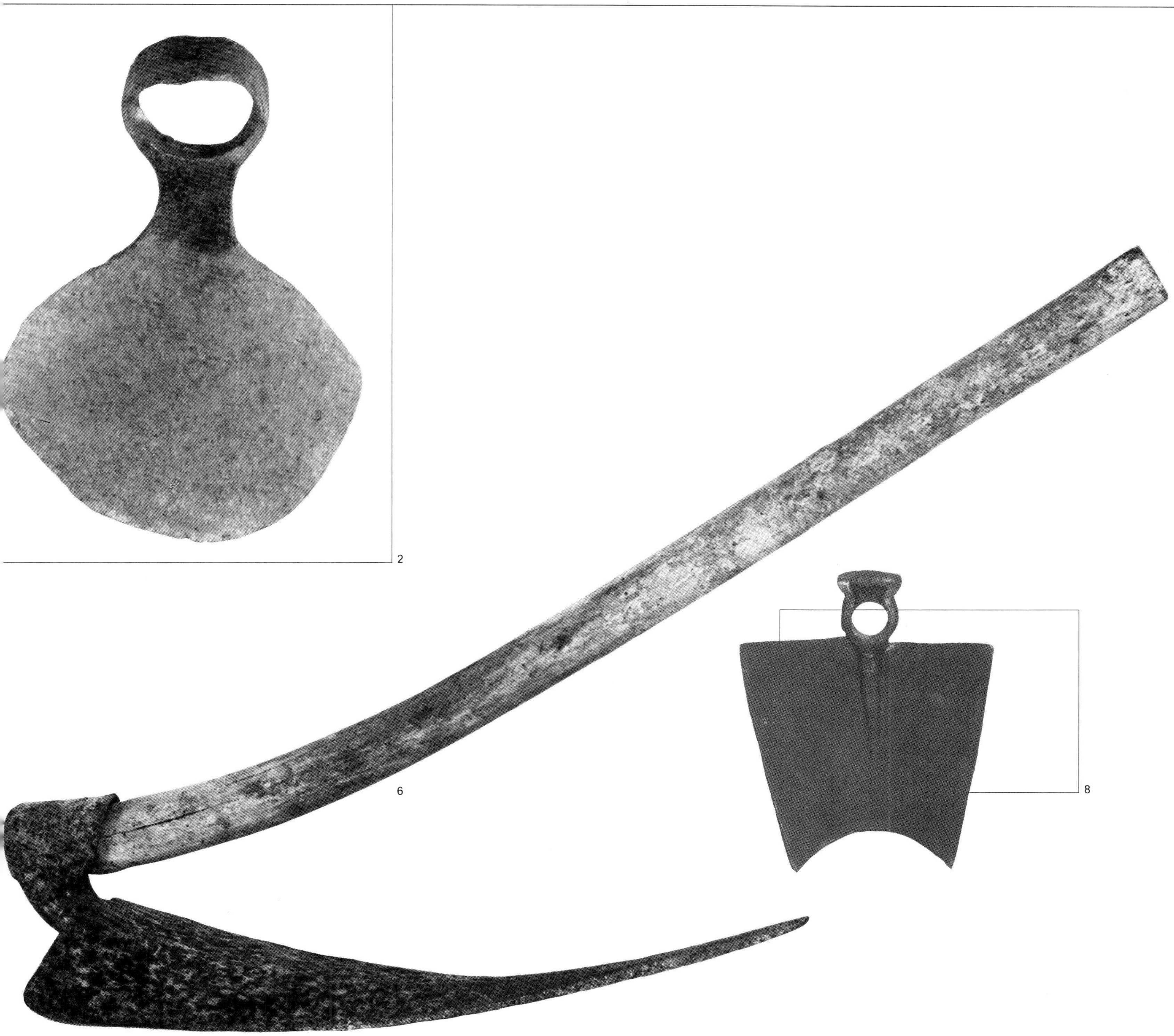

2

6

8

neau (gazon vers l'intérieur) où l'on allume un feu ; puis on étend les cendres sur les champs. ● Lames triangulaires de deux houes, et pourtant que de différences entre ces outils, non seulement par leurs dimensions mais aussi par l'attitude au travail de l'utilisateur que suggère leur silhouette respective. L'une (**4**), par son long manche et l'angle ouvert que forment manche et lame, suppose une position assez redressée de l'utilisateur. ● L'autre houe (**6**) — angle manche-lame très aigu — exige du travailleur une position très courbée. C'est ainsi qu'à certaines époques de l'année, le vigneron du Vendômois piochait sa vigne. L'emploi de cette belle houe n'a-t-il pas laissé des traces noueuses, indélébiles, dans le corps de ceux qui s'en sont servis de longues années ? ● Le fer de houe en col de cygne (**7**) assure au manche une solide attache grâce à une douille très développée (2, p. 30). ● Quant au fer de houe, au tranchant incurvé (**8**), il comporte, de l'autre côté de l'œil, une « tête » qui sert à briser des cailloux, en cours de piochage. Il s'agit d'une houe « composée » réunissant des dispositifs différents, donc « signes » de gestes et d'emplois différents (B 11 et 12, p. 84).

1 : Fer d'une houe utilisée par les Zaghawa. Fer tronconique (L : 20 cm ; l à l'emmanchement : 4 cm ; au tranchant : 11,5 cm). Œil circulaire. Fer martelé à chaud, à décor incisé au burin. Tchad, Ouadaï.

2/3/4/5/6/7 : Différents types de houes et fers de houe. France. **2** : Fer en forme de feuille (25 × 18 cm). Œil circulaire à collet. A servi aussi à un potier pour extraire de la terre glaise. Finistère, Lannilis. **3** : Houe, *marre*. Fer forgé. Lame ovale. Œil circulaire renforcé. Manche bois (L : 1,11 m ; fer : 28 × 15,5 cm ; poids de celui-ci : 1,75 k). 19e siècle, mais extrémité du fer refondue en 1950. L'utilisateur a désigné l'outil comme une *écobue*. Finistère Sud, Kervinon-en-Plozévet. **4** : Houe à fer triangulaire. Œil circulaire. Manche bois (L : 74 cm ; fer : 41 × 24,5 cm). Corse. **5** : Type de fer d'une houe dite *marre à pérouins* (Vendômois, Loir-et-Cher). Lame étroite. Œil circulaire. Pour dégager mauvaises herbes et rejets, dits *pérouins*, des vignes : ceux-ci partent de la souche et sont en partie enfouis dans la terre (L. Franchet). Or le fer présenté ici a été trouvé lors des fouilles préhistoriques de Giubiasco (Suisse, Tessin). Nouvel autre exemple de convergence (10, p. 11). **6** : Houe, *marre*. Fer triangulaire très allongé ; angle aigu fer-manche ; manche court ; incurvé (Fer : 35 × 12 cm ; L manche : 58 cm). Les *marreux* : ouvriers agricoles utilisant la marre. « Marrer sa vigne », écrivait Olivier de Serres au 16e siècle. Vendômois, Loir-et-Cher, Marcilly-en-Beauce. **7** : Fer d'une houe, *diaule* (diable). « Col de cygne » : solidité de l'attache, disponibilité de métal (L fer : 15 cm ; L douille : 20 cm). Haute-Corse, Saint-André-de-Cotone.

8 : Fer d'une houe à double fonction. Tranchant d'un côté (27 × 24 cm) pour piocher, extirper des racines ; « tête » de l'autre côté de l'œil, pour briser les cailloux. 1923, Libye, Tripolitaine.

DIVERSES HOUES. TYPES ET USAGES SPÉCIFIQUES. MODÈLES VOYAGEURS

● Une houe qui n'est pas comme les autres par sa fabrication et par ses matériaux uniquement végétaux (**1**) ; mais elle s'apparente aux autres houes par sa forme et sa fonction. Type de fabrication d'un outil et d'assemblage de ses pièces par « ficelage » ; une pièce de bois verticale maintient ici l'écartement manche-lame tout en consolidant l'ensemble. Ligatures en osier : rôle utilitaire mais aussi décoratif. ● Même si cette houe n'est pas très ancienne, du moins témoigne-t-elle, entre autres, d'antiques techniques d'assemblages des pièces d'un instrument agricole (voir aussi à ce sujet, araire, p. 34-35). ● Une « brochette » de houes — bois, métal — utilisées dans le nord de l'île japonaise de Hondo (**2** à **8**) : ces houes ne sont que quelques exemples de ce type d'outillage à bras très répandu au Japon, et dont certains modèles sont originaires de Chine ; d'autres le sont de Corée. ● La Chine a été, au cours des temps, et dès l'Antiquité, un centre de diffusion de diverses techniques, comme celle de la fonte, et d'outillages agricoles, comme le sont, entre autres, certains types de houe (**4**,**5**). ● Ainsi que le remarque justement Charles Parain : « Ce ne sont pas ceux — en l'occurrence les cultivateurs — qui empruntent, qui sont des passifs ; au contraire ce sont des actifs, car pour emprunter, il faut être dynamique », et disposer d'un milieu favorable à cet emprunt. Quant à ceux dont on emprunte ainsi le modèle de leurs outils, il faut qu'ils aient été eux-mêmes dynamiques pour avoir su créer un outillage qui « rayonne ». ● D'autres houes (**9** et **10**) sont fabriquées et utilisées d'une manière particulière, ce qui s'exprime par les dispositifs fer-manche. Collet et œil, partie antérieure de la lame, font un angle avec celle-ci. L'œil est traversé de part en part par le manche. L'utilisateur saisit le manche, une main de chaque

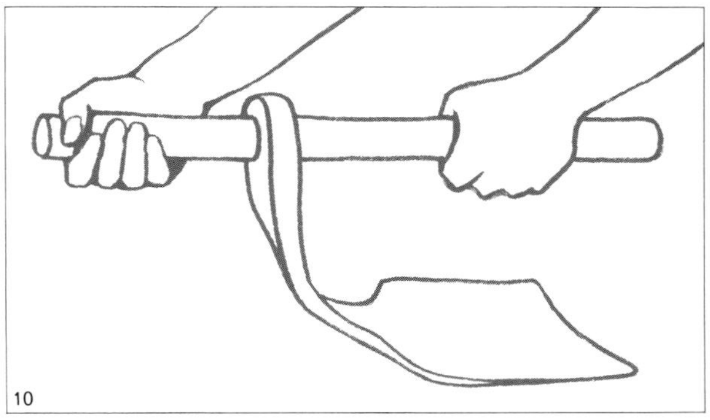
10

côté de l'attache du fer; étant donné la position (inversée) des mains (**10**), le piocheur tient ici la houe perpendiculairement à lui-même ; mais le dispositif fer-manche permet à l'utilisateur de tenir l'outil parallèlement à lui-même (rapprochement à faire, à ce sujet, avec 8, p. 25). ● Les racloirs, servant à nettoyer le fer des outils à main, n'ont pas tous à remplir ce rôle d'ordre pratique : certains (**11**, **12**,**13**) acquièrent une signification symbolique lorsque sculptés dans un bois tendre, amoureusement ornés, ils sont destinés à être offerts à la personne aimée.

1 : Houe « végétale » : bois, ligatures osier (L manche : 1,08 m ; lame bois : 28 × 12 cm). Utilisation d'ordre pratique, ou bien symbolique, rituel ? Guinée ou Mali. « Ficelage-gaine » : le plus ancien procédé d'assemblage de pièces.

2/3/4/5/6/7/8 : Quelques exemples de houes utilisées au Japon avec diverses solutions d'attache du fer au manche. Japon, Hondo (région et Musée d'Iwate). **2** : Houe à défricher ; sert à couper les racines, à déraciner les souches. **3** : Houe à lame à « fenêtres » pour défrichement ; réputée pénétrer plus profondément dans la terre que les lames pleines. **4**,**5** : Ces deux houes, qui servent aussi à piocher et défricher, sont désignées au Japon, comme « houes chinoises » (voir aussi à ce propos, ci-après, p. 31, Ph. 7 à 10). **6**,**7**, **8** : Un fer de houe et deux houes, fer et manche. Pour labour et sarclage.

11

12

13

9/10 : Dispositif du manche par rapport au fer ; et manière de tenir cette houe pour piocher, pour creuser un canal d'irrigation. **9** : Houe destinée à creuser et à entretenir des canaux d'irrigation en Tunisie. **10** : Houe utilisée dans la vallée de Kathmandou (Népal), pour des cultures en *lazy bed* (p. 18-19), suivant observations de G. Toffinet et Fr. Sigaut.

11/12/13 : Racloirs pour nettoyer le fer de houe (en moyenne 12 × 4 cm). Bois tendre. Décor sculpté au couteau. Objets très fragiles. Ici dons symboliques de l'auteur de l'objet à l'aimée. Hongrie (Musée de Budapest).

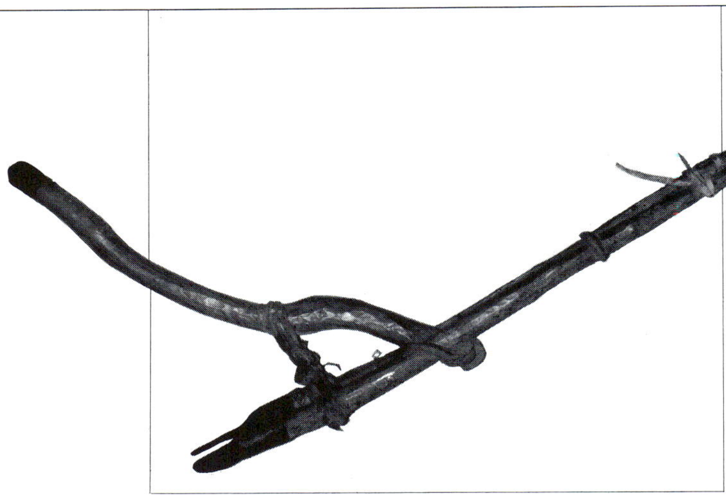

5

1

2

3

4

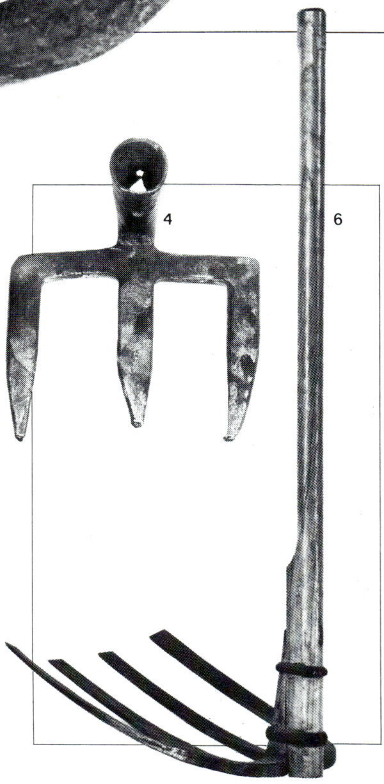

6

HOUES FOURCHUES : POUR MIEUX LABOURER ET NETTOYER CERTAINS SOLS

● A la différence des houes à lame pleine, des houes sont munies de dents, de 2 à 6 dents, mais plus généralement de 2 à 4 dents (**1** à **10**). Dents de différentes formes et dimensions, de coupe transversale ronde, ovale, carrée, ou rectangulaire... avec extrémités pointues ou non. ● Comme pour la houe à lame pleine, l'œillet qui reçoit le manche occupe différentes positions : dans la partie antérieure des dents (**3**,**6**), ou précédé d'un collet plus ou moins allongé (**1**,**4**). Ou bien le manche prend place dans une douille, soit attenante aux dents (**7**), soit portée par une tige, l'ensemble dessinant ici un « col de cygne » (2, et p. 26, 7). ● Quant aux houes chinoises (**7** à **10**), elles présentent des combinaisons très ingénieuses, et originales, pour la liaison des dents avec l'« œillet » (**8** et **9**) ou avec la douille (**7**). ● La jonction fer-manche, l'angle formé par ces deux pièces — angle plus ou moins aigu ou angle droit (**6**,**10**) —, la forme et les dimensions respectives de ces pièces les unes par rapport aux autres, sont des signes — très signifiants — des diverses techniques de fabrication et d'emploi de ces instruments. ● Comme le sont aussi les éléments des houes « composées » — ici houe fourchue avec 3 dents d'un côté, et, de l'autre, soit une crête tranchante (**11**), soit une « panne », petite lame horizontale (**12**). Les éléments de ces jumelages peuvent être variés : panne d'un côté, lame pleine ou 2 dents de l'autre, fer plein ou fourche de part et d'autre, etc. ; les vis-à-vis, par leur forme, leurs dimensions sont différents afin d'être complémentaires (8, p. 27 ; B 11 et 12, p. 84). ● Les houes chinoises sont en général pointues, mais il en est dont la coiffe triangulaire des pointes (**9**,**10**) est amovible, ce qui permet à l'outil d'assumer deux fonctions du même côté. ● Les houes fourchues sont utilisées dans des terres durcies, pierreuses ou encombrées de végétation ; les dents divisent le sol, l'émottent ou l'émiettent ; elles brisent, arrachent les racines. ● Les houes à dents ont posé des problèmes techniques de fabrication plus difficiles (résistance des dents, de l'épaule commune, du montage...) que les houes pleines. Les premières houes fourchues ne comportaient que 2 dents (époque romaine) ; au

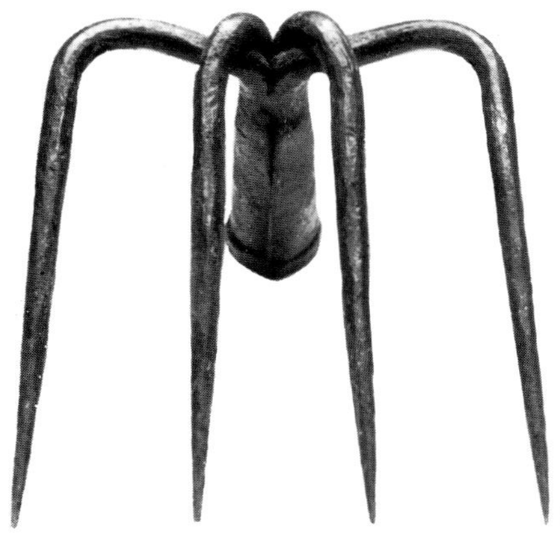

7

8

9

10

12

11

14e siècle, des houes fourchues sont utilisées en Allemagne, en Belgique. En France leur extension date du 19e siècle. ● L'usage de la houe pleine ou à dents est plus répandu que celui de la bêche (p. 14 à 21) ; pourtant celle-ci est plus aisée à fabriquer, son labour peut être plus profond, la terre mieux retournée qu'avec la houe. Mais avec la houe le travail est, entre autres, plus rapide : en un même temps, une journée environ, 200 m^2 labourés avec une bêche, de 300 à 400 m^2 avec une houe.

1/2/3/4 : Houes fourchues à 2 ou 3 dents de différentes coupes, dimensions et de divers modes d'attache au manche. France. **1** : *Bigot*. Bois, fer. Dents peu écartées ; larges, plates. Collet. Manche court (L manche : 54 cm ; fourche : 35 × 18,5 cm ; ce dernier chiffre indique la plus grande largeur du fer). Pour piocher dans les vignes. Charente, région Cognac. **2** : Dents fines, écartées, de coupe rectangulaire (L dents : 23 et 23,5 cm). Saône-et-Loire, Morvan, Anost. **3** : *Grappin* (L manche : 61 cm ; fourche : 45 × 17 cm). Pour piocher la vigne sur les coteaux. 1889. Lyonnais, Beaujolais. **4** : Houe à 3 dents (22,5 × 20 cm). Collet. Pour piochage, arrachage pommes de terre, déchargement fumier. Aubrac, Aveyron.

5 : Houe à 2 dents en fer, fixées à l'extrémité des 2 montants, ligaturés avec lanières cuir. Poignée incurvée formant un angle, maintenue par traverse de bois et lanières (L totale : 74 cm ; L avant et après attache : 42 et 32 cm ; écartement fer : 10 cm ; L poignée : 55 cm). Utilisée pour fouir ou pour labour superficiel sur terre défrichée. Ethnie Galla. Éthiopie.

6/7/8/9/10 : Quelques exemples de houes d'Extrême-Orient à 4 dents : une houe du Japon (**6**) et quatre houes de la Chine (**7** à **10**). Différents types de montage et dispositifs ; absence de collet. **6** : Angle manche-dents très ouvert (L manche : 92 cm ; L dents rectangulaires, sans pointe : 36 cm). **7** : Fer de houe forgé, vu de face ; 4 dents coudées ; réunies, forment la douille qui recevra le manche ; robustesse de l'attache (L dents : 21 cm ; L douille : 15 cm ; l épaules : 19 cm ; extrémité dents : 19 cm. **8,9** : Autre dispositif pour fixation du manche ; la partie supérieure des 2 dents centrales forme une boucle que ferme une barre transversale, arquée (**8**) ou droite (**9**) ; les extrémités coudées de celle-ci forment les 2 autres dents de l'outil. L'une des houes (**9**) a ses pointes munies de pièces triangulaires : front d'attaque du sol plus continu et élargi. **10** : Des cultivateurs chinois utilisant une houe à 4 dents, aux extrémités élargies (comme ci-dessus 9). Photographie ancienne, début 20e s. (**7** à **10**, collecte MJBD).

11/12 : Houes composées. Fer forgé. Emmanchement à douille. Des dispositifs comparables mais des tailles différentes suivant usage (« serfouette » pour jardinage). France. **11** : Trois dents plates, horizontales ; de l'autre côté, une crête tranchante (ensemble 35 × 12 cm). Pour piocher au pied des vignes. Fabriquée avant 1914. Aubrac, Lozère, Reyrac. **12** : *Lichet à très pouncho* : 3 dents d'un côté ; « panne » de l'autre (L manche : 1,15 m ; fer : 48 × 20 cm). Bouches-du-Rhône, Eygalières.

LA GRANDE FAMILLE DES « COUTEAUX » AGRICOLES

● A l'aide d'outils d'apparence simple (coupe-coupe ou machette), des cultivateurs pratiquent des activités diverses, avec des résultats très positifs (désherber, débroussailler, remuer superficiellement la terre, récolter, ébrancher...). Le savoir-faire avec un outil est plus significatif d'une « civilisation » que l'outil jugé isolément et par sa seule forme. ● Il faut avoir vu un cultivateur du Cameroun, de Thaïlande, ou d'ailleurs, en Afrique, Asie, Océanie, Amérique du Sud et Centrale, se servir d'un coupe-coupe (**2**), pour se rendre compte de sa dextérité et de la rapidité du travail exécuté avec cet outil, que celui-ci soit tout en bois, ou tout en fer, ou en bois et fer (**3**). ● Ceux qui sont habitués à se servir d'un outil dont ils jugent les résultats satisfaisants adoptent avec prudence, et même méfiance, un nouvel outil (confiance trompée, réticence à acquérir de nouveaux gestes et rythmes de travail). Au temps de la colonisation, des fabricants français d'outillage agricole, tenant compte de ces réalités, fabriquèrent, pour l'Afrique tropicale et Madagascar entre autres, des machettes suivant les modèles locaux : ceux-ci figuraient comme tels sur des catalogues français il y a peu d'années encore. ● Les serpes (**4**,**5**) représentent des outils plus spécialisés que les précédents ; certaines comportent une lame étroite et rectiligne ; un bec en restreint ou en prolonge l'étendue coupante, tout en évitant le glissement de la lame sur les branches et les broussailles

que l'on coupe. ● Pour la serpe (**6**), l'équilibre (p. 80) est obtenu avec une partie travaillante plus ou moins développée (disponibilité de métal, technique de fabrication) et un manche court, monté à fil, bien adapté (fixation, emplacement, volume, poids), permettant un maniement aisé et efficace de l'outil, d'une seule main (p. 114). ● Les croissants à débroussailler et à ébrancher (**7**,**8**), aux lames en demi-cercle et au long manche, représentent des outils bien adaptés à leurs fonctions. ● Quant à l'outil du Zaïre (**9**), il est, ingénieusement, à la fois coupe-coupe et croissant, avec un tranchant continu du bec jusqu'à hauteur du début de la tige. ● La lame de la serpe du Pérou (**10**) est fixée perpendiculairement au manche : techniques de fabrication et d'utilisation différentes de celles des précédents outils.

1/2/3 : Coupe-coupe, machettes. **1** : Tout en bois. Bambou. Taillé en lame coupante d'un côté (L : 92 cm ; l : 4 cm). Plusieurs usages : couper, élaguer, travail dans les jardins. Ethnie Buang. Nouvelle-Guinée. **2** : Tout en fer. Lame élargie à la partie supérieure, coupante de chaque côté : l'utilisateur coupe herbe et broussailles à droite puis à gauche, en un mouvement continu de va-et-vient. 1971. Cameroun, Yaoundé. A cet utilisateur on offrit, en croyant faciliter son travail, une faucille à herbe de fabrication française ; celle-ci fut rapidement abandonnée pour une reprise de la machette, plus expéditive, étant données l'habitude et l'attitude acquises de l'utilisateur (Inf. R. Biannic-Imbert). **3** : Lame fer ; extrémité tronquée (ne joue probablement pas un rôle actif). Manche bambou (L totale : 49,5 cm ; L manche : 26,8 cm). Inde, Assam.

4/5/6 : Serpes. Fers à bec court. Manches en bois. **4** : Fer monté à douille, désaxé par rapport au manche ; bec à angle droit (L totale : 42 cm ; L fer : 16 cm). Japon. **5** : Fer monté à fil ; fixé au sommet du manche, bec incurvé. (L totale : 70 cm ; L fer : 30 cm). Népal, vallée de la Seti. **6** : Serpe à ébrancher et débroussailler. Fer large, monté à fil ; manche entouré de ficelle : consolidation du manche fendu et meilleure prise de la main. Lame à bec (21 × 9 cm). France, Saône-et-Loire.

7/8 : Croissants. Ensemble des outils et détail de leur partie travaillante. France. Pour élaguer, ébrancher ; faire provision de branches feuillues pour l'alimentation du bétail en hiver. **7** : *Poudette*, bois, acier ; emmanchement à soie (L totale : 1,73 m ; L manche : 1,50 m ; poids : 1 kg). Aveyron, Prades-d'Aubrac. **8** : *Goyar, goui*, monté à douille (L totale : 1,55 m ; L manche : 1,20 m) ; avec un crochet sur face externe de la lame pour élaguer les hautes branches ; utilisé en un mouvement de bas en haut. Allier, Bourbonnais.

9 : Coupe-coupe et croissant en un même outil. Bois, métal. Tranchant de la lame continu du bec du croissant jusqu'à la base du coupe-coupe (L totale : 60 cm ; L lame et tige métal : 32 cm). 1939. Zaïre (ex-Congo belge), Kivu. (Une lame aussi contournée, en Chine, cf. Hommel, p. 82.)

10 : Serpe. Bois, fer, lanières de peau. Lame incurvée, perpendiculaire au manche (L manche : 34,3 cm ; L du fer : 27,2 cm). Pour ébrancher. Pérou : Puño, Carabaya, Chia (revoir 9, p. 13).

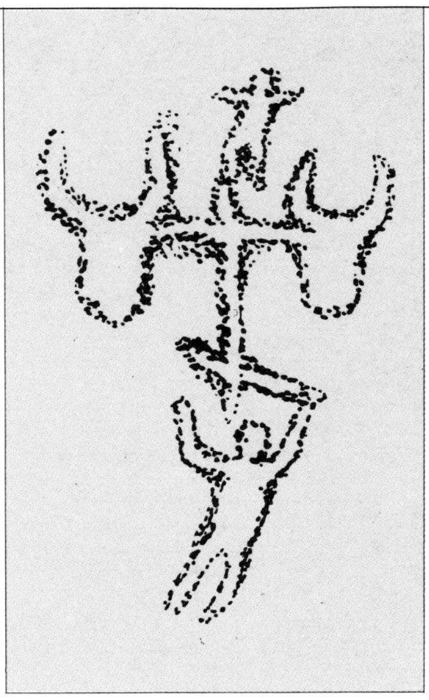

1

2

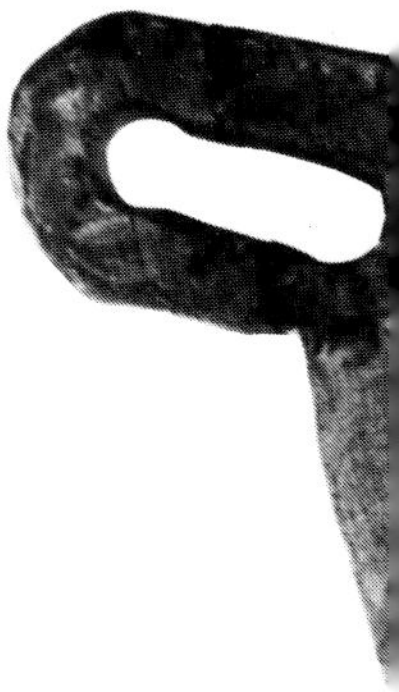

5

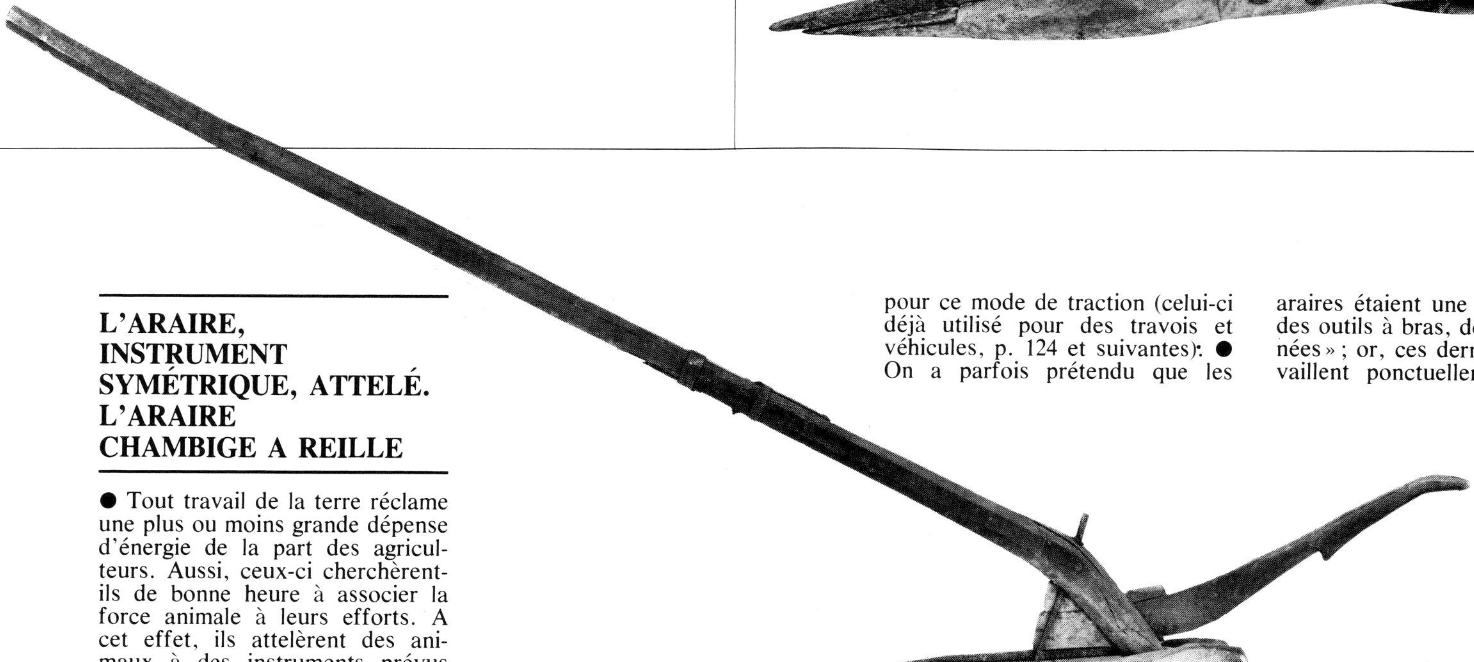

4

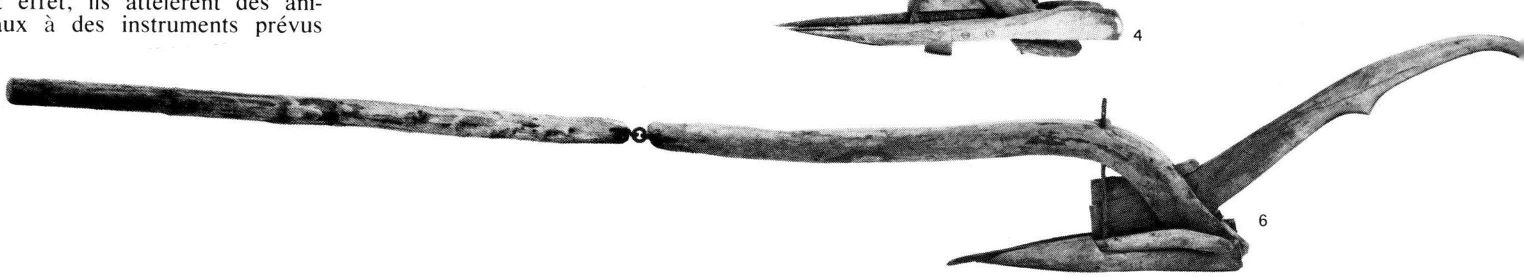

6

L'ARAIRE, INSTRUMENT SYMÉTRIQUE, ATTELÉ. L'ARAIRE CHAMBIGE A REILLE

● Tout travail de la terre réclame une plus ou moins grande dépense d'énergie de la part des agriculteurs. Aussi, ceux-ci cherchèrent-ils de bonne heure à associer la force animale à leurs efforts. A cet effet, ils attelèrent des animaux à des instruments prévus pour ce mode de traction (celui-ci déjà utilisé pour des travois et véhicules, p. 124 et suivantes). ● On a parfois prétendu que les araires étaient une transformation des outils à bras, des « houes traînées » ; or, ces derniers outils travaillent ponctuellement la terre,

7

3

8

coup par coup, tandis que les instruments aratoires attelés, donc traînés, travaillent d'une manière continue. Ainsi sont-ils deux types d'outils différents (technique de fabrication et d'utilisation) ; leur usage, souvent complémentaire (**2** et p. 38, 1), en est une preuve. ● Les premiers témoignages d'araires (à partir du 4e millénaire avant notre ère) concernent des instruments déjà améliorés. Araires entiers ou presque, trouvés au Danemark dans des tourbières (A. Steensberg), araires gravés sur des rochers en France, en Italie (**1**, **2**), en Suède, ou attestés par diverses formes de figurations (idéogrammes, gravures, sculpture) en Mésopotamie, Égypte (1, p. 37), Chine... ● Les araires, dont les pièces sont symétriques, rejettent donc la terre également de chaque côté. Dans *L'Homme et la Charrue*, A.-G. Haudricourt et moi-même avons distingué trois principaux types d'araires et en avons cartographié les répartitions : les araires chambige à reille (**1** à **7**), manche sep (p. 36-37) et dental (p. 38-39). ● Pièces composant l'araire chambige : 1/ un long mancheron dont la base traverse celle du timon ; 2/ le timon, *chambige*, coudé, est soit rigide (**4**), soit, plus récemment, articulé (**5**) ; il s'emboîte sur la partie arrière du sep ; 3/ le sep, porteur de la reille logée dans une rainure où elle est coincée par l'extrémité du mancheron ; 4/ la reille, barre de fer se terminant par une pointe (**4**,**5**) ou en « fer de lance » (**6**,**7**) ; elle ouvre la raie ; 5/ les tendilles, tiges en bois ou en fer, parfois absentes (Espagne, Grèce) ; elles servent à régler l'écartement entre timon et sep dont dépendra la plus ou moins grande profondeur du labour ; elles bloquent aussi l'extrémité du mancheron qui bloque la reille ; 6/ les ailes ou les oreilles (**4**,**5**,**7**) qui amplifient l'action du sep, contribuant au rejet de la terre de chaque côté de l'araire. ● Ce type d'araire a occupé un vaste domaine, quasi continu, du sud de la Loire (France) à l'Andalousie (Espagne) et des régions plus limitées en Allemagne, Italie, Tunisie, Turquie.

1/2 : Gravures rupestres. Un homme tient d'une main le mancheron d'un araire (type peu précis). Timon. Joug double : deux animaux attelés. **1** : Un autre homme, en tête, guide l'attelage (bovidés). Age du bronze (– 3500 environ). France, Alpes-Maritimes, Fontanalba, à plus de 2 000 m d'altitude. **2** : Le conducteur de l'araire brandit un bâton ; derrière lui, des hommes brisent des mottes de terre avec des houes. Italie, Brescia, Valcamonica.

3 : Un cultivateur, le mancheron d'un araire chambige à reille en main (main gauche ici ; au retour, dans l'autre sens, main droite). Timon long ; comme pour tout araire traction dans l'axe de l'instrument. En tête, ici, une femme guide l'attelage. 1966. France, Lozère, Saint-Laurent-de-Muret. Le terme *chambige*, de *cambeta*, *chambeta*, pré-romain, prouve l'ancienneté de ce type d'araire.

4/5/6/7 : Araire chambige à reille. France. **4** : Timon rigide (L totale : 4,20 m ; dont timon : 3,50 m ; L mancheron : 1,26 m ; L reille : 91 cm ; H tendilles : 14 cm). Pour obtenir un labour plus profond, le laboureur pèse sur le mancheron afin d'enfoncer le soc. Exécuté vers 1900 ; n'est plus en usage depuis 1933 environ. Aveyron, Prades-d'Aubrac. **5** : Partie centrale de l'araire 4. **6** : Timon articulé (L totale : 4,88 m ; dont timon : 4 m ; L mancheron : 1,60 m ; L reille : 1 m). Attelage plus souple, joug moins pesant et pénible à supporter pour les animaux, mais plus grande maîtrise de conduite et d'équilibre de l'araire de la part du laboureur ; et celui-ci, pour enfoncer la reille, soulève le mancheron. Cantal, La Trinitat, Les Fajoux. **7** : La reille, « règle », est pointue (ci-avant) ou « lancéolée » (L : 88 cm ; 17 cm sa plus grande largeur). 1960. Auvergne.

8 : Araire chambige à reille. Ailes à la base du manche. Pas de tendilles. Reille lancéolée. Grèce.

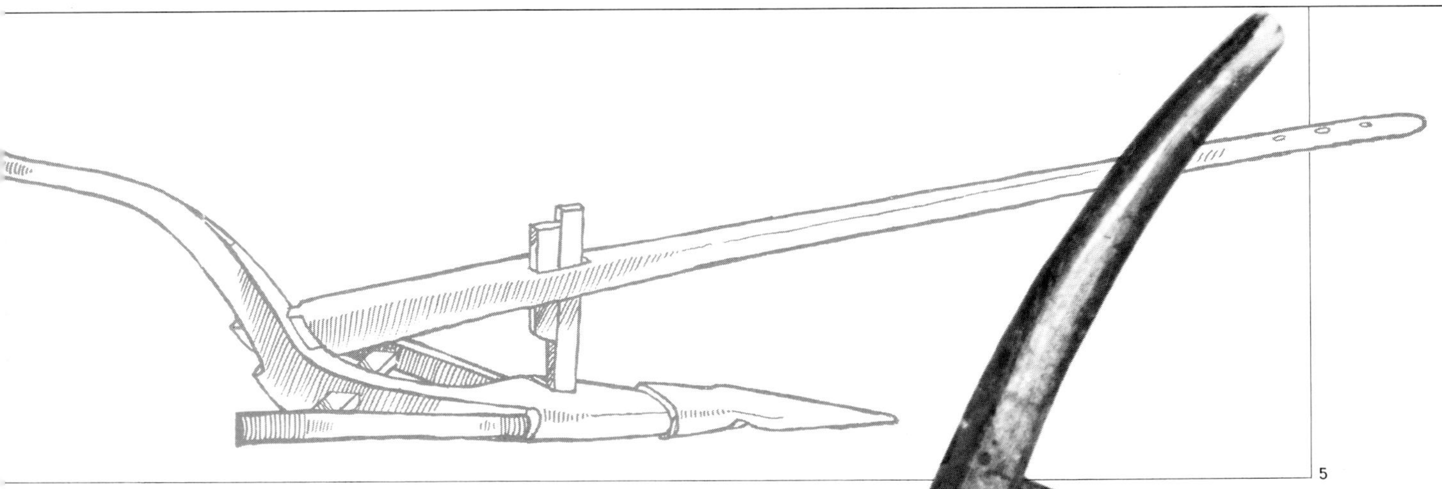

5

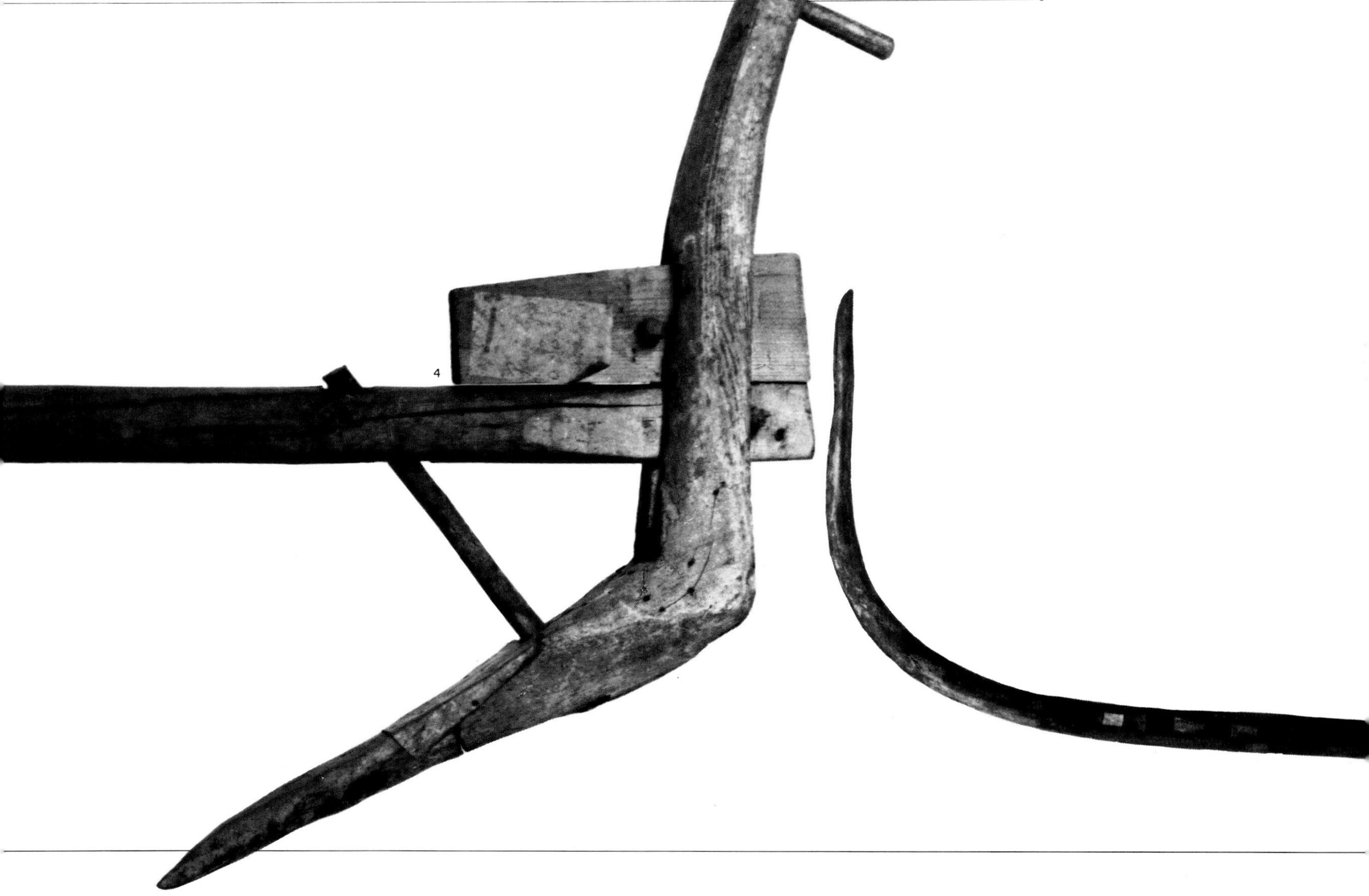

4

L'ARAIRE MANCHE SEP : TYPE D'ARAIRE LE PLUS RÉPANDU DANS LE MONDE

● L'araire manche sep est l'instrument dont le manche et le sep sont d'une seule pièce et dont le timon, courbé ou droit, traverse cette pièce. Il le fait à différentes hauteurs, et suivant différents angles : adaptation de l'instrument à ses fonctions (recouvrir les semences ou labourer le sol) et aux conditions locales (sol, saison, cultures). ● Ce type d'araire comportait, à l'origine, deux mancherons, dont les parties inférieures, coudées et ligaturées, formaient le sep et étaient munies d'un soc. Des figurations antérieures à notre ère, en Mésopotamie, en Égypte (**1**), attestent les deux mancherons. ● Il est encore des araires à deux mancherons, dans la lignée des anciens instruments, en Iran, dans le Lauristan (**2**) ou en d'autres régions du monde, en zones réduites ou isolément : régions alpines, Toscane, Ombrie ou encore sous une forme plus robuste, telle la « tête de vache », en France (Sologne) ou tel araire quadrangulaire (3 à 5, p. 40). ● Mais c'est l'araire manche sep à un seul mancheron qui est le plus répandu ; il est dans la lignée des manches sep à double mancheron, mais il exprime dextérité et maîtrise acquises par les utilisateurs pour la conduite et le maintien en équilibre de cet araire au travail ; les mains peuvent aussi effectuer chacune, en même temps, des gestes différents, ce qui est valable pour les autres types d'araire à un mancheron. ● En certains cas, à la partie supérieure du mancheron, subsiste une petite barre transversale pour prise des deux mains ; ou bien une poignée supplémentaire (**4**) à l'arrière du manche. L'une et l'autre de ces solutions témoignent de la persistance d'une ancienne technique d'utilisation de l'instrument. ● L'ingénieux et relativement facile agencement des pièces du type d'araire mancheron sep a favorisé l'extension de celui-ci : dans les Alpes ; dans les régions atlantiques (Landes, Pays Basque, Sud Espagne, Portugal où il domine, Maroc) ; dans les péninsules méditerranéennes mais aussi

3

1

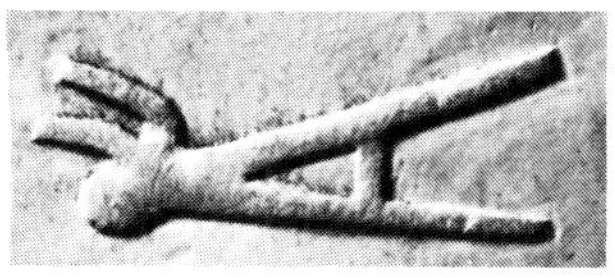

2

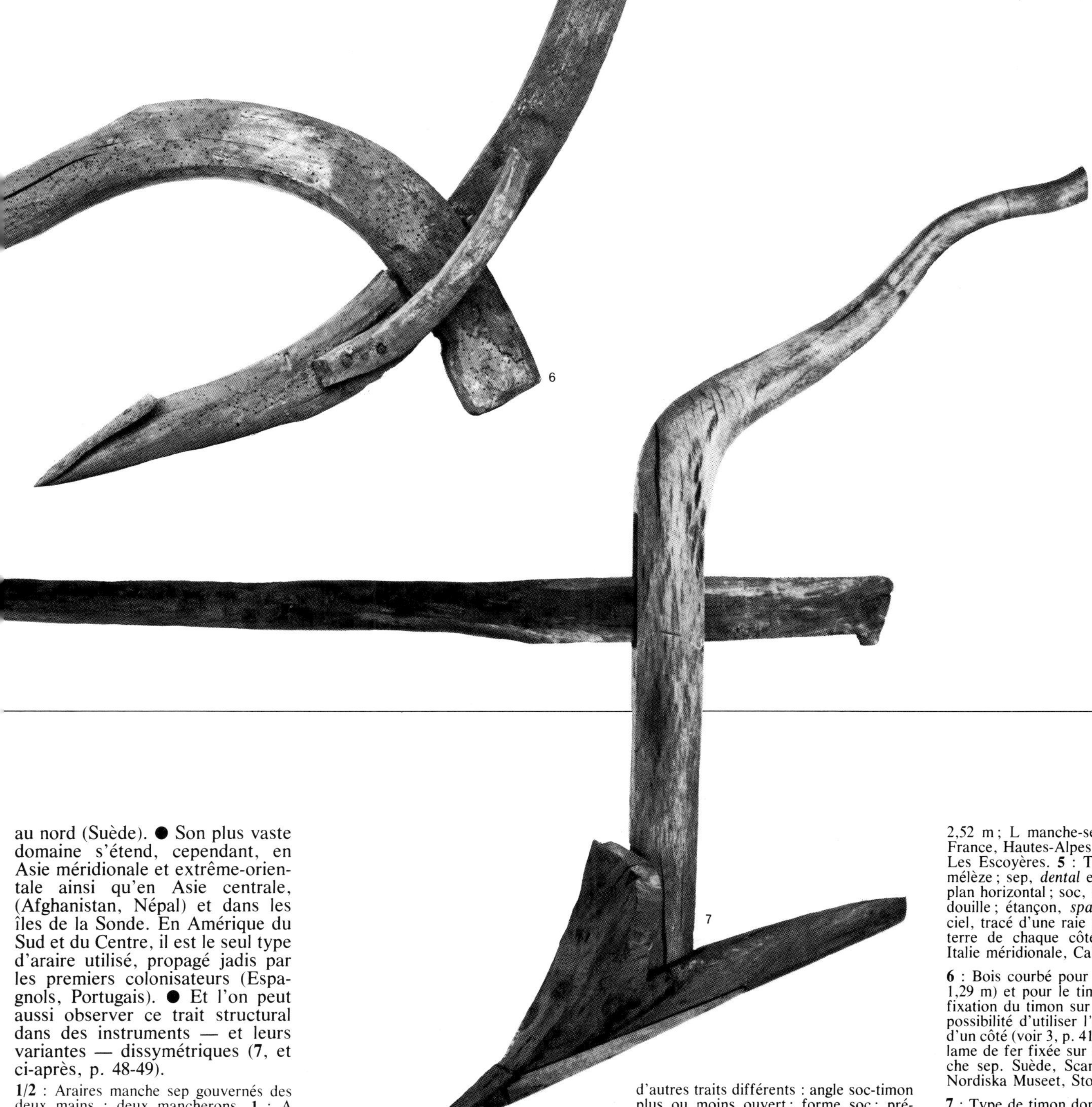
6

7

au nord (Suède). ● Son plus vaste domaine s'étend, cependant, en Asie méridionale et extrême-orientale ainsi qu'en Asie centrale, (Afghanistan, Népal) et dans les îles de la Sonde. En Amérique du Sud et du Centre, il est le seul type d'araire utilisé, propagé jadis par les premiers colonisateurs (Espagnols, Portugais). ● Et l'on peut aussi observer ce trait structural dans des instruments — et leurs variantes — dissymétriques (**7**, et ci-après, p. 48-49).

1/2 : Araires manche sep gouvernés des deux mains : deux mancherons. **1** : A gauche, hiéroglyphes (agrandissement en dessous) : deux araires à timon long; l'inscription signifie : « labourer (recouvrir la semence) à l'araire » ; à droite, on perçoit la présence d'un semeur. Bas-relief. Tombeau d'un notable, Ti, 3e millénaire avant notre ère. Egypte, Sakkara. **2** : Entre les deux mancherons, une corde avec un bâton pour la tordre et la tendre ainsi. Timon court, palonnier, attelage à un seul animal (p. 39). Attitude de l'utilisateur, position des mains. 1951. Iran, Louristan, environ de Dizful (Inf. Haeny, comm. par V. Monteil).

3/4/5 : Araires manche sep présentant un caractère structural commun mais avec d'autres traits différents : angle soc-timon plus ou moins ouvert ; forme soc ; présence ou non d'étançon, d'ailes ; forme poignée. 19e-20e siècles. **3** : Soc en forme de reille (p. 34-35) ; ni aile, ni étançon ; prise en main dans le manche. Pour culture en terrasse (sarrasin, blé d'hiver, millet), entre 2 100 et 2 800 m d'altitude. Ethnie Magar parlant le tibétain. Népal, Tichurong (C. Jest). **4** : Timon, bois équarri ; cale importante ; petite poignée supplémentaire ; soc à douille ; étançon (L totale, mais ici timon en partie coupé : 2,52 m ; L manche-sep : 1,10 m). 1948. France, Hautes-Alpes, Queyras, Arvieux, Les Escoyères. **5** : Timon, *perticara*, en mélèze ; sep, *dental* et ailes sur le même plan horizontal ; soc, *vomer*, important, à douille ; étançon, *spata*. Labour superficiel, tracé d'une raie large (soc), rejet de terre de chaque côté important (ailes). Italie méridionale, Calabre et Sicile.

6 : Bois courbé pour le manche sep (L : 1,29 m) et pour le timon (L : 80 cm) ; la fixation du timon sur le côté accentue la possibilité d'utiliser l'araire en l'inclinant d'un côté (voir 3, p. 41). Soc (L : 17,5 cm), lame de fer fixée sur l'extrémité du manche sep. Suède, Scanie (Inf. J. Myrdal, Nordiska Museet, Stockholm).

7 : Type de timon dont l'extrémité avant, effilée, se relève après attache sur le dessus du joug double : caractéristique d'attelage dans les péninsules malaise et sud-indochinoise (L totale ; 2,10 m ; L sep et soc : 62 cm : L partie mancheron : 1,20 m). Joug de garrot (1, p. 132). Soc élevé vers l'arrière avec une « aile » sur un côté ; indice d'un labour dissymétrique (charrue, p. 46), mais l'« aile » — forme et dispositif — ne peut retourner la terre comme un versoir. Thaïlande, Satingprah.

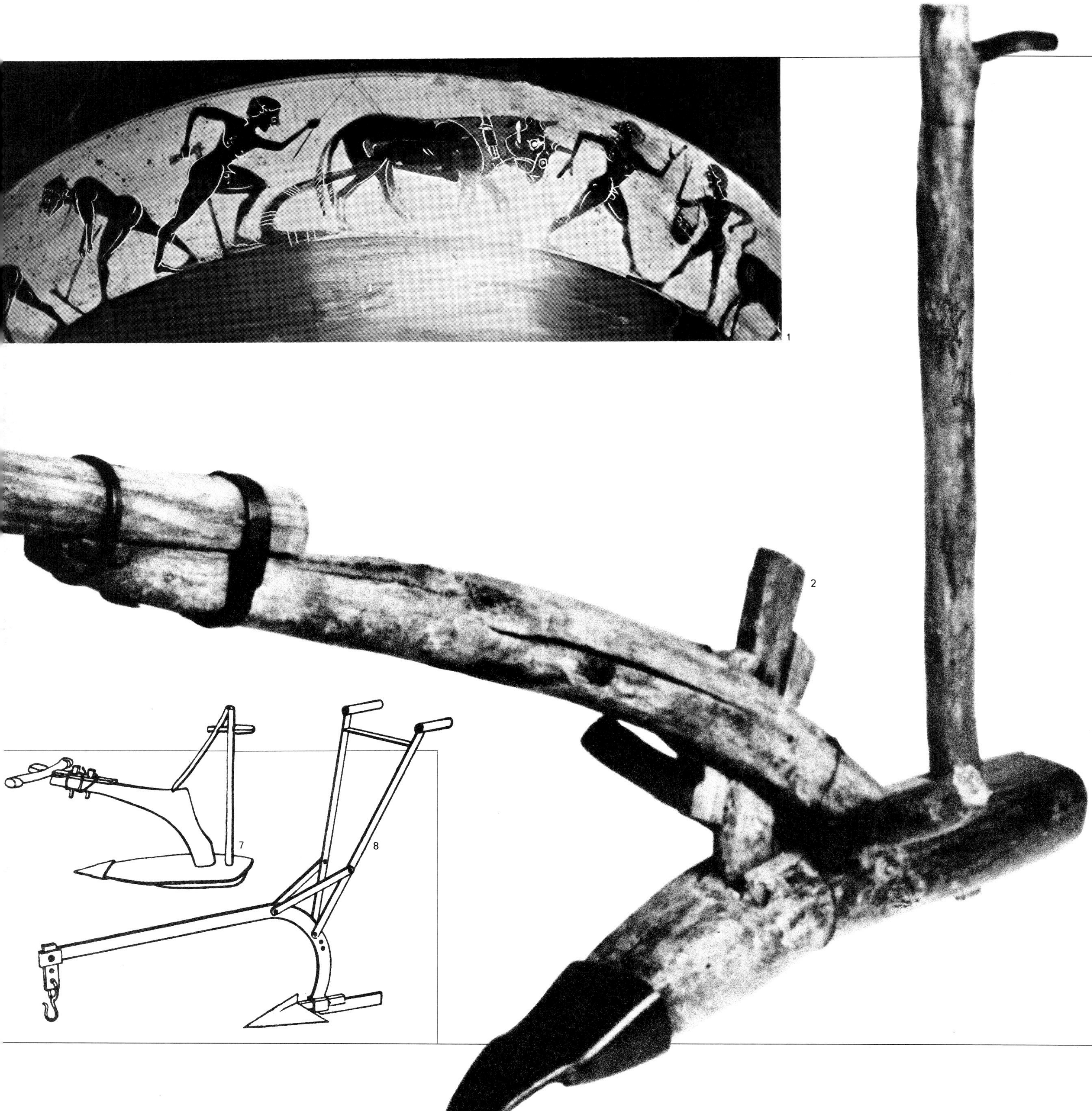

1

2

7

8

UNE AUTRE ATTITUDE DE TRAVAIL AVEC L'ARAIRE DENTAL : MAIN ET PIED EN ACTION

● Le dispositif des pièces, symétriques, de l'araire dental, correspond à des techniques particulières de fabrication et d'utilisation de l'instrument. ● Le dental (ou sep) reçoit, d'une part, la base du timon, arqué ou droit, et, d'autre part, celle du mancheron droit (**1**, **2**). Entre la base de ces deux dernières pièces, la laboureur peut mettre si nécessaire son pied (**1**), afin d'exercer une pression supplémentaire sur l'instrument. Manœuvre facilitée par la position du laboureur qui peut se tenir sur le côté de l'araire (comparer **1** et **3** à 3, p. 35). ● L'implantation séparée des pièces sur le dental nécessite un bâti particulièrement équilibré, résistant : mancheron et timon mortaisés dans le sep. ● Technologiquement et historiquement, cet instrument est plus récent que les deux précédents types. Il est baptisé « grec », « romain », « classique », car on en a trouvé de nombreuses figurations dans les pays méditerranéens (sur bas-reliefs, monnaies ou en modelage). Elles traduisent aussi le rayonnement, avant notre ère, de la Grèce et de Rome (araire décrit, entre autres, par Virgile). ● De plus, grâce au rayonnement de l'art gréco-boud-

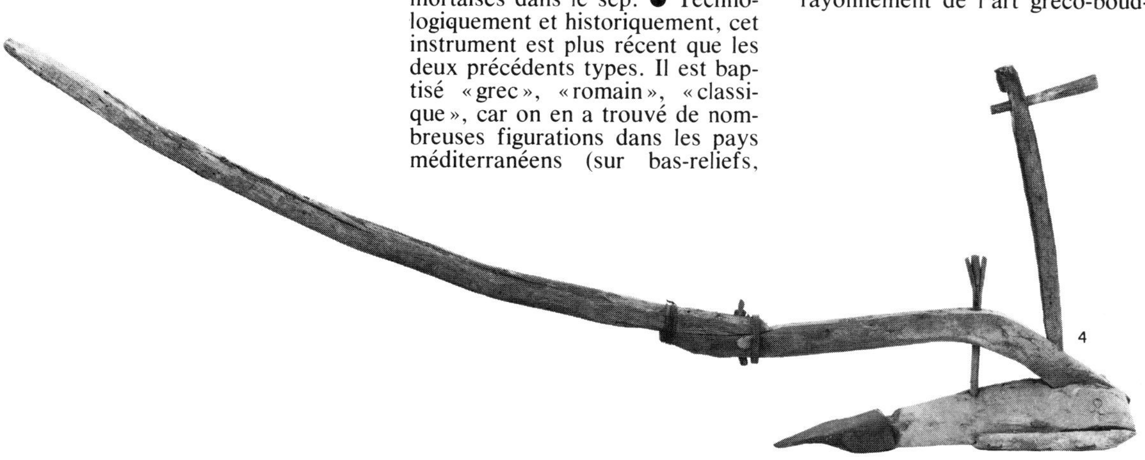

4

3

6

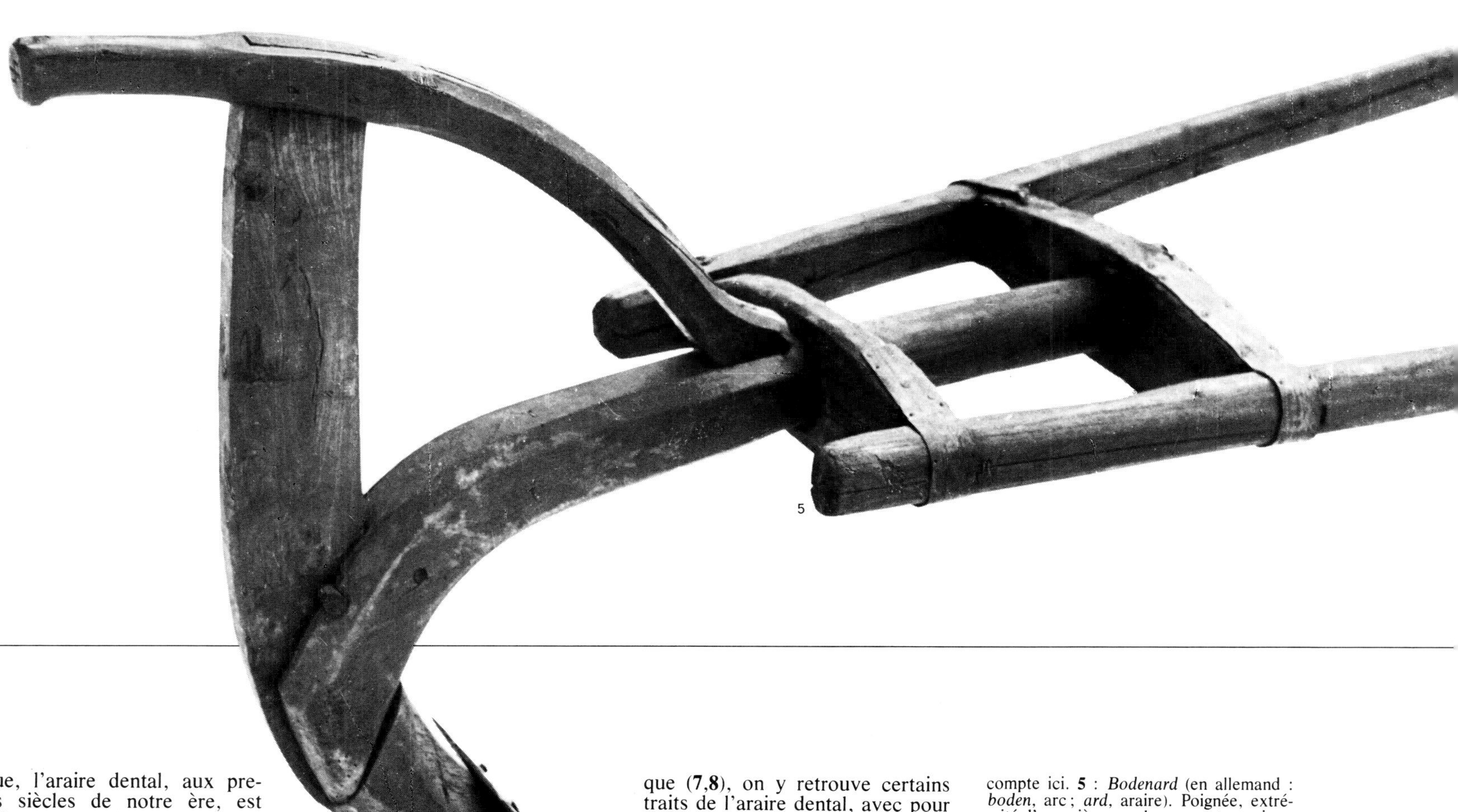

5

dhique, l'araire dental, aux premiers siècles de notre ère, est figuré en Afghanistan (vallée du Panshir) et au Pakistan (bas-relief, temple au nord de Peshaver). De cet araire et de ses variantes, il est toujours des témoignages vivants ou récemment encore en usage, en Grèce, en Italie, dans plusieurs autres régions et îles méditerranéennes. Mais aussi en Mésopotamie ainsi qu'en Iran, au sud de Khorramabad, dans le Louristan (Inf. V. Monteil). En îlots séparés, on le retrouve en usage, de l'Afghanistan au Népal occidental, dans de hautes vallées de l'Himalaya (R. Aitken). ● De cet araire dental il existe diverses variantes, telle celles du Pakistan (1, p. 41), ou celle du Népal (**3**), ici avec un mancheron implanté à côté de la base du timon. Ce même document montre l'araire utilisé de manière dissymétrique (avec rejet de terre d'un seul côté). Ailleurs, le mancheron est placé sur la courbe du timon (**4**). ● Mais ce qui apparente ces divers araires c'est la position de l'utilisateur près, à côté même, de son instrument : d'où le rapprochement fait, ici, avec certains araires manche sep (**5**,**6** ; à comparer avec 3 à 5, p. 34-35). Par diffusion progressive, la technique de fabrication et d'utilisation de l'araire à mancheron vertical a, en effet, influencé celle de l'araire pourtant structuralement d'un autre type (1, 2, p. 40-41). ● Quant aux araires modernes (fabriqués en France) destinés à l'Afrique (**7**,**8**), on y retrouve certains traits de l'araire dental, avec pour en faciliter ici l'emploi, un dispositif pour les deux mains.

1/**2**/**3**/**4** : L'araire dental avec ses caractéristiques et ses variantes (passé et présent). Noter la poignée sur le manche compte tenu de la position verticale du mancheron. **1** : Face interne d'une coupe grecque. L'araire recouvre des graines, semeur en tête. A gauche, émottage à la main (p. 10). 6e siècle avant notre ère. **2** : Araire dental. Technique ancienne des bois courbés (L totale : 4,20 m) ; H mancheron : 1 m : L dental et soc : 75 cm). **3** : Mancheron implanté contre la base du timon. Attache lâche du timon au joug : l'utilisateur maître de la position de l'araire mais plus gros effort de sa part. 1961. Kaigaon, bassin du Bheri, Népal (Inf. R. Aitken et J. Tyron). **4** : Mancheron fixé sur la courbe du timon. Soc fer de lance. Sep massif, élargi par les ailes (L. totale : 2,60 m ; H : 90 cm ; l : 30 cm). France, Haute-Corse, Moltifao.

5/**6** : Araires manche sep mais avec mancheron vertical comme celui de l'araire dental. Position de l'utilisateur prise en compte ici. **5** : *Bodenard* (en allemand : *boden*, arc ; *ard*, araire). Poignée, extrémité d'une pièce courbe prenant appui sur le timon. Timon ici écourté fixé aux brancards (dispositif à comparer avec 2, p. 37). Courbe de la partie sep plus ou moins accentuée suivant profondeur du labour à obtenir (L totale, avec brancards en entier : 3,11 m ; L araire et timon court : 1,05 m ; H : 1,07 m ; L soc : 17 cm). Fin 19e-début 20e siècle. Finlande, nord-ouest de Turku, et entre Vaasa et Jacobstad. Même type mais avec timon et attelage au joug, Korsholm. Les sols défavorables à la culture ne justifient pas le remplacement par des outils plus perfectionnés (Inf. Teppo Korhonen, Agricultural Museum, Helsinki). **6** : Attelage et araire à timon. La barre qui prolonge ici la poignée prend appui sur un montant fixé sur le timon. Iran, Kurdistan (Inf. R. Dupaigne).

7/**8** : Araires modernes, en métal ; certains de leurs traits structuraux sont comparables à ceux de l'araire dental en bois. Un ou deux mancherons, avec double poignée ou barre transversale pour prise des deux mains. Fig. d'après *Outillage pour pays tropicaux*.

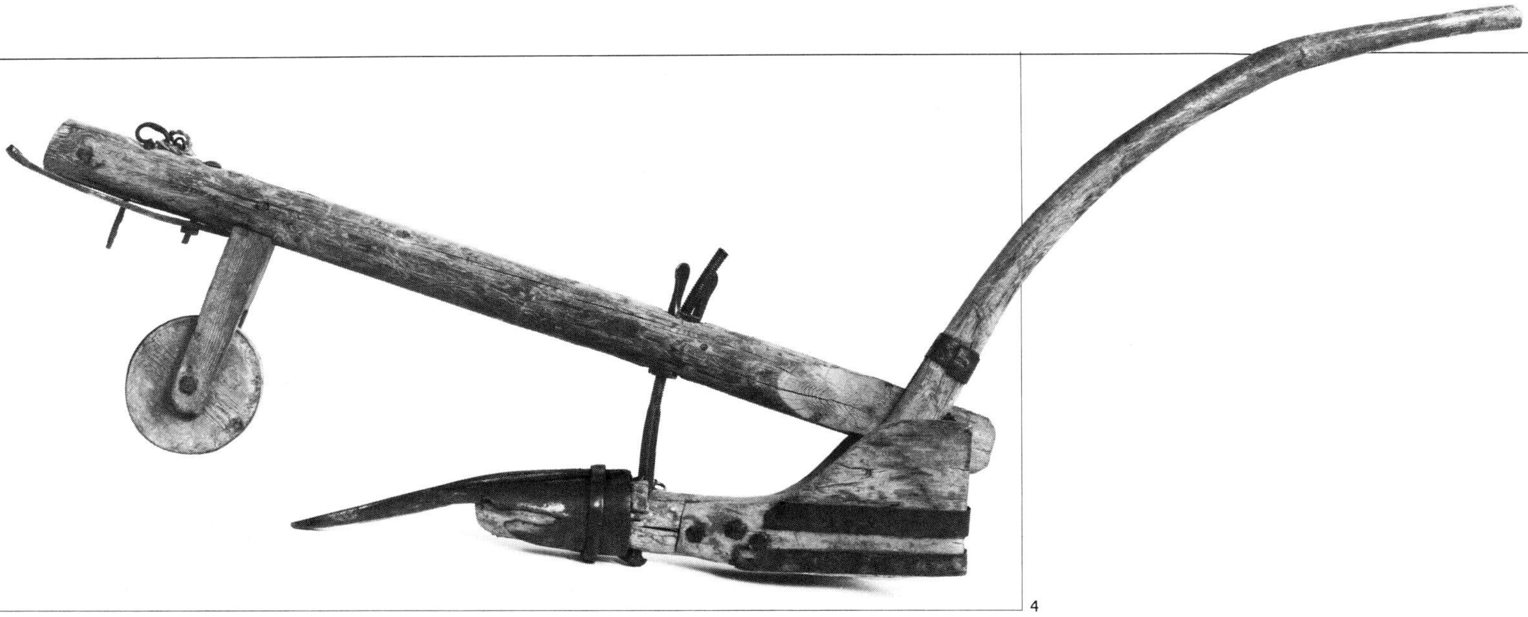

4

2

3

L'ARAIRE A AVANT-TRAIN : ASSOCIATION ARAIRE-VOITURE

● L'araire à avant-train comprend : le corps de l'araire proprement dit et un petit char à deux roues, l'avant-train, sur lequel le timon de l'araire prend appui et auquel il est accroché (**1** à **3**). ● De quand date cette « innovation » ? Il est probable qu'elle eut lieu au cours du Ier siècle de notre ère (d'après un texte de Pline). Mais il n'est pas possible de situer plus exactement dans le temps cette invention qui semble être apparue au nord de l'Italie. ● L'araire, d'une part, et la voiture à quatre roues, d'autre part (p. 126-127), association de deux voitures à timon et à deux roues, sont très anciennement utilisés. Les

5

1

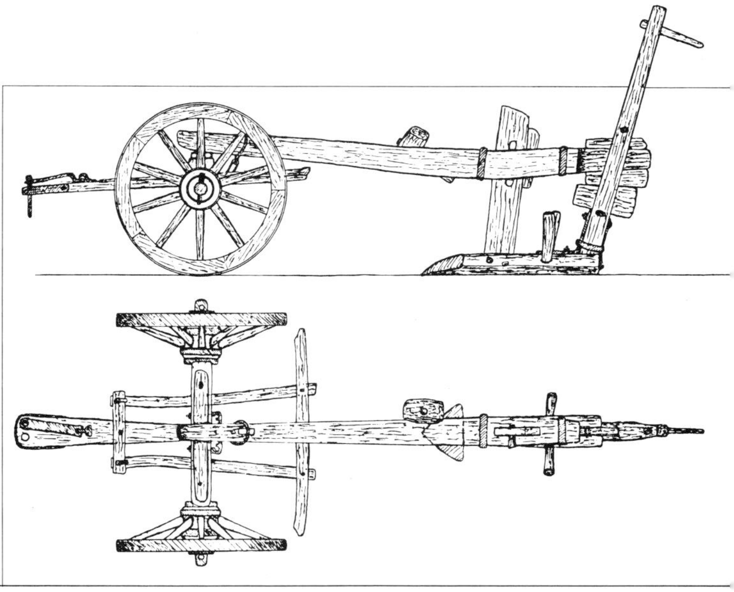

deux roues avant d'un tel véhicule — mais avec des dispositifs d'accrochage adaptés — devinrent ce petit char auquel certains araires furent, dorénavant, accrochés, tandis que les bêtes y étaient attelées. Le poids du timon, les à-coups répercutés du soc, lorsque celui-ci rencontre des obstacles, ne se firent plus sentir aussi brutalement sur la tête, la nuque ou les épaules des animaux tracteurs ; en revanche, l'instrument à traîner était beaucoup plus lourd. Mais la préparation du sol fut améliorée, quoiqu'il ne se soit agi encore que d'un « araire ». ● L'emploi d'araires à avant-train s'est prolongé jusqu'à nos jours, mais avec des instruments à plus forte structure et pour des tâches à la fois plus restreintes et plus précises, tel le billonnage : préparation du sol en vue de semailles ou de plantations, mais surtout pour assainir le sol, le drainer. Ces araires, outils de travail appréciables, nécessitent des animaux tracteurs assez forts, des sols assez consistants pour que les roues ne s'embourbent pas, et même des chemins suffisamment praticables pour accéder aux champs à labourer. ● Pour pallier certains de ces inconvénients, et par économie (les roues représentent un travail particulier du charron), l'avant-train de l'araire fut réduit, en certains cas, et ultérieurement, à une seule roue, petite ou grande, fixée au timon (**4**, **5**) ; ce support simplifié a été inspiré de l'avant-train à deux roues, mais il réclame plus d'effort de l'utilisateur pour le maintien de l'araire au travail. ● En effet, l'avant-train à deux roues assura — et assure — au corps de l'instrument en mouvement plus d'équilibre, de stabilité ; il accroît ses possibilités de travail. Il prépara aussi le passage de l'araire à la charrue, de l'instrument symétrique à l'instrument dissymétrique (p. 52-53).

1 : Un araire à un seul mancheron et à avant-train. Vu de profil et en plan. Symétrie des diverses pièces. Axe de l'araire dans l'axe de la traction. 19e siècle. Suède méridionale, Skanie (A. Steenberg).

2/3 : Araires à avant-train. Emploi des deux mains pour le travail en profondeur que doivent exécuter les deux instruments, ainsi que l'indiquent d'une part le volume du sep et d'autre part les deux versoirs assez élevés. De part et d'autre, possibilité de régler la profondeur du labour en modifiant la place des chevilles de réglage de l'étançon, et par là même, la position du timon ; en conséquence, fixation plus ou moins élevée de l'extrémité du timon sur l'avant-train. Avant-train relativement bas. 20e siècle. **2** : Araire buttoir (L totale : 2,60 m ; L du timon : 1,80 m ; l : 48 cm ; d des roues : 65 cm ; L cheville de réglage : 16 cm). France, Haute-Savoie, Le Mont-Sixt (Inf. H. Raulin). **3** : Araire. Mancheron fourchu. Yougoslavie, Slovénie (Inf. F. et M. Zwitter, Ljubljana).

4/5 : Araires. Appui du timon sur une roue. **4** : Araire de type manche sep ; un mancheron ; soc avec pointe de fer ; deux ailes renforcées de clous et de barres de fer ; tendille ; timon traversant le mancheron, cale de bois ; petite roue pleine, cerclée de fer, fixée vers l'extrémité du timon court (L totale : 1,76 m ; l : 23 cm ; H : 1,10 m). France. **5** : Mancheron fourchu (1, p. 50) ; large soc ; hauts versoirs disposés en butoir et, comme sur 3, en position symétrique (peuvent être déplacés, p. 50). Roue de grand diamètre. Yougoslavie, Slovénie (Inf. F. et M. Zwitter).

5

COUTRIERS ET ARAIRES A COUTRE

● Le coutrier (de *culter* en latin, couteau) ouvre le sol avant le passage de l'araire ; de ce fait, il facilite la pénétration et le travail du soc. ● Le coutrier comprend, dans le sens horizontal, une plus ou moins longue barre de bois, à laquelle est fixé verticalement un coutre ; la lame de celui-ci peut être droite ou inclinée (**1**,**2**,**3**). Le coutre, quoique désigné comme un couteau, ne coupe pas le sol à proprement parler : la lame, en avançant, fait éclater la terre à une petite distance devant lui. ● Le coutrier est un instrument très anciennement utilisé puisqu'au Ier siècle de notre ère, Pline l'Ancien signale sa présence et précise sa fonction. Le coutrier a continué d'être en usage jusqu'à l'époque contemporaine. ● On le trouvait — ou on le trouve encore — en

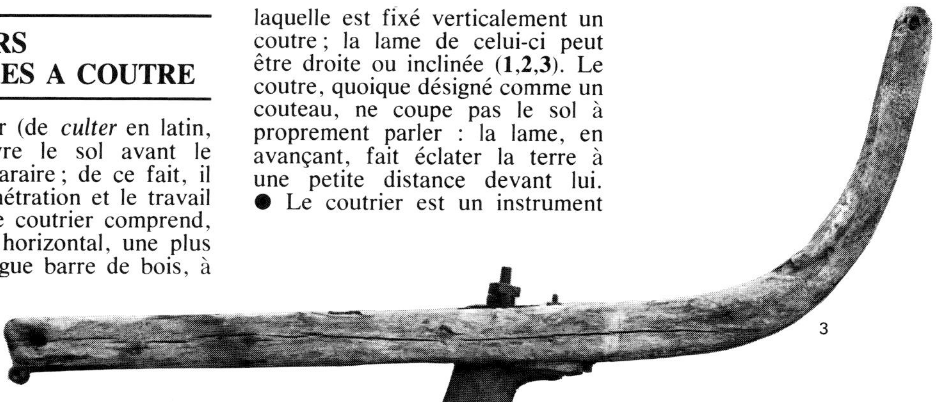

3

2

1

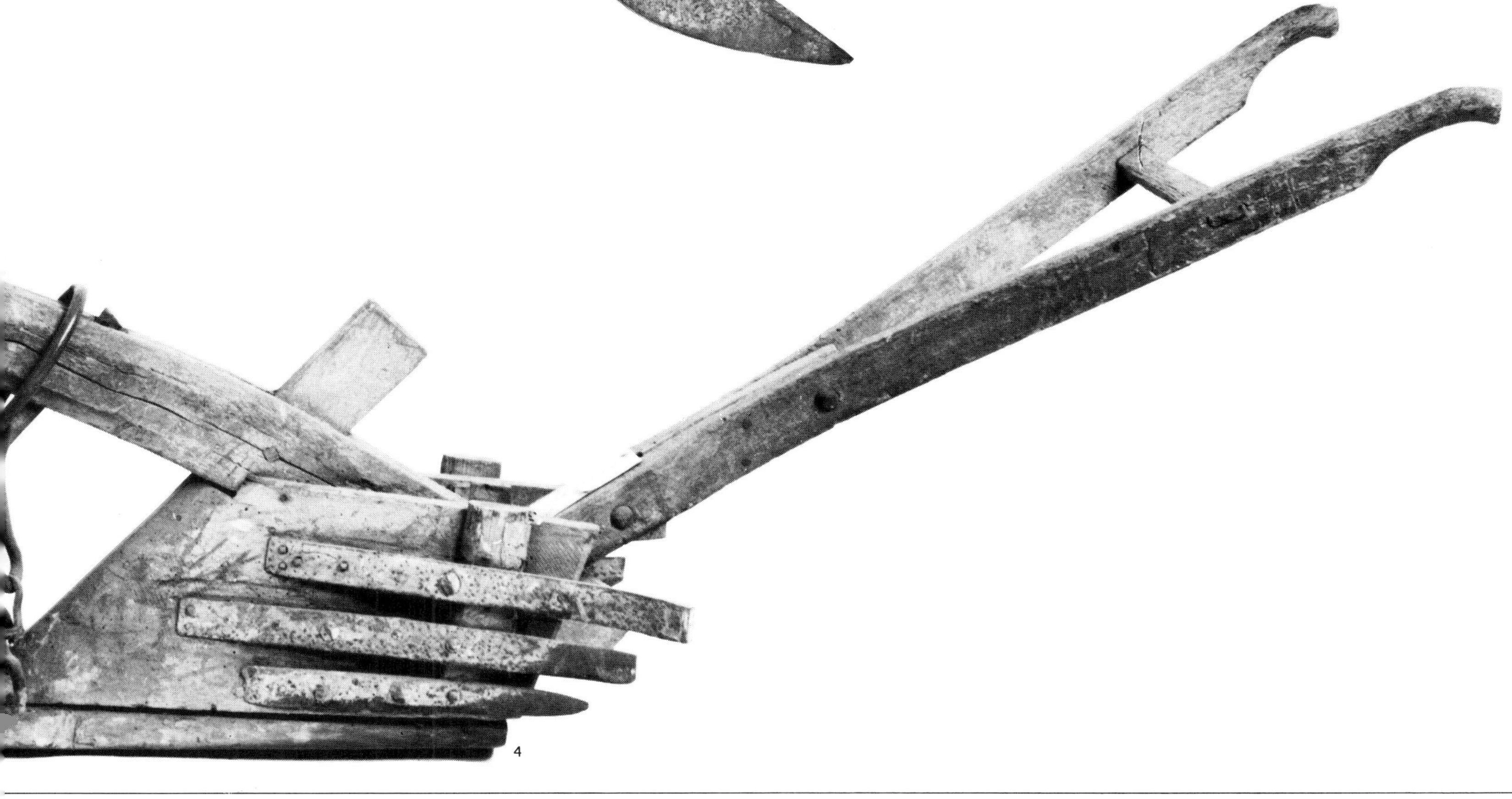

4

Pays Basque (le *nabarr*), dans les Pyrénées, en Espagne, au Portugal, mais aussi en Europe septentrionale, des îles Hébrides au nord de l'Écosse jusqu'en Finlande ; en Suède il porte le nom de *rist* (**3**). Son usage s'est étendu aussi en Europe centrale, de régions bordant le nord de la mer Adriatique jusqu'au Caucase. ● Dans les Grisons et en d'autres régions de la Suisse, cette même technique de l'ouverture préalable de la raie est effectuée non pas par un coutrier mais par un araire sans ailes, au sep étroit, le *Vorschneider* (« qui coupe avant ») ou *Vorpflug ;* cet instrument, souvent de plus muni d'un coutre, ouvre le passage à un araire qui vient « après », *Nachpflug*, équipé d'un sep et d'un soc larges dont le travail est encore amplifié par des ailes. ● Plus tardivement intervint l'association coutrier-araire sur un même instrument : le coutre fut fixé au timon de l'araire en avant du soc ou à la hauteur de la pointe de celui-ci (**4, 5**), un seul instrument associant dès lors deux fonctions. ● Mais l'araire à coutre exigeait un attelage plus puissant que chacun des instruments séparés. Araire donc plus lourd à traîner, mais mieux équipé, pouvant travailler dans des sols plus rebelles et plus profonds. ● Le coutre est resté une pièce importante associée à des araires (**4**), mais surtout aux charrues (**6** et p. suivantes).

1/2/3 : Coutriers, bois, fer. Divers types de lames, de dispositifs de gouverne et d'attelage (timon long ou court). **1** : *Coudré, pikun* (L : 2,75 m ; H : 70 cm). L'extrémité de la barre transversale sert de poignée. France, Basses-Pyrénées, Lantabat. **2** : *Coutré*, mancheron vertical rapporté ; poignée horizontale (L : 3,39 m ; H mancheron : 78 cm ; coutre : 36 × 8,6 cm) ; pour couper la terre dure. On s'en servait encore en 1961. France, Hautes-Pyrénées. Sainte-Marie-de-Campan (Doc. et inf. G. Cermak). **3** : *Rist*, partie antérieure du timon, recourbée, forme le mancheron (L totale : 1,75 m ; L partie horizontale : 1,15 m ; L coutre : 52 cm). Suède, Angermanland, Arnäs (Inf. J. Myrdal, Nordiska Museet, Stockholm).

4/5 : Araire à coutre, dit « tête de vache ». Vu de profil puis de trois-quarts, de l'arrière vers l'avant (L totale : 3,30 m). Ailes renforcées et prolongées par des lamelles de bois. Le coutre doit être placé dans l'axe du soc. France, Loir-et-Cher.

6 : Importance de la présence du coutre : une charrue tourne-oreille (voir ci-après), dont le coutre peut être orienté différemment suivant le sens du labour. Dessin français du 15e siècle (Bibliothèque nationale), reproduit par Viollet-le-Duc dans son *Dictionnaire raisonné*.

6

2

5

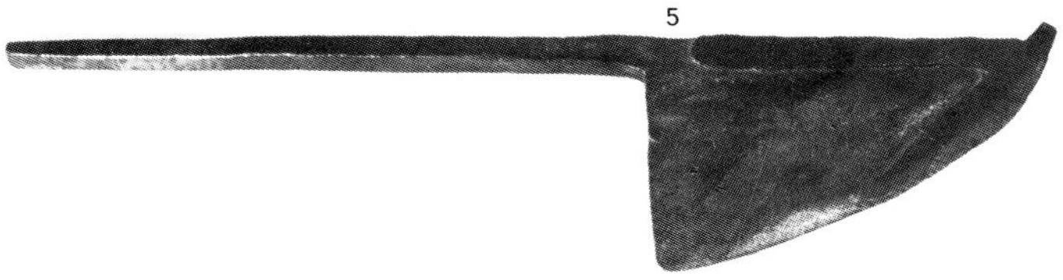

3

LES CHARRUES, INSTRUMENTS DISSYMÉTRIQUES. CHARRUE A VERSOIR FIXE ET TYPES DE LABOUR

● A la différence de l'araire, la charrue ne rejette la terre que d'un côté, et, de plus, elle retourne la terre ainsi détachée. ● Mais la charrue effectue ce labour suivant des modalités diverses, compte tenu de la forme et de la disposition de ses diverses pièces (particulièrement de celles du soc et du versoir), du type d'attelage et des animaux attelés ; mais aussi de la manière dont le laboureur conduit l'instrument et du travail qu'il en veut obtenir. ● Dans la grande famille des charrues, il importe de distinguer d'abord les charrues à versoir fixe (1 à 6, et p. 52-53). Ce versoir peut être remplacé, éventuellement, par un versoir d'une autre forme, mais il est toujours placé du même côté, sur la droite de l'instrument, en général, plus rarement sur la gauche (charrue « mousse » dans les Pyrénées). ● Avec cette charrue à versoir fixe, le laboureur effectue un labour en billons (**7**). Le laboureur commence, par exemple, une première raie de labour, la charrue rejetant, en la retournant, la terre sur sa droite ; à l'extrémité de cette première raie, le laboureur tourne à droite, puis il engage sa charrue parallèlement au labour précédent. La terre labourée va être dès lors rejetée sur celle qui l'a été précédemment, ce qui va former un ados, un bombement de terre, à proprement parler un sillon. Ce type de labour convient à certaines cultures ; il contribue aussi à égoutter des terres humides. ● Mais avec la charrue à versoir fixe un autre type de labour est aussi possible : le labour dit « à plat » qui ne transforme pas le champ en ondulations successives comme le labour précédent. ● Au lieu d'allées et venues effectuées toujours à droite du sillon initial, le laboureur laboure successivement à gauche et à droite de ce sillon (**8**) ; sa charrue versant toujours à droite, couche la terre qu'elle vient de soulever et de retourner sur la raie et en partie sur le sillon qu'elle avait précédemment formés. L'inconvénient avec cette charrue (inconvénient que ne présente pas la charrue tourne oreille), c'est que le travail subit un « temps mort » à chaque extrémité du champ par suite du déplacement de la charrue entre le labour qui vient d'être effectué d'un côté et celui à effectuer de l'autre. ● Après quelques passages de la charrue (4, 6, 8...), de part et d'autre du sillon central, l'ensemble formant une « planche », le laboureur prévoit une dérayure facilitant l'écoulement des eaux. Puis il reprend l'établissement d'une nouvelle planche, en la commençant à une certaine distance (nouveau dépla-

4

6

1

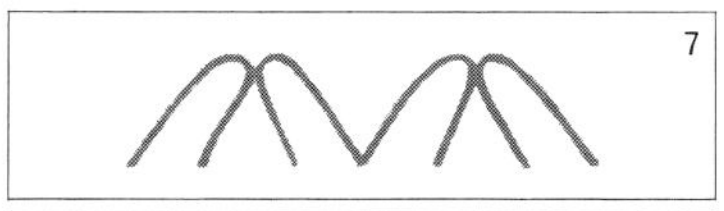

7

8

cement de la charrue), mais la nouvelle planche viendra jouxter la dérayure. ● Le terme « sillon » s'appliquait, à l'origine, à la surface bombée entre les raies, donc spécialement aux billons ; puis il a désigné par la suite — et par erreur, plus particulièrement, le creux — la raie... surtout dans le langage des poètes !

1/2 : Charrue. Versoir fixe. Sans coutre. Fin 18e siècle, États-Unis, Greenfield Village and Henry Ford Museum, Michigan, Dearborn (Doc. et inf. J.T. Schlebecker). **1** : Forme qui s'est développée de manière originale aux États-Unis à partir de modèles de Belgique et de Hollande. Versoir en bois, un mancheron, timon court (L : 1,98 m ; l : 41 cm). New York. **2** : Vue d'en dessous ; on voit bien la dissymétrie des pièces travaillantes et de tout le bâti (L soc et versoir métalliques : 94 cm ; l : 45 cm). Maine, Biddeford.

3/4/5 : Charrues. Versoir fixe. Coutre. France. **3** : Bâti quadrangulaire. Versoir ; soc en fer forgé. Deux mancherons fixés sur timon ; celui-ci, court, avec, à son extrémité, un régulateur pour régler la profondeur du labour et un crochet d'attelage (L : 2,05 m ; l : 45 cm ; H : 86 cm). Encore en fonction en 1966. Aveyron, Prades-d'Aubrac (Inf. C. Jest). **4** : Côté gauche de la charrue, non muni du versoir, côté frottant sur la paroi verticale qui vient d'être découpée, par le coutre et le soc, le long du guéret (partie non encore labourée). On aperçoit l'envers du versoir, placé côté droit. (L sans timon : 1,60 m ; l : 40 cm ; H : 50 cm). Le manche traverse le timon : un trait de l'araire chambige (p. 3). Gironde, Castillon-la-Bataille. **5** : Soc dissymétrique de ces charrues. Certains rappellent des traits de la reille fer de lance des araires chambige (6, p. 35). Hautes-Pyrénées, Sainte-Marie-de-Campan.

6 : Charrue brandilloire écossaise. D'un usage autrefois (19e siècle) général en Écosse. Timon court avec régulateur de largeur et de profondeur du labour. Mathieu de Dombasle (1777-1843) s'inspira de ce type pour construire et diffuser un modèle perfectionné, la « Dombasle ». Pour manœuvrer et maîtriser ces instruments, attelés directement aux animaux tracteurs, le travail est éprouvant ; le laboureur doit être particulièrement fort et très habile ; un bon laboureur doit tracer des raies absolument droites et parallèles. Cet exemplaire de charrue a été déposé au Conservatoire royal des Arts et Métiers de Paris au cours du premier quart du 19e siècle.

7/8 : Schémas de deux des principaux types de labour. **7** : Labour en planches, celles-ci séparées par des dérayures. **8** : Labour en billons.

6

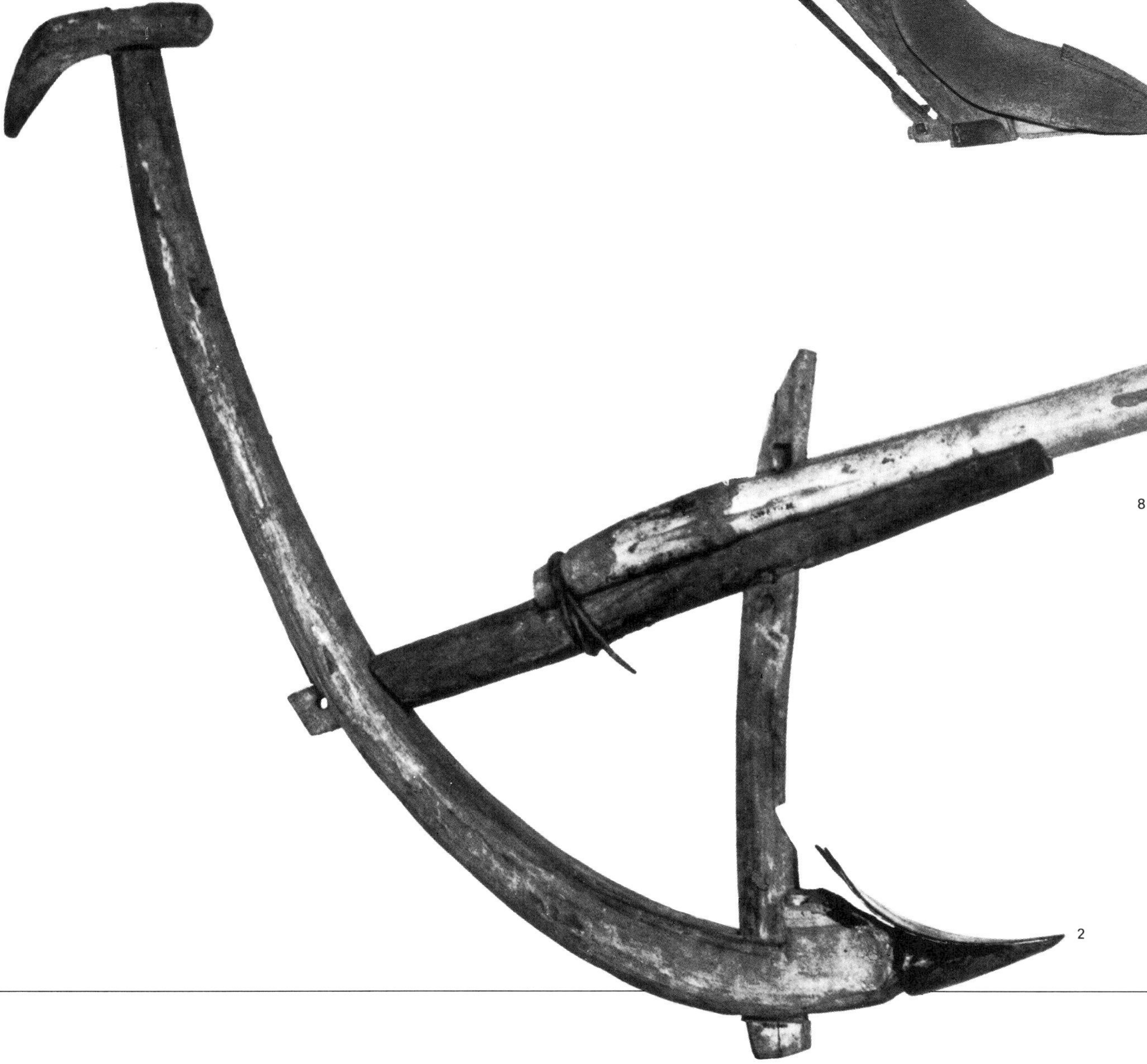
2

8

CHARRUES EN EXTRÊME-ORIENT. LES « DRAGONS » DE CHINE

● Si les instruments de labour ont été de très bonne heure utilisés en Asie, il est cependant malaisé de saisir le moment où l'usage de la charrue s'est développé ; d'après les idéogrammes (**1**), l'iconographie, les textes, dont on dispose jusqu'à présent, il semblerait que l'instrument dissymétrique n'ait pas été utilisé ici aussi anciennement qu'en Europe. ● Toute une « lignée » de charrues a conservé la structure des araires manche sep, rappelant la technique des bois ployés, ligaturés ou mortaisés des araires triangulaires. Ainsi pour certains instruments du Viet-nam, qui ont, en particulier, entre manche, sep et timon, un « étançon » très développé (**2**). ● Des techniques de fabrication différentes ont aussi contribué (voir p. 40-41) à faire évoluer le bâti de certains types d'instruments d'une structure triangulaire (**5**) à une structure quadrangulaire (**4**) ;

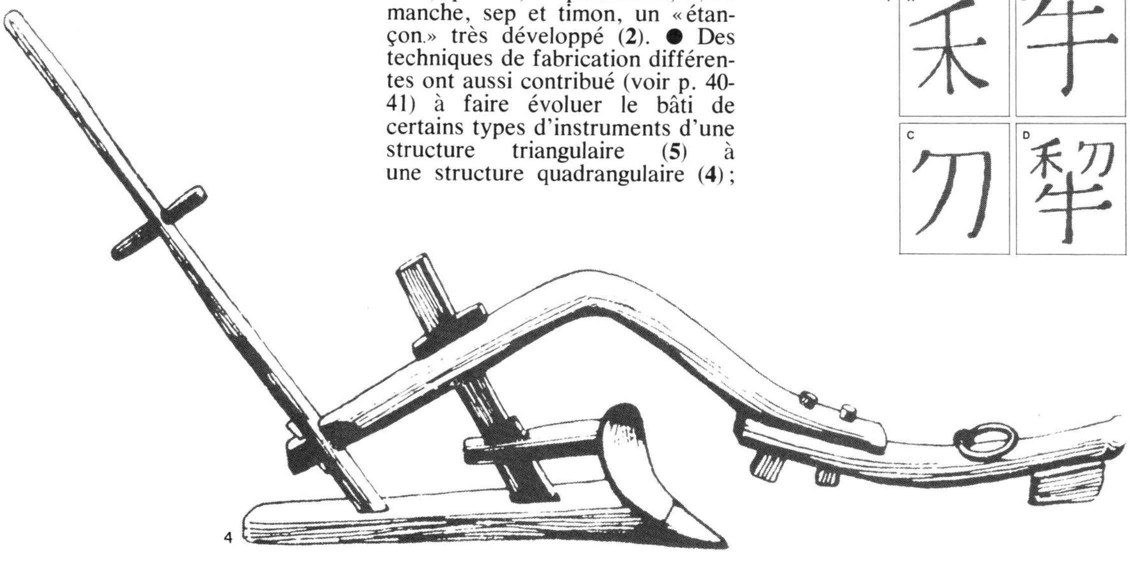
4

1
A 禾
B 牛
C 刀
D 犁

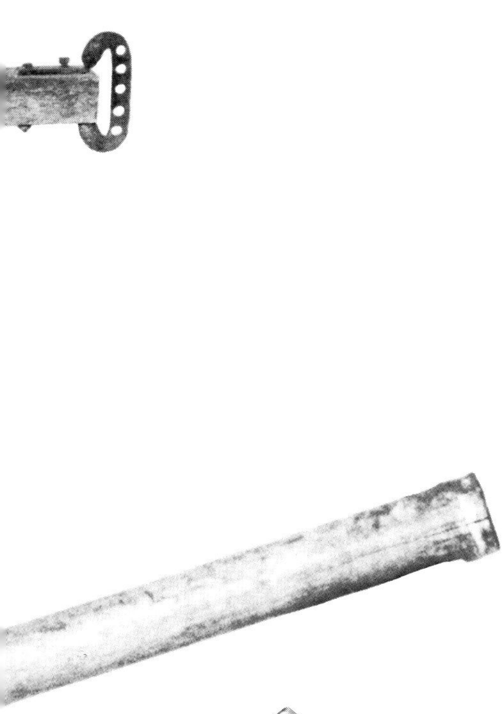

3

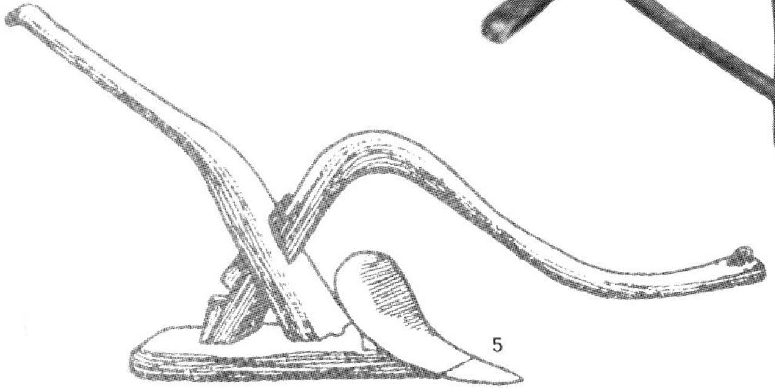

5

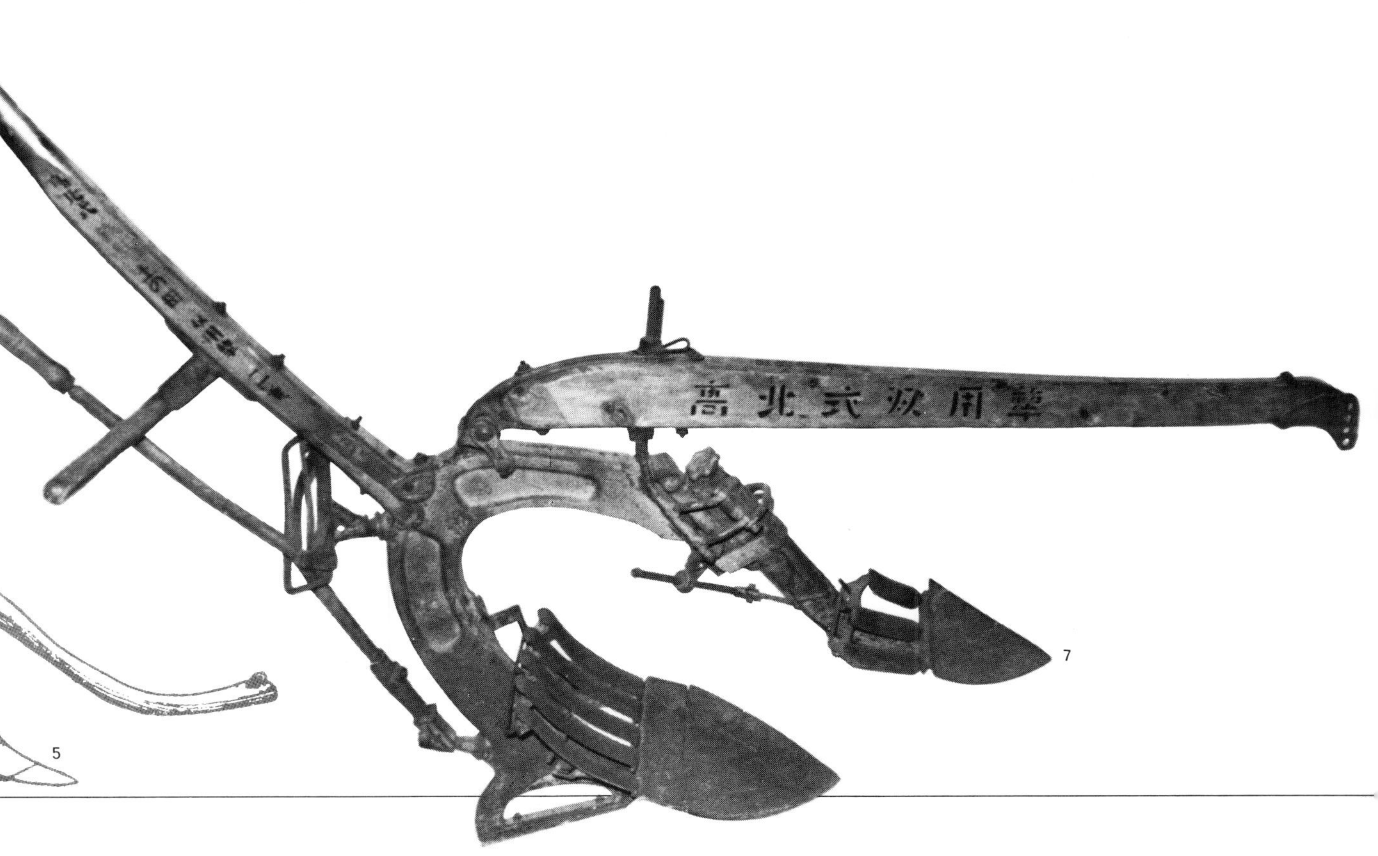

7

l'étançon devenant alors un élément du quadrilatère. ● Ces charrues au timon arqué ont une silhouette de dragon, dit-on ; trait maintenu sur des représentations ultérieures, telle celle de l'ouverture du premier sillon par l'empereur de Chine, cérémonie annuelle et traditionnelle (**3**). Même constatation en observant des charrues de divers types : le timon, en une belle courbe, s'abaisse pour qu'y soit fixé, à bonne hauteur, l'attelage (palonnier, traits, jouguet). ● Certaines charrues, au Japon, ont, en contraste, un étançon court, logé haut dans l'angle manche-sep-timon. Le versoir, quoique mobile, est placé en front de sep comme il l'est sur les charrues ci-avant (**4,5**). Mais ce qui frappe particulièrement ce sont les aménagements si ingénieux et plus modernes apportés à l'ancien « modèle » manche-sep (Inf. Jiro Iinuma), afin de faciliter le changement d'orientation du soc et du versoir. L'ingéniosité se manifeste également dans la charrue à double étage (**7**). ● La présence d'un étançon sur les charrues de l'Extrême-Orient contraste avec l'absence de cette pièce sur des araires et charrues de l'Asie méridionale (7, p. 36). Des caractères sont cependant communs à ces divers instruments, avec ou sans étançon : l'absence d'ailes et d'avant-train. L'instrument est attelé directement à un seul animal ou à un couple d'animaux. A moins que ce ne soit, ou que cela n'ait été, à des êtres humains (**8**).

1 : Analyse de l'idéogramme chinois actuel de l'araire ou de la charrue (d'après *l'Homme et la charrue*, p. 90). Idéogrammes : A, des céréales, des grains ; B, des bovins ; C, du couteau, des lames ; D, de l'araire ou de la charrue (association des trois signes précédents).

2 : Pour les rizières. Bois, dont bambou ; soc fonte. Structure d'un araire manche sep, mais pièce orientable au-dessus du soc. Timon droit et long (L manche-sep : 1,02 m ; étançon : 46 cm ; timon : 1,52 m) Type d'origine chinoise (M. Ringelmann). Vietnam nord.

3/4/5 : Charrues au versoir frontal orientable. Timon court, arqué. Attelage à un seul animal. **3** : En Chine, l'agriculture occupa de bonne heure le second rang dans la hiérarchie sociale des activités ; avant notre ère et au tout début de celle-ci, des écrivains ont décrit rites agraires et cérémonies saisonnières, telle celle de l'ouverture de la saison des labours. Ici, l'empereur de Chine, K'ien-long, 1736-1775 (soit au temps de Louis XV-Louis XVI), au centre, seul, mais entouré de ses ministres et de hauts dignitaires, procède à l'ouverture du premier « sillon » (on devrait dire ouverture de la première « raie », voir p. 47). Rouleau, encre et peinture sur soie. **4** : Charrue chinoise « quadrangulaire ». On retrouve dans le dispositif du soc-versoir orientable les traits de charrues anciennes. Le versoir peut être démonté lors des semailles. Le timon, court et recourbé, est adapté à l'attelage à un seul animal. **5** : Charrue du Laos et de la Thaïlande. D'origine chinoise. Même soc-versoir. Le timon traverse la base du manche (à comparer avec l'araire chambige, p. 34-35) ; il est implanté ici dans le sep (P. Leser).

6/7 : Charrues manche sep triangulaires. Timon droit et court. Japon, île de Hondo, région d'Iwate. **6** : La position du versoir et du soc est commandée par une pièce complémentaire, articulée, placée à côté du manche : amélioration technique. **7** : Deux charrues en un seul instrument : le soc supérieur ouvre la terre, laboure, à un certain niveau, ce qui permet au soc inférieur, en léger retrait, d'intervenir ensuite pour labourer une couche de terre encore plus profonde.

8 : Traction d'une charrue par trois hommes attelés. Un des hommes et le conducteur, une longue perche sur l'épaule, soutiennent ainsi la charrue qui y est accrochée. 1940. Chine. L'attelage des charrues à des hommes ou à des femmes existe ou a existé à travers le monde, et dans des régions aussi différentes que le Pérou (au bord du lac Titicaca), dans les Alpes autrichiennes, les Balkans, l'Extrême-Orient...

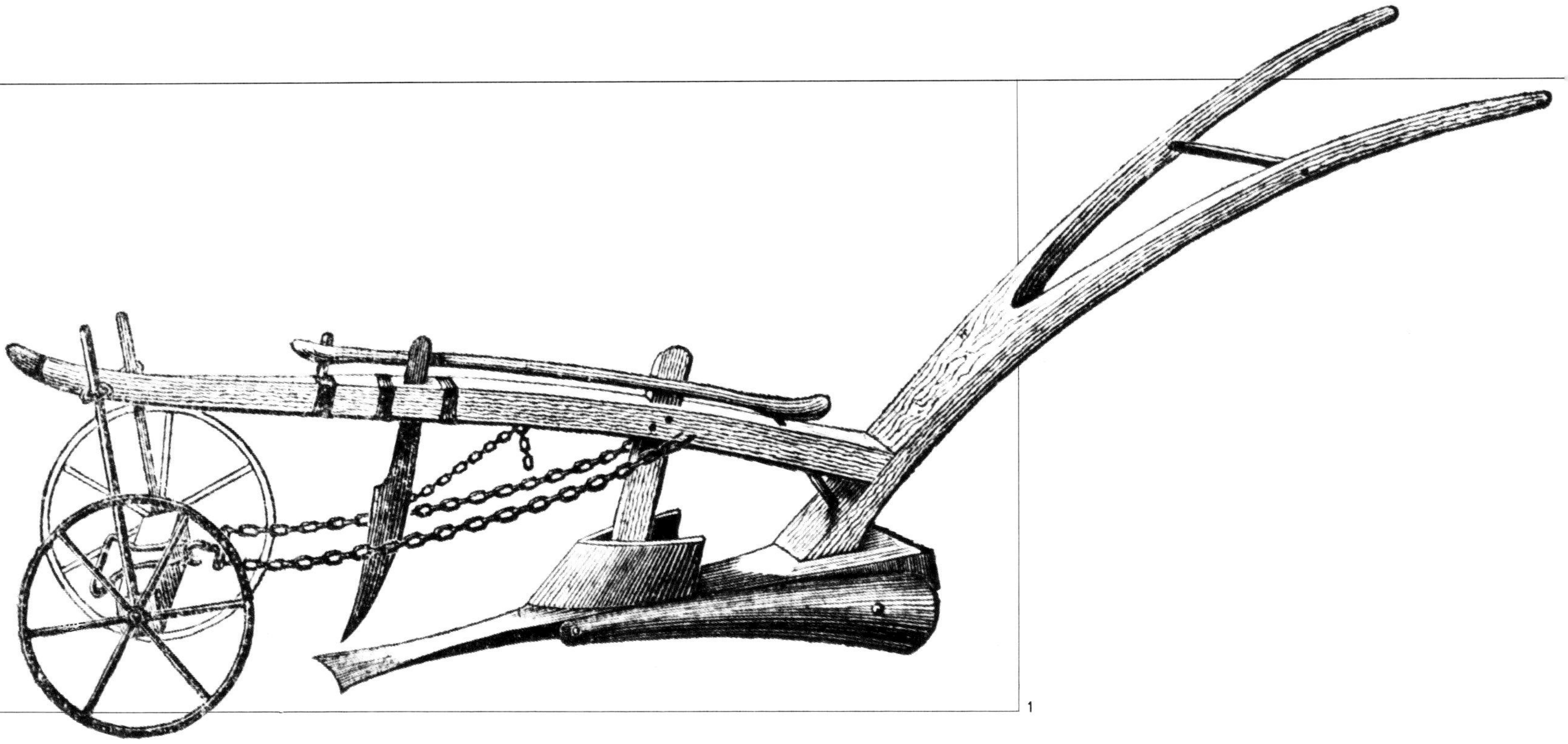

1

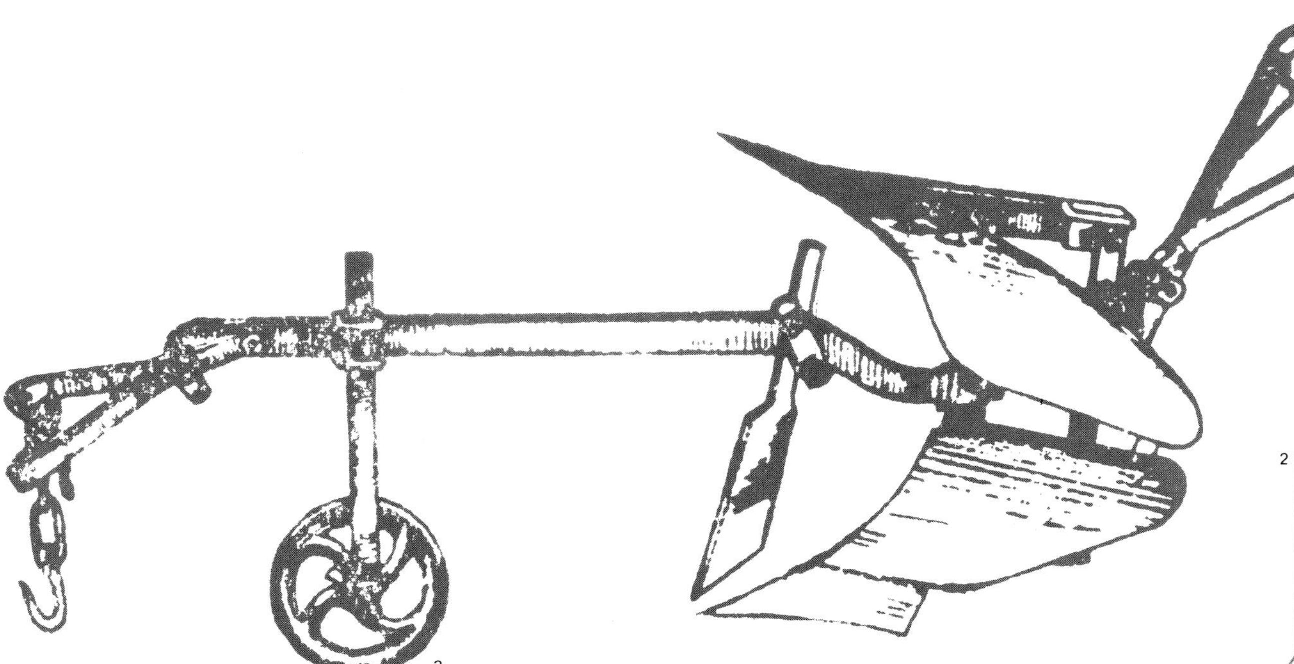

3

2

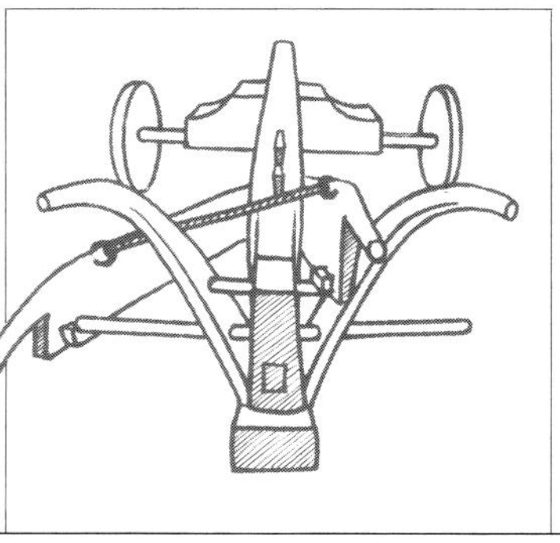

CHARRUES TOURNE-OREILLE ET « SOKHA ». LE LABOUR A PLAT

● Les charrues tourne-oreille, comme leur nom l'indique, donnent au laboureur la possibilité de changer la position du ou des versoirs de sa charrue suivant le labour qu'il veut effectuer. Des pièces et dispositifs sont donc tout à fait particuliers à cet instrument. ● Cependant, dans celui-ci, comme dans les araires, soc, sep, mancherons sont symétriques et symétriquement disposés par rapport au timon. Mais, à la différence des araires — mais aussi des charrues à versoir fixe — la charrue tourne-oreille a, comme son nom l'indique, un versoir qui est placé, tantôt d'un côté de l'instrument, tantôt de l'autre. ● La charrue peut ainsi verser à droite à l'aller et à gauche au retour, c'est-à-dire sur la terre versée et retournée au passage précédent, sans avoir à contourner le terrain comme avec la charrue à versoir fixe. Mais dans les deux cas, avec ce type de labour, on peut former des planches, plus ou moins larges et bombées, qu'interrompent les dérayures (8, p. 47). ● Pour permettre le changement du versoir à la fin de chaque raie, diverses solutions ont été adoptées. Un versoir mobile, transféré d'un côté à l'autre. Ou placé au-dessus du soc (2 à 6, p. 48) et orienté d'un côté ou de l'autre. Double versoir d'une seule pièce, le *coyau*, que l'on fait pivoter autour de l'étançon (**1**). ● D'autres charrues T.O. (tourne-oreille) ont deux versoirs, l'un est relevé tandis que l'autre travaille, telle la charrue, *vessadoire* (**2**), du Portugal à trois mancherons et deux versoirs : le mancheron central est fixe ; le laboureur actionne tantôt le mancheron-versoir de droite (ici au repos), tantôt le versoir de gauche (ici au travail). ● Quant aux charrues dites Brabant doubles, elles comportent deux corps de charrue pivotant sur un axe central, et mis au travail alternativement, l'un versant à droite et l'autre à gauche. Les Brabant, avec avant-train et de type plus moderne, n'ont même plus comporté de mancherons. ● Tandis que la charrue à versoir fixe a occupé une vaste zone à travers toute l'Europe moyenne, de la Bretagne à l'Oural avec extension vers le nord (Suède), vers le Sud (Portugal, Balkans), la charrue T.O. a été utilisée en des zones plus circonscrites (Régions rhénanes, nord de la France, sud de l'Angleterre), ou dispersées (Espagne, Suisse, etc.). ● Quant à la *sokha* (« fourche » en russe) — utilisée dans l'Europe de l'Est, à partir de la Pologne —, elle devint un instrument « tourne-oreille » lorsque que fut ajoutée à ses deux longues dents-socs, auparavant séparées et parallèles, une petite pelle-versoir orientable (**4** à **6**). Au contact de la charrue à versoir fixe (région danubienne), la sokha se transforma : la *kossulia* (*kosyi*, en russe : « oblique ») n'eut plus qu'un versoir fixe et deux ou un seul

6

4

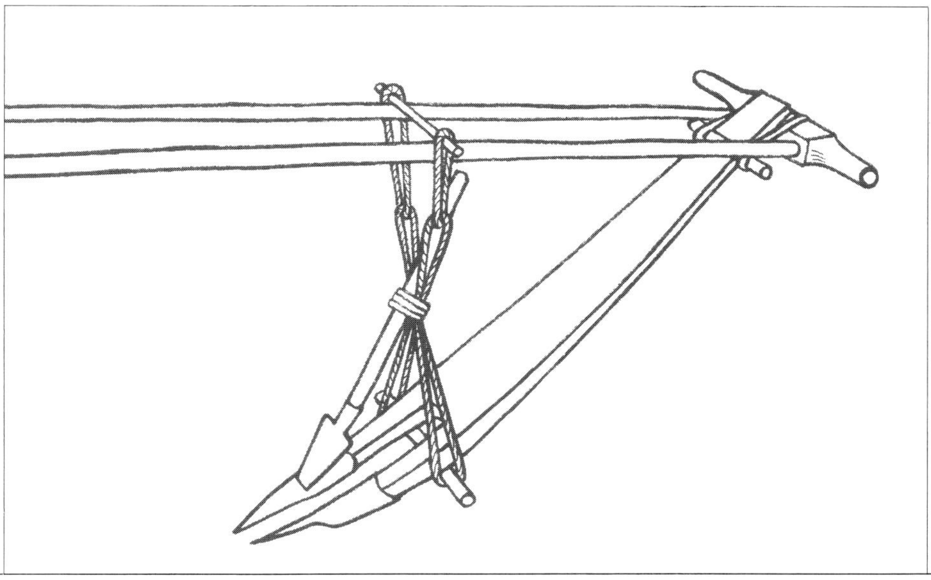

5

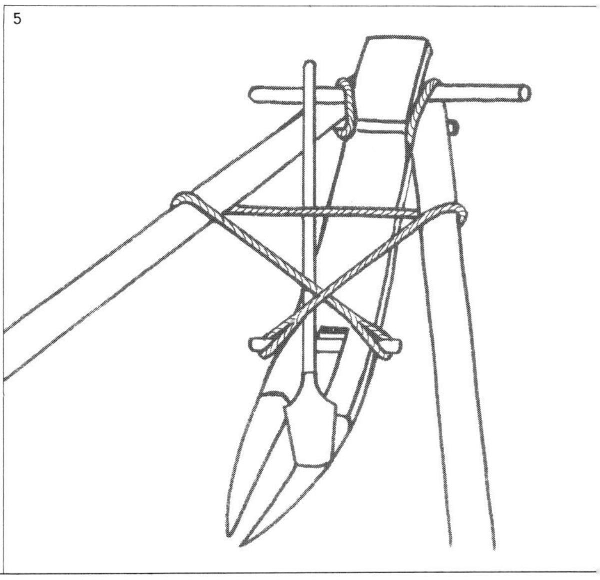

soc, les uns ou les autres assymétriques. ● Modèle autochtone ou adaptation locale d'après modèle d'Europe orientale? La question peut être aussi posée à propos de la charrue à double soc et timon des États-Unis (**7**).

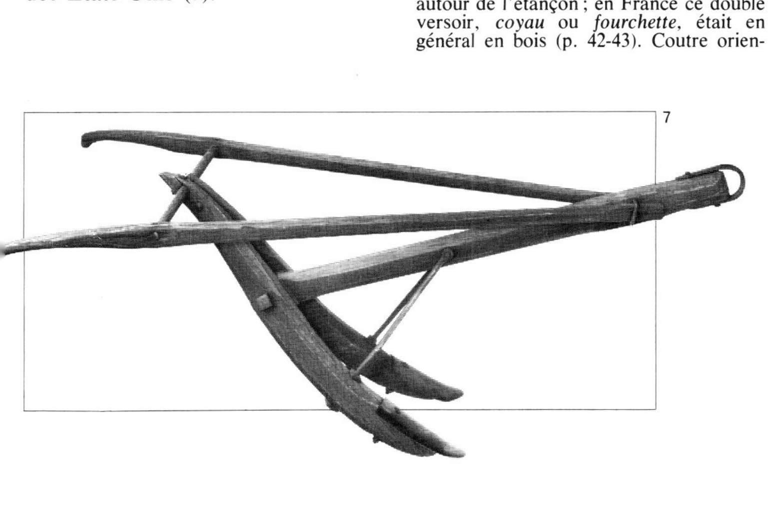

7

1/2/3 : Divers dispositifs de la charrue pour le labour à plat. Charrues tourne-oreille; exigence d'un attelage plus ou moins puissant. **1** : *Turnwrest plough*, maniée, dirigée, des deux mains, technique ancienne, mais mancheron digité (au lieu de deux mancherons séparés), forme plus récente. Versoir en métal pivotant autour de l'étançon; en France ce double versoir, *coyau* ou *fourchette*, était en général en bois (p. 42-43). Coutre orientable par déplacement du *pleyon* (barre transversale, coincée mais mobile, placée au-dessus du timon. Type de charrue signalé en Angleterre au 17e siècle, dans le Kent (d'après W. Hamm). **2** : *Vessadoire* du Portugal, 20e siècle. Paradès de Coura, à l'est de Coïmbre (Inf. J. Dias). **3** : Deux corps de charrue superposés; l'un en position de travail, l'autre « au repos », mais il prendra la place de l'autre au rang de labour à plat suivant. Ici modèle de charrue T.O. pour pays tropicaux : afin d'alléger l'instrument (traction, sol) l'avant-train est une petite roue. (Extrait d'un catalogue de machines agricoles de P. Viaud et Cie, Barbezieux, Charente, 1914).

4/5/6 : *Sokha*. Deux socs symétriques; petite pelle-versoir orientable; deux poignées; brancards rigides. Instrument qui était utilisé en URSS dans les régions entre Moscou, Kiev, Tambov (notamment dans les Terres noires), ainsi que dans la RSS de Lituanie, en Pologne, Finlande et même en Suède (R. Jirlow); quelques *sokha* sont à timon (Finlande). La *kossulia* était surtout connue en Pologne orientale et URSS occidentale. **4/5** : *Sokha*, vues de face et de profil. Pelle-versoir mobile au-dessus des deux dents-socs. Pologne (Inf. A. Kutrzeba Pojnarawa, Varsovie, et E. Waligora et H. Szewczykowa, Musée d'Ethnographie de Krakow. **6** : Tolstoï représenté conduisant une sokha à Iasnaïa-Poliana (Russie) en 1887. Position du laboureur. Attelage au cheval, brancards, harnachement. Par-derrière, une herse à pointes (p. 54 à 61). Tableau de I. E. Riepine (Galerie Statale Tretjakovskaya, Moscou).

7 : Charrue double soc. Deux mancherons. Timon. Vers 1850. Sidney, Ohio, États-Unis (Inf. J.T. Schlebecker, Smithsonian Institution, Whashington).

4

2

CHARRUES A AVANT-TRAIN, PATIN OU ROUELLE, ET CHARRUES « BRANLANTES »

● Certaines charrues à versoir fixe ou mobile, ont un timon long ou des brancards (6, p. 51) reliant directement l'instrument au joug ou au collier, donc aux animaux ou à l'animal attelé. Mais sans doute de bonne heure, et d'abord à l'araire (p. 42-43), on adjoignit un petit char à deux roues, sur lequel vint s'appuyer et s'accrocher le timon de l'instrument. ● Cet avant-train contribua sûrement à l'extension de l'usage de l'instrument dissymétrique, c'est-à-dire de la charrue. Il stabilise celle-ci, il permet de régler, plus aisément et mieux, profondeur et largeur du labour ; il facilite dans une certaine mesure le travail ardu du laboureur. ● C'est l'avant-train et non plus l'instrument qui est relié par timon, brancards ou palonniers (**1**,**2**,**3**) à l'animal ou aux animaux attelés. Ceux-ci ne supportent donc plus directement les à-coups du labour, mais leur effort n'est, sans doute, pas moindre, au contraire. ● Cet ensemble est plus lourd à traîner, et, à raison, considéré comme plus efficace pour labourer certains terrains difficiles et pour effectuer des labours plus profonds. Animaux nécessairement plus forts, et dont on augmente le nombre suivant l'effort à fournir : (2, 4, 6, 8 paires... ou attelage en file, ou encore association des deux types (2, p. 66). ● Parmi les avant-trains, ceux qui sont bas, avec roues de petit diamètre sont du type le plus ancien (**1** ; 1, 2, p. 50). Répandus en Europe centrale et dans les Balkans, on en utilisait aussi en Bretagne, en Normandie, au Portugal et jusqu'en Iran (limite orientale — et asiatique — que l'avant-train ne semble pas avoir dépassé). ● Les avant-trains hauts (**2**,**3**) à roues de grand diamètre, plus tardives, moins répandues que les

1

3

6

5

précédentes, exigeaient une participation importante des charrons, les hommes de l'art de la roue des véhicules. ● En déplaçant plus ou moins le timon de la charrue sur l'avant-train bas, vers la gauche ou vers la droite, on modifiait l'espace entre les raies de labour ; en rapprochant ou en éloignant la charrue de l'avant-train, on pouvait modifier l'angle d'attaque du soc dans le sol et, par là même, la profondeur du labour. ● Des avant-trains étaient munis de hausse (montants de bois avec barre transversale, à hauteur réglable), sur laquelle reposait le timon (**2**, **3**), plus ou moins à droite ou à gauche : double possibilité de régler l'« entrure » du soc dans la terre. ● Le patin (**4**, **5**) et la rouelle (**6** ; 3, p. 50 ; 4, 5, p. 42-43) sont fixés à l'extrémité même du timon, contribuant à l'équilibre de l'instrument en mouvement ; ils sont postérieurs à l'avant-train : il avait fallu apprécier les avantages de celui-ci, pour essayer de trouver des dispositifs plus restreints, moins onéreux, nécessitant moindre attelage. ● Puis ce fut pour certaines charrues la suppression de tout support et liens rigides entre elles et l'attelage (6, p. 47) ; charrues « branlantes » exigeant force physique et dextérité de la part du laboureur. Leur reste attaché le nom de « Dombasle », nom de celui qui, au 18e siècle, en perfectionna le type et en fut un ardent propagateur.

1/2/3 : Charrues à avant-train bas ou haut. **1** : Avant-train bas, vu de dos : un cheval attelé avec traits et palonnier (p. 136). Position du timon de la charrue par rapport à l'axe de la traction. Conductrice à côté du cheval (en tête avec l'attelage à bœufs, 3, p. 35). Vers 1945. Pologne, dans les montagnes de Podhale, sud du pays (Inf. et doc. H. Szewczykova, Musée ethnographique de Krakow). **2** : Avant-train haut, à grandes roues, de la « charrue de Brie », telle qu'elle figure dans l'Encyclopédie de Diderot (18e siècle). Timon ou *haye* de la charrue appuyé sur la hausse. Soc dissymétrique, versoir fixé à droite, coutre, mancherons. *Épard* (balancier, ou palonnier) avec traits pour attelage de deux chevaux. **3** : Avant-train : grandes roues et hausse. Le laboureur dégage soc et versoir qui « bourrent », encombrés de mottes de terre et de végétation freinant l'instrument. Attelage avec épard et traits pour deux chevaux ; sur le collier de ceux-ci des peaux de mouton. Tableau du peintre français Ch. Jacque, 19e siècle.

4/5 : Support de l'extrémité du timon de la charrue : un patin (dit aussi sabot). Des associations de traits anciens (exemples : bâti, versoir bois...) et modernes (coutre circulaire...). **4** : Patin dont la hauteur est réglable (en fonction de la profondeur du labour programmé). Régulateur à l'extrémité du timon (pour régler la largeur du labour). Soc métal, versoir bois (à droite) ; coutre circulaire ; mancheron avec poignée. (L : 3,10 m ; l : 50 cm ; H : 1,10 m). Charrue dite de « mattes » (mattes : alluvions récentes et riches, de faible profondeur). 1re moitié du 20e siècle. France, Bas-Médoc, Gironde, Gaillon (Inf. et doc. Fr. Moniot, Musée d'Aquitaine, Bordeaux). **5** : Patin à hauteur réglable. Un versoir fixe et soc dissymétrique, en métal ; coutre. (L pièce monoxyle formant aussi le timon : 1,55 m ; H des deux montants : 1,02 m et 73 cm ; L barre transversale et poignée : 1 m ; H pied : 32 cm ; L soc-versoir, en suivant courbe : 1 m). Suède, Dalarna (Inf. et doc. J. Myrdal, Nordiska Museet, Stockholm). Le bâti du quadrilatère était aussi celui de certains araires suédois (à rapprocher de 2, p. 41, araire norvégien : exemple frappant du passage d'un instrument symétrique à un instrument dissymétrique).

6 : Une rouelle supporte l'extrémité du timon. Versoir en bois rectangulaire. Attelage à un seul cheval, par traits et palonnier. Extrait du tableau « La chute d'Icare » par Breughel, peintre flamand du 16e siècle (Musée de Bruxelles).

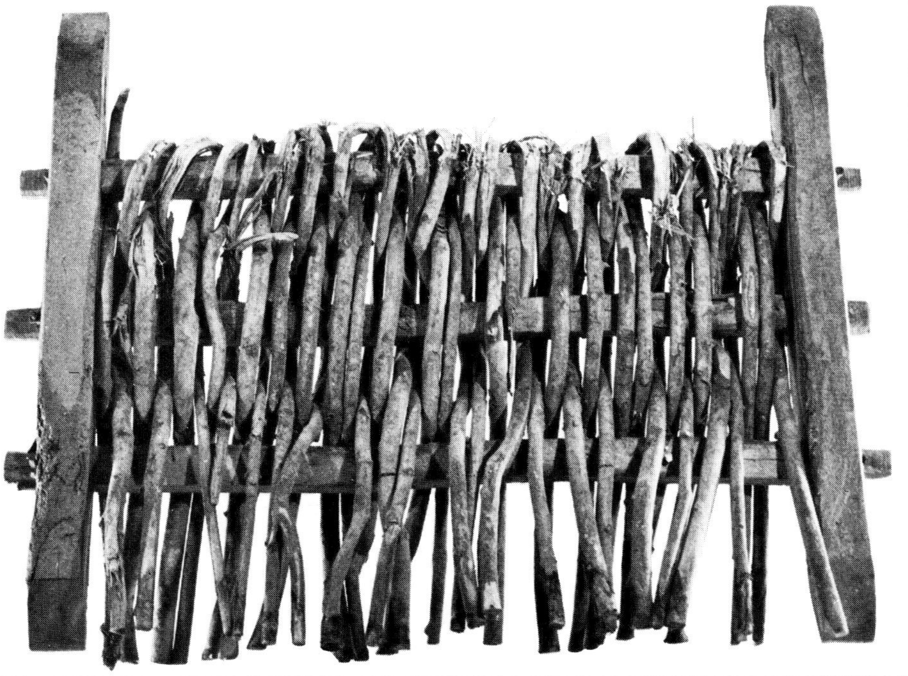

6

7

4

3

5

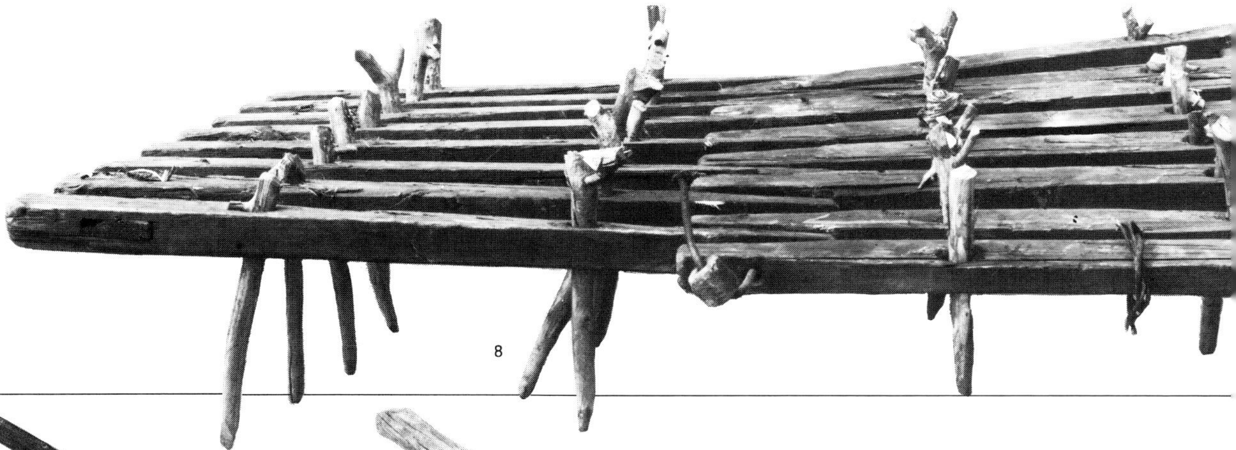

8

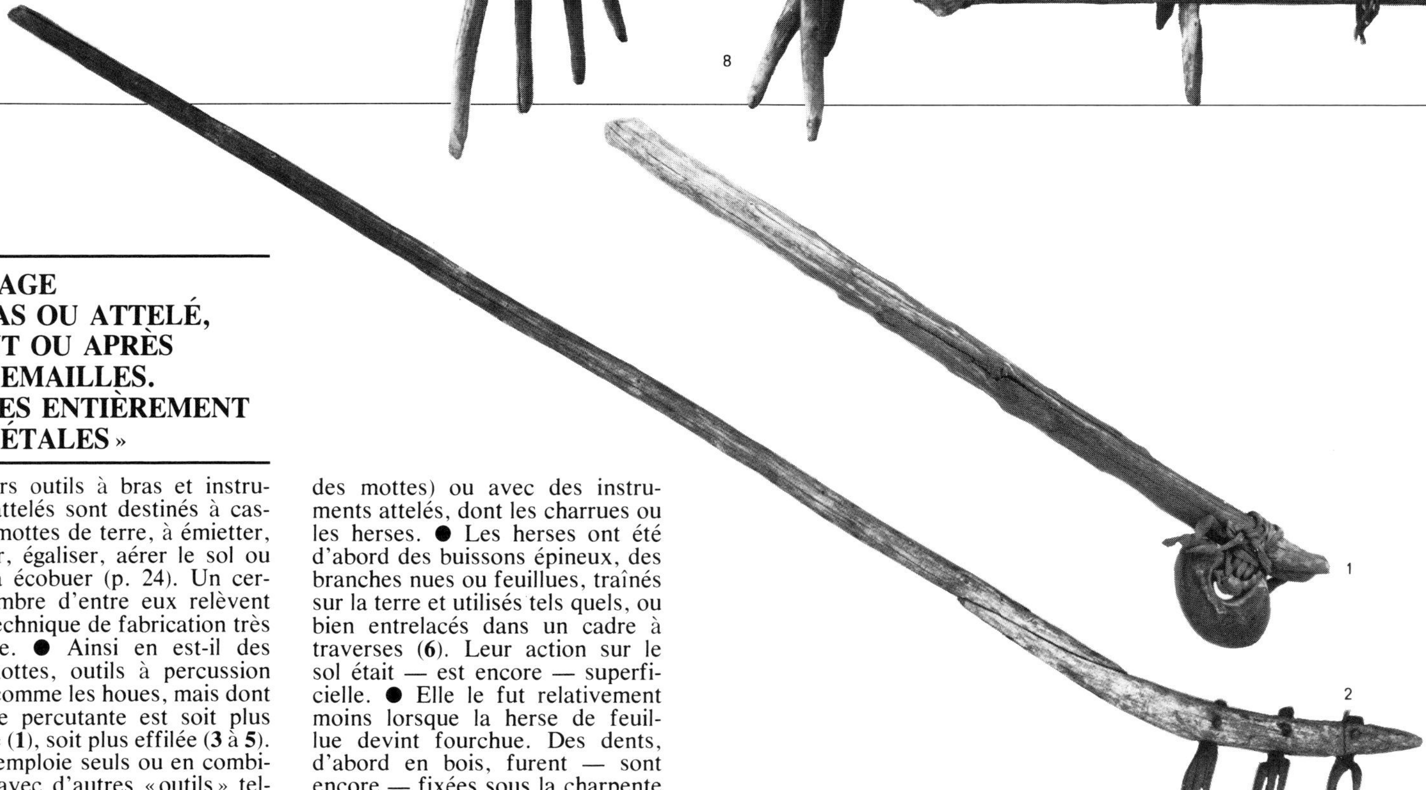

1

2

HERSAGE A BRAS OU ATTELÉ, AVANT OU APRÈS LES SEMAILLES. HERSES ENTIÈREMENT « VÉGÉTALES »

● Divers outils à bras et instruments attelés sont destinés à casser les mottes de terre, à émietter, nettoyer, égaliser, aérer le sol ou même à écobuer (p. 24). Un certain nombre d'entre eux relèvent d'une technique de fabrication très ancienne. ● Ainsi en est-il des casse-mottes, outils à percussion lancée comme les houes, mais dont la partie percutante est soit plus massive (**1**), soit plus effilée (**3** à **5**). On les emploie seuls ou en combinaison avec d'autres « outils » telles les mains (écrasement manuel des mottes) ou avec des instruments attelés, dont les charrues ou les herses. ● Les herses ont été d'abord des buissons épineux, des branches nues ou feuillues, traînés sur la terre et utilisés tels quels, ou bien entrelacés dans un cadre à traverses (**6**). Leur action sur le sol était — est encore — superficielle. ● Elle le fut relativement moins lorsque la herse de feuillue devint fourchue. Des dents, d'abord en bois, furent — sont encore — fixées sous la charpente de l'instrument, également en bois

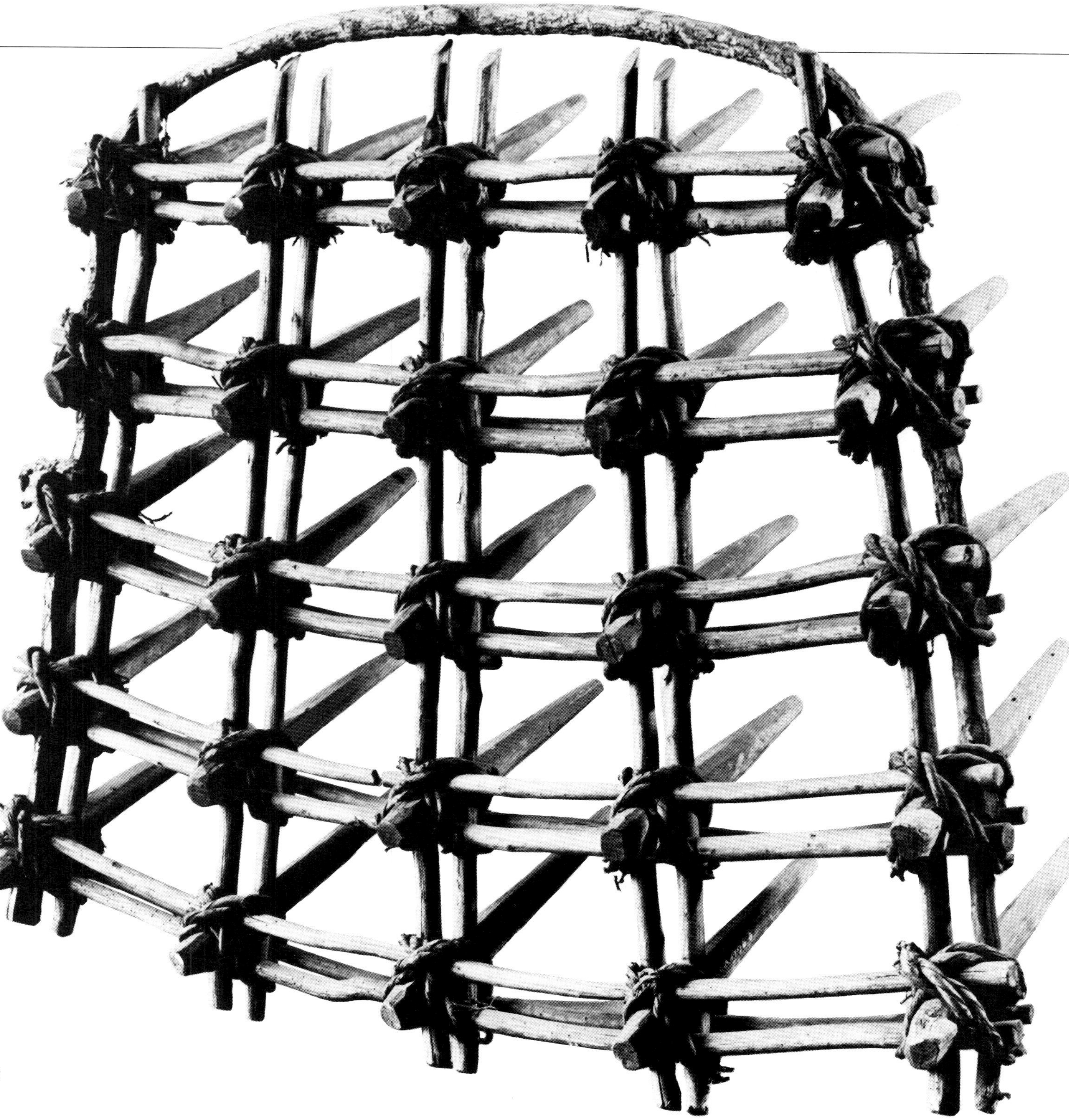

9

(**7** à **9**), avant que l'instrument ne soit devenu entièrement métallique (voir ci après). ● Au premier siècle de notre ère, Pline l'Ancien, écrivain latin, «plante» un jalon historique important à propos des techniques de fabrication et d'utilisation de la herse, lorsqu'il parle de «claie dentée» utilisée «pour recouvrir les semences». ● Cette fonction a été probablement la première qu'eurent à remplir les herses (1, p. 56). Et c'est ultérieurement que celles-ci furent utilisées, avant les semailles, pour préparer la terre à recevoir le grain. ● Le hersage avant les semailles est affecté à des rôles différents suivant la place qu'il occupe dans le déroulement des travaux de préparation du sol. Ou bien le hersage assume seul cette préparation sans labour à l'araire ou à la charrue ; ou bien le hersage est une opération complémentaire d'un labour. ● Ou bien encore des herses différentes se complètent mutuellement. Ainsi en est-il du passage d'une herse branchue feuillue (**6**) après celui d'une herse à dents, afin de compléter l'émiettage du sol et d'égaliser la surface de celui-ci. Parfois l'utilisateur de la herse charge celle-ci de pierres à moins qu'il ne monte lui-même sur l'instrument pour l'alourdir au cours du hersage. ● Autre forme encore d'association à cette fin : une herse métallique moderne est placée sur une herse végétale «traditionnelle» de branches feuillues entrelacées afin de rendre celle-ci plus efficace sans «blesser» trop fortement le sol (observé en Aubrac, à Soulages-Bonneval en 1968) ; à moins que pour aplanir mieux celui-ci, sans toutefois le tasser, on ne passe la herse tournée sur son dos après un premier passage plus agressif, avec «dents toutes» (comme on dit en navigation : «voiles toutes», ou ailleurs : «le lion sort ses griffes» !).

1/2/3/4/5 : Différents types d'outils à bras pour briser les mottes, pour émietter le sol. **1** : Pierre perforée, manche bois, lien en cuir pour attacher la pierre au manche (L : 68 cm ; pierre : 9,5 × 3,5 cm). Écrase, pulvérise la terre. Bolivie. **2** : *Fällekratta*, brise-mottes à dents formées par des faisceaux de tiges de fer ; montées à l'extrémité d'un long manche de bois (L : 1,89 m). Utilisé après essartage ou pour gratter le sol avant les semailles. Suède, Smaland. **3** : Brise-mottes monoxyle (L : 50 cm ; L du pic : 32,6 cm), Pérou, prov. de Carabuya, Puño, village de Chia. **4** : Le manche en bois traverse la base du brise-mottes, dont la pointe seule est en fer (L manche : 1,11 m ; brise-mottes : 38 × 8 cm). Népal. (G. Toffin). **5** : *Pitche*. Bois, fer. Lame section carrée, très pointue montée à douille avec une cale. (L manche : 75 cm ; fer : 38 cm). Utilisée après le passage de l'araire, derrière celui-ci, pour briser les mottes et défoncer plus profondément le sol. France, Hautes-Alpes, Saint-Véran.

6/7/8/9 : Herses entièrement végétales : cadre, traverses, entrelacs ou dents. Fonctionnent attelées. **6** : Montants (L : 90 cm) ; traverses parallèles ; branches entrelacées, à la fois souples et résistantes. Pour émietter la terre, l'égaliser, recouvrir les semences. Grèce, Svarna. (Musée de Komotini, Thrace). **7** : Cinq traverses dans le sens longitudinal, dont 3 portent des dents (L : 1,65 m ; l : 90 cm ; H : 25 cm). Vers 1900. France, Puy-de-Dôme, Pont-de-Péry, Charbonnières-les-Vieilles. **8** : Herse double : deux parties, articulées au centre. Plus de souplesse ainsi obtenue et, en même temps, plus grande étendue hersée (L : 1,70 m ; l : 1,05 m). Suède, Smaland (comme 2, Nordiska Museet, Stockholm). **9** : Herse de branches entrelacées. Dents de bois. Torsade végétale pour ligaturer les dents à la croisée de 4 traverses. N'est plus utilisée. 20e siècle. Pologne, Podlachie, région de Rzeszów. (Inf. H. Szewczykowa, doc. Pokropek, Musée ethnographique, Krakow).

1

HERSES « EN DÔME », HERSES « AVION », HERSES VERTICALES

● Les herses en dôme (**1** et **2**) sont une adaptation des herses attelées à une certaine forme de labour, un labour en planches bombées au lieu de l'être en planches planes (9, p. 46). ● L'emploi de ces herses courbes est moins étendu que celui des autres herses ; il était observable dans diverses régions, notamment en France, il y a quelques années encore. Il est plus contraignant pour l'utilisateur que les autres types de herses. ● Tandis que celles-ci sont traînées par l'attelage que guide l'utilisateur, les herses courbes comportent souvent une poignée à l'arrière (**2**), ce qui traduit la nécessité de maintenir et de guider, plus précisément, l'instrument sur la planche bombée ; de même, à l'extrémité de celle-ci, explique un cultivateur, la poignée aide à tourner la herse et à l'engager avec plus de précision sur une autre planche. ● Les cultivateurs utilisent ce type de herse courbe pour maintenir, ou même accentuer telle forme de labour ; d'autres cultivateurs veulent au contraire en atténuer le « relief » : la signification réelle d'un instrument ne peut être saisie, « décryptée », qu'en observant cet instrument en action, et en sollicitant, naturellement, des explications complémentaires. ● La « herse avion » — les Japonais l'appellent ainsi eux-mêmes — au contraire de la herse courbe, agit pour détruire des buttes de terre afin d'aplanir le sol ; elle est employée pour supprimer les diguettes qui entourent les rizières inondées (culture du riz) afin de transformer celles-ci en champs aplanis pour cultiver blé et orge. ● La herse verticale (**4** et **5**), à un seul rang de dents, est un très ancien type d'instrument ; elle est utilisée en Extrême-Orient pour ameublir le sol après labour, pour remuer, affiner la boue des rizières inondées

4

2

3

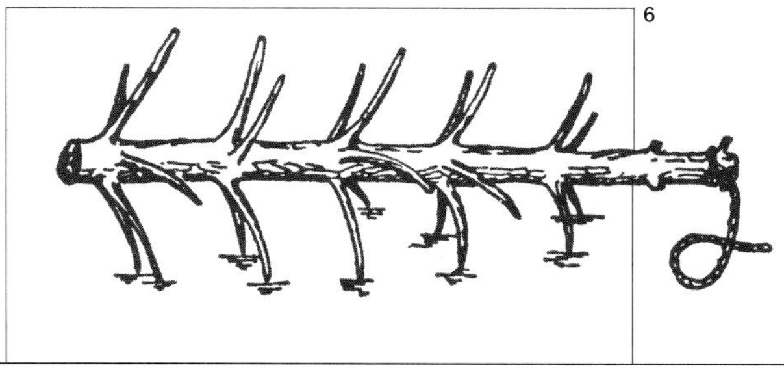

6

avant le repiquage du riz. Elle est attelée à un couple de bovins — avec timon et double joug de garrot — en Asie méridionale (Inde, Ceylan...); ou attelée — avec traits, palonnier, jouguet — à un seul animal (Chine, Japon...). ● Dans ce dernier cas, à la barre inférieure de la herse sont fixés deux courts brancards, coudés, auxquels sont accrochés les traits; ce « coude », ingénieux et rigide, qui n'est pas général, contribue à équilibrer la herse, compte tenu de la traction et de la forme de l'instrument. ● L'utilisateur, les deux poignées en mains, les pieds dans l'eau et dans la boue de la rizière (comme le sont les pattes de l'animal), accomplit une tâche plus difficile qu'il n'y paraît, avec un tel type de herse et dans un sol qui se dérobe (herses verticales et horizontales groupées, 3, 7, p. 60).

1/2 : Herses quadrangulaires de différentes dimensions; plus ou moins courbes; et avec des dents en fer de diverses formes, longueurs, orientations. 20e siècle. France. **1** : Fort bâti en bois; à trois rangées de dents (L : 97 cm; l : 90 cm; H lame : 34 cm). **2** : Herse; deux rangées de dents (L : 1,10 m; l : 1,25 m; H : 50 cm; H dents : 30 cm). Lot-et-Garonne, région de Villeneuve-sur-Lot.

3/4/5 : Types de herses attelées au Japon. Ce terme général de « herse » désigne en réalité divers outils « à dents » qui remplissent des rôles distincts : au Japon, ils portent des noms différents (autres herses japonaises, p. 60-61). **3** : De chaque côté, des lames tranchantes alignées pour aplanir la terre, particulièrement les diguettes des rizières; sur la surface asséchée, aplanie, blé, orge, chaque année après le riz. Envergure des ailes : 1,50 m à 2 m. 1920-1930. Hondo, Hiroshima. **4** : Herse verticale (L barre-poignée : 70 cm; L barre-base : 1,10 m; entre les deux : 54 cm : L dent : 15 cm). Hondo, Iwate (Inf. 3 et 4, musée d'Iwate). **5** : Herse en action : elle brise les mottes, « herse » la terre boueuse. Tenue des deux mains; attelée à un bovin guidé avec une longue perche fixée au museau. Jouguet équilibré par deux poids. Hokkaïdo, Fukushima (A. Janata et doc. Haga Hideo).

6 : *Sukovatka* désigne en russe cette cime de pin avec ses branches écourtées. Après écobuage (p. 24), les semences sont jetées dans la cendre et recouvertes avec cette « herse » traînée. (Inf. W. Linnard et Fr. Sigaut).

5

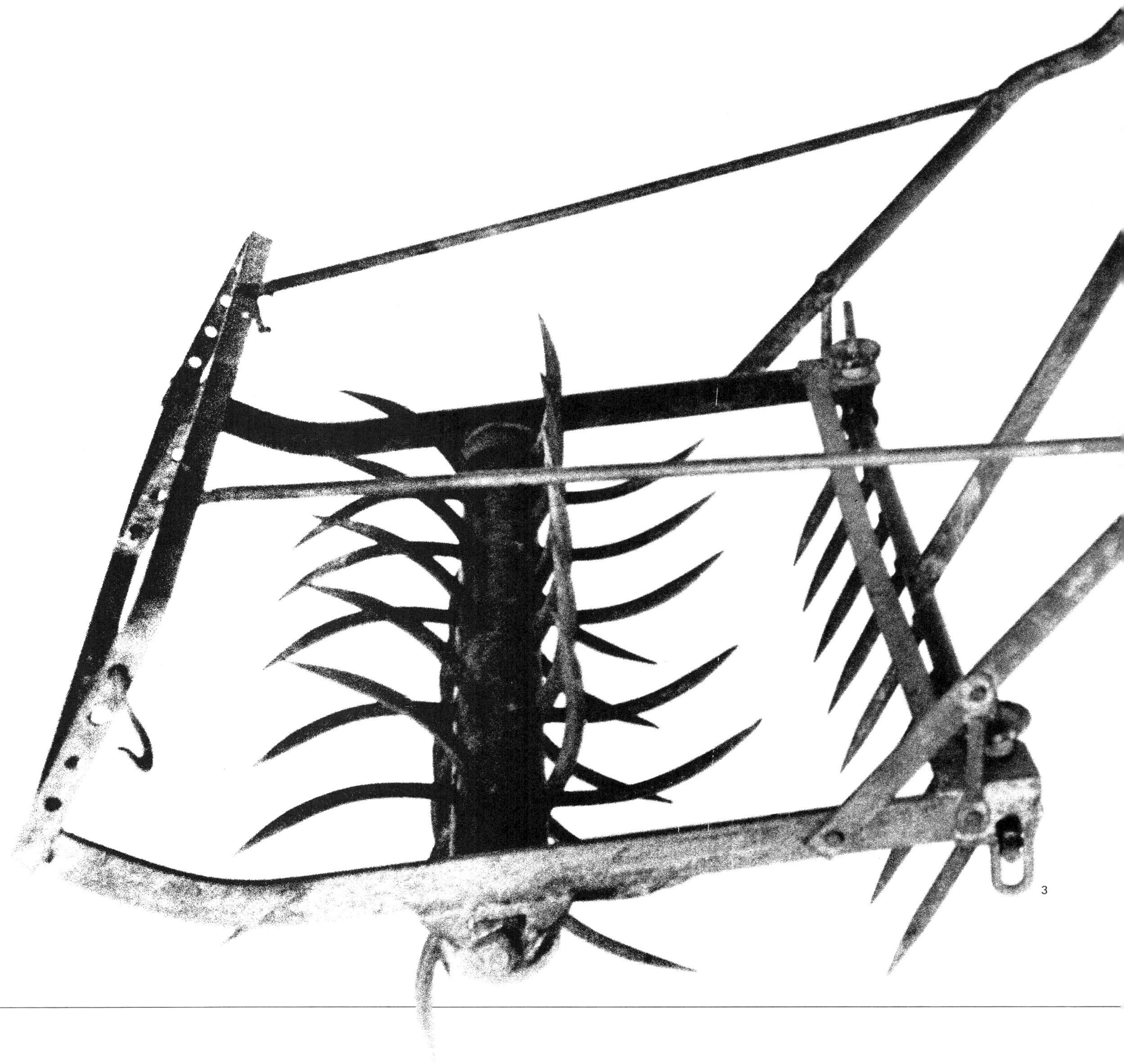

3

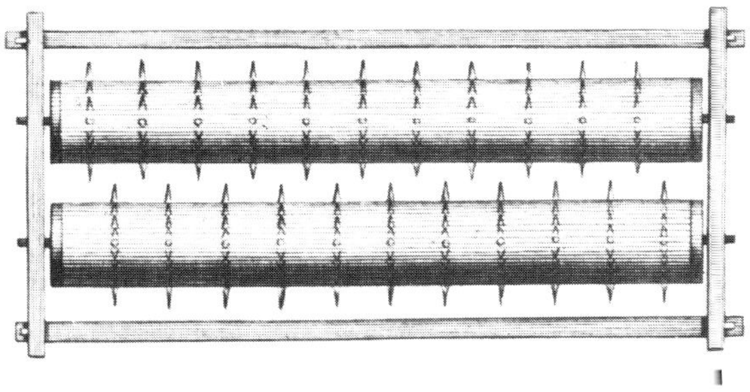

1

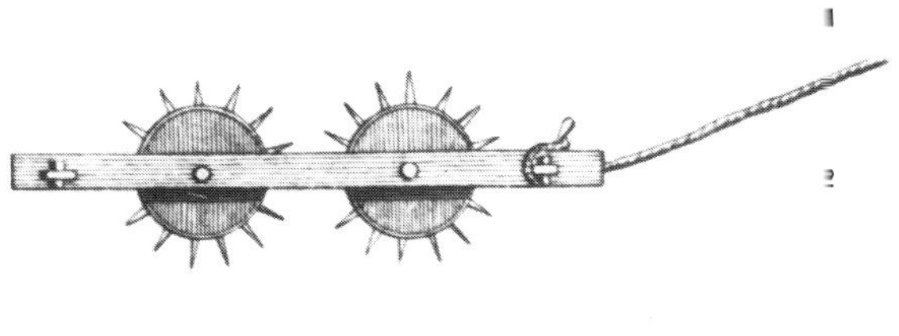

2

HERSES ROTATIVES : DE L'« ENCYCLOPÉDIE » AUX RIZIÈRES DU JAPON

● « Ce qui n'est pas le moins curieux, c'est que le Moyen Age a déjà connu une herse roulante, ancêtre de la herse norvégienne » et Charles Parain précise : « Elle est décrite à la fois par Ibn al Awam et par Olivier de Serres ». Le premier écrivait à ce sujet : « C'est un cylindre de chêne armé de dents, dont on se sert pour briser les mottes et pour niveler en terrain difficile. » Le second, dans son *Théâtre d'Agriculture et Mesnage des Champs*, paru en 1600, écrivait pour sa part : « La herse roulante se compose de deux cylindres ou rouleaux, couverts de fortes chevilles de fer, lesquelles, par le mouvement des rouleaux, montent sur les mottes et les brisent complètement. » La herse reproduite dans l'*Encyclopédie* de Diderot au 18e siècle en évoque les dispositifs (**1**,**2**). ● Ces herses, décrites ou figurées, sont sans doute les ancêtres, directs ou indirects, de herses, dentées et tournantes, encore en usage. ● Les herses de ce type, observées au Japon, sont tout en métal et attelées à un seul animal ; les unes comportent un rouleau à dents et une herse verticale (**3**), d'autres (**4**) seulement le rouleau denté (et quelles dents !). On y observera les dispositifs de solides, puissantes, prises en mains. ● Quant au « modèle » de herse de Malaisie, proposé à des agriculteurs d'ailleurs, d'autres pays, d'autres continents, il comporte ausssi une herse rotative et une herse verticale, mais tout est

4

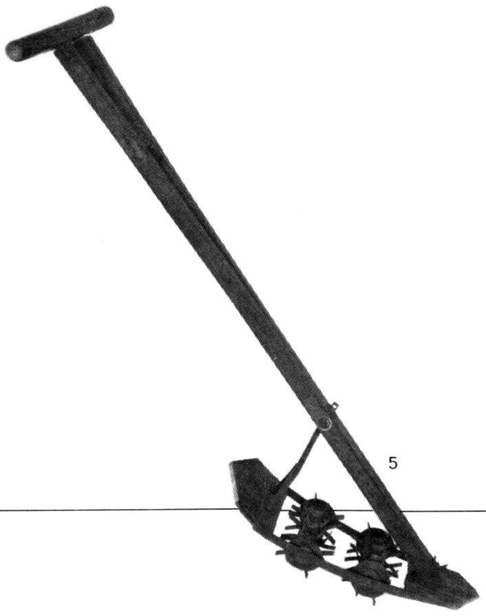

5

6

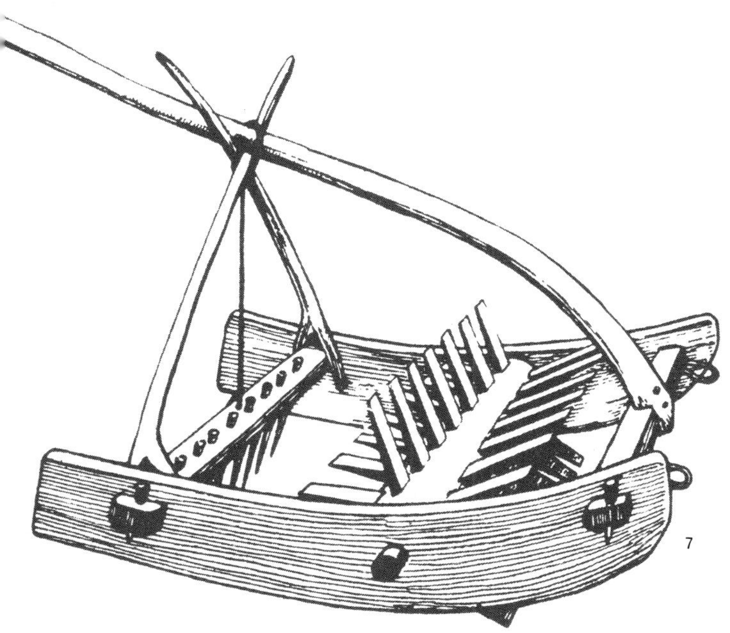

7

en bois y compris les dents-baguettes de l'une et de l'autre. L'instrument est à timon, donc prévu pour un couple d'animaux tracteurs. ● Ici et là, les herses circulaires et dentées assurent un malaxage actif des terres humides, travail auquel la herse verticale concourt tout en régularisant la surface « bouleversée ». ● La herse à bras du Japon (**5**), aux dents montées en étoile sur un dispositif tournant, est un outil, « maniable », issu probablement de l'instrument rotatif attelé. ● Quant au *goro-goro*, (**6**) il est ainsi appelé en imitation du « chant » de ses palettes tournant dans le sol des rizières.

1/2 : Herse rotative, à double rouleaux, telle qu'elle figure dans l'*Encyclopédie* de Diderot, Pl. IV, Agriculture. 18e siècle. **1** : Les deux rouleaux à dents, vus en plan (L cadre : 2,80 m ; l : 1,15 m ; les mesures sont données en pieds dans l'Encyclopédie). **2** : Les deux rouleaux dentés vus de profil (d : une vingtaine de centimètres).

3/4/5/6 : Herses rotatives, fonctionnant attelées ou « à bras ». La plupart utilisées particulièrement en rizières inondées pour la « mise en boue » de celles-ci. Japon, nord de Hondo (Inf. et doc. Musée d'Iwate). **3** : Rouleau à pointes, appelé « diable », « démon », à cause de ses « cornes » ; un peigne ou herse verticale (5, p. 59) agit après le rouleau denté (L de cette herse et des herses attelées suivantes : environ 1,80 m ; d des rouleaux : 20 à 25 cm). **4** : Herse rotative sans peigne. Rouleau garni de couteaux disposés « comme des fleurs » (suivant notice originale) ; 3 ou 4 couteaux par rang. **5** : Herse manuelle ; deux roues griffues ; en tête une plaque coupante, en « avant de bateau ». Pour défoncer le fond des rizières, mais ne convient qu'aux sols ni trop secs ni trop compacts. **6** : *Goro goro*. Rouleau à palettes rectangulaires. Utilisé en rizière inondée pour égaliser le sol, l'aplanir. Attelé à un bœuf ou à un cheval. Sud du département d'Iwate.

7 : Herse d'après un modèle de Malaisie. Position de repos : le timon est replié vers l'arrière (Extrait de *Outillage pour les pays tropicaux*).

6

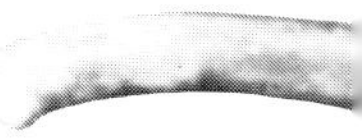

7

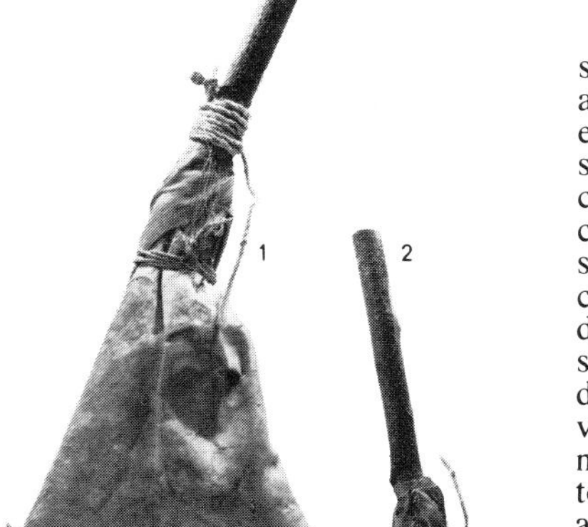

1 2

OUTILS ET INSTRUMENTS POUR « TALER » ET FAIRE « TALLER »

● La herse et d'autres outils et instruments précédemment observés soulèvent, brisent, aèrent la terre. Divers autres outils à bras (battoirs, maillets) ou autres instruments attelés (poutres, rouleaux) écrasent au contraire la terre, la tassent, l'aplanissent, sans en agréger toutefois les éléments au point d'empêcher la remontée de l'eau (p. 56) qu'ils favorisent aussi. ● Passés avant les semailles, poutre ou rouleau contribuent à donner à certains sols plus de cohérence. Passés après les semailles, ces instruments enfoncent et recouvrent les semences ; ils talent (dans le sens de tasser) le sol sur celles-ci, améliorant le contact entre racines et terre. ● Éventuellement, troisième intervention possible, particulièrement celle du rouleau : le cultivateur fait passer celui-ci sur son champ ensemencé, lorsque les céréales commencent à lever, afin de les faire taller (provoquer plusieurs pousses adventives à partir du pied de la plante). ● Un cultivateur Tadjik, en Afghanistan, est monté, après les semailles de printemps (blé), sur une poutre traînée, afin d'alourdir celle-ci et d'obtenir, d'une manière plus efficace, l'écrasement des mottes et le recouvrement des grains. ● Sur certains terrains lourds, humides, une telle traction est sans doute pénible pour les animaux (bœufs couplés sous un joug), surtout lorsqu'il s'agit de traîner un fort et long tronc d'arbre ou un long rouleau de pierre (lisse ou cannelé). ● Monoxyles ou monolithes, les rouleaux effectuent un travail plus régulier que lorsqu'ils sont formés de 2, 3, ou 4 éléments de bois ou de pierre, éléments alignés risquant de ne pas exercer une pression uniforme, souhaitable, sur le sol ou la végétation naissante. ● On a cherché de bonne heure à effectuer plusieurs opérations avec un seul instrument et un seul attelage. Ainsi semoir et rouleau sont-ils réunis sur cet instrument de Norvège (**8**) ; le semoir, par plusieurs conduits, sème les graines en lignes et le rouleau recouvre « le lit de semences ». ● L'instrument de Finlande associe trois éléments : un rouleau, à l'avant, aplanit le sol ; des engrenages (roues dentées en bois) assurent

8

9

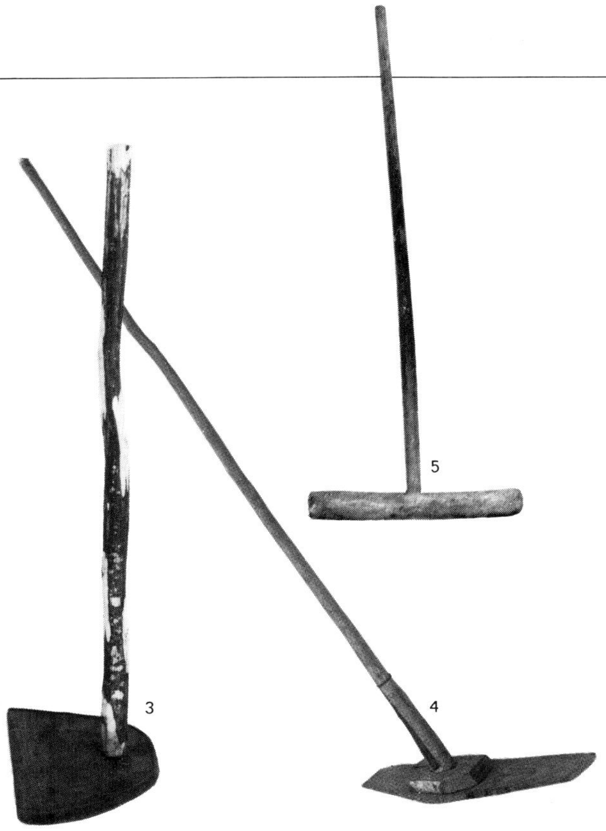

5

3

4

la distribution régulière des semences ; un deuxième rouleau recouvre celles-ci. ● Le rouleau, d'un usage tardif en France (19e siècle), convient aux terres labourées à plat, en larges planches (p. 47 et 50), mais non aux champs labourés en billons. Des régions méridionales, méditerranéennes, l'usage du rouleau est resté en général absent. ● Usage et absence de cet usage ne seraient-ils pas liés aussi à l'emploi pour la moisson de la faux (surface plane) ou de la faucille (non exigeante à ce sujet) ? Fr. Sigaut le suggère.

1/2/3/4/5 : Divers outils à bras, pour tasser, pour aplanir la terre. **1/2** : Battoirs en peau, pour aplanir le sol. Utilisé par des Indiens Nahua. Manche bois. (L, à gauche : 31 cm ; l : 17 cm ; L, à droite : 29 cm ; l : 15 cm). Mexique, État de Hidalgo, Panacaxtlan. **3** : Maillet pour casser les mottes et égaliser la surface des champs (L manche : 91 cm ; fer : 34 × 20 cm). Népal. **4/5** : Maillet pour tasser, pour durcir le fond des rizières. Japon, nord de Hondo (Musée d'Iwate).

6 : Poutre attelée à deux bœufs couplés sous un joug de garrot. Comparer l'état du sol « avant » et « après ». Les Tadjik sont des agriculteurs sédentaires, du vieux fonds iranien, premiers occupants du sol (B. Dupaigne). Février 1967. Afghanistan, Samangan.

7 : Grand rouleau de pierre (L avec le cadre : 1,75 m ; l : 1,76 m ; d : 55 cm). France, Normandie, Manche, Saint-Sauveur-de-Pierrepont.

8/9 : Deux anciens « combinés ». **8** : Les semences sont versées dans la trémie (à la partie supérieure de l'instrument) ; un bras articulé contrôle leur distribution (quantité, rythme). Recouvertes par le rouleau en bois. Norvège, Oppland, Gudbrandsdalen (Norsk Folkemuseum, Oslo). **9** : Semoir et double rouleau. Finlande (Inf. et doc. T. Korhonen, Musée d'Agriculture, Helsinki).

1 2 3

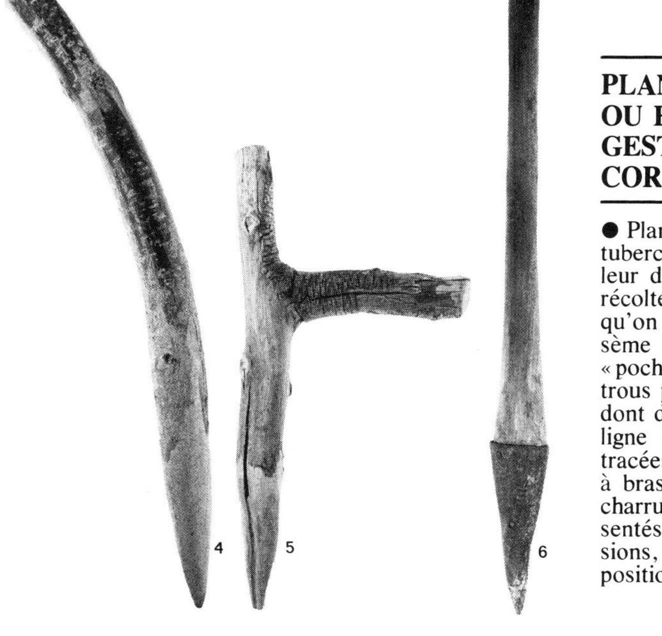

4 5 6

PLANTER EN POQUETS OU EN LIGNE. GESTES ET OUTILLAGE CORRESPONDANTS

● Planter c'est mettre en terre des tubercules, des racines, en vue de leur développement et de futures récoltes ; des graines on dit plutôt qu'on les sème. On plante, on sème : soit en poquets (du mot « poche »), c'est-à-dire dans des trous pratiqués avec divers outils, dont des plantoirs (**1** à **6**) ; soit en ligne c'est-à-dire dans des raies tracées, creusées, avec des outils à bras ou avec un araire ou une charrue (**10**). ● Les plantoirs présentés ici sont de petites dimensions, et leur emploi exige une position courbée, ou même très courbée, de la part de l'utilisateur (**1**) : celui-ci peut, en même position, pratiquer, outil dans une main, une cavité, puis mettre dans celle-ci, de l'autre main, ce qu'il a décidé de planter ou de semer (que d'espoir investi en même temps !) ; enfin, troisième geste de la main, mais qui peut être aussi fait du pied après s'être relevé, boucher le trou, en tassant plus ou moins la terre suivant les cas. ● La position du cultivateur est différente avec l'utilisation d'un outil à long manche pour pratiquer la cavité nécessaire ; l'opération se déroule en général en deux phases : un cultivateur pratique les trous ; il est suivi de celui qui plante ou sème, puis qui recouvre. ● Les plantoirs dont les parties travaillantes — une pointe en bois, nue ou ferrée — sont comparables, diffèrent par leurs dimensions, par la manière de les manœuvrer et de

7

8

9

10

faire pression avec une main (**1** à **5**) ou avec les deux mains (**5**,**6**,**9**). Certains plantoirs, souvent plus volumineux, possèdent aussi un appui-pied (**7**,**8**) : possibilité de pression plus forte, par suite d'une plus grande résistance du sol, de la nécessité d'une cavité plus profonde. ● Les plantes que l'on cultive pour leurs parties souterraines (tubercules, racines charnues, revoir par exemple, p. **11**) sont récoltées en les extrayant du sol, soit à la main, soit avec des outils à bras (bâtons, houes, bêches) ou attelés ayant pu déjà servir à la préparation du sol (araires, charrues, herses avec dents de certaines formes) ; soit avec des outils spécialisés, tels, entre beaucoup d'autres : des houes pour arracher les pommes de terre (4, p. 30) ; des arrache-betteraves à lame pleine (**7**), ou à deux dents, épaules courbes (**8**) ou droites ; ou encore des fourches à garance (**9**)...

1 : Plantation en poquets d'arachides préalablement germées. Dans la main droite, un plantoir monoxyle, pointu, très coudé ; avec lui, la cultivatrice fait un poquet, où elle va déposer des arachides qu'elle recouvrira de terre. Ethnie Djem, Congo, région de Souhanké.

2/3/4/5 : Types de plantoirs monoxyles ; pointes écorcées. Tenus d'une main. Pour planter légumes et tabac. (H moyenne : 20 à 30 cm ; trous relativement peu profonds). Bulgarie (Inf. et doc. Musée de Pazardjik). **2**,**3** : Partie supérieure coudée à angle droit formant poignée. **4**,**5** : Plantoirs utilisés, l'un dans le village de Bratanitza et l'autre dans celui de Malo Konara, où est (était) employé aussi le plantoir (3).

6 : Plantoir à colza. Pointe ferrée. Poignée transversale saisie des deux mains (H : 90 cm ; L poignée transversale : 40,5 cm ; d : 8 cm). 1900. Seine-et-Marne, Lizy-sur-Marne.

7/8 : Récolte en déterrant. RDA (Inf. et doc. W. Jacobeit, Berlin-Est, Staatliche Museen). **7** : Pour betteraves. Bois, fer plein. Deux « oreilles » pour appui-pied mais aussi pour élargir la lame. (L totale, mais manche absent : 97 cm ; L fer : 33 cm ; l tranchant : 7 cm ; l marche-pied : 18 cm). 1961. Schönebeck-sur-Elbe. **8** : Fourche arrache-betteraves (L totale, mais manche absent : 97 cm ; L dents : 20 cm ; L appui-pied : 10,5 cm ; écart entre l'extrémité des deux dents : 3 cm). 1961. Région de Magdebourg.

9 : Fourche à garance, *lichet per li garance*, « louchet ». Bois fer. (L : 1,50 m ; L dents : 50 cm ; avec douille ; 65 cm ; L poignée : 40 cm). Pression des deux mains sur la double poignée pour enfoncer l'outil : les racines de garance (dont on obtient la couleur de ce nom) prospèrent dans des sols légers mais relativement profonds. Début du 20e siècle. Vaucluse, région de Carpentras.

10 : M. Pons plante des pommes de terre en ligne dans la raie formée avec l'araire. 1965. Lozère, Recoulès-d'Aubrac.

6

8

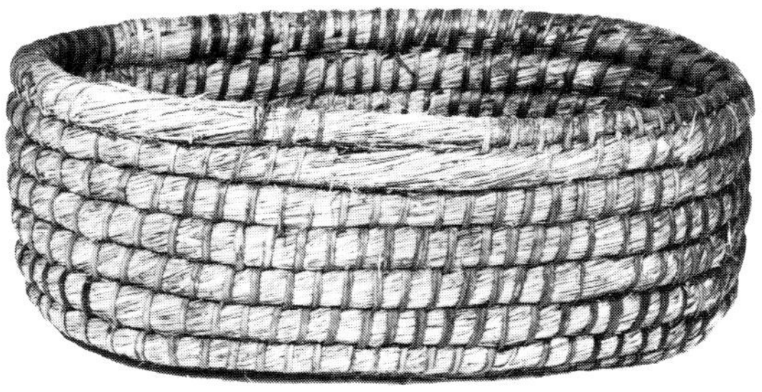

3

2

DE L'UNE DE SES MAINS LE SEMEUR PREND LE GRAIN ET LE SÈME A LA VOLÉE. SEMOIRS PORTATIFS

● Semer à la volée c'est, à la différence de semer en poquets ou en ligne, semer en jetant des grains sur le champ de manière que les graines s'y éparpillent. ● Mais ces semailles sont effectuées suivant une technique et un rythme qui assurent une répartition quasi régulière des grains sur toute la surface du champ. C'est pourquoi le « geste auguste du semeur » qu'évoque Victor Hugo, n'est pas seulement à admirer pour sa beauté, mais aussi pour tout ce qu'il exprime de savoir et d'expérience. ● Le semeur remplit sa main de grains (11 à 15 grammes de grains chaque fois, me dit l'un d'eux) ; puis, en un geste ample, précis, rapide, il projette ces grains de sa main droite ou de sa main gauche (**2**), sur une largeur qui peut atteindre 4 à 5 mètres. Les excellents semeurs, à la main grande et au geste puissant, ont la réputation d'atteindre 5 mètres et demi à 6 mètres. ● Sur une figuration ancienne (Égypte, 18 siècles environ avant notre ère), au-dessous d'une scène de moisson (p. 76, 78), un araire recouvre les semences (**1**) ; celles-ci sont contenues dans un petit panier tenu d'une main par le semeur ; elles sont répandues par celui-ci de l'autre main. ● Recouvrir les semences ce fut peut-être, en effet, le rôle premier de l'araire (p. 8). Plus tard, on utilisa aussi à cette fin la charrue, la herse... Cependant, sur la gravure (**2**) du 15e siècle, charrue et herse semblent plutôt, ici, préparer le terrain aux semailles que recouvrir celles-ci ; mais au premier plan se détachent deux semeurs fort intéressants à observer ainsi que leurs gestes et « équipement » de semeurs. ● L'un sème à la volée de la main droite, l'autre de la main gauche ; et le geste du second paraît plus vrai par son ampleur, nécessaire, que celle du premier ; l'un et l'autre ont un « tablier de semeur » dont on peut voir les détails, devant et derrière (poche pour le grain, bretelles et attaches). Au 20e siècle, on en utilisait encore ; l'extrémité-base du tablier (assez long) était souvent repliée sur l'avant-bras ; une poche était ainsi formée. ● Mais alors semailles d'une seule main, tandis qu'avec un « récipient » (poche ou autre) fixé devant lui, le semeur, les mains libres, peut alternativement semer à droite et à gauche, d'une main puis de l'autre, ce que font peut-être les semeurs de la gravure sur bois (**2**). ● Les récipients à grain du semeur sont d'une grande diversité de formes et contenances, de matières et de maniè-

7

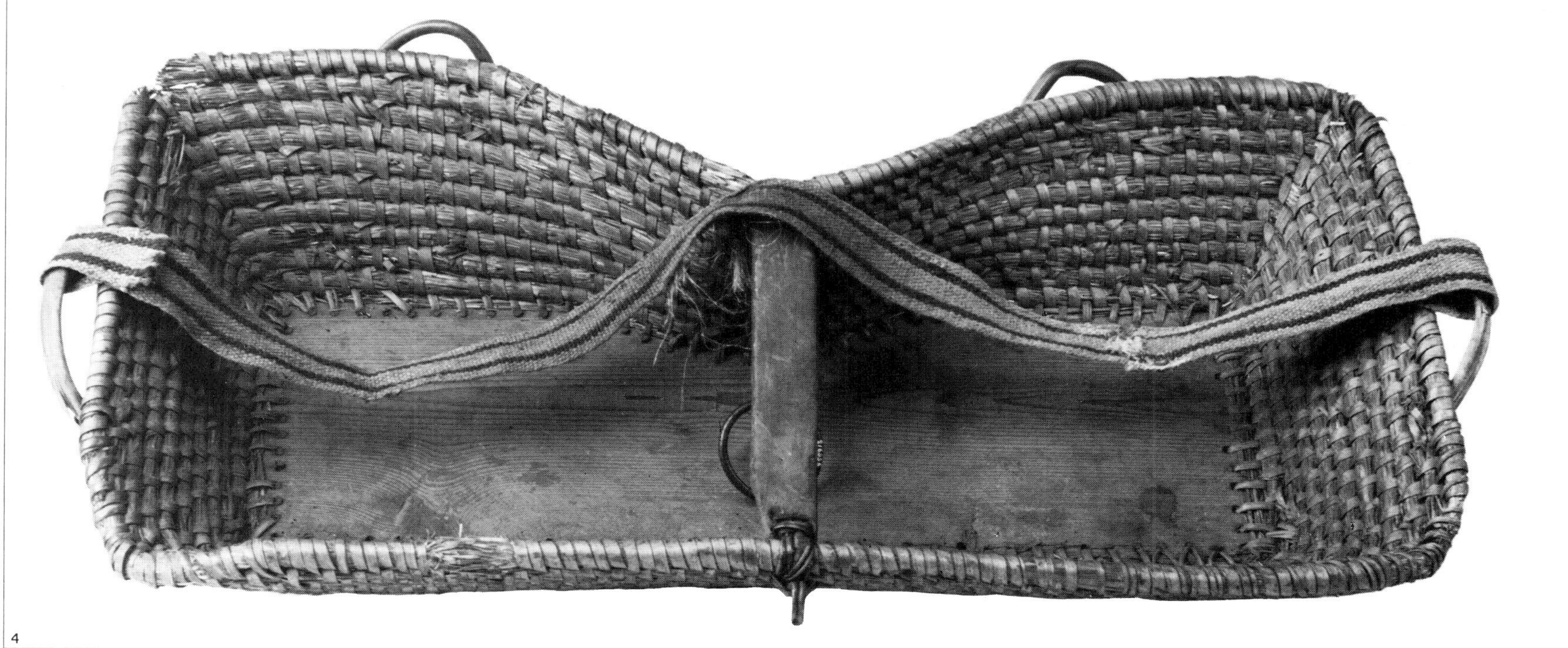

4

9

5

res de traiter celles-ci (**2** à **8**) : « poche » en tissu, corbeille en fibres tressées ou torsadées, en lattes entrelacées, en bois courbé et ajusté, en bambou... ; avec portages aussi différents : sous le bras, suspendu à l'épaule, ou encore à l'aide de l'outil à tous usages, la main (**1**).

1

1 : Détail d'une peinture (pierre stuquée et peinte). Premier registre : scène de moisson avec faucilles dentées (p. 76-77). Au-dessous, les semailles : araire attelé à deux hommes (8, p. 48) recouvrant les semences. A la houe, préparation du sol ou recouvrement des semences (p. 34 ; 1, p. 37 ; 1, p. 38). Égypte, époque thébaine (Musée du Louvre).

2 : Octobre, signe du scorpion, époque des semailles. Terrain labouré. A l'arrière-plan : charrue à avant-train (p. 52-53), attelage, un couple de bœufs et un cheval (6, p. 140) ; herse (p. 56-57). Il faut cependant se hâter de recouvrir les semences, des oiseaux sont prêts à s'en emparer. Dans la grange, battage aux fléaux ; sacs et tonnelet (p. 98 et 159). Gravure sur bois, 15e siècle. (Paris, Bibliothèque nationale).

3/4/5/6/7 : Contenants divers utilisés pour semer. Paille torsadée, fibres entrecroisées, bandes ou lamelles d'écorce... **3** : Corbeille ovale ; torsades de paille de seigle maintenues par éclisses de ronce (56 × 37,7 cm ; H : 21,5 cm). 20e siècle (voir aussi 11, p. 195). France, Aubrac, Cantal, La Trinitat, Les Fajoux (Inf. et doc. J.-D. Lajoux). **4** : Torsades de paille, fond plat en bois (L : 98 cm). Suède, Scanie (Nordiska Museet, Stockholm). **5** : Paille et bois. Vers 1898. Danemark, Jutland, régions côtières (Inf. et doc. Svend Nielsen, Landbrugsmuseet, Auning). **6** : Petite corbeille ; parallélipipède rectangle ; bandes d'écorce déroulées et entrecroisées ; poignée en ficelle (L : 28,5 cm ; H : 13 cm). Ethnie Nahua. Mexique, région du golfe du Mexique et de Vera Cruz, San Pedro Coyutla. **7** : Panier-semoir, en fines lamelles de bambou (H : 12 cm ; l base : 17,5 cm). Pour grains de paddy (grains de riz non décortiqués). Vietnam, Than hoa.

8 : Semoir « deux ares », désigné ainsi parce que contenant une quantité de grains correspondant à l'ensemencement d'une telle surface. N'est plus en usage. Trouvé dans un poulailler où il servait de récipient à grains pour la volaille (H : 12 cm ; d : 24,5 cm). Bois de pin mis en forme. Inscription en creux : W.I.P.B.F. 17.17.13. W.P.M.F.P. 1812. France, Hautes-Alpes, Saint-Véran (Mission MJBD).

4

2

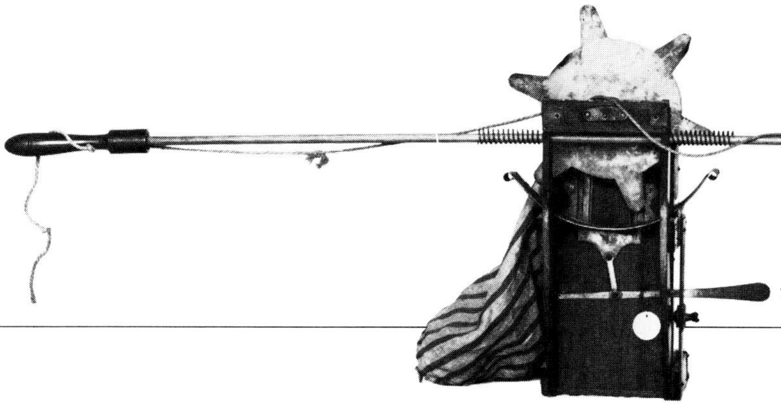
1

SEMER « MÉCANIQUEMENT », « A LA VOLÉE » OU « EN LIGNE », AVEC DES INSTRUMENTS PORTATIFS OU ATTELÉS

● « J'aurais de la peine à confier à une machine l'opération importante de la semaille ; d'ailleurs je doute qu'un instrument quelconque puisse faire, à beaucoup près, autant de besogne qu'un semeur à la main », déclarait un agriculteur dans *Le Bon fermier ou l'Ami des laboureurs* paru en 1767. Plus de deux siècles plus tard, en 1975, un semeur à la volée, dans une clairière de la forêt d'Othe (Yonne), me vantait encore ce procédé, très supérieur à « toute machinerie ». ● Semer à la volée, alors que la mécanisation avait fait des progrès considérables en France comme ailleurs, continuait donc à avoir des zélateurs fidèles. Des semoirs mécaniques, à main et portatifs (**1**), de différents modèles, furent même fabriqués pour les semeurs « à la volée » ; on les a appelés « semoirs à archet » ou « semoirs violons ». ● Cependant, aux points extrêmes qu'atteignent chaque fois les grains, ceux-ci sont plus clairsemés ; aussi le semeur veille-t-il, au cours de ses allées et venues, à ce que les marges de ses nouveaux « jets » de grain recouvrent celles de chacun de ses précédents passages. ● Dans des pays d'Asie, en Mésopotamie, en Inde, en Chine, depuis des millénaires, divers autres moyens étaient employés pour semer, pour semer non pas à la volée, ni même directement à la main. Ces dispositifs pour semailles « mécaniques » n'étaient pas des machines à proprement parler, mais il s'agissait d'un acheminement vers des solutions plus complexes. ● C'est ainsi qu'un dispositif (**2** à **4**) a été fort ingénieusement placé sur l'instrument soit sur les mancherons de l'araire, soit sur un bâti spécial : il assurait, et assure encore, la distribution des grains d'une manière régulière et suivant un tracé défini, c'est-à-dire « en ligne ». ● Sur un cylindre-sceau (pierre gravée) sumérien (3e millénaire avant notre ère) est figuré un araire comportant, entre les mancherons, le cornet-conduit significatif (**2**). Sur un araire du Yémen (**3**), dans le sud-ouest de l'Arabie, un semoir, sur araire à double mancheron aussi, rappelle l'ancienne, et toujours actuelle, technique des semailles :

5
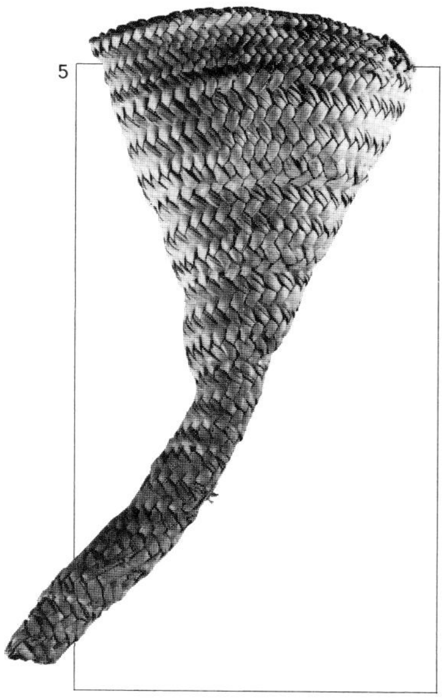

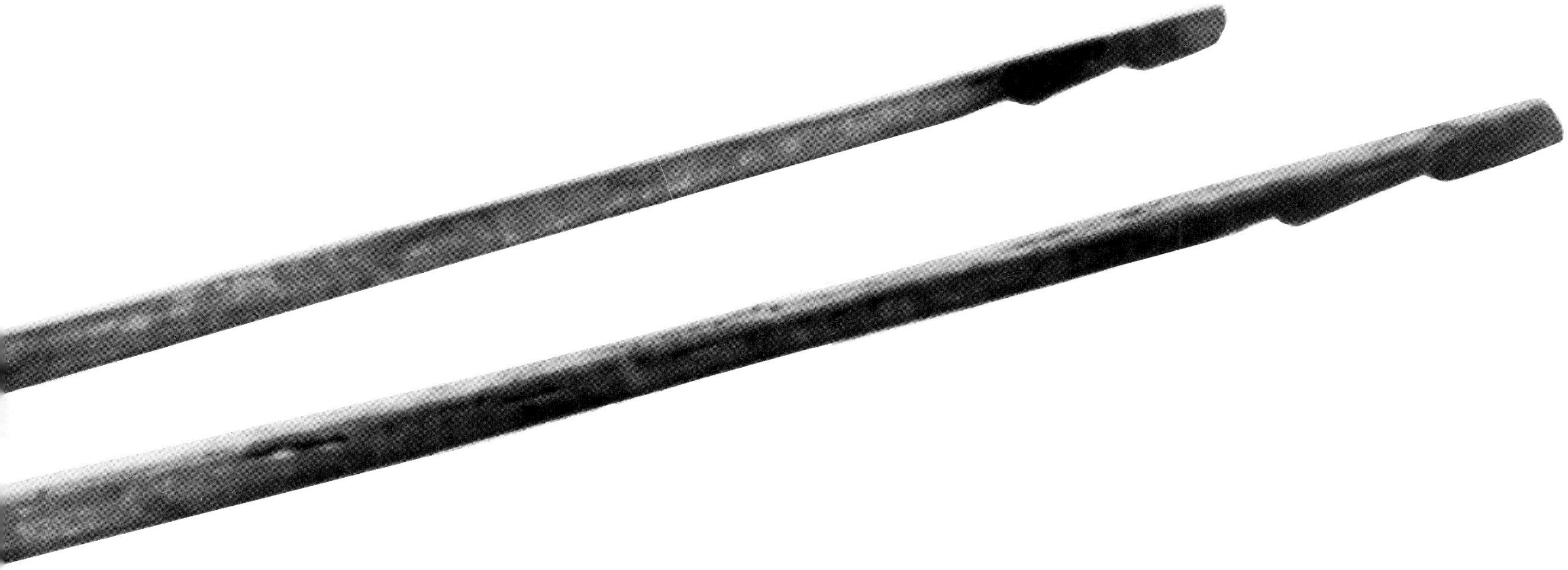

3

6

les grains sont ici, comme il y a déjà quelque 3 000 à 2 500 ans avant notre ère, semés en ligne avant que le soc ne rejette de la terre sur eux et ne les recouvre (voir aussi 6, p. 133). En Chine, un type de semoir, déjà fort élaboré, et qui doit remonter à deux siècles avant notre ère, est toujours couramment utilisé (**4**). ● Dès le 17e siècle, certains agronomes préconisent en France, pour le grain, l'usage de la « roue à semer » : elle figure dans l'*Encyclopédie* de Diderot (18e siècle). C'est aussi une roue à semer le coton dite « semoir à tambour » qu'utilise au 19e siècle un planteur des États-Unis (**6**). ● En liaison avec le développement industriel, la mécanisation des travaux agricoles prit un grand développement, à partir des 17e-19e siècles, stimulant des innovations et des emprunts significatifs de recherches et d'émulations.

1 : Semoir à main, portatif (H : 36 cm ; l : 54 cm). Semences placées dans le sac (à rayures), ici vide. Par l'archet à corde, le semeur imprime un mouvement alternatif de rotation à un disque qui projette les graines sur le champ, à droite et à gauche, sur une largeur de 60-70 cm (faible envergure). Un régulateur permet de régler le débit des graines (Paris, collection de l'Institut National Agronomique).

2 : Araire-semoir sumérien. Le semoir est placé entre les deux mancherons, cornet à sa partie supérieure. Timon en deux parties. Deux couples de bovins sous double joug. Représentation probable d'une cérémonie rituelle. Gravure sur un cylindre-sceau, en pierre (scène ici « déroulée »). Mésopotamie (Paris, Musée du Louvre).

3/4/5 : Divers dispositifs de semoirs assurant des semailles en ligne, et munis d'un recouvre-semis. Récemment en usage. **3** : Araire-semoir. Une planche équarrie, terminée en pointe avec soc en fer, devant laquelle est placé le semoir, grosse pièce de bois ; à l'intérieur, un entonnoir. Deux cultivateurs : l'un conduit l'araire des deux mains ; l'autre a, sur la poitrine, suspendu au cou, un sac rempli de grains d'orge. Le « semeur » est en train de mettre, au fur et à mesure dans le semoir, des semences ; celles-ci, tombant sur le sol, vont être aussitôt recouvertes par la terre que le soc rejette sur elles. L'usage de cet instrument est lié à une technique, à une céréale et à certains rites : son étude ne peut donc être dissociée de celle d'une certaine conception cosmogonique, très élaborée chez les paysans du Yémen. 1975. Péninsule arabique, au nord de Sanaa (Inf. M. Gast, de même 6, p. 133). **4** : Semoir chinois à deux rangs et brancards. Un modèle du 18e siècle est reproduit dans l'ouvrage de Duhamel de Monceau (1752). Grain à semer placé dans la caisse supérieure où se trouve la trémie ; une tige en bambou traverse celle-ci, agite le grain qui s'écoule dans les conduites de descente, tandis que le semeur fait osciller légèrement le semoir à droite et à gauche. A l'extrémité des conduites, un ouvre-raie ; à l'arrière de l'instrument, un couvre-semis (tige de bambou). Vu en fonction, 19 septembre 1973. Chine, Hebei, brigade de production de Nan Kuan Long Kou, ouest de Shijiazhuang (MJBD). **5** : Semoir en feuilles de palmier (L : 54 cm ; l max. : 26 cm) ; sans son support. Ethnie Bizendjo. Pakistan (ouest), vallée de l'Ornatch, Nindowari.

6 : Semoir à tambour pour planter le coton. Au centre une roue ferrée à laquelle est accolé le semoir : un tambour muni de 13 trous pratiqués à égale distance (Tambour, d : 60 cm ; l : 33 cm). Quand la roue roule dans la raie, les graines tombent dans celle-ci (mais assez irrégulièrement). Fait aux environs de 1895 par un planteur. États-Unis, Sud Caroline, Greenwood. (Inf. et doc. J.T. Schlebecker, Collection Smithonian Institution, Washington).

1

8

9

10

« CUEILLEURS » ET « AGRICULTEURS ». CUEILLETTE ET RÉCOLTE

● Les cueilleurs (à ce sujet, revoir p. 11), prélèvent directement sur la nature, sans travaux agricoles préalables, ce dont ils ont besoin, notamment pour se nourrir. La cueillette, mais aussi la chasse et la pêche ont été classées « techniques d'acquisition » par André Leroi-Gourhan, tandis que celui-ci classait l'agriculture, mais aussi l'élevage, dans les « techniques de production ». ● Ces techniques différentes peuvent cependant comporter des gestes comparables : arracher (une plante sauvage ou le blé cultivé, tel ainsi le récoltait-on, ici ou là, autrefois), déterrer, ramasser, détacher, égrener, couper, à la main ou avec un outil. Dans quels cas cueille-t-on (cueillir étant compris dans un sens large) ou récolte-t-on tels racines, tubercules, fleurs, fruits, graines ou feuilles ? ● En regardant le médaillon de pierre (**1**) on peut se demander, au premier abord, par exemple s'il s'agit d'un cueilleur ou d'un récolteur ; on peut se poser des questions analogues en voyant en usage bâton à fouir, bêche, houe... ● Des gestes, des outils, leurs fins d'apparence comparable ont une tout autre signification suivant le contexte où ils s'inscrivent et où il faut les replacer. Parmi les peignes figurés ici (**2** à **5**), les uns sont destinés à des cueillettes de diverses baies sauvages, ou du moins ils l'étaient à l'origine (**2** à **4**) ; d'autres, tel ce peigne des îles Féroé (**5**), sert, après la récolte, pour l'égrenage de céréales cultivées. ● Les procédés manuels de cueillette et de récolte avec peigne n'ont-ils pas été transposés, sous une forme mécanique, dans la moissonneuse gauloise, le *vallus*, non tirée mais *poussée* par un bœuf ou un âne : elle comportait en front un grand peigne horizontal qui arrachait les épis. Décrite par des auteurs latins (Pline, Palladius), figurée sur des bas-reliefs (Belgique, France nord-est, Allemagne rhénane), elle n'est plus en usage au Moyen Age. ● Des « novateurs » au 19ᵉ siècle, en Australie, avec des moissonneuses-batteuses attelées « à l'envers », reprirent ce principe de la moisson « en avant ». La motorisation aujourd'hui permet le choix des solutions. ● G. Condominas a décrit les cueilleurs de riz à la main dans tel village d'Indochine. Autour des Grands Lacs (États-

4

7

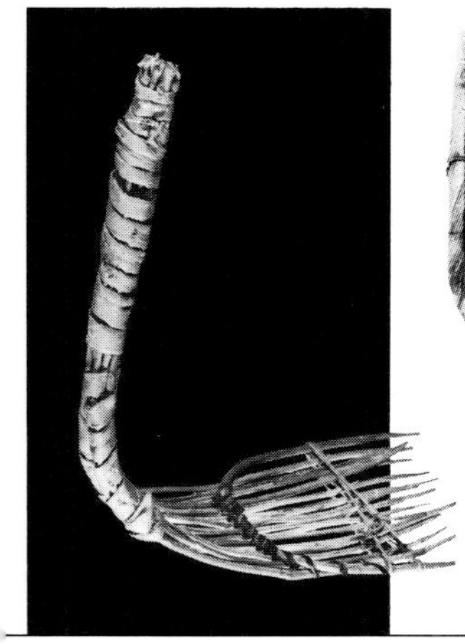

2

3

5

6

Unis, Canada), des Indiens « cueillent » aussi le riz — un riz sauvage (**7**). Mais est-ce dans ce cas toujours une cueillette après une telle mise en place des épis décrite par M. Maurizio ? ● Quant aux baguettes à moissonner d'Espagne et du Tibet (**8** à **10**), elles sont des outils d'agriculteurs et non de cueilleurs, mais cette moisson, à ne considérer que certains de ses traits (nombre réduit des épis chaque fois arrachés), n'a-t-elle pas une apparence de cueillette ? ● La cueillette reste pour certains groupes humains la base de leur existence — le Dr J. Vellard a décrit les cueilleurs de miel des forêts de l'Amérique du Sud (voir p. 198-199). ● De nos jours, la cueillette est généralement associée à l'agriculture. Une association en proportions différentes, suivant lieux et situations, mais aussi suivant motivations. Puisque même dans des pays les plus industrialisés, — et nantis — il y a toujours des cueilleurs de champignons !

1 : Médaillon sculpté sur pierre : le mois de septembre. S'agit-il de faire tomber avec un bâton les fruits d'un arbre ayant poussé naturellement, sans soin (ou même qui, après avoir été cultivé, a été abandonné), ou ceux d'un arbre fruitier dont on a motivé, soigné, surveillé la croissance ? Cathédrale d'Amiens, Somme.

2/3/4/5/6 : Peignes destinés à diverses opérations. Gestes d'emplois différents suivant la forme de la poignée et la disposition des dents verticales ou horizontales par rappport à la prise en main (poignée). 19e-20e siècles. **2** : Peigne à graminées sauvages (L totale : 40 cm ; L du peigne : 25 cm) ; branchage avec ligatures d'écorce. Fabriqué par les femmes. Ethnie Zaghawa. Tchad, Ouaddaï, confins sud-est. **3** : Peigne à baies sauvages. Bois (L : 32 cm ; l : 16,5 cm ; H des dents ; 5 cm) ; décor gravé : une sirène-poisson joue de la trompette (le « chant des sirènes ») ; les dents sont passées au travers des branches de l'arbrisseau, les baies tombent sur le « plateau ». 19e siècle. Allier, La Guillermie. **4** : Peigne à airelles ; bois peint (L totale : 32 cm ; dents : 9,5 cm). Norvège. **5** : Peigne pour détacher les grains des épis de blé vert (céréales cultivées) ; bois, dents en fer (L de la monture servant aussi de poignée : 24 cm ; L de chacune des 14 dents : 13 cm). Autrefois d'un usage courant ; utilisé ensuite, après récolte, dans les granges ayant un séchoir à grains. Danemark, îles Féroé, Strømø, Thorshavn. **6** : Peigne autrefois à fruits sauvages mais dont la fonction a changé : sert à cueillir des fleurs (notamment du genêt) qui seront jetées à profusion par terre lors de la procession de la Fête-Dieu. Espagne, Catalogne, au nord de Barcelone (Inf. et coll. P. Deffontaines).

7 : Moisson sous forme d'égrenage, pratiquée par les Indiens, ici les Ménominée (litt. « gens du riz sauvage » dans la vieille langue des Algonkins). En réalité, il s'agit non de riz mais d'une plante aquatique sauvage qui pousse dans les eaux calmes des lacs, des bords de rivières. Tiges et épis sont inclinés dans le bateau où le « riz » est battu directement. L'épi avait été, avant maturité, replié, puis lié à la tige, entre autres pour protéger les graines contre vent et oiseaux. Dessin de E. Eastman, milieu 19e siècle. (American Museum of National History, New York (Inf. C. Hanes).

8/9/10 : Moisson de diverses céréales avec des baguettes en bois. Le moissonneur écarte celles-ci ; saisit avec elles quelques tiges de céréales ; rapproche l'une de l'autre les baguettes ; incline vers lui les tiges « emprisonnées », et d'un coup sec brise ou arrache les épis ; utilisation des deux mains. **8,9** : Un moissonneur est un train d'enserrer entre ses baguettes, *messoria*, des tiges d'épeautre (variété de blé poussant dans des régions montagneuses, au climat rude) ; panier à gauche pour recevoir les épis. Septembre 1979. Espagne, Asturies, villages de Zureda et Santibañez de la Fuente (Inf. et doc. Fr. Sigault et F. Ortiz). **10** : Deux baguettes de bambou (L : 30 à 40 cm). Pour la moisson d'orge ou de blé. Utilisées par des populations tibétaines, à des altitudes variant de 1 800 à 4 000 m. Moyennes et hautes vallées himalayennes. Népal, régions de l'Ankhu Khola, du Langthang et du Mustang (Inf. et doc. G. Toffin).

3

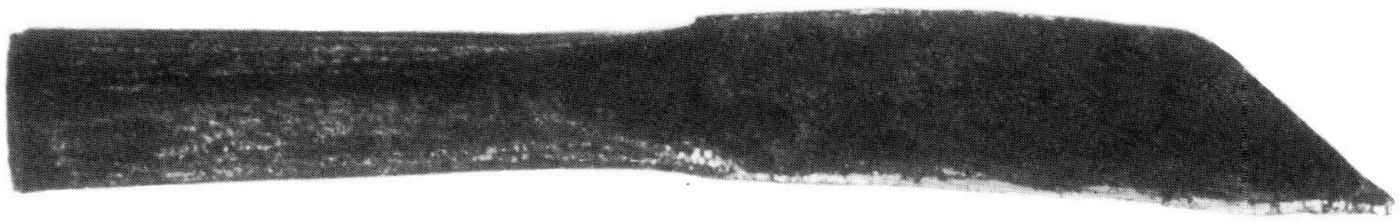

1

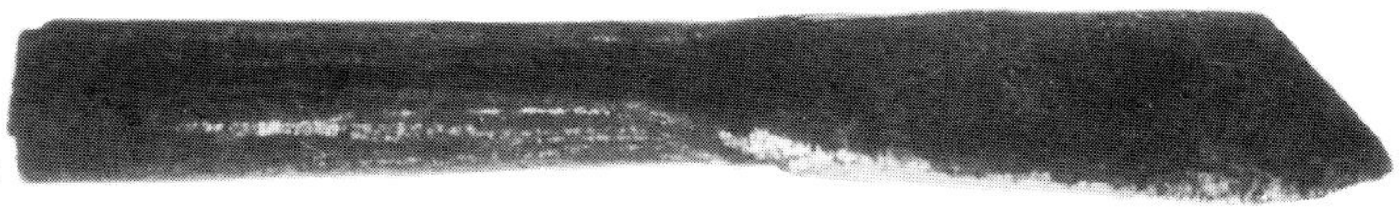

2

MOISSONNER AVEC UN COUTEAU A LA DIMENSION DE LA MAIN

● La moisson au couteau des céréales — principales plantes concernées — est longue et minutieuse. Les outils sont des couteaux tenus et manœuvrés à la main, et donc à la taille de celle-ci. Mais leur forme, la manière dont est fixée la lame, les gestes nécessaires pour moissonner le couteau en main, peuvent être très différents. ● Cependant le type de moisson est, ici et là, comparable : il s'agit d'effectuer cette moisson en coupant un à un les épis ou panicules porteuses des grains de paddy (nom du riz « naturel », non décortiqué). ● Dans certains de ces couteaux à paddy, en Afrique (**1**,**2**), lame et poignée sont une seule pièce de métal dans le prolongement l'une de l'autre ; le moissonneur tient la partie manche de l'outil avec quatre doigts repliés, tandis qu'avec le pouce il appuie la tige sur le plat de la lame ; puis, d'un geste brusque, il fait pivoter la lame vers l'avant, elle coupe la tige. ● Un couteau à mil (**3**) : sa lame est insérée dans une monture en bois, et le mouvement de la main est dans une certaine mesure comparable à celui qu'exige le précédent couteau. ● Des couteaux à riz (**4** à **7**) utilisés en Asie du Sud-Est, en Indonésie (îles de la Sonde et autres îles) comportent une pièce transversale, à cheval au sommet de la monture de la lame. La prise en main et la manœuvre

7

sont différentes de celles des couteaux à moisson précédents. ● Plusieurs de ces moissons « à la pièce » sont pratiquées, entre autres, dans des champs où les plants de céréales sont peu denses, où ils sont éparpillés. Le travail est relativement long ; il présente cependant des avantages à certains points de vue ; il donne notamment la possibilité de sélectionner dans un champ les céréales qui, parmi d'autres, sont arrivées à maturité, et de les couper avant qu'elles n'égrènent. Des « moissons » successives peuvent ainsi être faites. ● « Ce sont les femmes qui coupent les panicules de riz à la récolte et qui, seules, manient le petit couteau en bambou *(ani-ani)* si caractéristique », écrit V. Monteil à propos de ce couteau à moissonner le riz en Indonésie (**7**).

4

5

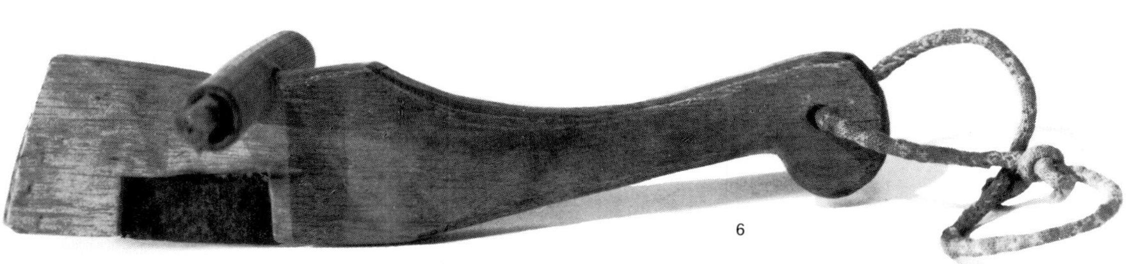

6

1/2 : Récolte du paddy avec un couteau. Ces deux couteaux ont été achetés sur le marché. Lames de fer : un côté est aiguisé ; le manche est en forme de douille ouverte (L totale : 15 et 13 cm ; L lame : 7 et 7 cm ; l lame : 1,6 cm et 2). 1977. Côte-d'Ivoire, Lacota (Fr. Sigaut).

3 : Coupe-mil. Lame de métal insérée dans une monture en bois (L : 9 cm) : prise en main par celle-ci pour moissonner. Travail de forgeron. Ethnie Bambara. Mali, région de Ségou.

4/5/6 : Pour la moisson du paddy. Lame de fer insérée dans une monture en bois. A celle-ci est fixée, perpendiculairement, la tige de bambou qui améliore la prise en main de l'outil. **4** : Coupe-paddy. Bambou, fer (L lame : 0,8 cm ; L max. plaquette bois : 12 cm ; l : 4 cm ; L poignée transversale bambou : 12,3 cm). Utilisé par les Thaï. Thaïlande. **5** : Coupe-paddy (grossi ici environ une fois et demie) ; lame insérée dans support (L : 16,5 cm ; l : 2,8 cm ; lame : 7,6 cm × 2 cm). Péninsule indochinoise. **6** : Bois, fer, courroie en tissu tressé. Lame complètement insérée dans son support (L totale : 15,2 cm ; H max : 3 cm ; lame : 2,7 cm × 1,2 cm). Ethnie Muong. Vietnam ; coupe-riz recueilli dans la région de Hanoï, environ de Hia-Binh.

7 : Un *ani-ani* d'Indonésie en utilisation. On aperçoit le montant de bambou auquel est fixée la monture ; au front de celle-ci, une lame est perceptible (comme sur **4**). L'outil est en main : remarquez la position du pouce et des deux autres doigts apparents.

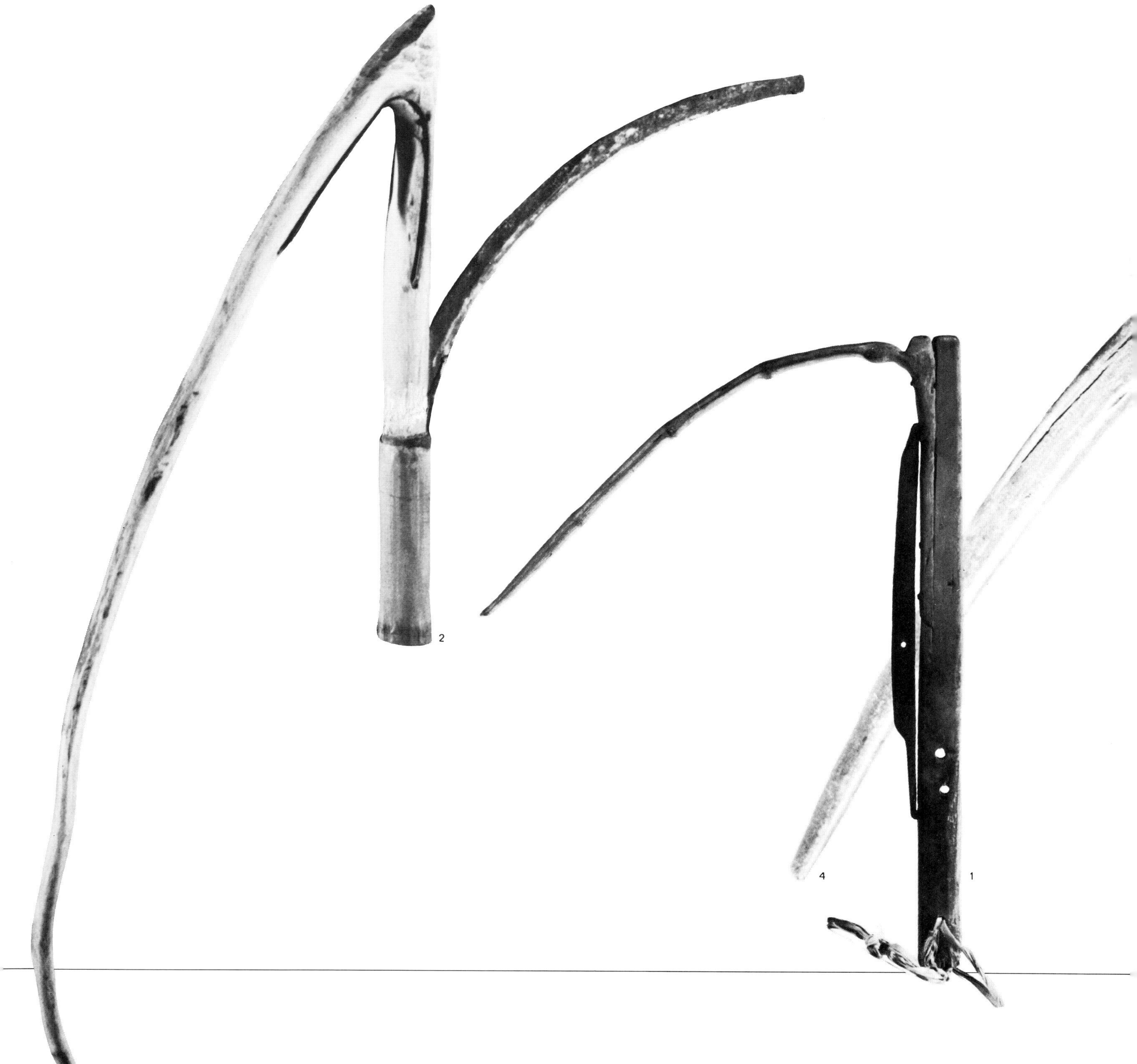

2 4 1

VIETNAM, CAMBODGE : DEUX MANIÈRES ORIGINALES DE MOISSONNER

● Et ceci parce que dans ces pays de la péninsule indochinoise, deux types de faucilles sont particulièrement originaux. Ces outils sont présentés ici (**1**,**2**,**4**,**5**), comme si le moissonneur était « de notre côté », prêt à saisir la faucille dressée devant lui. Puis les faucilles sont présentées en position de travail (**3**,**6**). ● Dans la partie nord de la péninsule (nord et centre Vietnam), des faucilles utilisées (ou qui l'étaient) comprennent un manche droit (**1**,**2**,**3**) sur le côté intérieur duquel la lame est insérée longitudinalement ; elle manque sur l'une des faucilles (**2**). Le manche est muni d'une poignée naturelle (**2**) ou ajoutée ; elle manque sur l'une (**1**), mais son emplacement est visible sur le manche. En position de travail, ce type de faucille dessine un V (**3**) qui devient un V renversé dans l'autre position (**1**,**2**). ● Avec ces faucilles le mouvement se fait en deux temps (**3**, a et b) : avec le crochet le moissonneur rassemble les tiges, puis tenant celles-ci bien en main, il les coupe en repoussant, en éloignant de lui, vivement, la faucille ; la lame remplit alors son rôle de tranchant. ● Dans des faucilles du sud de la péninsule indochinoise (Vietnam méridional, Cambodge) poignée et crochet sont d'une seule pièce en forme de S renversé (**4**,**5**,**6**). Sur la courbe du

3

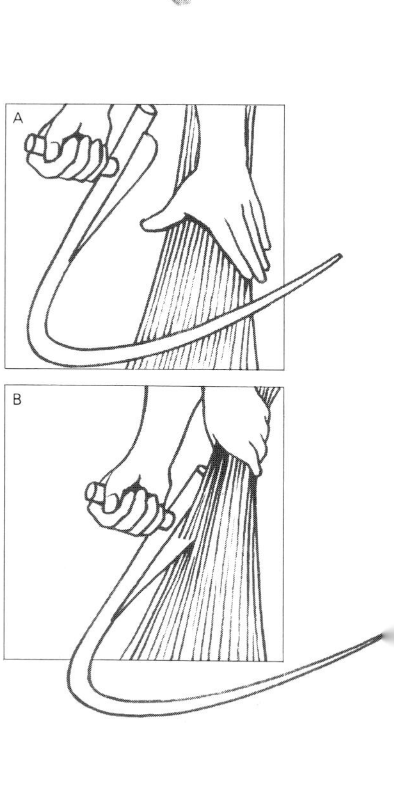

4

crochet s'élance la lame, fixée par sa base, une base étroite. La moisson est (était) effectuée en 3 temps. Le moissonneur rassemble d'abord les tiges avec le crochet ; puis d'un geste rapide il retourne sa faucille et coupe les épis avec la lame (**6**, a, b, c). ● Formes de faucilles en liaison avec fonction et mode d'utilisation de l'outil. Mais avoir orné et enrichi une poignée (**3**), avoir su tirer parti d'une forme fonctionnelle pour figurer un serpent (**4**), est-ce seulement dans une intention décorative ? On peut supposer que ces faucilles ont eu aussi un rôle cérémoniel.

1/2/3 : Faucilles. Bois dont bambou ; métal. Vietnam. **1** : L manche porte-lame : 49 cm ; L crochet : 41 cm ; lame : 31 × 2 cm. **2** : Utilisation d'une branche et de ses embranchements naturels. La lame, placée sur le côté gauche du montant vertical, manque. **3**, a, b : gestes d'emploi de ce type de faucille.

6

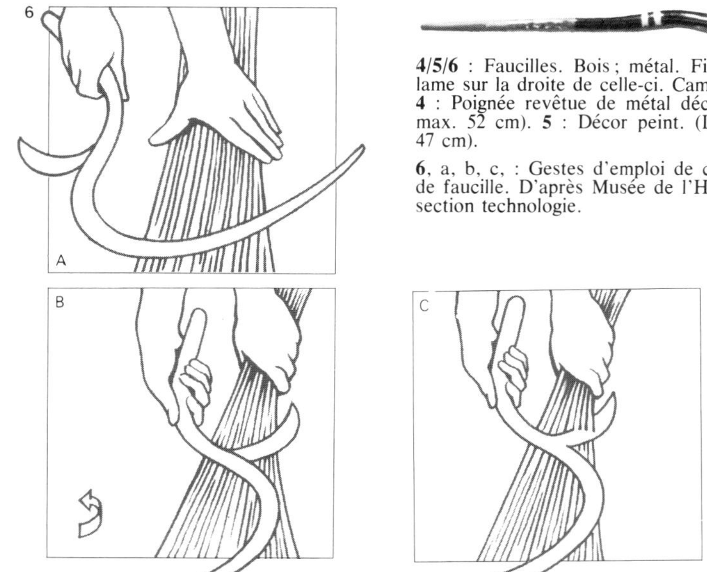

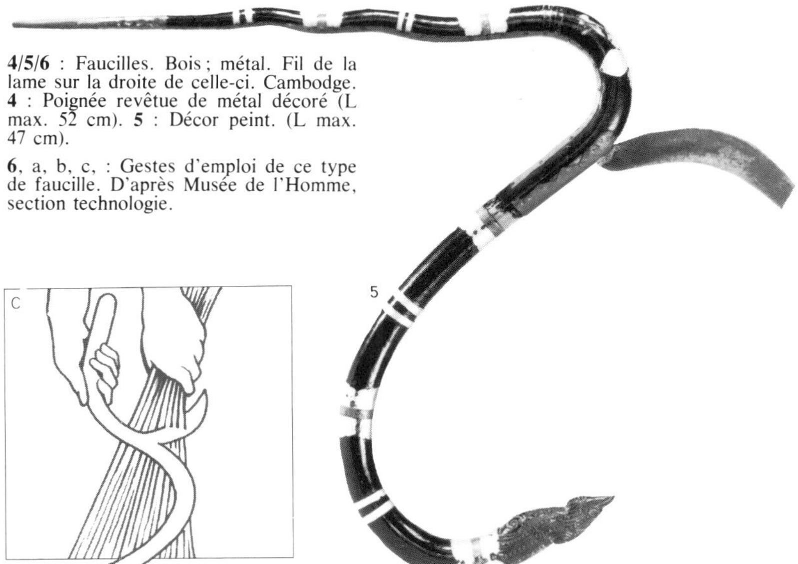

5

4/5/6 : Faucilles. Bois ; métal. Fil de la lame sur la droite de celle-ci. Cambodge. **4** : Poignée revêtue de métal décoré (L max. 52 cm). **5** : Décor peint. (L max. 47 cm).

6, a, b, c, : Gestes d'emploi de ce type de faucille. D'après Musée de l'Homme, section technologie.

1

4 5 3

MOISSONNER AVEC UNE FAUCILLE A LAME COURBE, DENTÉE OU LISSE

● Ces faucilles, quoique tenues d'une seule main comme les précédentes, présentent de grandes différences avec celles-ci au point de vue des formes et de l'agencement des pièces. Et si certains gestes sont comparables, puisqu'il s'agit de « couper », l'enchaînement des gestes diffère. ● La grande « famille » des faucilles à lame fixée à l'extrémité d'un manche, relativement court (1 à 6, et p. suiv.), comporte elle-même une grande diversité de formes de lames, d'attaches de celles-ci au manche, de rapports de dimensions et de disposition des pièces entre elles. ● Les faucilles à dents sont le type de faucille le plus ancien, héritier des « faucilles » préhistoriques : un os (mâchoire animale) ou un morceau de bois, garni de pierres (silex) alignées. ● La lame de métal, dentée ou lisse, est ici légèrement courbée ou en forme de croissant ; elle est montée à soie : on voit l'extrémité de cette pointe ressortir à la base d'un manche (6). ● En France, dans plusieurs régions, on ne dit pas couper le blé, mais le « scier », que la lame de la faucille soit dentée ou lisse, « scier », en français, venant du latin « secare », couper. En effet, les tiges sont coupées (lame lisse ou dentée) par pression-frottement (A. Leroi-Gourhan) et non par un mouvement de va-et-vient comme avec certaines scies ou les couteaux de table à « dents ». ● A la différence des dents droites de ces deux dernières catégories d'outils, les dents des faucilles sont inclinées vers le moissonneur : celui-ci ne peut utiliser sa faucille dentée moderne qu'en la tirant de gauche à droite, comme il le fait (en général) avec la faucille à lame lisse. Il évite prudemment de diriger la faucille vers lui. ● Les faucilles à lame de métal dentée (elles l'étaient en Égypte, 1, p. 67, en haut), encore couramment en usage dans certains pays (Népal, Chine) ont été supplantées par des faucilles à lame lisse dans d'autres pays, comme la France. Cependant

2

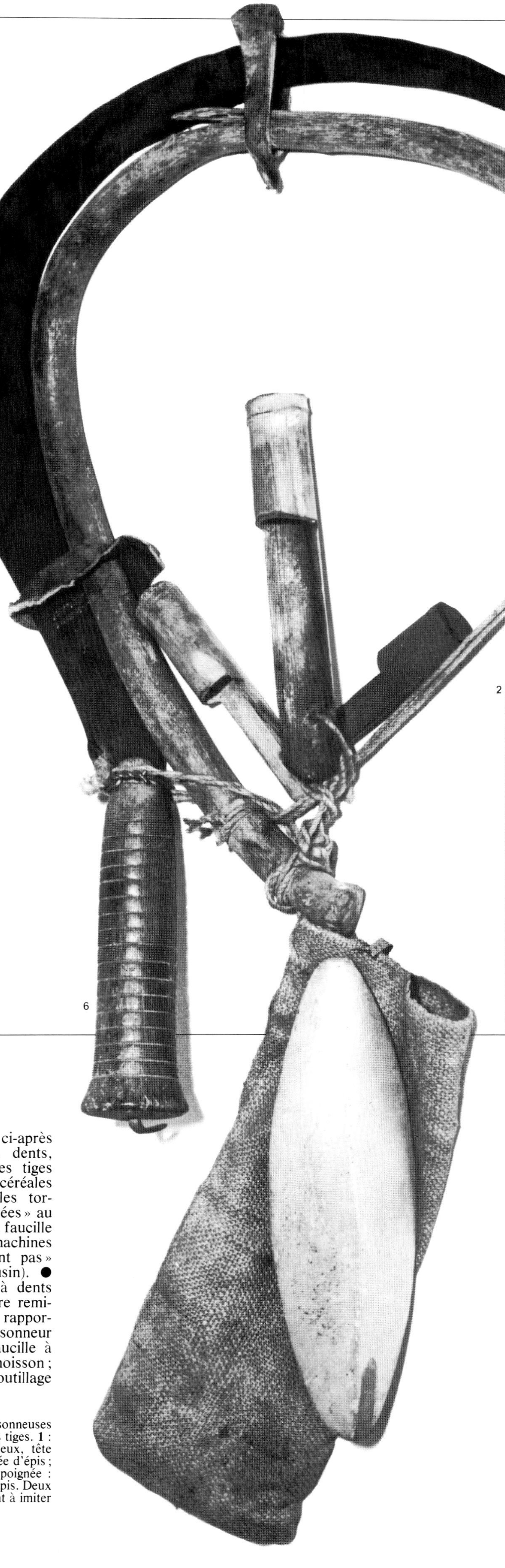

6

Pierre Delage (voir aussi ci-après p. 80) me disait : « A dents, elles accrochent mieux les tiges sèches », tandis que des céréales couchées par la pluie, les tornades, peuvent être « sauvées » au moins en partie, grâce à la faucille lisse : « Alors que des machines modernes ne le pourraient pas » (enquête 1976, en Limousin). ● Tandis que les faucilles à dents usées, ébréchées, pour être remises en état doivent être rapportées au forgeron, le moissonneur « redonne du fil » à sa faucille à lame lisse, en cours de moisson ; il transporte avec lui l'outillage nécessaire à cet effet (**5**).

1/2 : Attitudes et gestes de moissonneuses à la faucille ; coupe à la base des tiges. **1** : Une moissonneuse, pliée en deux, tête très basse, va couper une poignée d'épis ; noter la manière de tenir cette poignée : main gauche placée derrière les épis. Deux autres moissonneuses s'apprêtent à imiter la première. Une moissonneuse, debout, tient, à l'aide de la faucille, une javelle (poignée de céréales coupées) qu'elle déposera derrière elle. Moisson dorée, impression de plein été. *La Moisson*, par Léon Lhermitte. 19e siècle. Ile-de-France. **2** : Comparer avec ci-avant la manière de tenir la poignée des tiges à couper : main gauche ici appuyant sur les tiges. Flexion des genoux plus accentuée. 19e siècle. France, Saône-et-Loire, Saint-Prix (Inf. O. Tessier du Cros).

3/4/5 : Faucilles dentées. La première du Népal (C. Jest). Les deux autres de Chine, pour la moisson du riz ; achetées dans une coopérative des environs de Canton (1976). Dents obliques, orientées dans le même sens (ouverture 13 et 17 cm ; hauteur totale : 32 et 33 cm).

6 : Outillage du moissonneur : faucille à lame lisse (ouverture : 27 cm) et protège-lame ; le moissonneur qui allait s'engager pour la moisson pouvait porter ainsi sa faucille sur l'épaule. Deux doigtiers en bambou, un en métal, pour protéger les doigts (main gauche du faucilleur). Pierre à aiguiser et sac de toile. France, Hautes-Alpes, Orpierre.

5

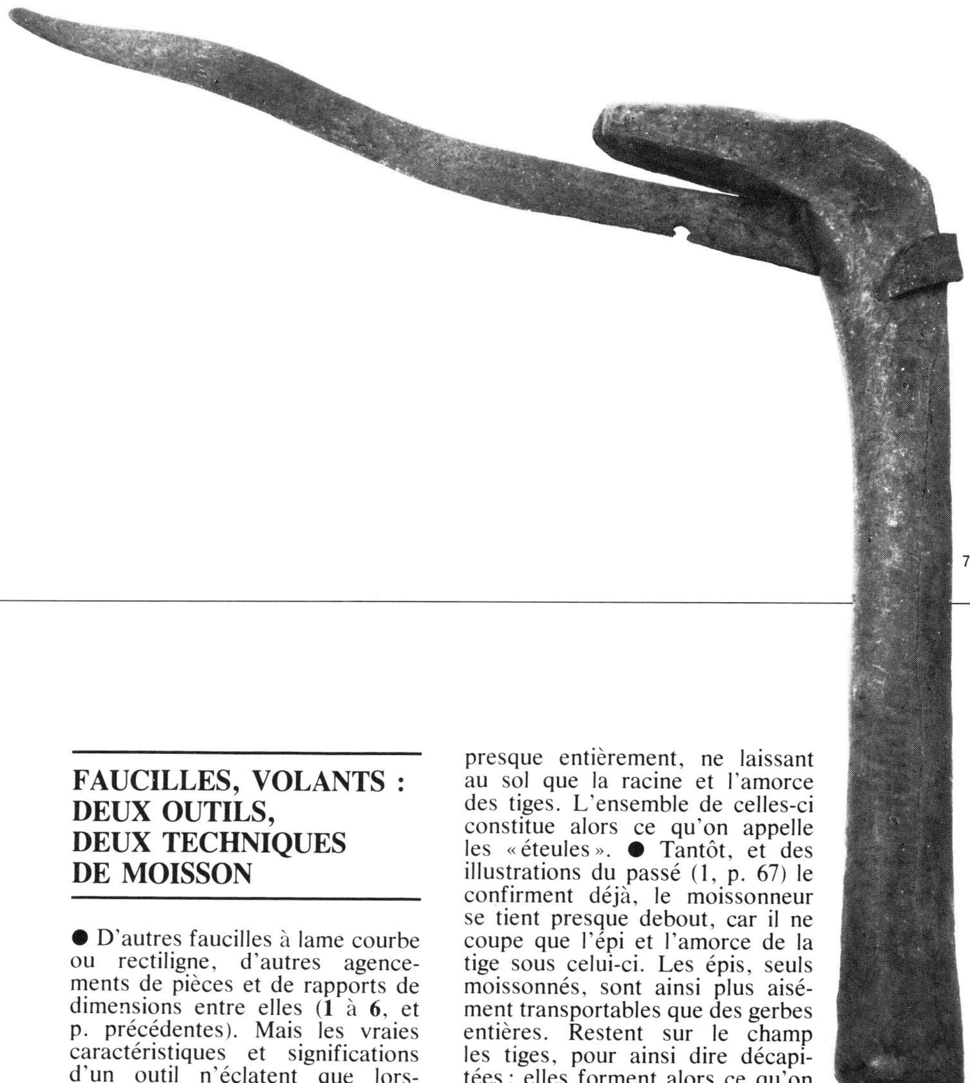

7

1

4

FAUCILLES, VOLANTS : DEUX OUTILS, DEUX TECHNIQUES DE MOISSON

● D'autres faucilles à lame courbe ou rectiligne, d'autres agencements de pièces et de rapports de dimensions entre elles (**1** à **6**, et p. précédentes). Mais les vraies caractéristiques et significations d'un outil n'éclatent que lorsque l'on peut observer celui-ci en action ; il est même souhaitable, chaque fois que cela est possible, afin de mieux le « comprendre », de commencer à observer un outil en utilisation. ● Ainsi est-il important d'observer la position et les mouvements des moissonneurs ; tantôt ceux-ci sont très courbés (**4** et p. 76-77), coupant les céréales presque entièrement, ne laissant au sol que la racine et l'amorce des tiges. L'ensemble de celles-ci constitue alors ce qu'on appelle les « éteules ». ● Tantôt, et des illustrations du passé (1, p. 67) le confirment déjà, le moissonneur se tient presque debout, car il ne coupe que l'épi et l'amorce de la tige sous celui-ci. Les épis, seuls moissonnés, sont ainsi plus aisément transportables que des gerbes entières. Restent sur le champ les tiges, pour ainsi dire décapitées ; elles forment alors ce qu'on appelle les « chaumes ». Il faudra donc intervenir une seconde fois (donc disponibilité de temps et de main-d'œuvre) pour les couper (« déchaumer ») et les emporter si

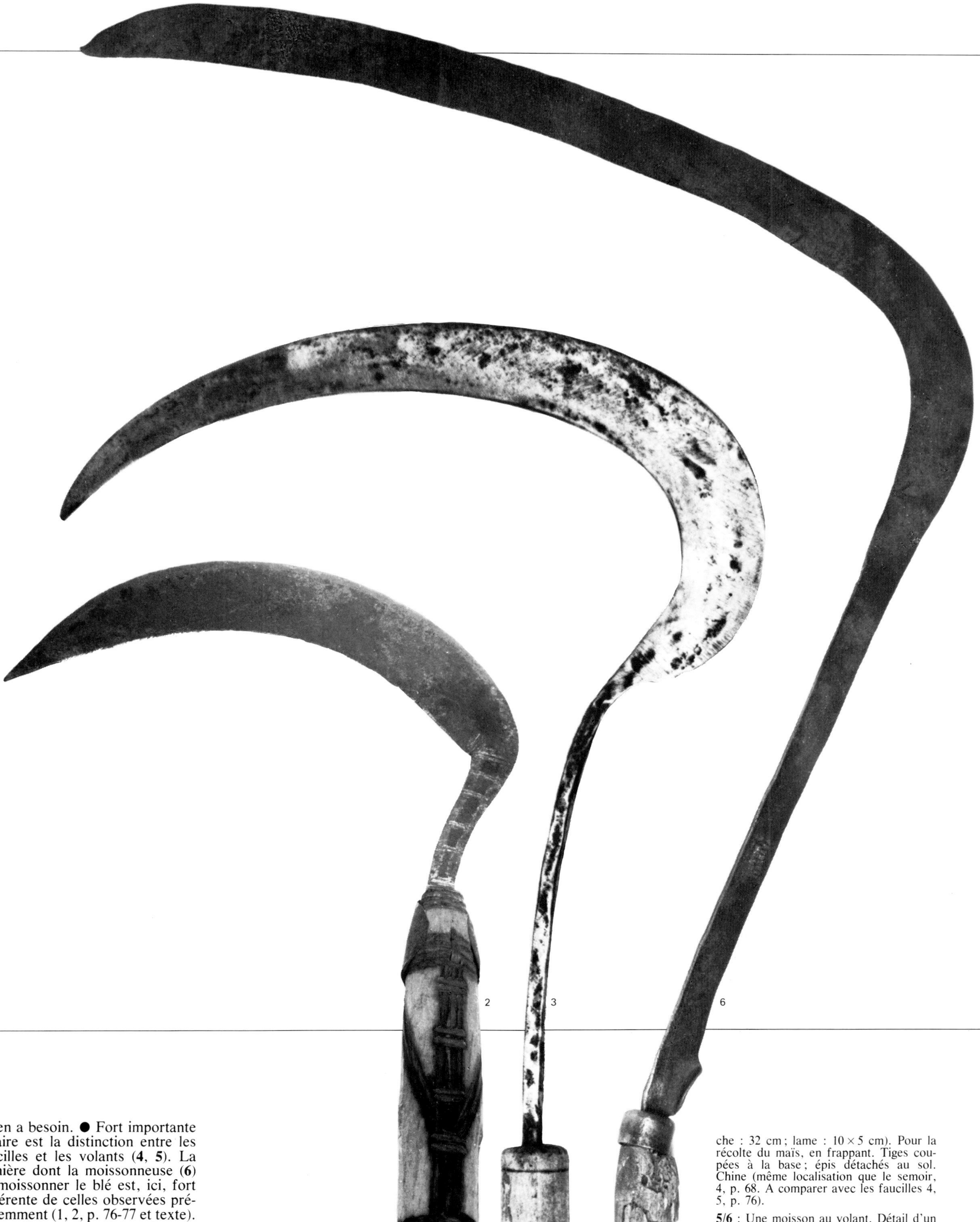

on en a besoin. ● Fort importante à faire est la distinction entre les faucilles et les volants (**4**, **5**). La manière dont la moissonneuse (**6**) va moissonner le blé est, ici, fort différente de celles observées précédemment (1, 2, p. 76-77 et texte). Elle a d'abord écarté le volant de la base des céréales, puis en un mouvement, rapide et fort, elle va trancher les tiges. ● Le volant, d'envergure et de taille plus grandes que la faucille, « moissonne » en un seul « coup de lame », une plus importante quantité d'épis que la faucille. Comme la faucille, le volant est manœuvré d'une seule main, mais, par sa technique d'utilisation, il s'apparente à la faux (ci-après, p. 86 et suivantes).

1/2/3 : Divers types de faucilles. Bois, fer. **1** : Faucille dont la lame a une longue tige, fixée le long du manche par attaches de fer (L manche : 22 cm ; lame : 24 cm ; l max : 3 cm). Manche terminé en crosse ; orné, au dos, d'une sculpture zoomorphe (figuration protectrice ?). Laos, Cam Mon. **2** : Lame nettement un travail de forgeron ; tige relativement courte, pénétrant ici dans le bois de la poignée ; virole entre poignée et tige. Ethnie Marka, Mali, région de Mopti. **3** : Grande faucille à longue tige (L totale : 50 cm). Comparée, à cause de sa silhouette, à une tête de volatile (grue). Grèce, Macédoine, Kastoria.

4 : Faucille dont la lame fait un angle droit avec le manche ; fixée à douille sur le manche. Manche relativement long (L manche : 32 cm ; lame : 10 × 5 cm). Pour la récolte du maïs, en frappant. Tiges coupées à la base ; épis détachés au sol. Chine (même localisation que le semoir, 4, p. 68. A comparer avec les faucilles 4, 5, p. 76).

5/6 : Une moisson au volant. Détail d'un volant. **5** : On voit la moissonneuse, ayant écarté sa faucille, se préparant à trancher d'un coup de lame la base des tiges de blé. Le moissonneur, debout, a ramassé, avec son volant, les épis et tiges coupés et va les poser au sol. 1966, Aubrac, Lozère, Les Hermaux. **6** : La partie coupante du volant, comme celle des faucilles courbes, en général, se trouve un peu en deçà de la pointe et s'étend jusqu'à la courbe. Aubrac, Aveyron, Rulhac.

7 : Des traits peuvent être, isolément, communs à divers outils, alors que leur ensemble constitue, dans chaque cas, des outils différents. Ici, la fixation de la pointe métallique, la présence de celle-ci, les dimensions, pourraient évoquer coupe-coupe, faucille... en réalité il s'agit d'un outil servant à la récolte du vin de palme (L manche : 28 cm ; lame-pointe : 25 cm). Côte-d'Ivoire, Dimbokro.

FAUCILLES : DES DIVERSES FAÇONS DE FIXER LA LAME

● Le point d'attache de la lame au manche est important pour la solidité, le maniement et l'efficacité de l'outil. Tantôt la lame, droite ou incurvée, pénètre verticalement par sa soie dans le sommet du manche : le fait est particulièrement visible pour la lame **9**, grâce au manche ouvert (en partie cassé). ● Tantôt la base de la lame, avant sa fixation, dessine un coude en arrière de la poignée (**1**,**2**) ; elle peut même être décalée par rapport au côté droit de celle-ci. ● D'autres lames sont fixées sur la face avant du manche, dont la partie supérieure est, à dessein, plus large que le reste de la poignée (**4**) ; la soie de la lame est, ici, horizontale, type de montage pratiqué en Himalaya occidental (Ladakh). ● En d'autres cas encore, c'est le manche qui est coudé dans sa partie supérieure (**6**, **7**), ou qui ménage une ouverture dans sa masse, pour le passage de la main (**3**), assurant au dos de celle-ci une meilleure protection. ● Les lames accusent entre elles de fortes différences de dimensions ; les unes (**1** à **4**) sont courtes : en moyenne 25 cm (longueur développée) ; les autres sont longues, dépassant 50 cm ; celles-ci expri-

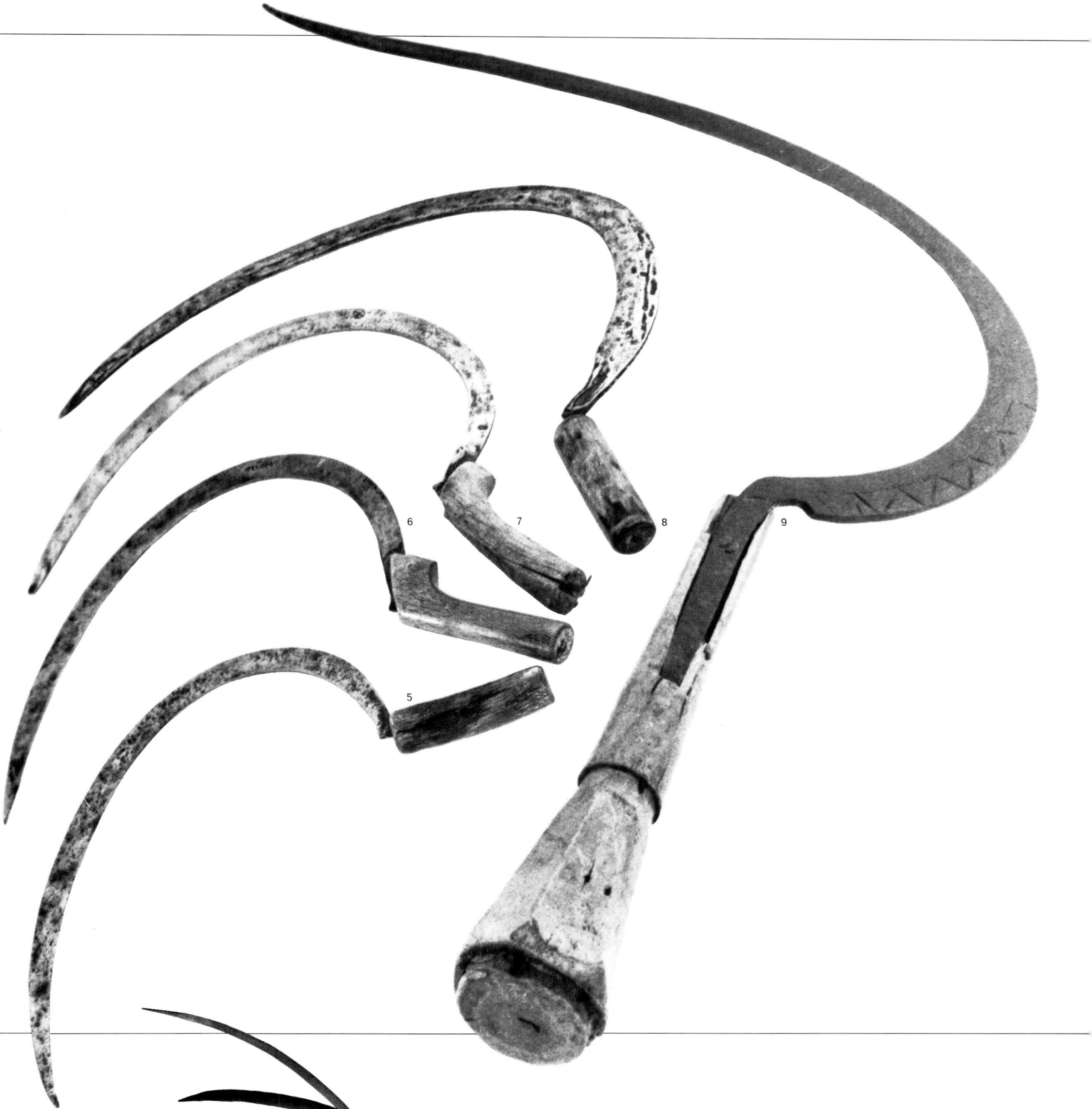

ment plus de disponibilité de métal, et, relativement plus chères, de possibilités d'achat ; elles permettent de rassembler et de couper en une fois de plus grandes « poignées » de tiges : gestes d'emploi, forme et envergure de la lame permettent d'assimiler les grandes « faucilles » à des volants (p. 79). ● Mais dans ces formes et dispositifs, si variés, si ingénieux (revoir aussi p. précédentes), l'exigence principale de l'artisan et de l'utilisateur est l'équilibre de l'outil obtenu en respectant (pratique, savoir) des règles de fabrication : ainsi certains rapports doivent exister entre la poignée et la lame (poids, dimensions, disposition de l'une par rapport à l'autre, etc.). ● Avec une faucille ou un volant mal équilibré, la moisson est plus longue et plus pénible. Au contraire, d'une faucille dont la fabrication a observé certaines normes correctes, il est dit, couramment : « On la tient bien en main », « Elle est bien balancée. »

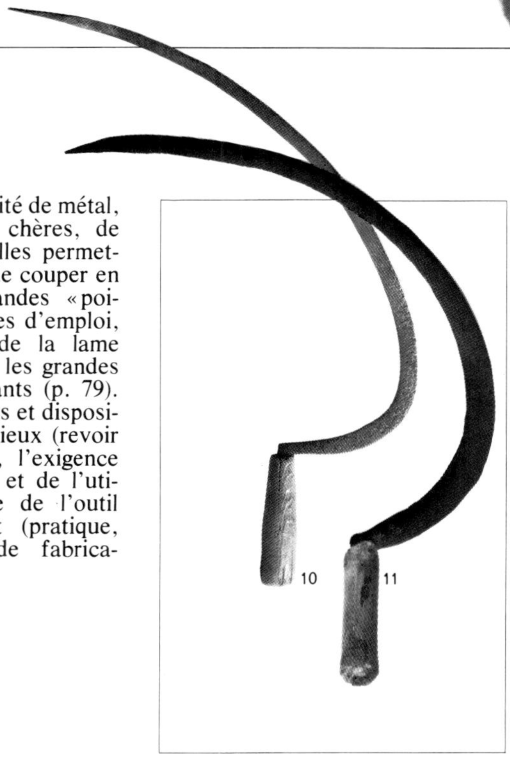

1/2 : Faucilles à lame dentée. **1** : Manche laqué (L développée de la lame : 24 cm). Inde, État de Madras, Madurai. **2** : Manche décoré, incisions géométriques (H totale, manche et lame : 63,5 cm ; mais la lame n'a que 26 cm). Pakistan.

3/4 : Faucilles à lame lisse. **3** : Lame lisse. Poignée revêtue en partie de métal comme prolongeant celui de la lame (L dév. : 23,4 cm). Suède, Stockholm, Nordiska Museet). **4** : Lame lisse martelée, façonnée à la forge, pas aussi perceptible sur d'autres lames (L dév. : 22,5 cm). Ladahk (Inf. Chr. Andin).

5/6/7/8/9 : Grandes faucilles (L dév. de la lame, en moyenne : 60 à 66 cm). Montage à soie ou à pattes. Grèce, différentes régions (Athènes, Musée Bénaki).

10/11 : Deux faucilles superposées pour mieux souligner les différences de courbe et de coupe des lames. 19e siècle. **10** : Faucille. États-Unis, Massachusetts (Smithonian Institution, Washington). **11** : Faucille, lame dentée. France, Cher, Sancerrois.

1

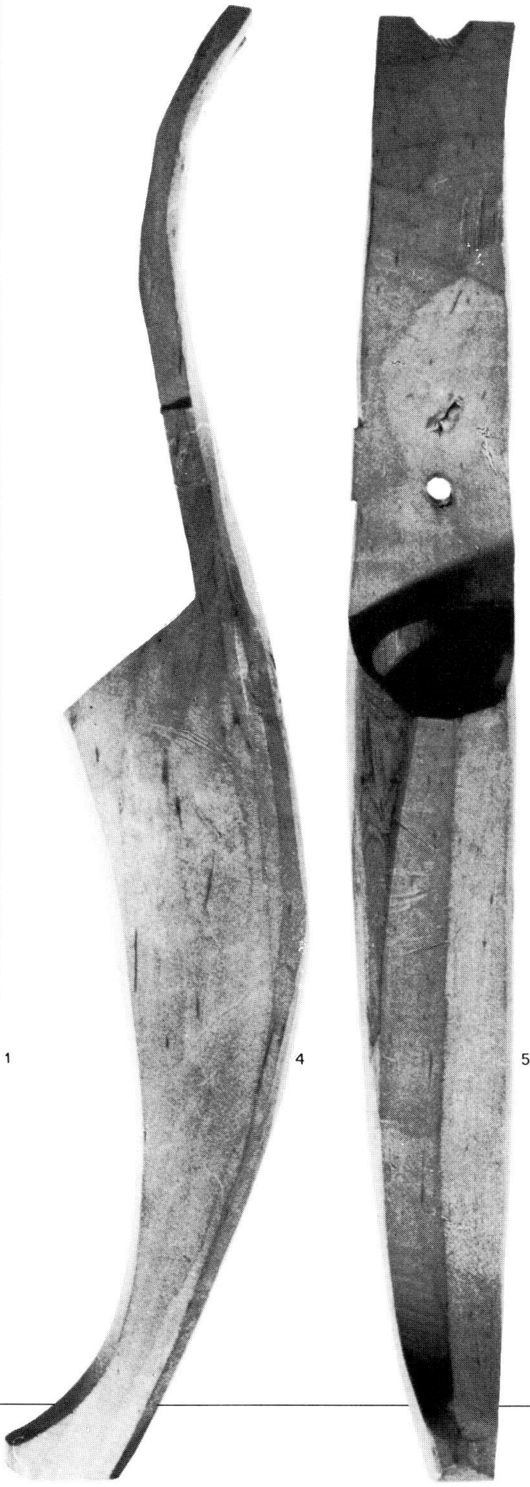

4

5

LES PROTÈGE-DOIGTS OU « DOIGTIERS » DES MOISSONNEURS

● « J'ai commencé à moissonner à l'âge de 8 ans. Mon père et ma mère nous donnaient des faucilles qui coupaient plus ou moins bien. On ne savait pas encore très bien s'en servir; on se coupait les doigts; on criait : " Maman, je me suis coupé " ; la maman disait : " Il faut se couper neuf fois dans la journée pour devenir un bon moissonneur ". Voilà la consolation qu'on avait ». ● Ce témoignage, recueilli en Limousin (juillet 1975), auprès de Pierre Delage (né en 1902) en train de moissonner son seigle à la faucille, rappelle que le maniement de la faucille relève d'une technique difficile, délicate, même éprouvante. Ce qui n'empêchait pas le même moissonneur d'ajouter : « C'est un véritable plaisir pour moi de moissonner à la main ce seigle que j'ai moi-même semé ». ● Lorsqu'il s'agit de moissonner des épis dont la paille est dure, sèche, résistante, il importe de protéger les doigts de la main gauche (**1** à **10**) : en premier lieu pour faciliter la pénétration et la progression de la main parmi ces tiges pouvant être blessantes, d'où l'extrémité en pointe, parfois particulièrement longue et recourbée (**3**) d'un grand nombre de doigtiers (**3** à **10**); pointe qui contribue en même temps à rassembler les tiges à couper; en deuxième lieu, la poignée de tiges étant prête à être moissonnée, il ne faut pas, qu'au moment de la coupe, les doigts risquent d'être atteints par la lame de la faucille (voir aussi trois doigtiers, 6, p. 77). ● Même les

2

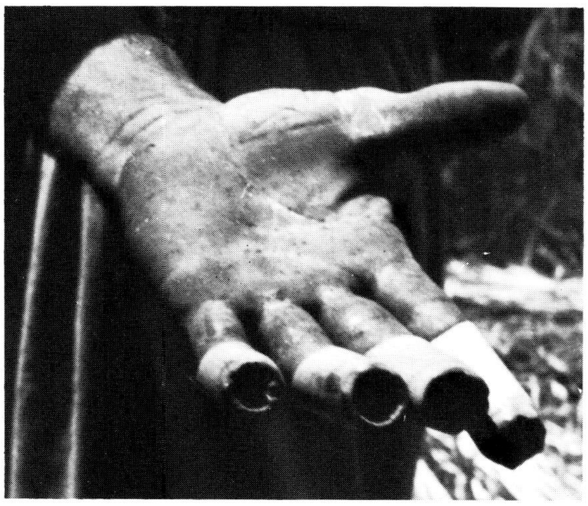

3

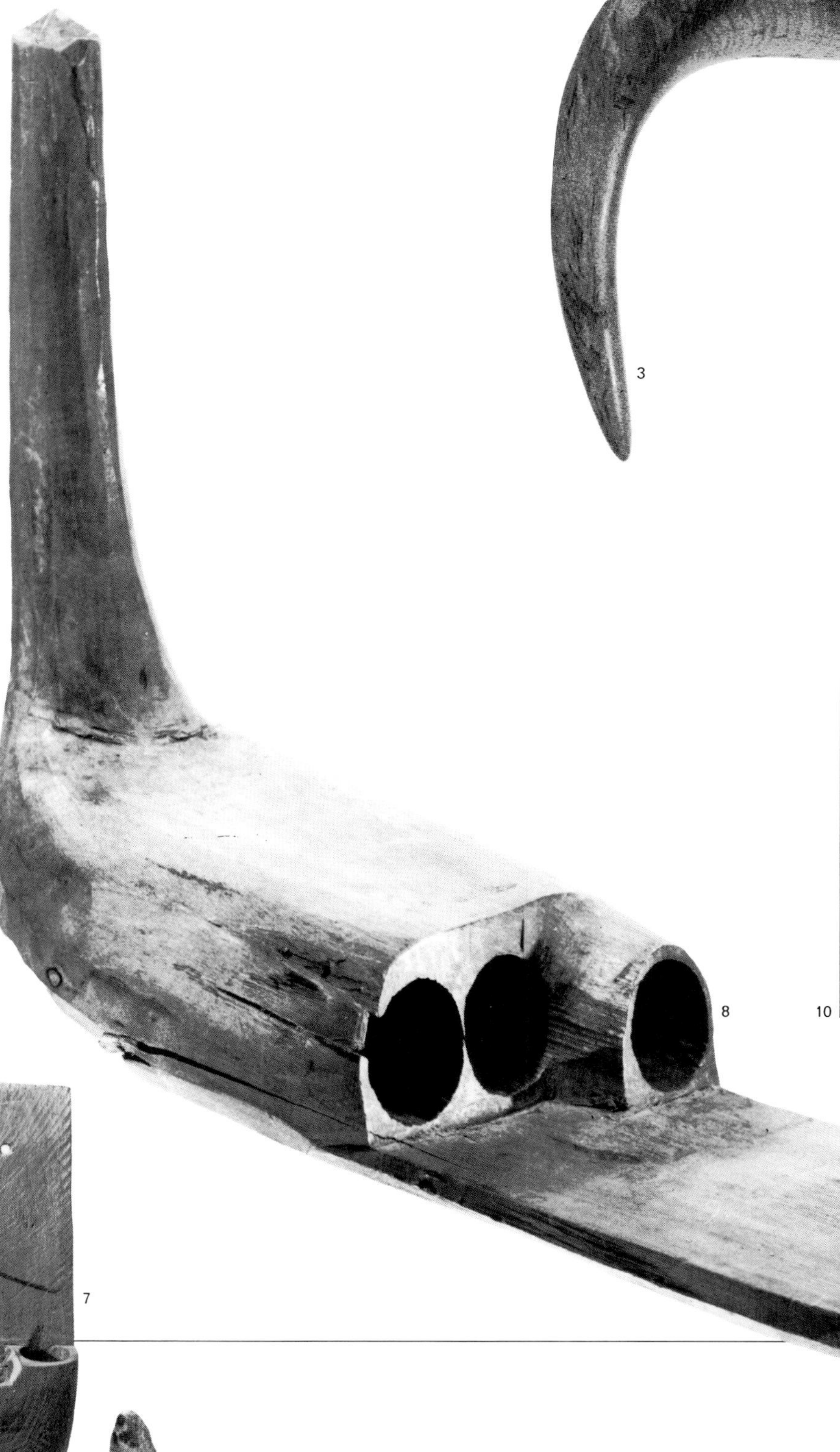

8

10

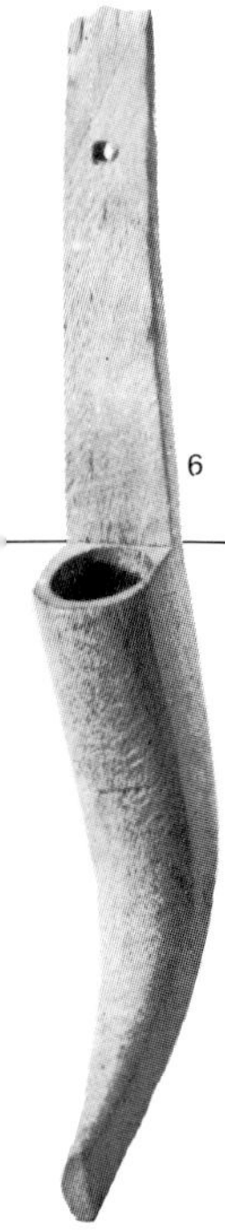

6

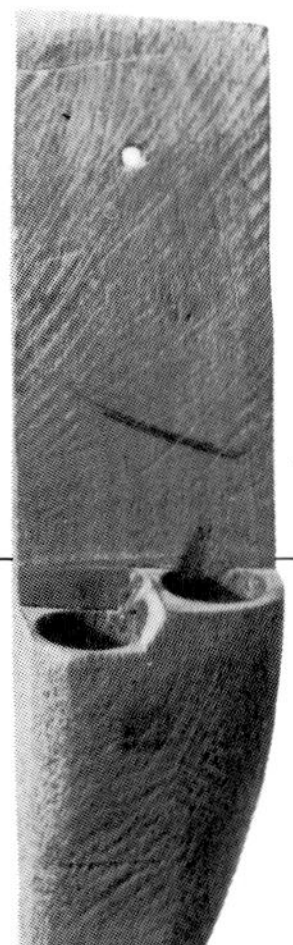

7

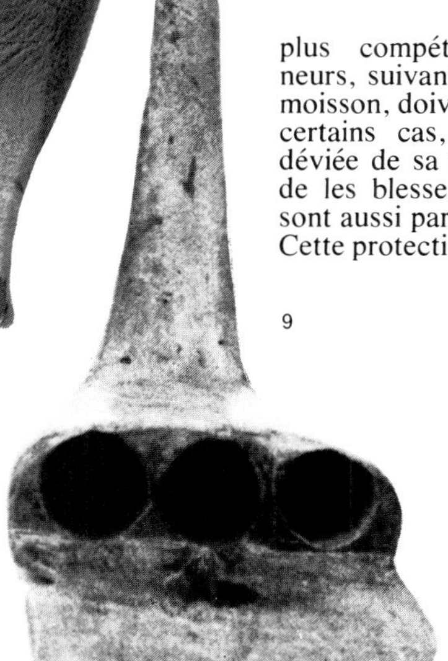

9

plus compétents des moissonneurs, suivant les conditions de la moisson, doivent prévoir que, dans certains cas, la lame peut être déviée de sa trajectoire et risquer de les blesser (certaines faucilles sont aussi parfois mal équilibrées). Cette protection s'exerce sur un ou plusieurs doigts, sauf sur le pouce qui reste « libre ». Les doigtiers sont séparés les uns des autres ou réunis en une seule pièce, généralement monoxyle.

1/2 : Moissonneurs montrant leurs protège-doigts ; chaque doigt est protégé séparément. Bambou. Italie, Reggio de Calabre (Inf. M. de Fontanès). **1** : Main protégée, vue de dessus. **2** : Main protégée, vue de dessous. Les uns et les autres de ces doigtiers protègent bien le dessus de la main et des doigts mais ne se prolongent pas en pointe comme les suivants.

3 : Doigtier dont la plaquette antérieure protège le dessus de la main. L'autre extrémité est une pointe dont la courbure est très accentuée. En cours de moisson, la main est inclinée d'un côté ou de l'autre, suivant la manière de saisir la poignée d'épis à couper, par l'arrière ou par l'avant (esquisses de ces positions différentes, 1 et 6, p. 76-77, mais absence de doigtier). L'essentiel est que le ou les doigtiers soient en position pour faire face à d'éventuelles coupures ; celles-ci pourraient aller jusqu'à la section de doigts si précaution n'était prise. Ici doigtier de moisonneur pour l'index (L : 17 cm). Bulgarie (Bâle, Schweizerisches Museum für Volkskunde).

4/5/6/7/8/9 : Doigtiers de moissonneurs pour un, deux, trois ou quatre doigts. 4 à 8 : Turquie ; 9 : Grèce. **4**,**5**. Doigtiers (L : 18,5 cm), mais faisant partie, chacun, d'un ensemble de quatre doigtiers. L'un vu de profil, l'autre de face. Province d'Ankara. **6**,**7** : Un doigtier pour deux doigts et un doigtier pour un doigt (L : 21 cm). Au sud de la mer de Marmara, Bursa, Brousse (Inf. M. de Fontanès). **8** : Doigtier pour trois doigts (L : 18 cm ; l : 5,8 cm). L'index se place dans la cavité la plus à droite. Anatolie. **9** : Doigtier pour trois doigts (L : 19 cm). Grèce, Palamarico (Athènes, Musée Bénaki).

10 : Gantelet de moissonneur, *escouplette* (L : 15 ; l : 12 cm). Quatre doigts groupés dans le même « abri » protecteur. France, Cerdagne, Pyrénées-Orientales, Osseja.

A

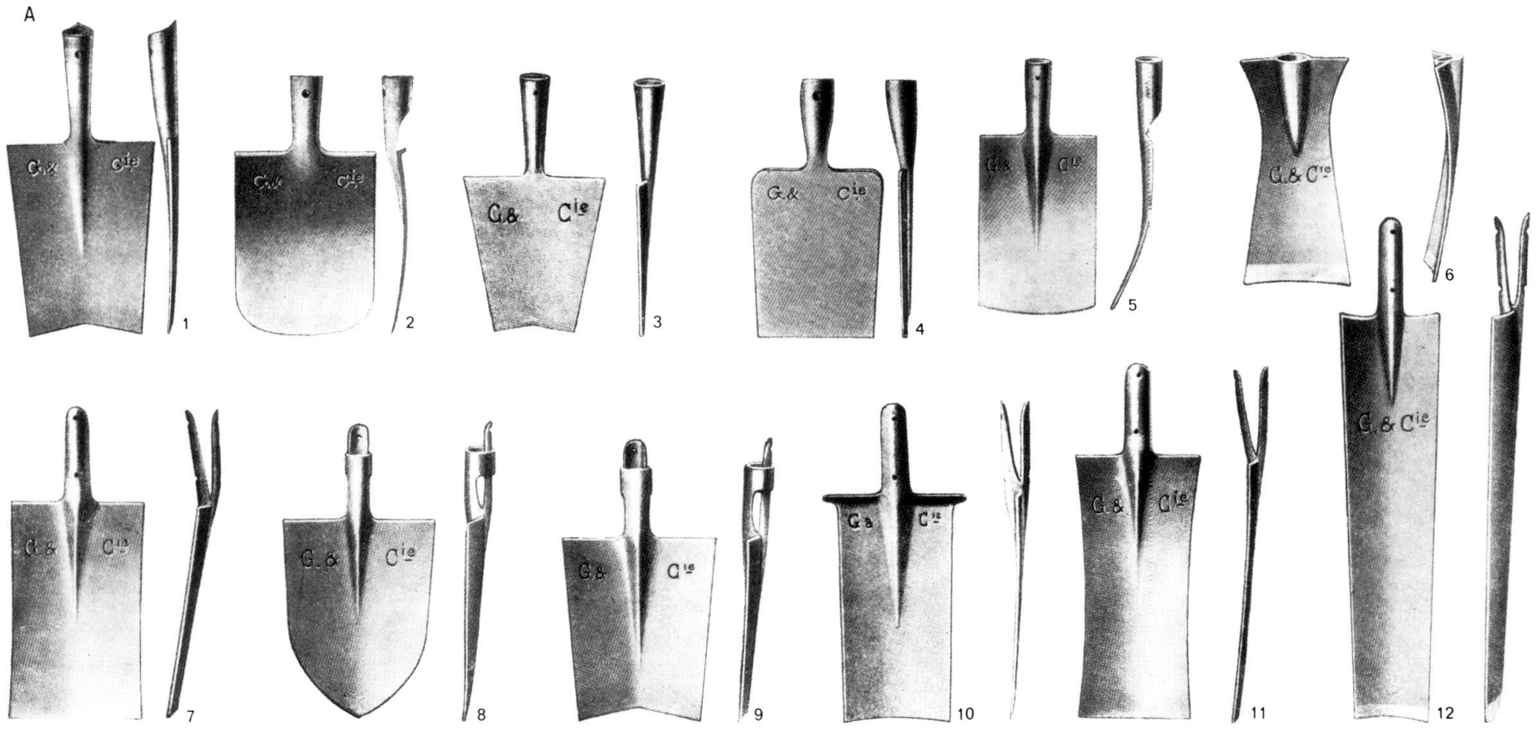

B

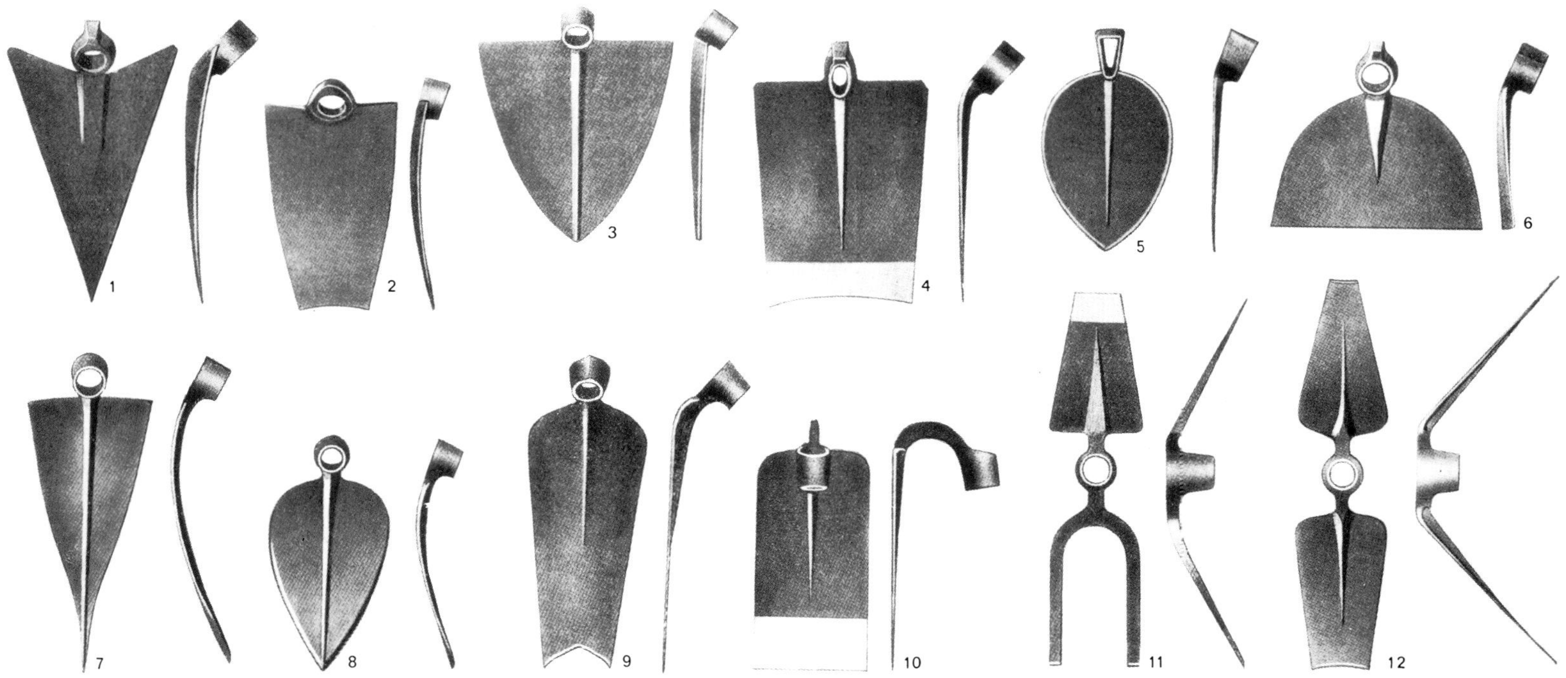

DE LA DIVERSITÉ DES OUTILS A BRAS

● Les forgerons locaux étaient soucieux de répondre au mieux aux besoins et conditions de travail, de leur clientèle, besoins et conditions fort variés suivant les régions ou même les lieux. Ce qui n'empêchait pas ces artisans du fer de forger des outils en leur donnant certains traits particuliers (forme, dimensions, dispositif) ; ils personnalisaient ainsi leur fabrication. ● L'ensemble de ces facteurs aboutit à la production de plusieurs centaines de modèles artisanaux d'outils à bras (bêches, houes, serpes, faucilles, etc.). Mais à partir du 19e siècle, en France notamment des « maîtres de forge », dont plusieurs avaient créé leur entreprise au siècle précédent, cherchèrent à prendre la place, le relais, de ces fabrications locales, et se mirent à fabriquer cet outillage. ● Ils commencèrent par reproduire les multiples modèles existant afin de s'assurer une très vaste audience et des débouchés certains auprès des cultivateurs. Ainsi aux environs de 1930, telle entreprise française, parmi d'autres, fabriquait-elle 25 modèles différents de houes pour la région alpine, 29 pour l'Est, 40 pour la Bretagne et la Normandie, 69 pour la Bourgogne, et le centre, et jusqu'à 84 pour les pays de la Loire (Orléanais, Touraine, Anjou, Maine) ! ● Les fabricants, par la suite, maintinrent tout ou partie de cette diversité jusque vers 1930-1940, et même pour quelques-uns après 1950. Mais la clientèle de l'outillage à bras ayant fortement diminué et les nécessités d'une fabrication plus industrialisée (acieries), aboutirent à la suppression de séries entières d'outils à bras : le modèle et tous ses exemplaires à des dimensions différentes. ● Dans certaines entreprises, cette suppression atteignit les neuf dixièmes des modèles antérieurement fournis, au grand désappointement de nombreux cultivateurs habitués à telle forme d'outil entraînant telle attitude de travail. A tort ou à raison, ils jugeaient leur ancien outil plus adapté, plus efficace que ceux qu'on leur proposait dorénavant (10 à 20 modèles, au maximum, pour toute la France) dont

E

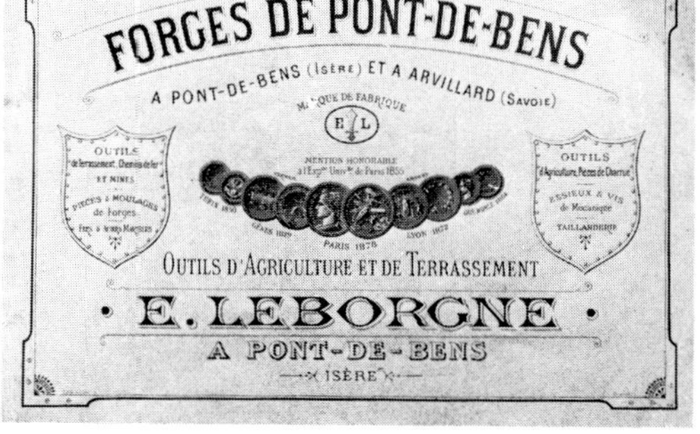

C

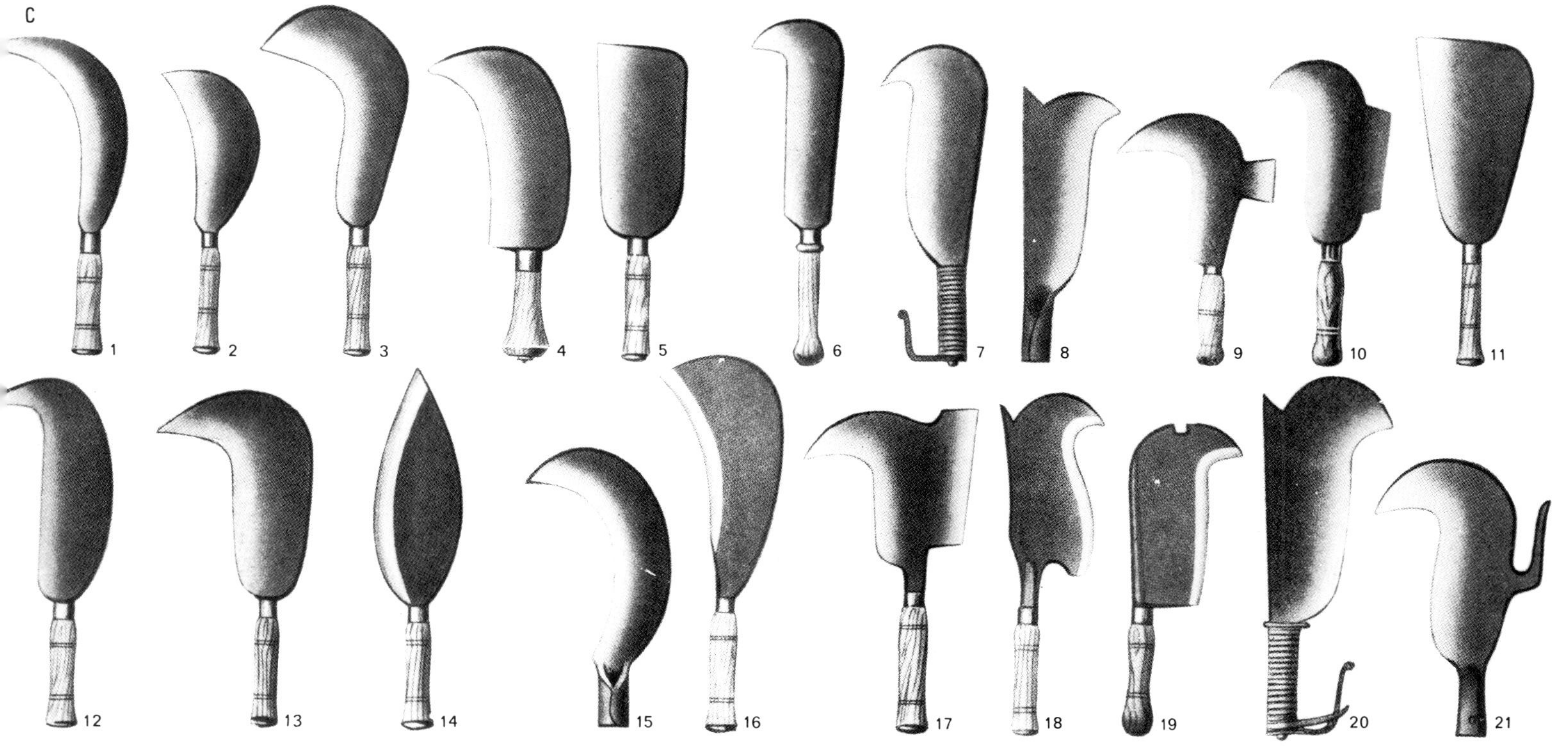

D

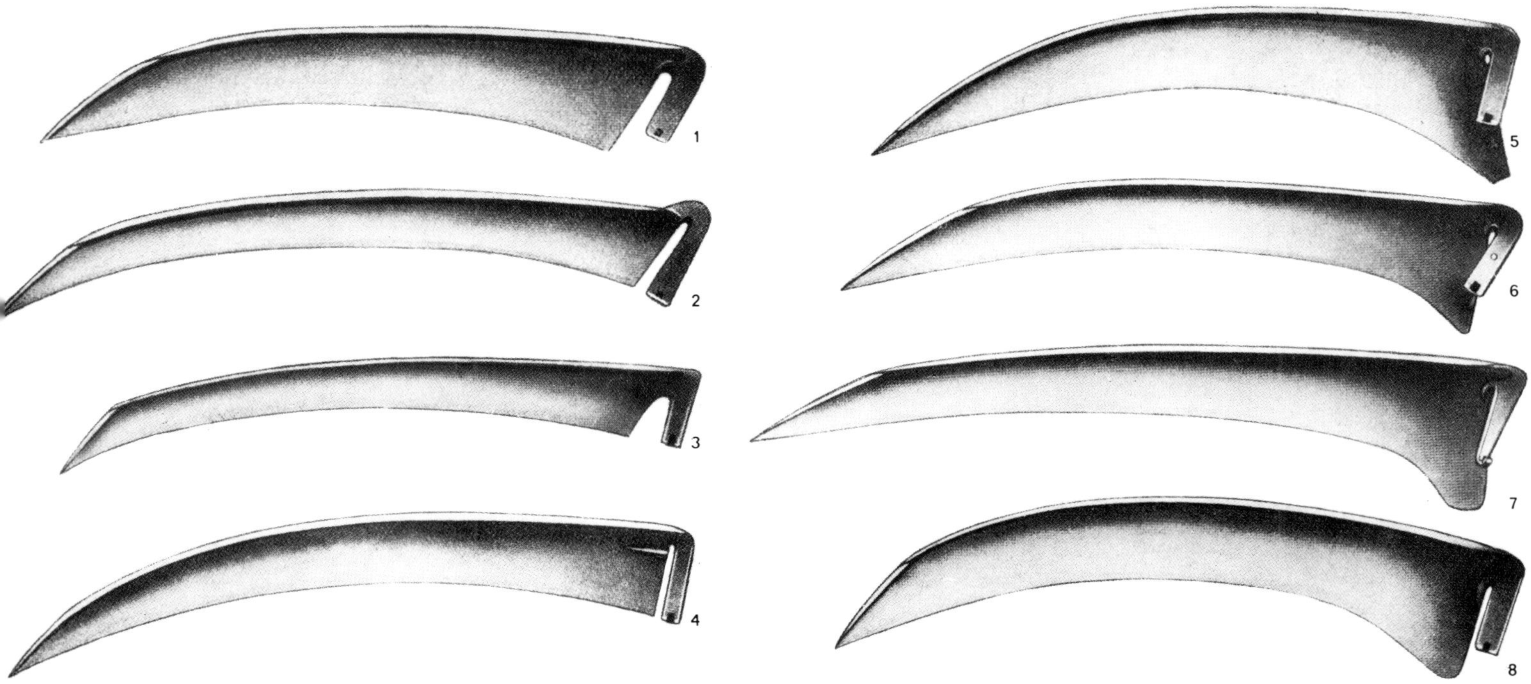

certains qualifiés même de « standard »... « Comme si cela était possible », me disait un cultivateur, étant donnée la grande variété des travaux à faire, et j'ajouterais : « Et celle des manières de travailler... ». ● Quelques figurations, ici, sont destinées à ce rappel de tant de richesse, d'adaptation, d'habileté, d'inventions, à jamais disparues dans beaucoup de pays d'Europe, tandis qu'ailleurs, en certaines régions d'Afrique, entre autres, des forgerons et des cultivateurs continuent à témoigner de leurs savantes et diverses fabrications et utilisations.

A : Bêches (1-6) et louchets (7-12). Lame pleine. Face et profil. Voir aussi ci-avant, p. 12 à 17. **France. 1** : Alsace. **2** : Normandie, Vire. **3** : Lorraine, Lunéville. **4** : Picardie, Abbeville. **5** : Normandie, Avranches. **6** : Bordelais, Blaye. **7** : Flandre. **8** et **9** : Vosges. **10** : Provence. **11** : Flandre, Lille. **12** : Bêche de drainage. — D'après des catalogues anciens de Gouvy (Meurthe-et-Moselle, Nancy-Dieulouard), où figuraient près de cent modèles de bêches ; dans un catalogue postérieur à 1972, subsistent 16 modèles de bêches et louchets, parmi lesquels on ne retrouve que 5 ou 6 modèles d'autrefois (et le mode de fabrication et de présentation est différent) : la plupart des lames figurées ci-dessus ont donc « disparu » (A, B, D : fer sans manche).

B : Houes simples (1-10) et houes composées (11 et 12). Face et profil. Voir aussi ci-avant, p. 22 à 29. **Pays divers. 1** et **2** : Espagne, Saragosse et Béjar. **3** : Italie, Turin. **4** et **5** : Suisse, douille ovale ou triangulaire. **6** : Angleterre, douille à tête. **7** : France (ainsi que les houes suivantes). Vallée du Rhône, Oullins. **8** : Provence, pour déchausser. **9** : Houe-pioche, Lyonnais. **10** : Houe-bigot Bordelais. **11** : Massif central, Velay, houe à panne et fourche. **12** : Bourgogne, houe à deux pannes. — D'après catalogues anciens de P. Experton puis Experton-Rivollier (Isère, Renage) ; dès 1935, il est donné une liste de plus de 350 numéros correspondant à l'ancienne production de modèles de houes (sans même parler des exemplaires de chacun d'entre eux à différentes dimensions). Sur ce grand total, près de 200 modèles n'étaient plus fabriqués (dont ci-dessus 1 à 7 et 10 à 12), près de 150 (dont ci-dessus, 8 et 9) pouvaient être encore exécutés à la demande (rubrique qui disparaîtra par la suite) ; seuls cinq modèles de houes restaient immédiatement disponibles.

C : Serpes montées à fil, sauf 15 et 21, montées à douille. Voir aussi ci-après, p. 112-113. **Pays divers. 1** : Belgique (ainsi que 2 à 5), modèle Saurpiat. **2** : Liège. **3** : Ath. **4** : Esneux. **5** : Gand. **6** : Suisse (ainsi que 7 et 8), Zurich. **7** : Martigny. **8** : Neuchâtel. **9** : Sardaigne. **10** : Chili. **11** : France (ainsi que 12 à 21), Picardie, Ham. **12** : Bourgogne, Châtillon-sur-Seine. **13** et **14** : Ile-de-France, Paris, lame à grand bec et lame dite « limande ». **15** : Bretagne, Ille-et-Vilaine. — D'après les catalogues anciens Experton et Experton-Rivollier, voir ci-dessus B. La fabrication atteignit aussi quelque 350 modèles de serpes, mais en 1937, seuls 4 modèles étaient encore disponibles ; quelque 150 pouvaient être encore obtenus mais sur commande (ici 1, 2, 4, 5, 6-11 à 19-21) ; tous les autres modèles étant supprimés (ici 3-7 à 10-20) ; plus de 200 modèles disparaissaient...

D : Lames de faux, à petit talon (1 à 4) et à grand talon (5 à 8), présentées du côté de leur face (ou « ventre »), celle que « voit » le faucheur lorsqu'il fauche (mouvement de la droite vers la gauche). Se reporter aussi ci-après, p. 86-91. **Pays divers. 1** : Faux suisse, dite comtoise à bec. **2** : Faux belge dite de Cinay. **3** : Faux russe, pour l'Orient. **4** : France. Faux comtoise, Bresse. **5** : Italie. Faux piémontaise à bec. **6** : France (comme les suivantes 7 et 8). Pyrénées-orientales. **7** : Finistère. **8** : Paris. — Mêmes références que ci-dessus (B et C). Parmi une cinquantaine de lames précédemment fabriquées, 4 seulement (dont le 4 ci-dessus, Paris) pouvaient être immédiatement livrées ; d'autres étaient supprimées (dont 5 et 4 ci-dessus) ou fournies à la commande (ici, 1, 2, 5-7) ; mais seulement, comme pour les précédentes commandes (B et C), à partir de 10 exemplaires. Ces indications sont significatives.

E : « Forges de Pont-de-Bens (Isère). » Couverture d'un catalogue antérieur au 20e siècle (Don de l'entreprise à MJBD).

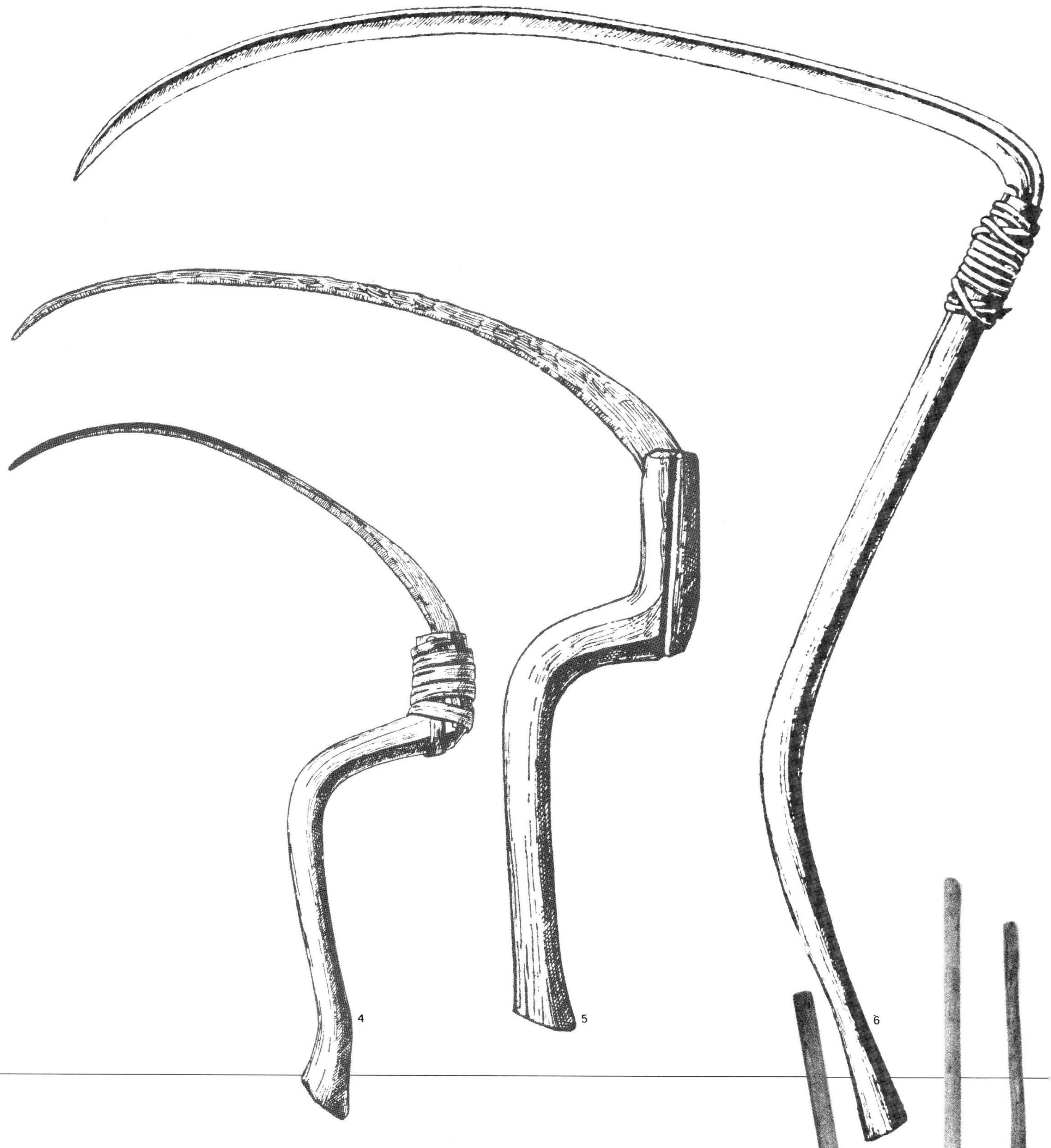

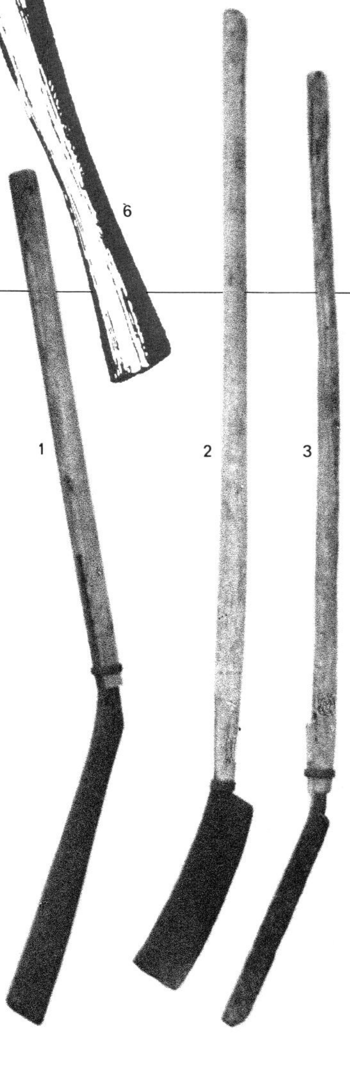

POUR COUPER L'HERBE : « SABRES DE CAMPAGNE », « GORBUSCHA » ET FAUX

● Les « sabres de campagne (**1**,**2**,**3**) comme les volants (p. 79) et les instruments suivants, coupent l'herbe par percussion lancée ; mais, à la différence de ceux-ci, le fil de leur lame tourne le dos à l'angle (très large) formé par le manche et cette lame. Le geste d'emploi de ce « couteau » peut être rapproché de celui de certains coupe-coupe (p. 1, 2, p. 32) ; mais la position du « fil », en retrait par rapport au manche, permet au geste de frappe d'être particulièrement percutant, avec coupe des tiges jusqu'à leur racine. ● La *gorbuscha* (**4**/**5**) et la *vicate* (**6**), toutes deux de taille comparable, ont été utilisées en Finlande jusqu'à la fin du 19e siècle pour couper le foin ; elles coupent en frappant l'herbe comme la faux, mais elles sont fort distinctes de celle-ci par leur technique de fabrication et d'utilisation (K. Vilkuna). ● Avec les instruments finnois, le faucheur peut aussi bien faucher successivement de droite à gauche que de gauche à droite, les deux faces de la lame étant symétriques (à la grande différence de celle des faux). Le faucheur, les jambes légèrement écartées, le buste en avant, saisit l'instrument de ses deux mains placées bord à bord, à l'extrémité du manche. ● Il l'élève, fait reposer le coude du manche sur son épaule, lame dressée vers le ciel, puis il l'abaisse rapidement, rase une plus ou moins grande étendue d'herbe ; au bout de celle-ci, sans interrompre le mouvement, il soulève la faux, la retourne, la pose de ce côté sur son épaule, lame dressée, et reprend le mouvement de fauche en sens inverse du précédent. Le faucheur avance d'un pas chaque fois, et, inlassablement, enchaîne ces mouvements en sens inverse : ils dessinent comme un huit étiré sur le sol. ● Mais ces doubles mouvements continus, malgré l'équilibre de ces instruments, exigeaient des faucheurs et des faucheuses un effort considérable, et provoquaient de grandes douleurs aux bras, au dos, à la taille... ● Ce type d'instrument fut utilisé dans le Nord de l'Europe, en Sibérie, jusqu'en Chine du Nord, d'où il est peut-être originaire. Il est probable que les instruments pouvant faucher de droite à gauche et de gauche à droite sont plus anciens que la faux : celle-ci dut apparaître aux premiers siècles

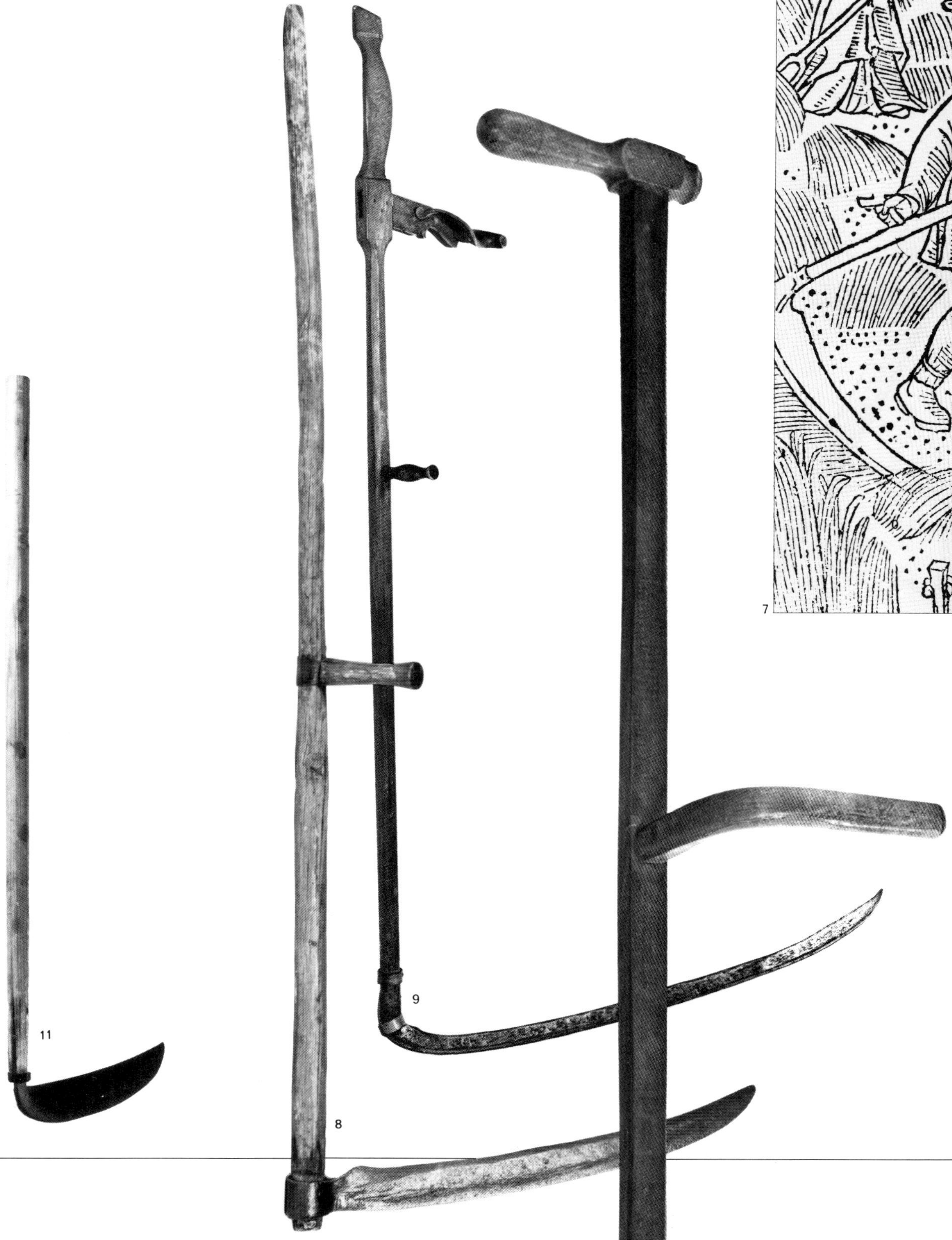

7

11

8

9

10

de notre ère (mais les Romains ne la connurent pas). ● Avec la faux, le faucheur ne peut faucher que de sa droite vers sa gauche (7), la lame ayant un « ventre » (ci-avant D, p. 85) et un « dos » ; mais avec cette lame, compte tenu de sa forme, et de sa fabrication (amélioration des procédés métallurgiques), le faucheur augmenta l'efficacité de chacun de ses gestes (étendue, volume de l'herbe coupée). ● Pour exécuter ces gestes, des faucheurs utilisent des manches de faux munis ou non de poignées supérieures et médianes ; ces dernières ont un rôle particulièrement important dans la technique d'utilisation de l'instrument (voir ci-après, p. 88 à 91).

1/2/3 : Sabres de campagne. Métal, bois (L : 1,20 à 1,50 m). Servent, entre autres, à « faucher » l'herbe sur les digues et sur leurs bas-côtés. Japon, Hondo (Musée d'Iwate).

4/5/6 : Gorbuscha et vicate (L lame : 70 cm env. ; l : 2 à 3 cm ; L manche : comparable à celle de la lame). La lame est fixée au manche dans une entaille et calée avec des coins ; ceux-ci permettent de modifier l'angle que fait la lame avec le manche : angle plus ouvert pour les faucheurs que pour les faucheuses dont l'étendue de fauche est plus réduit. Les faucheurs sont placés en retrait les uns par rapport aux autres, les meilleurs, les plus vigoureux en avant, les femmes et les jeunes vers l'arrière (Musée national finnois, Helsinki).

7 : Position du faucheur et de la faux ; poignée médiane en arrière du manche, à la différence des suivantes. Au premier plan le marteau et l'enclumette pour battre la faux (voir p. 94). « Juillet. La fauchaison ». Gravure, extraite de « Cy est le Compost et Kalendrier des Bergers », Paris, Guy Marchant, 1497 (Paris, Bibliothèque nationale).

8/9/10 : Faux. Métal, bois. Manche muni ou non d'une poignée supérieure, mais présence d'une poignée médiane, placée en avant du manche, orientée dans le sens de la lame. **8** : Faux avec une seule poignée, médiane ; lame sans talon, utilisée pour faucher (herbe) mais aussi pour moissonner (céréales). Environ 1840. États-Unis, Massachusetts (Smithonian Institution, Washington). **9** : Deux poignées perpendiculaires au manche (L manche : 1,75 m ; L lame : 90 cm) probablement 19e siècle. Norvège, comté S. Trondelag, Horg (Norsk Folkemuseum, Oslo). **10** : Lame à talon (L manche : 1,65 m ; lame : 75 cm ; poignée : 14,5 cm). 20e siècle. France, Bouches-du-Rhône, Eygalières (mission Ch. Galtier).

11 : Faux à lame courte (L manche : 1,25 m ; L lame : 21 cm) ; son emploi correspond à un geste et à une coupe d'envergure plus limités qu'avec des faux à longue lame. Norvège (mêmes références que ci-dessus : 9).

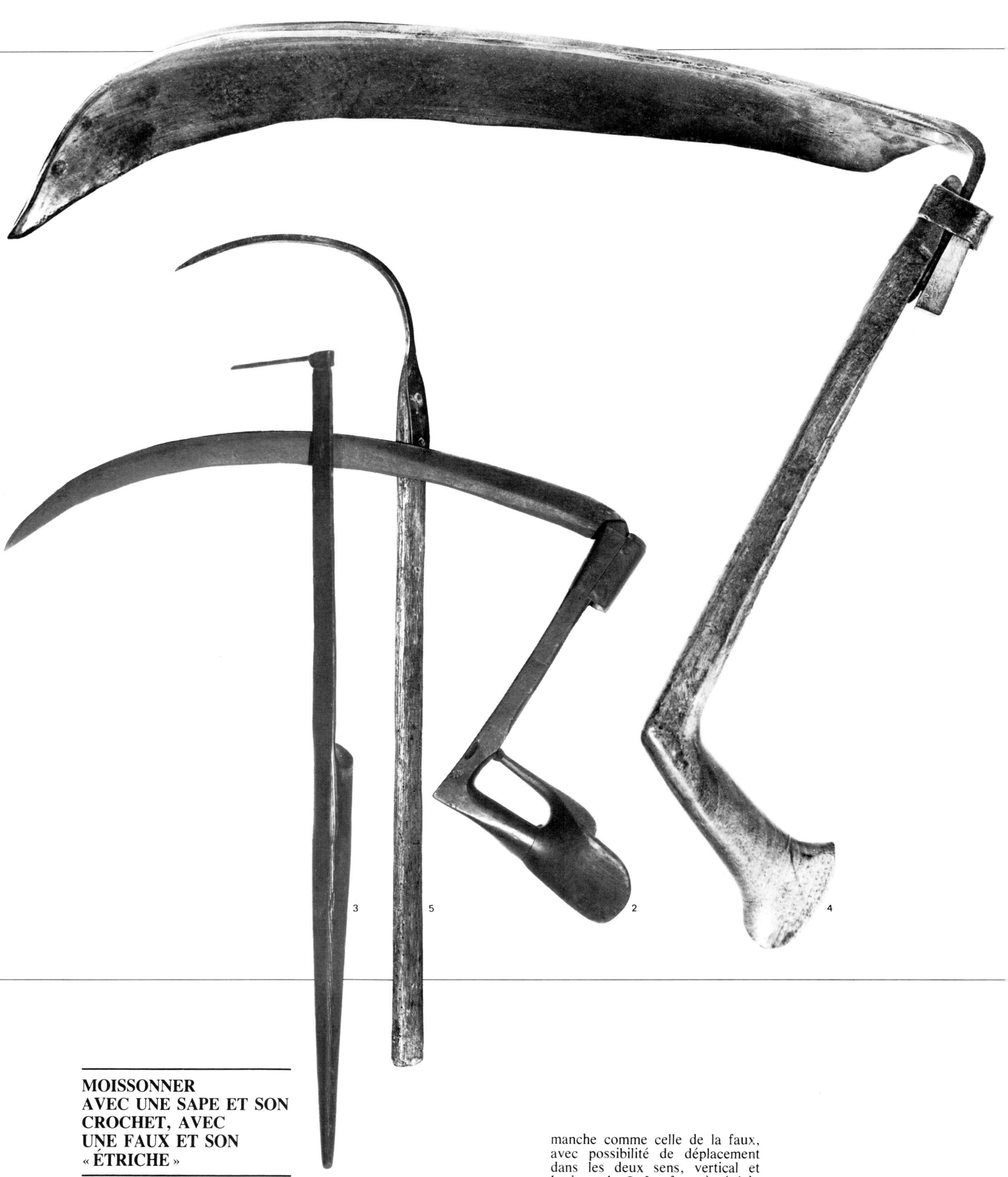

MOISSONNER AVEC UNE SAPE ET SON CROCHET, AVEC UNE FAUX ET SON « ÉTRICHE »

● La sape ou piquet, à la différence de la faux, a un manche court ; elle est tenue d'une seule main (**1**,**2**,**4**) ; de la main gauche, le sapeur tient un croc ou crochet (**1**,**3**,**5**). ● Avec celui-ci il rassemble les épis, redressant ceux qui sont penchés ou même couchés. Puis de sa main droite, il frappe et coupe au ras du sol les tiges réunies. Avec le crochet, il recueille les céréales (blé, orge) ainsi coupées ; il les fait rouler sur la lame de la sape, et, avec celle-ci, il les dépose sur le sol. ● La sape était habituellement utilisée en pays flamand (nord de la France, Belgique, Hollande), mais, de plus, les sapeurs se louaient, comme saisonniers, dans les grandes fermes de Picardie ou de Beauce. Avec leur instrument, qui secouait moins les grains que la faux, les sapeurs moissonnaient avec rapidité (d'où une économie de main-d'œuvre) et avec dextérité ; mais il leur fallait être très entraînés pour utiliser efficacement la sape. ● Il ne faut pas confondre celle-ci avec la petite faux dont la lame est fixée au manche comme celle de la faux, avec possibilité de déplacement dans les deux sens, vertical et horizontal. ● La faux à *étriche* (**6**,**7**,**8**) comportait, fixée le long de son manche, une pièce étroite et mobile de bois dur, l'*étriche ;* une face de celle-ci, striée, frottée de *saburi* (grès pilé) ou de brique écrasée, mêlés à de la glu, servait à affûter le taillant de la faux ; le faucheur se saisissait de l'*étriche*, en cours de fauchaison, et s'en servait donc pour affûter la lame (**6**). ● Ces faux ne comportaient pas d'« armature », ou une armature relativement réduite, pour la fauche du fourrage (**6**) ; mais elles en étaient souvent munies lors de la moisson des céréales afin de prévenir l'égrenage (**7**). L'étriche « est une amélioration technique qui a dû se répandre à partir du Moyen Age... Elle figure sur des bas-reliefs du 13ᵉ siècle (cathédrales d'Amiens et de Chartres). Elle a été utilisée non seulement en Normandie, en Picardie mais aussi dans le nord de la France et de l'Europe, ainsi qu'en Angleterre *(rifle* ou *strickle)* ». (A. G Haudricourt, MJBD).

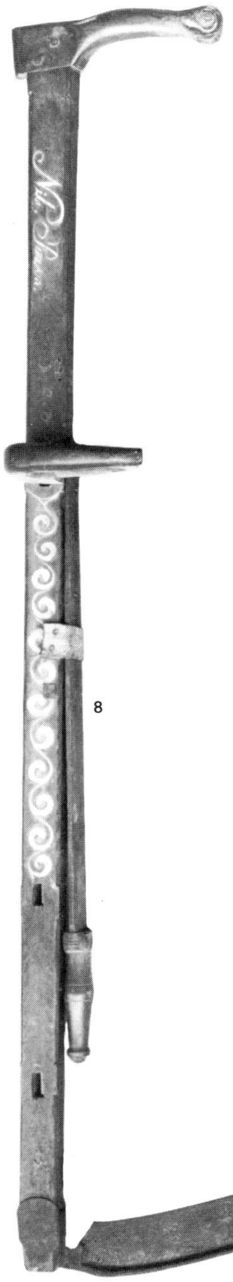

8

7

6

1

1 : Sapeurs saisonniers belges, moissonnant en Beauce. Position presque droite. Début 20e siècle. D'après une carte postale timbrée 3 août 1905.

2/3/4/5 : Sapes ou piquets, crocs ou crochets. Lame arquée ; fixée au manche par un ergot qui lui est perpendiculaire, et qui est maintenu par un « œillet » dans le bois du manche ; si bien que si la lame est orientable dans le sens vertical, elle ne l'est pas dans le sens horizontal (à la différence de la lame de la faux, petite ou grande). Le gros ergot du haut du manche empêchait le glissement des doigts au-delà d'une certaine limite ; de plus, cette partie supérieure du manche comportait une lanière de cuir la maintenant au poignet et à l'avant-bras du sapeur. **2,3** : Partie supérieure du manche particulièrement adaptée au bras (L lame sape : 1,03 m ; L manche : 41 cm ; L manche crochet : 1,01 m ; L crochet droit : 15 cm). Vers 1880. États-Unis, New York (Deaborn, Greenfield Village and Henry Ford Museum) **4,5** : Manche en frêne (Lame : 61,8 × 7,5 cm ; L manche : 47 cm ; coude : 15 cm ; L manche crochet : 71 cm ; ouverture du crochet courbe : 29 cm). 20e siècle. France, Aisne, Thiérache (Collection R. Toffin, Marle).

6 : « Les faucheurs de luzerne », par Julien Dupré (1851-1910). Les faux sont chacune munie d'une étriche. L'un des faucheurs se sert de la sienne pour aiguiser la lame de sa faux ; il a retourné celle-ci, mis la lame en position.

7/8 : L'étriche est fixée soit en haut du manche (pas de poignée supérieure dans ce cas) soit en position médiane. Étant donnée la position de la poignée médiane, ces faux sont à lame tirée (p. 88). **7** : Faux à étriche, à armature en bois ; celle-ci est appelée « gerbier » et comporte trois doigts (L manche : 1,83 m ; lame : 85 × 14 cm ; L dents du gerbier : 62 cm ; largeur du gerbier : 60 cm ; étriche : 47 × 4 cm). 20e siècle. France, Aisne, Marle (même collection que ci-avant 4 et 5). **8** : Poignées supérieure et médiane. Suède (Stockholm, Nordiska Museet).

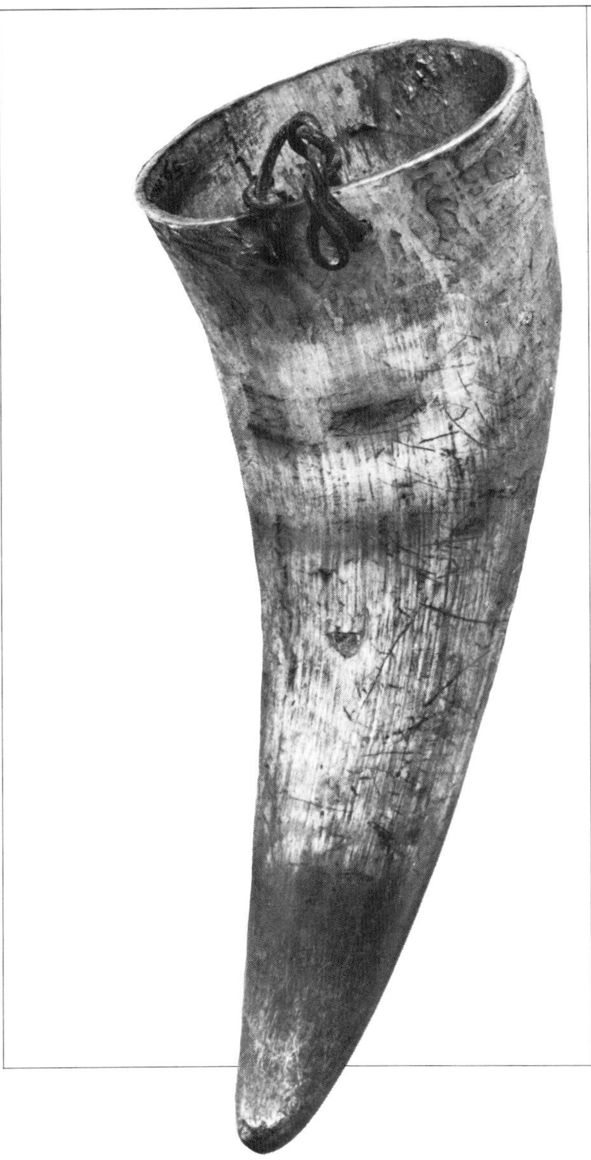

2

9

3

AFFÛTER LA FAUX. PIERRE A AFFÛTER ET COFFIN

● Pour faucher efficacement, il est nécessaire que la lame reste toujours extrêmement tranchante ; le faucheur, à cette fin, procède à l'affûtage et au battage de cette lame. ● La première de ces opérations est effectuée très fréquemment au cours de la moisson : « Toutes les 10 minutes le matin, toutes les 3 ou 6 minutes l'après-midi par suite de la sécheresse, afin que les épis ne soient pas cassés mais bien tranchés d'un coup. » (R. Toffin, Aisne). ● Pour cet affûtage, le faucheur portait, fixé en général à la ceinture par un crochet (**1** à **8** et **10**), plus rarement fixé en terre (**9**), un petit récipient ou *coffin*, *coufié*, en bois (**1** à **9**), plus récemment en zinc (**10**), dans lequel se trouve la pierre qui sert à aiguiser la lame. ● Un peu d'eau (de vinaigre, ou d'urine), avec de la mousse ou de l'herbe, garnit le fond du coffin, humidifiant, en permanence, la pierre (grès) qui doit être prête à servir. ● C'était aussi le coffin qui contenait la patte de lièvre naturelle ou artificielle (mouillette en bois ou en feutre), servant à étendre le *sabouri* sur l'*étriche* (7/8, p. 91). Coffins qui sont souvent, par leur forme, par leurs décors, de véritables œuvres d'art. ● Leurs dimensions étaient variables : ainsi en France, en Aubrac, dans la partie orientale du massif — en Lozère —, au climat, au sol plus rudes, le coffin était plus grand que dans la partie occidentale du massif — en Aveyron. « Parce que pour la Lozère il faut une pierre plus grande, c'est plus dur là-bas

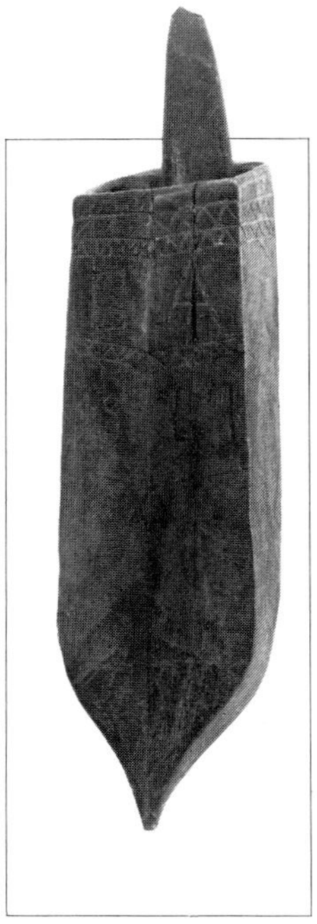

6

10

4

5

1

de faucher », me dit un cultivateur au marché de Laguiole (Aveyron). ● Tandis qu'un autre Aveyronnais, sabotier, ajoute : « J'en faisais moi-même en chêne, hêtre ou frêne. Il fallait couper le bois au mois de l'Avent, à la nouvelle lune. » (Propos recueillis à la foire de Laguiole, le 8 mai 1966.)

1 : Un faucheur hongrois affûtant la lame de sa faux. Comparer sa position à celle du faucheur (6, p. 91) : les positions diffèrent, ici et ailleurs, suivant les régions et les modes de savoir-faire. Hongrie, comté de Nograd (au nord de Budapest).

2/3/4/5/6/7/8/9 : Divers coffins, accrochés à la ceinture ; ou pour l'un (**9**) planté en terre. **2** : Coffin ou *coufié*, corne de bœuf (24 × 17 cm) ; attache fil de fer ; exécuté dans les Basses-Alpes, utilisé dans les Bouches-du-Rhône. France, Eygalières (Mission Ch. Galtier). **3** : Coffin, monoxyle (30 × 16 cm) ; à pans, sans décor. (Musée pyrénéen, Lourdes). **4** : Coffin ; bois avec cercle de métal (29 × 6 cm) ; décor gravé : une « svastika », croix à virgules. Pyrénées (Musée pyrénéen, Lourdes). **5** : Coffin ; pin cimbro et clous de fer (25 × 9 × 6,5 cm) ; décor géométrique, rouelles et végétation ; inscription : Antoine Martin. Date : 1858. France, Hautes-Alpes, Les Escoyères. **6** : Coffin ; monoxyle, en forme de sabot ; avec à l'intérieur, la pierre à aiguiser ; décor en « dents de loup » ; inscription : GA ; 1947. France, Prades d'Aubrac. Aveyron (C. Jest). **7** : Coffin, bois (28,8 × 9,5 cm) ; à pans sculptés et décor géométrique, rouelles. Daté : 1867. Autriche, Tyrol du Sud, vallée de la Fiemme. (Osterreichisches Museum für Volkskunde, Vienne). **8** : Coffin (32,5 × 11,5 cm) ; bois sculpté polychrome. 19e siècle. Même origine que le précédent. **9** : Coffin en bois non accroché à la ceinture ; le faucheur le fixe en terre par sa pointe (L : 47 cm ; d : 7 cm). Milieu du 19e siècle Canada, Québec, Joliette (Collection R.-L. Séguin).

10 : Coffin en zinc ; *couillou*. 20e siècle, (21,5 × 9,6 cm). France, Beauce, Eure-et-Loir. Imitant la forme, fonctionnelle, des coffins en pointe, elle-même sans doute inspirée de celle des cornes employées à cet usage.

7

8

BATTRE LA FAUX. MARTEAU ET ENCLUMETTE

● Le battage ou rebattage de la lame de la faux est une opération plus délicate, mais aussi moins fréquente que celle de l'affûtage. ● Elle consiste à redonner du fil à une lame usée, ébréchée. Elle oblige le faneur ou le moissonneur à un arrêt momentané de son travail et au démontage de la lame de la faux (**1**), alors que l'aiguisage de la lame s'effectue sans démontage de celle-ci (1, p. 93). ● Pour le battage, deux pièces, complémentaires l'une de l'autre, sont nécessaires (**1** à **8**) : une petite enclume portative, ou enclumette ; le faneur ou moissonneur l'enfonce en terre ou dans un morceau de bois (2 ou 4 volutes empêchent l'enclumette d'être enfoncée trop profondément) ; ou bien il la cale avec son pied (**8**) ; un marteau avec lequel il redresse, égalise, effile la lame, en martelant celle-ci. ● Il y a trois principaux types d'enclumettes et de marteaux. Des enclumettes à table « plane » (**1**,**2**) à laquelle correspond un marteau comportant une panne, ou arête d'un côté ou des deux côtés (**1**) : on bat sur le ventre de la lame (ventre de la lame, voir p. 85 D).

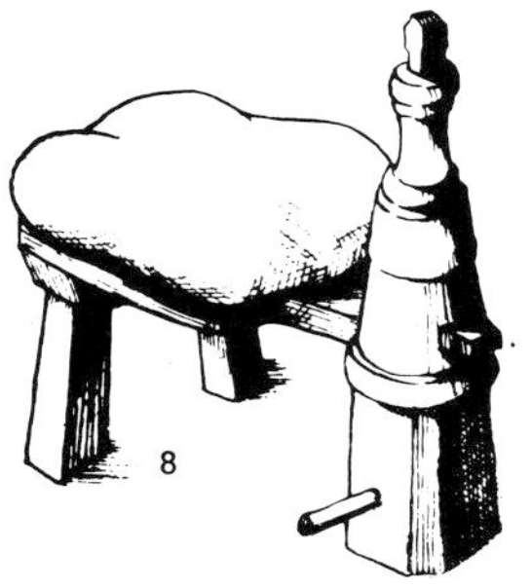

● Des enclumettes dont la partie supérieure est à panne, ou arête (**4**), et dans ce cas le marteau est à tête ou table des deux côtés (**5**,**7**) ou d'un seul côté (**1**), étant ainsi à double mode d'utilisation ; le battage est effectué sur le dos de la lame. ● L'enclumette du troisième type, à ressaut (**6**), permet, grâce à celui-ci, d'enfoncer l'enclumette au marteau, sans abîmer l'arête. ● Le type le plus anciennement en usage est le premier (**1**,**2**) ; il remonterait aux 3ᵉ-4ᵉ siècles de notre ère. Il réclame plus de compétence et d'habileté que les autres pour battre la faux ; il avait la préférence des faucheurs particulièrement expérimentés.

1 : La lame, démontée, est appuyée sur une enclumette, à table plate, fixée dans du bois. Le faucheur est en train de la battre, de la marteler, avec la panne du marteau. France, Bas-Rhin, Mitschdorf (Mission R. Henninger).

2/3/4/5/6/7/8 : Les trois principaux types d'enclumettes et de marteaux. **2** : Enclumette, *horgo* ; à table : tête carrée et plate (H : 29,5 cm ; l table : 2,5 cm) ; fer forgé ; quatre volutes (l : 5,7 cm). 19ᵉ siècle. France, Hautes-Pyrénées, Luz-Saint-Sauveur (Mission G. Csermak). **3** : Marteau en demi-cercle, à double pannes (arêtes) pour battre le ventre de la lame sur l'enclumette à « table » ; manche bois traversant la tête du marteau (L totale :

9

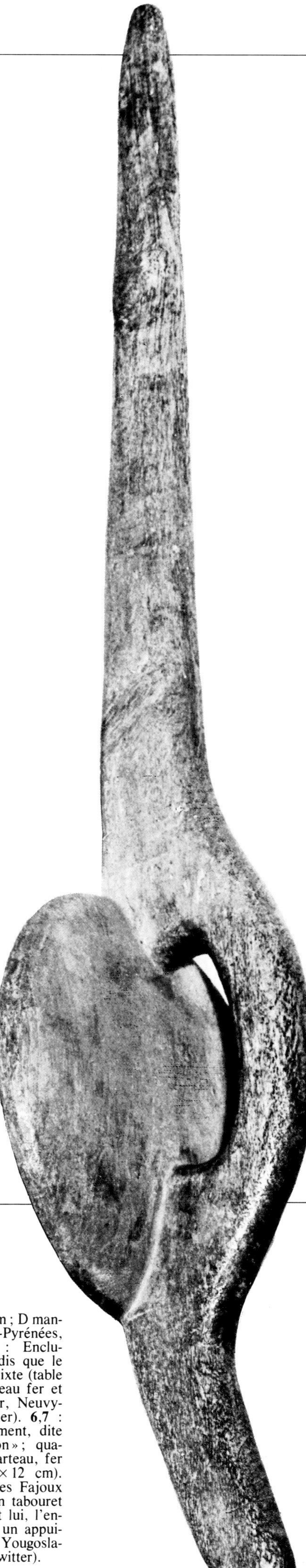
10

11

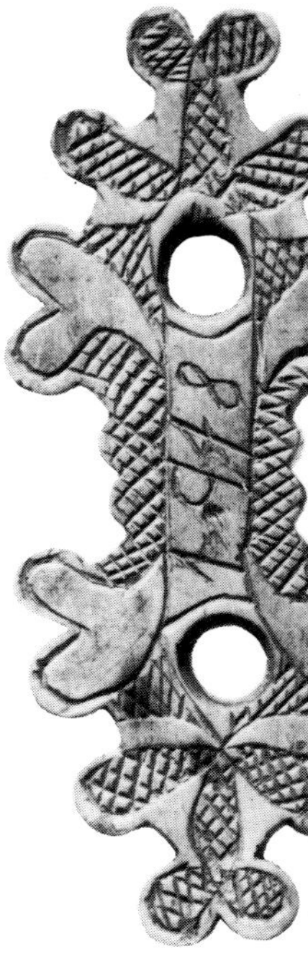
12

13

14

15

20,8 cm ; marteau : 5,6 × 15,3 cm ; D manche : 3,6 cm). France, Hautes-Pyrénées, Sainte-Marie-de-Campan. **4,5** : Enclumette, fer forgé ; à panne tandis que le marteau est à « table » ou est mixte (table et panne) ; deux volutes. Marteau fer et bois (23 × 9 cm). France, Cher, Neuvy-en-Sancerre (Mission P. Soulier). **6,7** : Enclumette à arête et épaulement, dite « enclumette à panne et talon » ; quatre volutes (38,5 × 6,5 cm). Marteau, fer et bois, correspondant (29,5 × 12 cm). France, Cantal, La Trinitat, Les Fajoux (J.-D. Lajoux). **8** : Dessin d'un tabouret pour le faucheur, avec, devant lui, l'enclumette à arête ; sur le côté, un appui-pied. Marteau double panne. Yougoslavie, Slovénie. (Inf. A. et M. Zwitter).

CHEVILLE OU CLAVETTE POUR LIER UNE GERBE A LA MAIN

● « Pour lier une gerbe, on fait d'abord un lien en arrachant quelques tiges de la gerbe ; on pose la gerbe dessus ; on met un genou sur celle-ci pour bien la tasser, puis avec le pied on maintient la gerbe immobile ; on réunit les deux extrémités du lien ; on les tourne ensemble pour bien serrer la gerbe ; alors avec le tortillon du lien on forme une boucle et, à l'aide de la cheville, on pousse cette boucle sous le lien qui a été bien serré autour de la gerbe ; cela tient très bien ; on peut porter la gerbe par le lien sans que la gerbe se défasse ; et pourtant il suffit de tirer sur le bout du tortillon pour détacher la gerbe et l'étaler sur l'aire à battre pour le dépiquage. » ● « Quand on n'a pas de cheville, on se sert de son pouce pour pousser le tortillon sous le lien ; mais le pouce est alors souvent blessé, il saigne, ça fait mal, mais il faut continuer » (Pierre Delage ; voir précédemment, p. 82). ● Autre procédé pour lier les gerbes : des clavettes sont percées de deux trous dans lesquels passent puis sont fixées les extrémités du lien. Formes, fonctionnelles (**15**), ornementées (**12**,**13**,**14**).

9/10/11 : Chevilles pour lier les gerbes. France. **9** : *Rebilhou*, buis ; type cylindrique (L : 29 cm ; D : 1,6 cm) ; extrémité légèrement recourbée, avec quatre encoches. Haute-Vienne, Chéronnac. **10** : *Liadou*, monoxyle, bouleau ; tige aplatie ; poignée évidée et plateau circulaire ; extrémité légèrement recourbée (L : 73 cm ; plateau : 18 cm ; H : 9 cm) ; on frappe, avec le « plateau » l'extrémité des tiges réunies afin d'égaliser la base de la gerbe. Haute-Vienne, Compreignac, Villebert (1 et 2, mission M. Robert). **11** : Attache-gerbe, « garrot de moissonneur » et sifflet (pour appel des moissonneurs) ; bois gravé (L : 35 cm). Saône-et-Loire, Hurigny.

12/13/14/15 : Clavettes, attache-gerbes. En bois. **12**,**13**,**14** : Clavettes en bois sculpté (L environ : 10 cm ; 1 max. et min. : 4 et 2 cm). Portugal, Minho, district de Viana do Castelo. **15** : Clavette avec un mode d'attache des extrémités du lien. France, Limousin (Inf. M. Robert).

2

4

6

1

3

ÉGRENER EN FRAPPANT LES ÉPIS AVEC UN FLÉAU

● Le fléau, plus que le battoir (5, p. 97) ou que la perche monoxyle (**1**), renforce, amplifie le geste du batteur, grâce à une très ingénieuse articulation entre le manche et le battant. Son usage apparaît dans le domaine gallo-romain au 4e siècle et donne des résultats même en régions humides (différence avec le piétinement ou le rouleau, p. 100-101). ● Le fléau est composé de trois parties. **A** : un manche tenu des deux mains, relativement léger en France, saule, sureau...) ; à son sommet est fixé le battant par divers dispositifs ; **B** : le battant, ou verge, ou lame, en général plus court mais plus pesant que le manche ; il est composé de plusieurs baguettes (**2**,**3**), en bois, assemblées, ou d'un gourdin (**5**,**10**), rond, plat ou à facettes (en buis, frêne...) ; **C**: une articulation, pivotante ou non, réunissant manche et battant par une cheville (**3**), ou par un ou plusieurs anneaux en corde, cuir, nerf de bœuf ou peau d'anguille... ● Le ou les batteurs élèvent le fléau et, le tenant pratiquement droit, font tournoyer le battant au-dessus de leur tête avant de l'abattre sur les épis. ● Lorsque le battage a lieu tout de suite après la moisson, il est effectué en plein air ; les gerbes sont étalées sur l'aire à dépiquer (espace empierré ou en terre tassée et gazonnée, souvent même soigneusement délimité), ou même dans les rues des villages. Si le battage n'a lieu qu'en hiver, tandis que les autres travaux agricoles laissent quelque répit, il est effectué en grange. ● Dépiquer au fléau est tout un art ; il s'agit de faire éclater l'enveloppe des grains afin de « libérer » ceux-ci sans toutefois les écraser. Le souci est (était) aussi souvent de préserver la paille pour faciliter la formation des bottes et en vue de divers usages telle la couverture des « chaumières ». ● Encore récemment des fleuristes et pépiniéristes du sud de la France utilisaient la longue paille de seigle (1,80 à 2 m) pour protéger leurs fragiles et jeunes plantes (fournisseur et informateur P. Delage). ● Aussi ne faut-il pas multiplier les coups de fléau, et faut-il faire porter ceux-ci sur les épis : une gerbe étalée, puis retournée, recevra ainsi environ 10 à 15 coups de

5

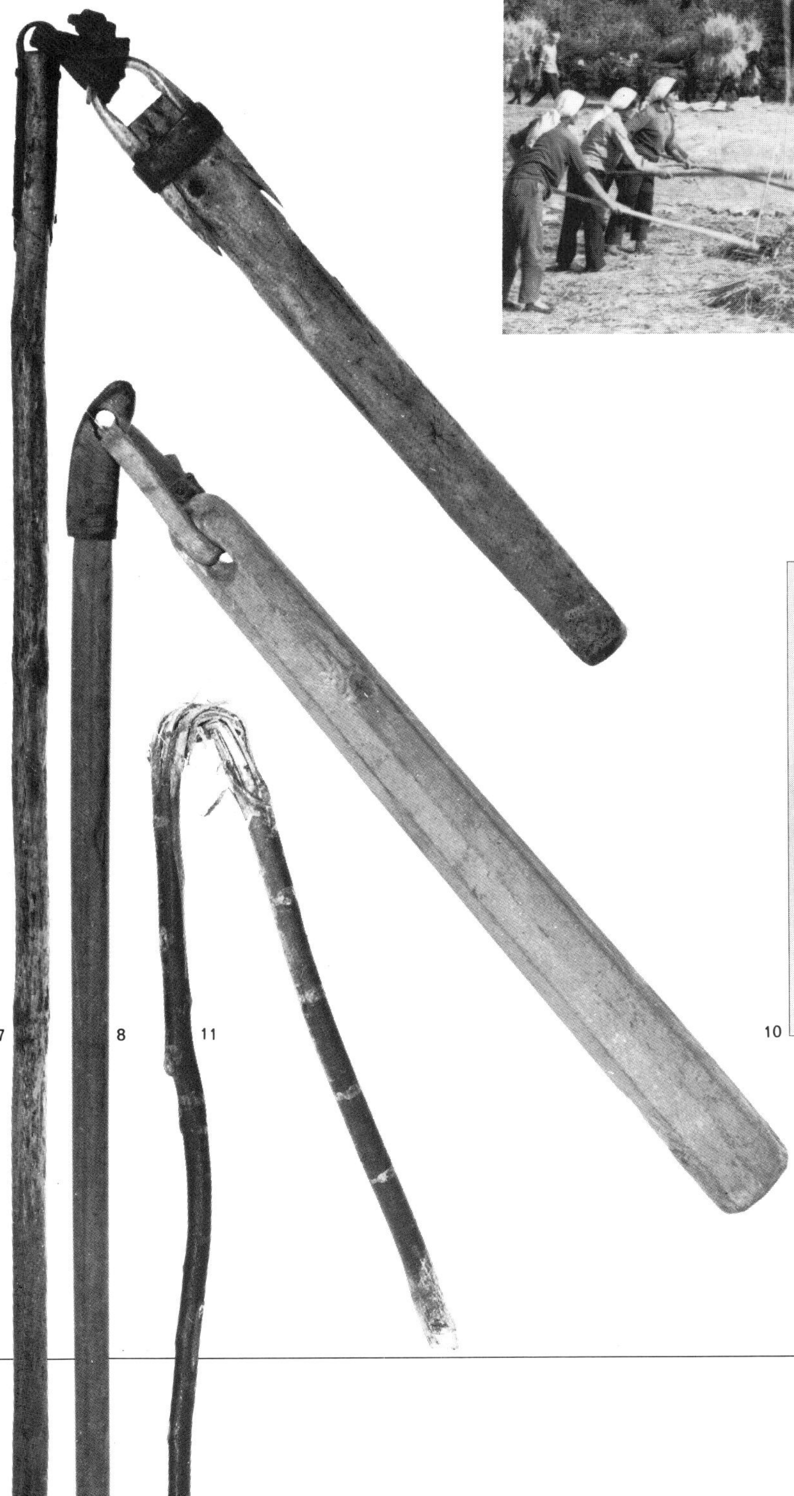

7 8 11

10

9

chaque côté. ● Les batteurs s'entraident, et ils sont parfois huit à battre la moisson de l'un d'entre eux. Ils battent en cadence ; 4 batteurs élèvent leur fléau tandis que les 4 autres frappent les gerbes avec le leur (**4**) ; puis c'est au tour des 4 premiers d'abattre leur fléau, tandis que les précédents batteurs élèvent le leur, et ainsi de suite. ● Les batteurs accompagnent souvent d'un chant leurs gestes rythmés et le bruit régulier des battants frappant les épis.

1 : En Afrique, dépiquage du mil, en groupe. Fléaux monoxyles : grandes perches à la fois souples et résistantes. Ethnie Mandingue, Mali.

2/3 : Dépiquage de l'orge au fléau. Népal, région du Dhaulagiri, Dolpo-Tarap (Inf. C. Jest). **2** : Trois Népalaises sont en train de dépiquer, trois autres rassemblent, au râteau, les épis éparpillés par le premier battage. Ethnie Dolpo-pa. **3** : Détail du fléau utilisé : cinq baguettes (églantier), fixées sur une cheville et liées par des lanières de cuir (L manche : 1,09 m ; battant 54 × 9 cm) ; sommet du manche renforcé.

4/5 : Sur l'aire à battre, les gerbes de seigle déchargées et étalées. **4** : Huit cultivateurs montrent comment ils battaient leur récolte, en s'entraidant, quelques années encore auparavant. Battage en cadence. 1963. France, Aubrac, Aveyron, Aurelle-Verlac, Vieurals (J.-D. Lajoux). **5** : Battage au fléau dans un village albanais ; pour accroître sa force de frappe, le battant est attaché à l'extrémité d'une corde ; effort important à fournir de la part, ici, des utilisatrices. Albanie (sud), village de Gusmar de Tepelene (Inf. Spiro Shkurti, Inst. de culture populaire, Tirana).

6/7/8 : Divers types de fléaux : forme des battants, mode de fixation de ceux-ci, gestes d'emploi différents. **6** : Attache pivotante du battant au sommet du manche. Suède, Härjedalen, (Nordiska Museet, Stockholm). **7** : Attache aussi pivotante : type de fléau utilisé en 1840. Etats-Unis, Massachusetts (Smithsonian Institution, Washington). **8** : Attache souple mais fixe du battant au manche ; celui-ci est protégé et renforcé par une corne d'isard (L manche : 1,45 m ; L battant : 71,5 cm) ; liens en cuir. 19e siècle (première moitié). Haute-Savoie, Chamonix.

9/10/11 : Détail d'un autre type d'attache du manche au battant : l'« armature » de cuir qui chapeaute la partie supérieure du manche est mobile autour de celui-ci. **9** : Fléau de la région comtoise. Haute-Saône, Champlitte, (Musée A. Demard). **10**,**11** : Fléaux, l'un du Harz méridional (L manche : 1,36 m ; L battoir : 57,5 cm), l'autre des environs de Elster (L manche : 1,41 m ; L battoir : 69 cm). (Museum für Volkskunde, Berlin, RDA).

12 : Fléau : une simple branche recourbée. Type technologiquement, historiquement, plus récent que les précédents. L'homme le plus génial du monde ne peut « reconnaître » un fléau dans une branche recourbée, s'il n'a vu au préalable cet objet fabriqué (*L'Homme et la Charrue*, p. 35).

6

TRAINEAU ET ROULEAU A DÉPIQUER

● Le battage à bras des céréales n'est pas, depuis plusieurs siècles, le seul procédé employé pour séparer le grain de son enveloppe. Des moyens plus rapides, utilisant l'énergie animale, ont été de bonne heure mis en œuvre — peut-être même ont-ils été les premiers en usage (Ch. Parain) —, mais ils nécessitent la possibilité de disposer d'animaux (en propriété, en prêt, en échange d'entraide). ● Pour ce type de dépiquage, les gerbes sont dressées sur le sol, en une certaine épaisseur. Les animaux : chevaux, mulets, ânes, bovins (ou même jadis porcs, moutons) piétinent les gerbes ; ils sont eux-mêmes l'instrument de dépiquage (**1**). ● Mais si l'on attelle aux animaux (suffisamment robustes) un instrument de dépiquage proprement dit, le conducteur maîtrise plus efficacement et régulièrement le déroulement de l'opération qui devient double : piétinements et action mécanique. ● Les instruments à dépiquer, attelés, se répartissent en trois types. L'un comporte une ou plusieurs planches jointées (**2**), dont la face inférieure est garnie de silex, c'est le *tribulum* dont parlait Columelle, agronome latin, au 1er siècle de notre ère. Plus tardivement (19e-20e siècles) on y adjoignit, notamment en Espagne, des barres de fer dentelées, augmentant l'efficacité de l'instrument (**3**,**4**). Le conducteur utilisateur, debout, accroît, par son poids, la pression exercée sur l'épi pour qu'il libère le grain (**2**). ● Autre type de traîneau à dépiquer (**5**) : un cadre de bois dans lequel tournent en marche des rouleaux en bois munis de disques (bois armé ou métal) ; ici aussi, le conducteur utilisateur participe, par son poids, à l'opération ; mais il est assis. Cet instrument rappelle le *plaustellum* décrit déjà par Varron, auteur latin, dans

5

2

3

4

son traité d'agriculture (1er siècle avant notre ère). Ces traîneaux à dépiquer ont l'avantage de hacher en même temps la paille, préparant ainsi le fourrage des animaux. ● Troisième type d'instrument à dépiquer d'origine plus récente que les précédents : le rouleau de pierre (**6**), attelé à un bovin ou un cheval ; il est tronconique et, de plus, souvent cannelé ; il peut être monté obliquement sur son cadre ; ces dispositifs imposent à l'instrument et à son attelage de tourner en rond sur l'aire, facilitant aussi la tâche du conducteur. ● Avec ces trois types de foulage, le grain est libéré par froissement de son enveloppe et non par éclatement de celle-ci comme avec le chaubage ou le battage (p. 96-97). Mais le foulage nécessite un grain très sec ; aussi son usage est-il (ou fut-il) surtout répandu dans le monde méditerranéen.

1 : En Camargue, dépiquage par piétinement de juments. (France, Bouches-du-Rhône). Les couples de juments (12 couples, la *rode*) tournent en rond sur la moisson ; en tête, pour les entraîner, un couple d'étalons au collier garni de clochettes. Des hommes, munis de fourches, apportent et dressent de nouvelle gerbes. Eau-forte de Eugène Burnand illustrant une des éditions (1884) de « Mireille » par Frédéric Mistral.

2/3/4 : Dépiquage, en Espagne, avec un traîneau à dépiquer, ou *trillo*. **2** : *Trillo* à Cuenca, Nouvelle-Castille. **3,4** : *Trillo*, vu d'en dessous (L : 1,65 m ; l à l'avant : 48 cm ; à l'arrière : 78 cm ; silex environ : 5 × 3 cm). Détails. Exécuté par un fabricant de *trillos* et tonneaux. Silex extrait d'une carrière voisine. Catalogue, Daroca (Inf. Pierre Deffontaines).

5 : Chariot à dépiquer. Disques de bois garnis de métal. Iran, région de Téhéran (Inf. T. Battesti).

6 : Rouleau dépiqueur (L rouleau : 80 cm ; diam. : 62 cm). France, Alpes-Maritimes, Digne, Corbons.

1

3

1

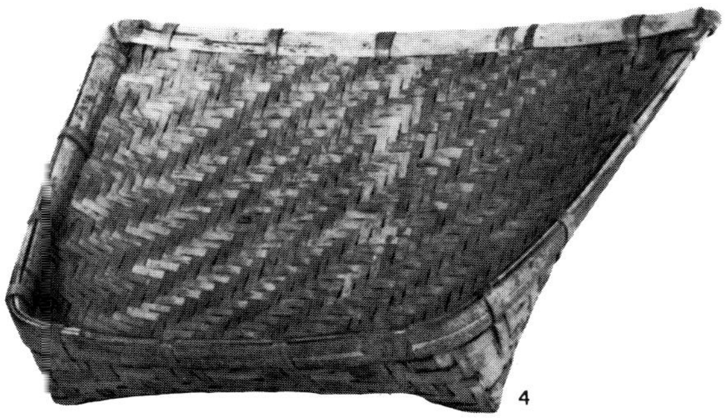

4

2

VANNER AVEC DES FOURCHES, DES PELLES OU DES VANS. UNE SÉLECTION DU GRAIN PAR SON POIDS

● Lorsque la récolte des céréales est battue à la main (chaubage ou battage), ou dépiquée avec des instruments attelés ou bien foulée sous les sabots d'animaux (5, p. 101), le grain doit ensuite être nettoyé. Certains grains sont dits « nus » ; leur enveloppe se détache aisément au battage et est « évacuée » directement par le vannage ou le criblage avec l'ensemble de la « balle » (débris d'épis, menue paille, poussière). Tandis que d'autres grains (orge, avoine, etc.) dits « vêtus » — le terme est significatif — subissent une opération complémentaire : le décorticage (à la meule en Extrême-Orient). ● Vannage ou criblage sont des opérations différentes, complémentaires ou non, et qui impliquent chacune des gestes, procédés et outillage différents ; il importe de bien distinguer leurs techniques respectives d'emploi (A.G. Haudricourt). ● Par le vannage on opère une sélection entre grains et « impuretés » en faisant appel au poids des grains et aux lois de la pesanteur : on projette le grain en l'air, les « poussières » plus légères s'envolent, le grain plus lourd retombe au sol ou dans le van, ou dans la corbeille. ● Pour le criblage, la sélection est effectuée grâce à divers tamis suivant la forme, les dimensions, le volume des grains (ci-après, p. 104-105). ● Avec la pelle à vanner (1, 2, p. 108) et la fourche à vanner (**1**,**2**), deux outils munis d'un long manche, le vanneur peut lancer les grains à nettoyer à une certaine hauteur ; vent ou autre courant d'air détache, arrache, entraîne lesdites impuretés qui volettent, souvent en petits ou plus gros nuages (**1**). ● Les grains, plus lourds, sont retombés directement sur le sol ; mais pour qu'ils soient plus complètement nettoyés, le vanneur doit exécuter le même geste de lancée à plusieurs reprises et relativement à grande hauteur, ce qui représente, pour une quantité de grains importante, un long labeur. ● Avec le van (**3** à **7**) ou la corbeille (1 à 3, p. 104), les grains sont d'abord déposés dans un contenant. Le vanneur procède alors aux opérations successives suivantes : il anime le van ou la corbeille d'un mouvement rotatif ou de va-et-vient pour bien détacher les grains de leurs « impuretés », puis il projette le tout en l'air ; il répète plusieurs fois ces mouvements. Courant d'air et secousses provoquent, activent, l'envol des parcelles de paille et autres particules plus légères que le grain. Chaque fois un peu plus « purifié » celui-ci, plus

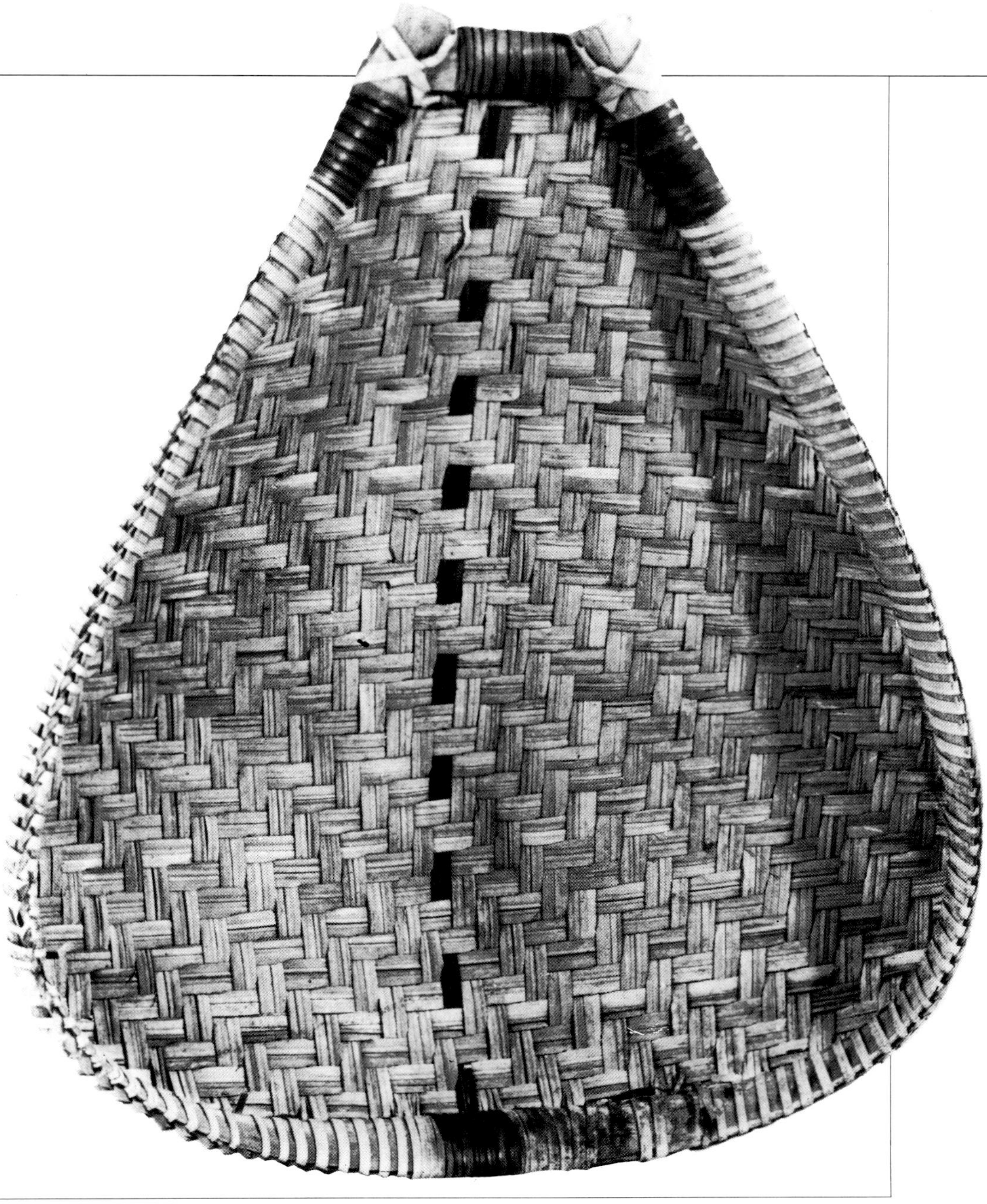

5

7

lourd, retombe dans le van ou la corbeille. ● Il s'agit donc bien d'une sélection par le poids que parachève l'opération suivante. Par le côté abaissé du van, ou par un rebord de la corbeille, le vanneur laisse le grain s'écouler lentement vers le sol (préalablement durci ou recouvert d'une natte, d'un tissu...) ; il procède par secousses successives afin que puissent s'envoler encore quelques derniers brins de paille, quelques dernières poussières. ● Éventuellement, le souffle d'un homme (**7**) concourt à cette opération de « purification ».

1/2 : Vannage du blé avec une fourche. **1** : Débris et poussières emportés par le vent forment un nuage. Pérou, dans les environs de Sicuani, département de Cuzco. **2** : Fourche à vanner (L : 1,53 m). Maroc, Marrakech. Légende : « Le vent entraîne au loin la paille broyée alors que le grain retombe sur place. »

3/4/5/6 : Diverses formes de van. **3** : Van circulaire (50 × 30 cm ; H : 10,5 cm) ; deux poignées de chaque côté. 18e siècle. États-Unis, Connecticut (Smithonian Institution, Washington). Type de van qui a été très répandu en France : ses poignées étaient appelées les « oreilles du diable » dans le Nord. **4** : Van rectangulaire ; bambou tressé. Ethnie Bhil. Inde, État de Madhya Pradesh, Rambhapur. **5** : Van oblong (L : 49 cm) ; bambou tressé. Inde du Sud. **6** : Van avec deux poignées dans le prolongement du rebord circulaire. Japon, Hondo, Musée d'Iwate.

7 : Vannage du riz. Le vanneur est juché en hauteur afin de prolonger l'exposition des grains au courant d'air ; à celui-ci s'ajoute l'air pulsé par le souffle d'un homme. Ethnie Tamoul. Février 1935. Sri Lanka (ex-Ceylan). (Inf. Mission Jésuites français du Nord et de l'Est).

6

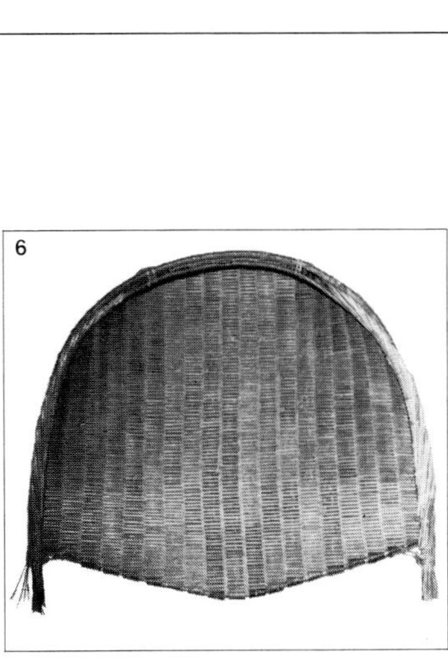

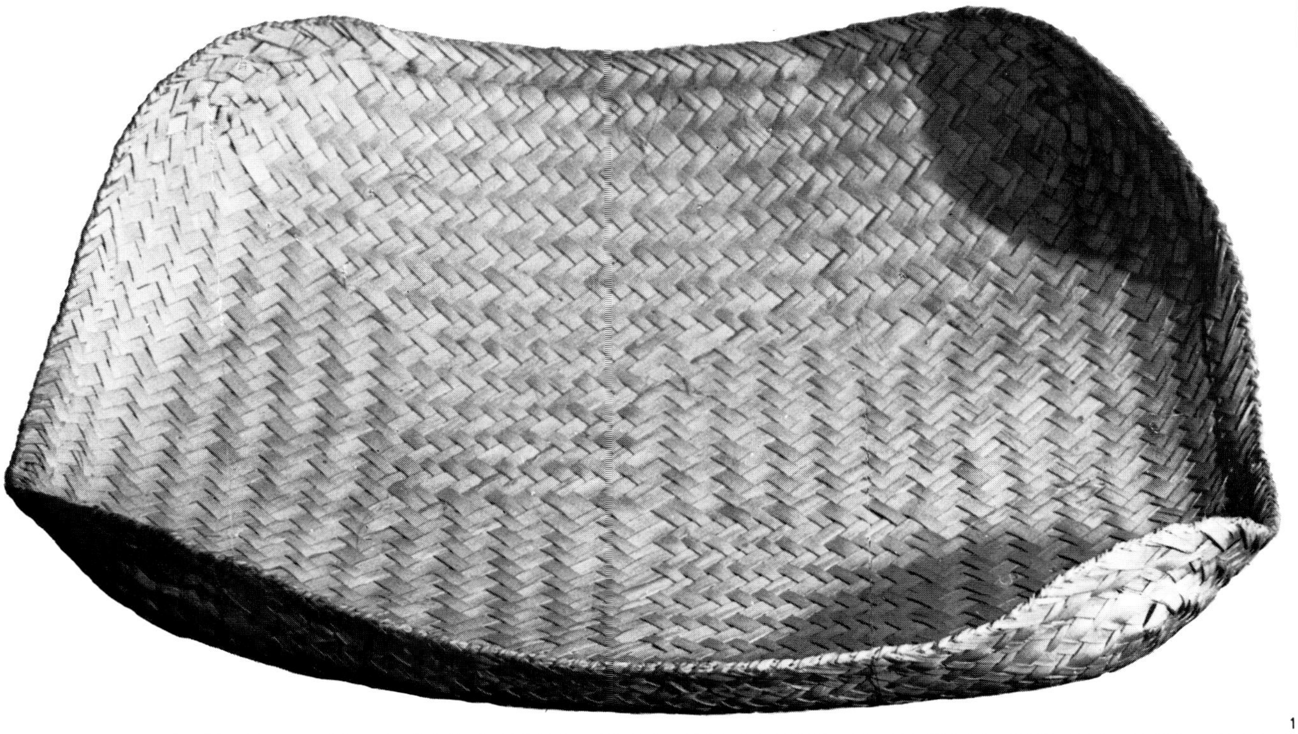

1

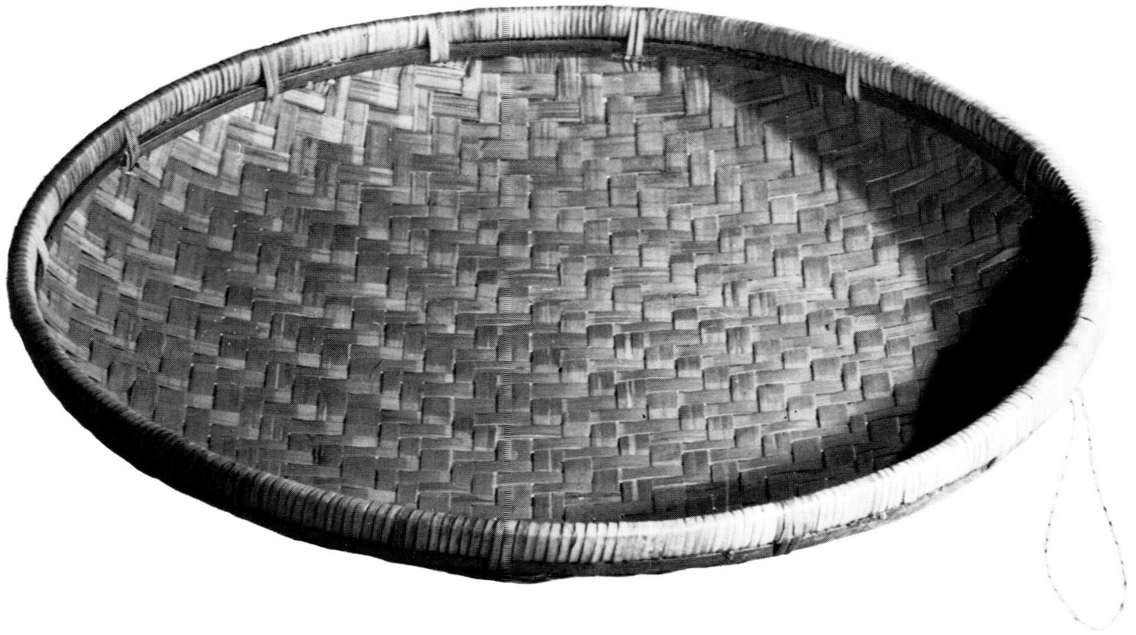

2

NETTOYER, TRIER AVEC UN CRIBLE : UNE SÉLECTION DU GRAIN PAR SA FORME ET SES DIMENSIONS

● Le criblage est une technique très différente de celle du vannage au van ou à la corbeille, une technique dont le résultat est aussi plus affiné que celui du vannage. Ces deux pages en vis-à-vis, par les objets mêmes présentés, soulignent ces différences. ● Pour vanner, on utilise des vans (p. 102-103) mais aussi des corbeilles, rectangulaires ou circulaires (**1**,**2**,**3**) ; à la différence des vans figurés ci-avant, elles ont un rebord continu. Elles sont en matériau léger, tel l'osier, ce qui facilite les mouvement d'emploi. Ces corbeilles sont plus ou moins profondes et évasées. Elles sont observables en fonction aussi bien en Amérique du Sud (par exemple chez les Indiens des Andes, au Pérou), en Chine (chez les Va, au sud-ouest du Yunnan), au Sri Lanka (7, p. 103), qu'à travers les pays méditerranéens, ou en France et à Madagascar (**1** à **3**). ● Tout autres sont la fonction, les techniques d'emploi et en conséquence les dispositifs des cribles, ceux-ci étant destinés à sélectionner les grains par leurs volume, poids et forme. Le tri est effectué grâce aux « trous » de différentes formes et dimensions du fond de ces tamis ; un fond en matière végétale : lattes entrelacées d'écorce, de bois divers (bambou, **5**), ou en matière animale : peau de porc (**6**), de veau ; plus récemment et suivant les cas, en grillage métallique ; fond fixé à un cadre de bois aux rebords plus ou moins hauts. ● Les perforations sont soit relativement fines pour ne laisser passer que les « impuretés », les grains, plus volumineux, restant dans le tamis ; soit au contraire les perforations ne laissent passer que les grains, aux formes desquels elles sont adaptées : plus longues pour les grains longs (avoine, seigle), circulaires pour les grains plus ronds (orge), plus fines pour d'autres grains de céréales (millet) ou pour des légumineuses (vesce)... ● Les cribles de taille moyenne sont tenus et secoués des deux mains ; les plus grands avec le concours de deux autres mains. Les grands cribles sont suspendus, ce qui n'exclut pas l'intervention des mains pour les agiter et obtenir ainsi un triage et un nettoyage plus satisfaisants des grains.

3

4

5

6

1/2/3 : Corbeilles à vanner. **1** : Corbeille carrée (37,5 × 37,5 cm ; H d'un coin : 6 cm) ; feuilles de palmier. Madagascar, Tuléar, Ampanihy. **2** : Corbeille circulaire (d : 47,8 cm ; H : 6,2 cm) ; lamelles découpées dans le pétiole de feuilles de raphia. Madagascar, Majunga. **3** : Corbeille circulaire, *paillassou* ; paille de seigle (1 m à 1,80 m d'ouverture) ; éclisses de châtaignier ou de noisetier ; fait en hiver, par un cultivateur ; « On enlevait l'écorce du châtaignier, on prenait le premier tour ; on enlevait l'épaisseur d'une année ». Aubrac (d'après J.-D. Lajoux).

4 : Grand crible cylindrique ; peau de porc percée à l'emporte-pièce (d : 90 cm ; H bords : 13 cm ; H de la base au crochet d'attache : 90 cm). Des courroies permettent de le suspendre à 3 perches, liées ensemble par leur sommet et formant trépied. Le rôle des mains : animer, secouer le crible. France, Bouches-du-Rhône, Arles (Museon Arlaten).

5/6 : Diverses formes et matières du crible. **5** : Tamis à riz ; lanière bambou (d : 32 cm). Japon, Kagoshima. **6** : Lanières de peau tressées (d : 43 cm). Afghanistan.

5

6

4

2

DÉPIQUAGE, VANNAGE, CRIBLAGE : VERS L'INTÉGRATION ET LA MÉCANISATION DES OPÉRATIONS

● La mise en mouvement de l'ancien instrument à dépiquer les céréales (particulièrement le paddy) était au Japon — ou est encore dans certaines campagnes chinoises — assurée par la main ou le pied (**1**). Le mouvement était (est) communiqué à des engrenages qui animent les pièces directement travaillantes. ● Comme lors du chaubage (p. 96), le batteur tient en main la gerbe ou des poignées de céréales, mais c'est un tambour hérissé de dents qui, en tournant, arrache et libère les grains. Le même instrument, entièrement métallique et fonctionnant à l'électricité, est aussi en usage ; cependant les gerbes continuent souvent à être tenues à la main (vu en 1980 en Chine). ● Avec le *tarare* (**2**,**3**,**4**), sont effectuées successivement deux opérations, le nettoyage des grains (vannage) et le triage des grains (criblage). La mise en mouvement de tous les rouages de l'instrument et le maintien de ce mouvement sont assurés par une « manivelle » à proprement parler ; elle fut en bois puis en fer, comme la roue entraîneuse (**3**). ● Les mains interviennent également pour verser le grain dans la trémie, grand entonnoir en bois placé à la partie supérieure du tarare. A l'intérieur de celui-ci, dans la partie « tambour » arrondie, un ventilateur, comportant des pales (ou ailes), tourne pendant toute l'opération ; il provoque un souffle violent qui intervient et chasse déjà des grains une grande partie de leurs « impuretés » ; on voit voler celles-ci en un nuage, hors du tarare, mais bien des particules se logeront dans les cheveux, les vêtements des utilisateurs (**4**). ● Le ventilateur fonctionne tandis que les graines, versées dans la trémie, tombent par nappes sur des cribles superposés mais décalés les uns par rapport aux autres ; s'en échapperont des grains d'autant mieux triés que ces cribles sont animés d'un mouvement trépidant (un rappel du mouvement imprimé au tamis, p. 105). ● Le tarare est la première « machine » à avoir remplacé le van et le tamis, tout en perfectionnant leur travail. Il était connu en Chine à l'époque Han (époque se situant entre 200 ans avant notre ère et 220 ans après), et peut-être même avant (J. Needham). ● Il fut utilisé plus tardivement en Europe : on le trouve en usage, à partir du 18ᵉ siècle, dans le nord (Scandinavie, Pays-Bas, Angleterre, Écosse) ; il parvient à cette époque en Amérique (Nouvelle-Écosse). Par une autre voie, plus méridionale, il atteignit les pays méditerranéens (par l'intermédiaire des Arabes ? P. Leser). ● Il connut alors en France, aux 19ᵉ et 20ᵉ siècles, une très large extension, sous le nom de *tarare* (origine inconnue du nom), ou d'une appellation plus locale, telle *ventadou* (occitan) ; il trouva sa place entre, d'une part,

3

1

le dépiquage sur l'aire (**5**) ou le battage, et d'autre part le transport en réserve ou directement au moulin. ● Les opérations effectuées par le tarare furent à leur tour intégrées dans une machine, telles les premières batteuses mécaniques, assurant une série d'opérations — du battage de la gerbe à l'ensachage du grain —, grâce à l'énergie animale. Mais la paille est encore rejetée en vrac (**6**, à droite). En Chine, si l'on peut voir encore dans les campagnes des tarares en bois, on en fabrique des métalliques, branchables sur moteur électrique. Les mécanismes ont été améliorés, suivant l'espèce du grain et l'affinement du « toilettage » que l'on désire.

1/2/3 : Anciens instruments encore en usage ou non. **1** : Égreneur à pédale pour le riz paddy ; tambour denté. Japon, Hondo (Musée d'Iwate, comme le tarare suivant). N'est plus en usage au Japon. Avec ce type d'instrument, 40 kg de paddy sont battus à l'heure ; avec l'instrument moderne, métallique, mû électriquement, 500 kg. **2** : Tarare pour le paddy, vu du côté « tambour », 19e siècle. **3** : Tarare, vu du côté manivelle et roue entraîneuse de tout le mécanisme intérieur. Suède, Södermanland (Nordiska Museet, Stockholm).

4 : Le battage vient d'avoir lieu ; passage des épis au *ventadou*, actionné à la manivelle. 1966. France, Aubrac, Aveyron, Born (J.D. Lajoux).

5/6 : Juxtaposition ou intégration d'opérations complémentaires. **5** : A gauche, le foulage avec un cheval et deux vaches ; à droite, le tarare. 1919. Lozère, Causse Méjean (Doc. M. Tessier). **6** : Chevaux attelés à un manège ; ce sont eux qui, en tournant et par l'intermédiaire d'un arbre de transmission, assurent l'animation de tous les organes de la batteuse. « La batteuse » (1893), tableau de A.G. Rigolot (Rouen, Musée des Beaux-Arts).

1

2

5

3

PELLES SPÉCIALISÉES OU POLYVALENTES. RATEAUX DROITS OU OBLIQUES, A MAIN OU A BRAS

● La pelle comporte un manche en bois, et une partie travaillante en bois (**1**,**2**,**3**,**4**) ou en métal (**5**). Sa technique d'emploi est différente de celle de la bêche dont on la rapproche parfois par erreur. ● La pelle est un outil à percussion posée (A. Leroi-Gourhan) : elle est posée sur le sol et glissée sous ce qu'elle doit prendre. Puis son utilisateur la soulève et, avec elle, il transporte une « pelletée » (de telle matière, de tel produit) ; il dépose ensuite celle-ci ou la jette au sol, ou la lance en l'air (**1**). ● L'utilisation de la pelle en bois est toujours actuelle quoique celle de la pelle en fer se soit largement étendue. La pelle en fer, même connue, n'a pas remplacé systématiquement la pelle en bois ; dans chaque cas, le fait peut être très significatif. ● Voici quelques-unes des différentes raisons données en faveur de la pelle en bois : autofabrication ; volonté, nécessité de se suffire ; pénurie, cherté du métal à certaines époques ; préférence pour un outil plus léger pour telle ou telle tâche spécifique : charger foin, paille, gerbes, remuer des grains, en évitant aussi de « blesser » ceux-ci, etc. ● G. Ravis-Giordani écrit : « En Corse, quand on devait vanner, on prenait un bâton, on le plantait, on y fixait un brin d'herbe. Quand le brin se mettait à flotter au vent, on disait : « maintenant on peut vanner », et on vannait avec les pelles à grain », comme on le fait aussi ailleurs (**5**).

● Quant aux râteaux, ils comportent un manche à l'extrémité duquel est fixée une traverse porteuse de dents. Si l'on s'en tenait à cette description, formaliste, on omettrait de signaler que ces éléments sont « arrangés » différemment les uns par rapport aux autres, ce qui traduit, et c'est l'essentiel, des techniques d'emploi différentes : réunir, amasser, étaler, retourner (le foin), arracher, pulvériser, aplanir le sol, recouvrir des semences... ● Avec le râteau (**6**,**7**) à une seule ou à une double rangée de dents, mais au manche perpendiculaire à la traverse, l'utilisateur tire chaque fois le râteau vers lui pour réunir, amasser ; ou bien il imprime au râteau un mouvement de va-et-vient pour étaler, aplanir, etc. Le râteau chinois en lamelles de bambou agit par l'extrémité recourbée de ses dents (**8**). ● Avec le râteau

11

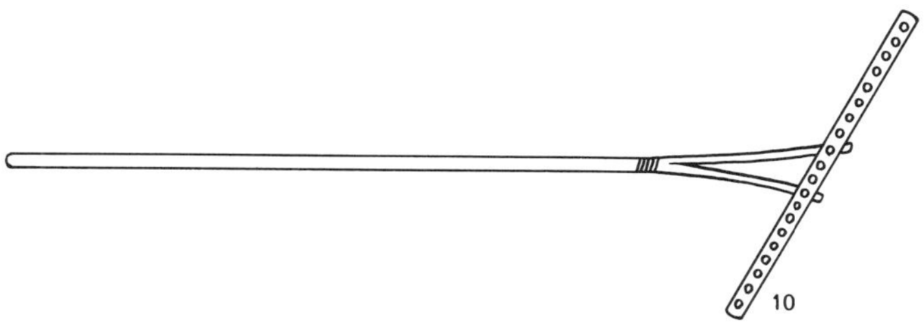

10

9

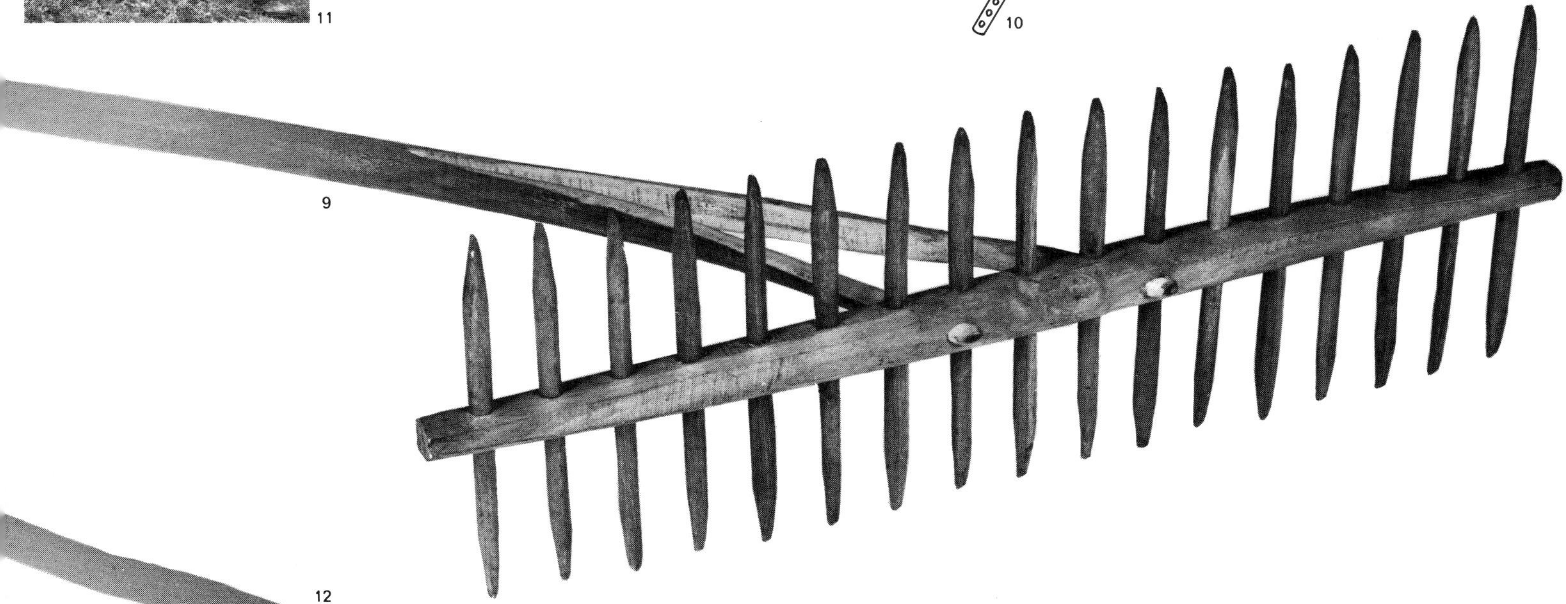

12

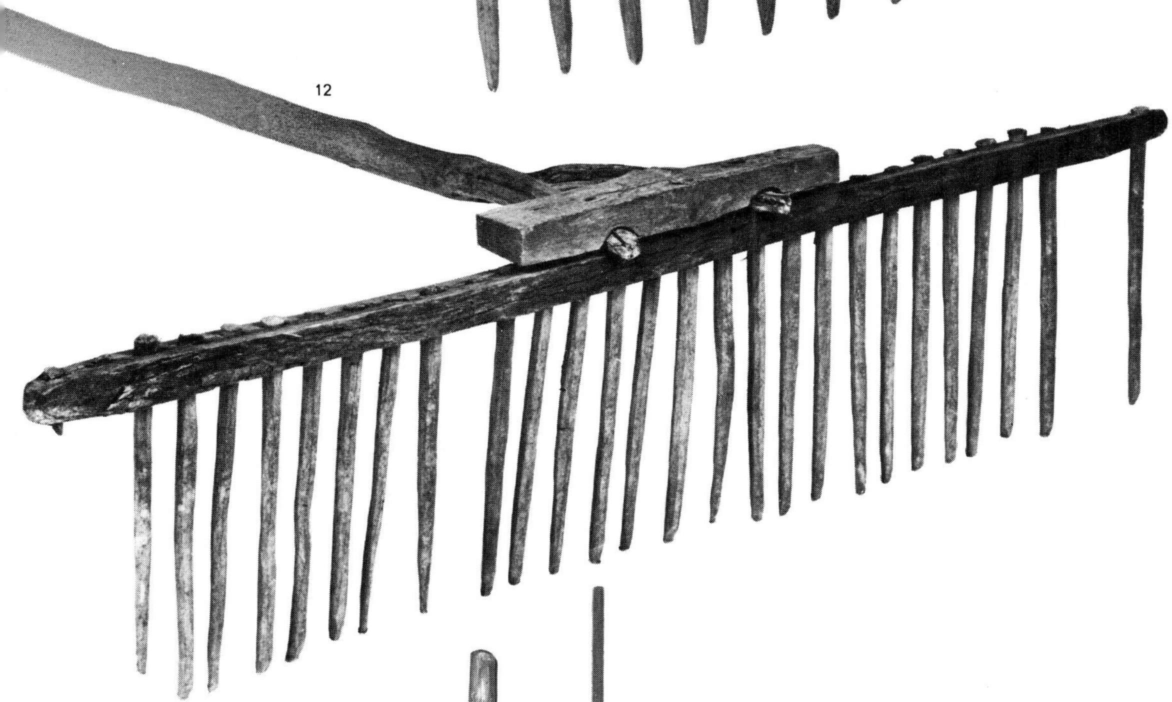

8

à simple ou à double rangée de dents, mais comportant un manche oblique par rapport à la partie travaillante (**9**,**10**), le râteleur tient le râteau presque parallèle à lui-même. ● Ces divers râteaux sont dits « à main », tandis que les grands râteaux que l'utilisateur traîne derrière lui (**11**,**12**) sont dits « à bras » : autres gestes, attitude et conditions d'emploi. L'outil est traîné sur le champ moissonné ou la prairie fanée, pour recueillir épis, paille, brins d'herbe y restant encore. Ce qui illustre aussi le fait qu'ici le droit de glanage n'existe plus...

7

6

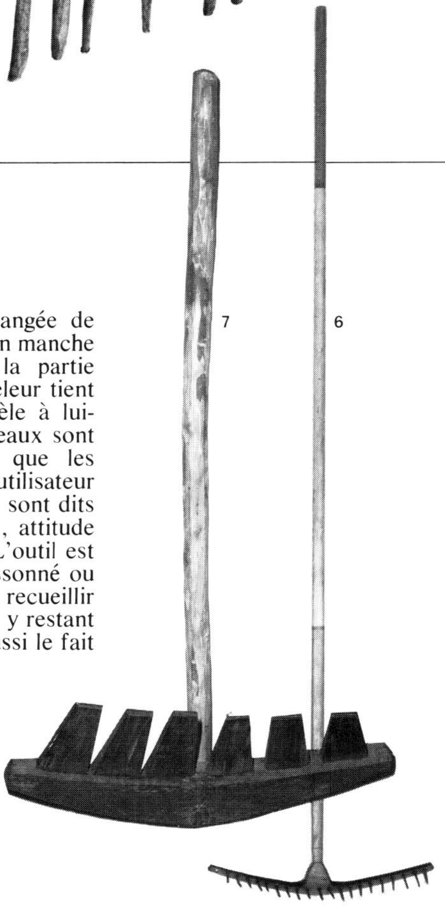

1/2/3/4 : Pelles en bois dont les trois premières sont monoxyles. 19e-20e siècles. **1** : Vannage avec une pelle. Pérou, Cuzco (voir p. 102). **2** : Pelle à vanner (L : 1,53 m) ; épaules incurvées. Grèce (Collection Candelis). **3** : Pelle pour prendre et remuer le grain sur l'aire ou dans la grange (L manche : 65 cm ; pelle avec rebords : 32 × 31 cm) ; base non coupante pour ne pas détériorer le grain : marquée WPAP 1827. France, Hautes-Alpes, Montbardon. **4** : Pelle à taro (L : 1,55 m ; L pelle : 17,5 cm) ; ligatures en fibres de coco. Nouvelle-Calédonie.

5 : Pelle. Bois et fer. A plusieurs usages, pour ramasser, transporter, déplacer divers végétaux, matériaux... (Fer : 31 × 34 cm) ; épaules droites ; tranchant arrondi. France, Flandre.

6/7/8 : Râteaux à manche perpendiculaire à la traverse porteuse d'une rangée de dents. **6** : Dents en fer, manche bois (L manche : 2,06 m ; l : 61 cm). Marqué : AJD 1831. Suède, Södermanland (Nordiska Museet, Stockholm). **7** : Manche et dents, larges, en bois (L manche : 83 cm ; l : 43 cm ; L dents : 12 cm) ; pour retourner la paille. Libye, Tripolitaine (Italie, Florence, IAO). **8** : Râteau en bambou : dents et monture (manche aussi, ici absent) ; l'extrémité recourbée des dents (L : 7 cm) est la partie directement travaillante. Sert à ramasser, râtisser. (L des dents jusqu'à leur courbure : 37 cm ; l vers l'emmanchement : 28 cm ; vers la courbure : 41 cm). Chine, environs de Pékin, achat (1973) dans une coopérative de commune populaire (MJBD). Les dents de ces râteaux recourbées à leurs extrémités sont disposées comme en un éventail plus ou moins ouvert : n'ont-elles pas inspiré les modernes râteaux de jardinage commercialisés sous la marque Wolf ?

9/10 : Râteau pour faner. Profil et plan ; 17 doubles dents ; manche oblique à base fourchue : renforcement du bâti (L manche : 1,69 m ; l traverse : 71 cm ; H double dent : 21,5 cm). 20e siècle. France, Aveyron, Salles-Curan (C. Jest).

11/12 : Grands râteaux traînés dits « à bras » France. **11** : Râteau traîné sur une prairie après la fenaison. 1966. Aveyron, vu en usage entre Laguiole et Nasbinals. (MJBD). **12** : Râteau à ramasser la paille ; bois ; renfort du manche avec clous ; 36 dents dont 5 manquent (L manche : 1,67 m ; l : 83,5 ; H dents : 23,3 cm). 1965. Aveyron, Prades-d'Aubrac.

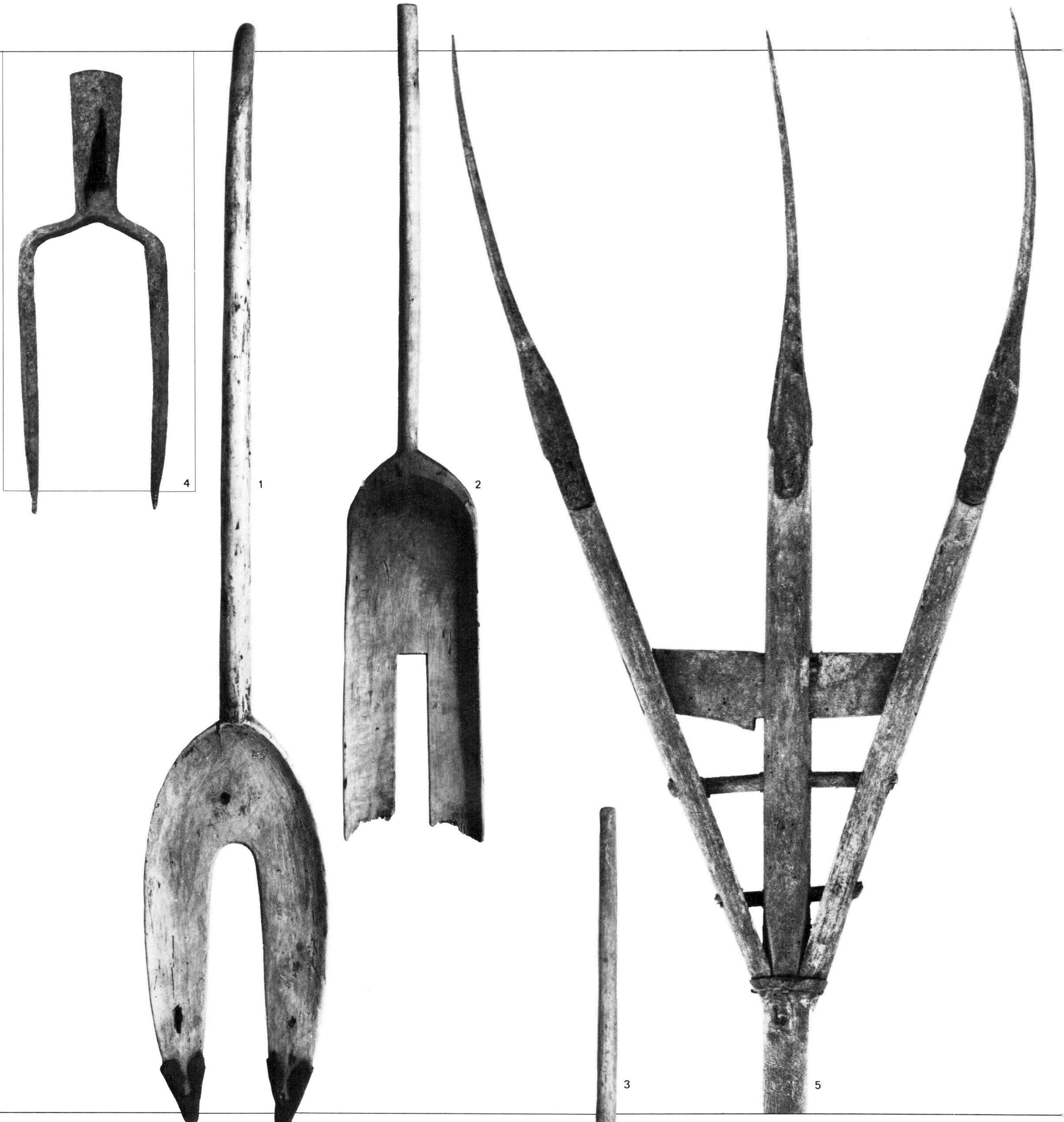

4 1 2 5

3

LES FOURCHES : FONCTIONS ET FORMES TRÈS VARIÉES

● Les fourches servent à rassembler et ramasser, transporter puis déposer une charge en la jetant ou en l'éparpillant ; elles font partie des instruments à percussion posée et lancée, comme les pelles ; elles sont en général plus légères que celles-ci, plus maniables, et peuvent avoir plus d'envergure. ● Mais en revanche, compte tenu de l'écartement plus ou moins grand entre leurs doigts (ou dents), elles ne peuvent être chargées que de matières végétales ou animales assez volumineuses ; ou bien ces matières ont une certaine cohérence entre leurs éléments, soit parce que ceux-ci sont attachés ensemble et forment masse (gerbe, botte de foin, fagot...) ; soit parce que, quoique en vrac, ils sont liés ensemble par l'entremêlement de leurs fibres ou tiges (paille, foin...) ; soit encore parce qu'ils présentent une configuration accrocheuse (fumier pailleux, racines, p. 118). ● Cet outil à bras, malgré le nom uniforme qui le désigne (les utilisateurs doivent préciser « à foin », « à paille », « à fumier », etc.), est en réalité multiforme et complexe, spécialisé ou polyvalent, car il doit pouvoir répondre aux impératifs de ses fonctions et des manœuvres que celles-ci exigent. ● Ainsi les doigts doivent-ils pouvoir pénétrer aisément (sans la maltraiter) dans la charge à porter, mais, à un moment donné, la charge doit pouvoir quitter facilement l'instrument et poursuivre la trajectoire que le geste de l'utilisateur lui a imposée. D'où toute une stratégie de fabrication, qui relève souvent du seul utilisateur lorsque la fourche est toute en bois ; ou qui relève aussi, lorsque les doigts de celle-ci ont été forgés, du savoir-faire du forgeron local. ● Suivant ce que la fourche a à saisir, les dents sont plus ou moins nombreuses, pointues ou larges, droites ou courbes, longues ou courtes, écartées ou rapprochées. Certaines sont même combinées avec une partie de l'outil restée pelle (**1**,**2**,**11**). ● La longueur du manche varie : long, il contribue à accroître l'envergure et la puissance du geste, ainsi lors du chargement d'un char de foin. Poids, dimensions, matières, interviennent également pour caractériser une fourche (ne pas confondre avec la bêche fourchue, p. 18-19) ; sans doute faut-il faire appel à d'autres observations et considérations d'ordre humain pour expliquer une telle diversité.

6

9

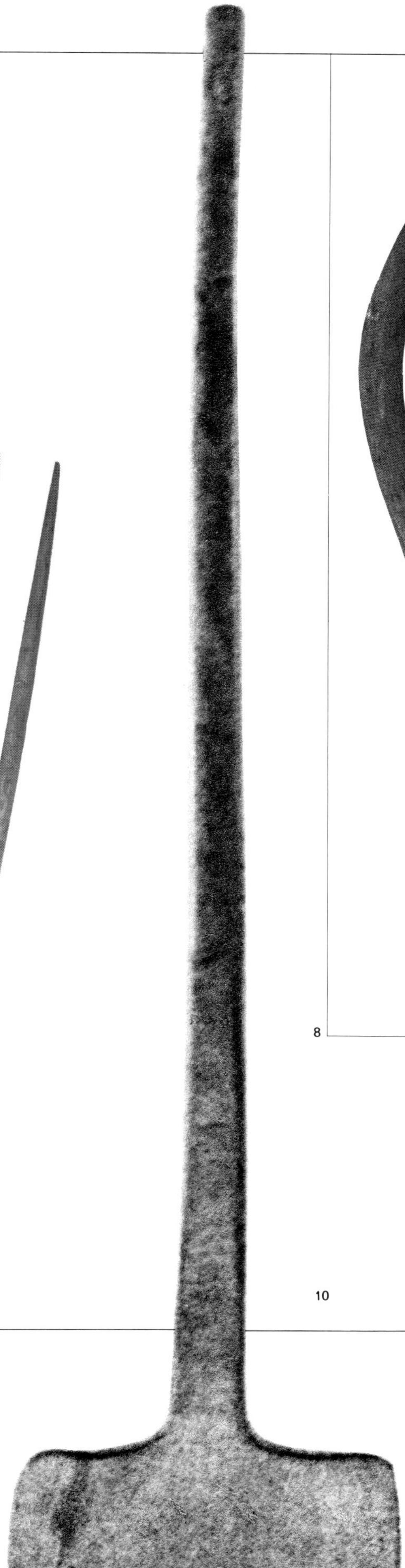

10

8

7

1/2/3/4 : Fourches à fumier. Dents parallèles. **1** : Fourche ; bois ; extrémités des deux dents ferrées (L : 1 m ; fourche : 35 × 17 cm) ; épaules arrondies ; 19e siècle. Norvège (sud), Vest Agder, Fjotland. **2** : Fourches monoxyles : extrémités des dents cassées. (L : 1,12 m ; fourche : 50 × 19 cm) ; épaules arrondies. Norvège, Vest Agder, Eiken (1 et 2, Norsk Folkemuseum, Oslo) **3** : Fourche trois dents, parallèles, assemblées et jointes ; la prolongation du manche forme la dent centrale (L : 1,20 m). Suède (Nordiska Museet, Stockholm). **4** : En fer forgé, fourche à deux dents (manche : 1,28 m, absent) ; emmanchage à douille (L fer : 33,5 cm ; dents pointues de section carrée : 1 cm). Plusieurs usages. France, Aubrac, Aveyron, Lacalm (C. Jest).

5/6/7/8 : Fourches à paille et à foin encore utilisées (fin 20e siècle). **5** : Trois doigts protégés et prolongés par trois pointes en fer ; maintenus par deux chevilles et des pièces transversales en bois ; renforcement avec une bague de fer (L : 1,57 m ; dents : 31 cm). France, Alsace, Bas-Rhin, région de Wissembourg. **6** : Fourche, trois doigts, monoxyle ; bois de micocoulier (L : 1,56 m). 1960. Sauve, Gard. **7** : Culture du micocoulier : développement des trois branches qui formeront celles de la fourche. La plante est surveillée, taillée, au cours de 7-8 ans pour obtenir ces trois dents régulières et régulièrement écartées (Inf. MJBD). Même localisation que ci-dessus. **8** : Fourche, deux doigts ; un ergot ; maintenus par bracelet de cuir (L : 1,78 m ; dents : 24 cm ; ergot : 13 cm) Espagne, Catalogne (Inf. J.-Ph. Delamarre).

9/10 : Fourches à 5 doigts très différentes l'une de l'autre. **9** : Fourche (sans manche) ; un doigt central et de chaque côté, 2 doigts maintenus par des chevilles (L doigt : 72 cm). 1932. Égypte (Florence, IAO). **10** : Fourche-pelle monoxyle (L : 1,40 m). Comme ci-contre (1,2), partie pelle développée. Pour vanner, remuer la paille. Grèce (Collection Contellis. Inf. V. Faenza. Athènes, Musée Bénaki).

1

2

3

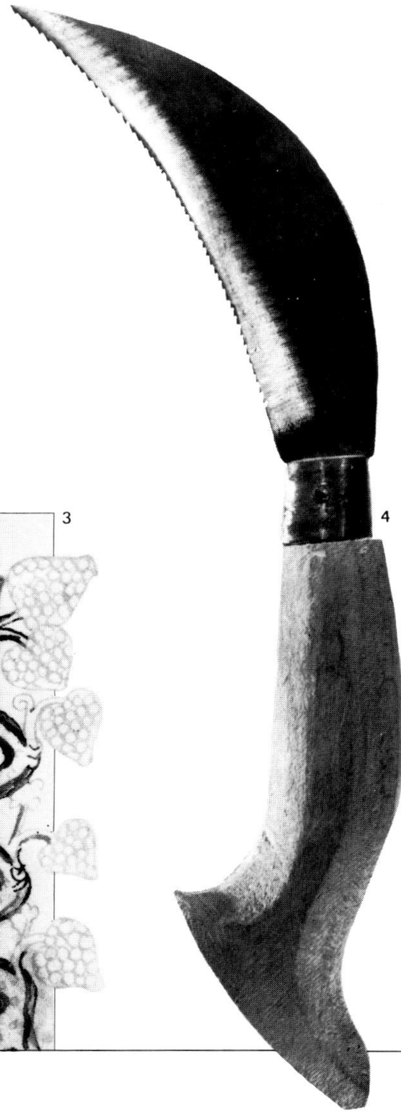

4

5

SERPES ET SÉCATEURS POUR LA VIGNE. ET DE QUELQUES AUTRES DISPOSITIFS POUR RÉCOLTER DES FRUITS

● De nombreuses interventions ont accru et diversifié les espèces et variétés de vignes, et leurs qualités et aptitudes en vue de la production de raisins destinés soit à la consommation de table soit à d'autres fins (jus, vins, alcools). ● Mais où que soit cultivée la vigne à travers le monde, quelles que soient les conditions du milieu physique et humain où cette culture peut être et est pratiquée, il faut, partout, à un moment donné, détacher la grappe du cep. ● Cette opération est effectuée avec la main seule (1) ou bien avec une petite serpe (**3** à **5**) ou un sécateur (**6**,**7**). ● La serpe ou plutôt serpette, petite serpe, a des traits communs avec la serpe à tailler la vigne, notamment par l'inclinaison de la partie supérieure de la lame ; mais la manière de s'en servir, les gestes d'emploi, sont différents. Dans un psautier du 13e siècle, l'auteur des figurations ici reproduites (**2**,**3**) a nettement marqué la différence des positions de la main et de l'outil. Un vigneron, dans une vigne de Charente-Maritime, m'a montré combien les mouvements qu'exigent les diverses opérations de taille (voir aussi page précédente) différaient de ceux du vendangeur. ● La serpe n'a qu'une lame, le sécateur en a deux, articulées, comme le sont celles des ciseaux (p. 193) ; mais les deux lames, incurvées, rappellent ici celles des serpes, et même, pour l'une, les serpes à talon (**7**, lame de droite). Les sécateurs figurés comportent, l'un et l'autre, une « serpe » adjointe au dos de la lame de gauche. Ces instruments cumulent des dispositifs et des pièces qui leur permettent de servir, spécialement, pour telle ou telle opération concernant la taille et la vendange. ● Mais des vendanges se font encore avec des sécateurs non munis de ces attributs — du moins en attendant peut-être l'extension de l'usage de ces machines, parfois énormes, qui enjambent les rangs de vigne, et qui « vendangent », certes vite, mais sans les contacts délicats et sélectifs que peut établir la main avec les pampres et les grappes. ● En Bourgogne, jadis, il était recommandé de vendanger cent jours après la floraison des lis. Aujourd'hui cette date peut être scientifiquement déterminée par analyse de l'état du raisin, mais les vendanges réclament toujours de belles journées ensoleillées. ● Dans l'ensemble, les vendanges sont de plus en plus tardives, passant d'août à octobre, pour des raisons non climatiques mais techniques (E. Le Roy-Ladurie) : l'amélioration des qualités du vin. ● Pour les vins de Sauternes en Bordelais (Gironde), les vendanges ont lieu même parfois au début de novembre afin que la « pourriture noble » ait suffisamment attaqué les grains (cf. introduction). ● Pour la récolte des fruits, diverses techniques sont pratiquées ; certaines d'entre elles ont été déjà signalées mais envisagées sous un autre angle d'observation (cueillette ou récolte p. 70-71 ; contenants, 6, p. 201). Pour récolter tel fruit on peut le faire tomber en

6

9

10

8

7

1/2/3/4 : Fourches à fumier. Dents parallèles. **1** : Fourche ; bois ; extrémités des deux dents ferrées (L : 1 m ; fourche : 35 × 17 cm) ; épaules arrondies ; 19e siècle. Norvège (sud), Vest Agder, Fjotland. **2** : Fourches monoxyles : extrémités des dents cassées. (L : 1,12 m ; fourche : 50 × 19 cm) ; épaules arrondies. Norvège, Vest Agder, Eiken (1 et 2, Norsk Folkemuseum, Oslo) **3** : Fourche trois dents, parallèles, assemblées et jointes ; la prolongation du manche forme la dent centrale (L : 1,20 m). Suède (Nordiska Museet, Stockholm). **4** : En fer forgé, fourche à deux dents (manche : 1,28 m, absent) ; emmanchage à douille (L fer : 33,5 cm ; dents pointues de section carrée : 1 cm). Plusieurs usages. France, Aubrac, Aveyron, Lacalm (C. Jest).

5/6/7/8 : Fourches à paille et à foin encore utilisées (fin 20e siècle). **5** : Trois doigts protégés et prolongés par trois pointes en fer ; maintenus par deux chevilles et des pièces transversales en bois ; renforcement avec une bague de fer (L : 1,57 m ; dents : 31 cm). France, Alsace, Bas-Rhin, région de Wissembourg. **6** : Fourche, trois doigts, monoxyle ; bois de micocoulier (L : 1,56 m). 1960. Sauve, Gard. **7** : Culture du micocoulier : développement des trois branches qui formeront celles de la fourche. La plante est surveillée, taillée, au cours de 7-8 ans pour obtenir ces trois dents régulières et régulièrement écartées (Inf. MJBD). Même localisation que ci-dessus. **8** : Fourche, deux doigts ; un ergot ; maintenus par bracelet de cuir (L : 1,78 m ; dents : 24 cm ; ergot : 13 cm) Espagne, Catalogne (Inf. J.-Ph. Delamarre).

9/10 : Fourches à 5 doigts très différentes l'une de l'autre. **9** : Fourche (sans manche) ; un doigt central et de chaque côté, 2 doigts maintenus par des chevilles (L doigt : 72 cm). 1932. Égypte (Florence, IAO). **10** : Fourche-pelle monoxyle (L : 1,40 m). Comme ci-contre (1,2), partie pelle développée. Pour vanner, remuer la paille. Grèce (Collection Contellis. Inf. V. Faenza. Athènes, Musée Bénaki).

5

8

6

9

POUR TAILLER LES VIGNES : DES SERPES A BEC, AVEC OU SANS « HUPPE »

● Tailler les vignes est une des opérations des plus importantes pour l'avenir du vignoble et le succès de la vendange : la taille réclame du vigneron un grand « savoir-faire » — connaissances, perspicacité, décision rapide, geste précis à conséquence vitale pour la vigne et son avenir. ● La taille est effectuée avec une serpe ; la lame de celle-ci est plus ou moins arquée, comportant un ou deux becs ou crocs (**2**, **3**) ; elle est munie à l'arrière d'un talon (**4** à **11**), qui est appelé « huppe » en Bourgogne (Chalon-sur-Saône) ; il sert surtout à supprimer le bois mort du plant de vigne ; mais certaines serpes n'ont pas de talon (**1** à **3**, **12** à **14**). ● La lame est munie d'une tige qui traverse le manche en bois ; on aperçoit l'extrémité de ce « fil » métallique à la base d'un manche (**9** ; même observation à propos de faucilles, p. 77). Une virole, en haut du manche (**5**, **7**, **8**, **10**, **14**), consolide celui-ci en renforçant aussi le maintien du fer ; elle n'est pas partout présente. ● La taille de la vigne est effectuée à diverses époques, à des fins différentes, au cours du développement de la plante ; il s'agit, entre autres opérations, de couper le bois mort, d'éliminer les sarments jugés inaptes ou superflus, mais aussi de tailler, judicieusement, ceux que l'on estime pouvoir être les meilleurs porteurs d'espoir de vendanges fructueuses. ● « Couper » : telle est la fonction spécifique des serpes et c'est une de leurs caractéristiques communes qui se concrétise par la présence d'une lame. Mais aux questions : que couper ? comment couper ? les « réponses » des serpes sont très variées, compte tenu de la diversité des techniques de fabrication et d'emploi de l'outil. ● De cette variété témoignent ici quelques types de serpes utilisées en France (**1** à **5**, **7**, **10**, **11**), en Grèce (**6**, **12**), en Hongrie (**8**, **9**, **13**, **14**). Même localement, les diversités s'affirment : A. Lagrange l'a précisément montré, et illustré, pour la Bourgogne (**2** à **4**). ● Certaines de ces serpes à bec ne comportent qu'une partie tranchante (**6**) ; d'autres serpes, compte tenu de leur fabrication et de leur forme, comportent deux parties tranchantes, ou plus encore, correspondant chacune à diverses ablations à effectuer sur le plant de vigne. ● Causes et

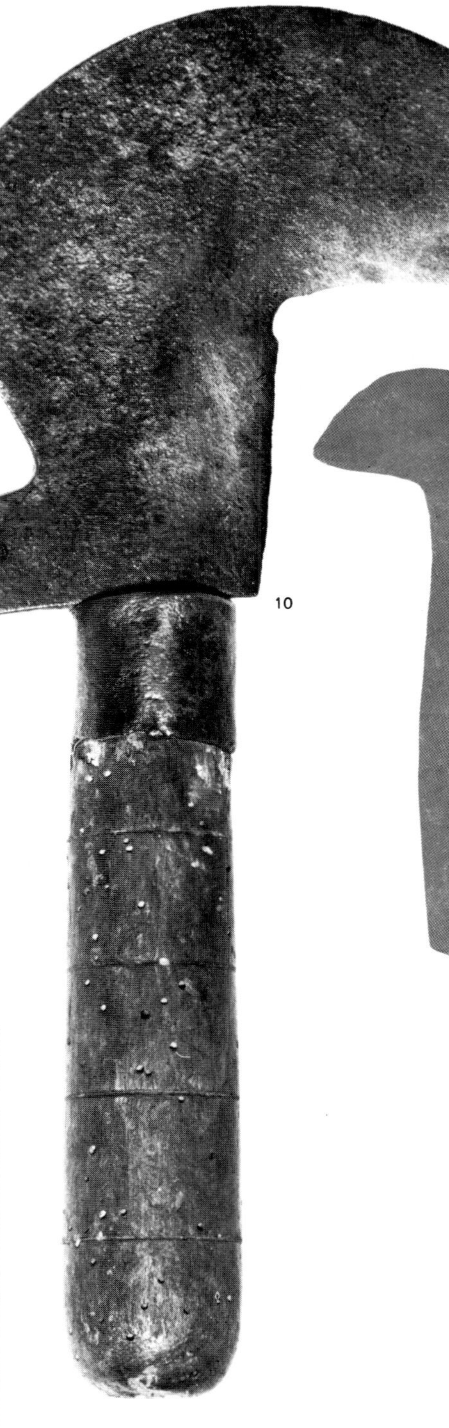

10

1

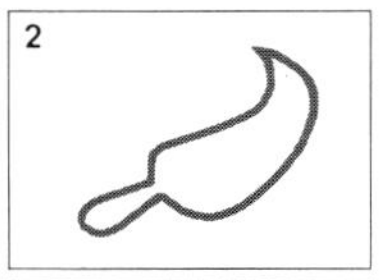

2

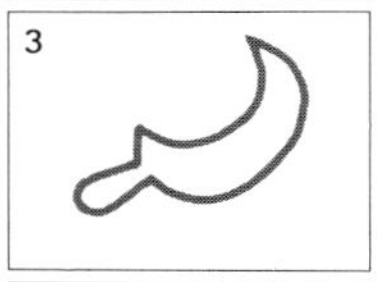

3

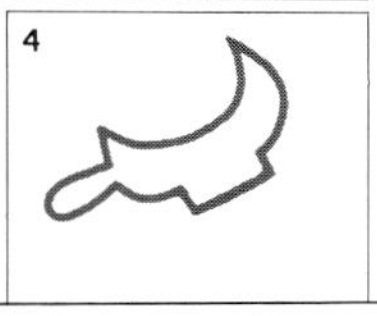

4

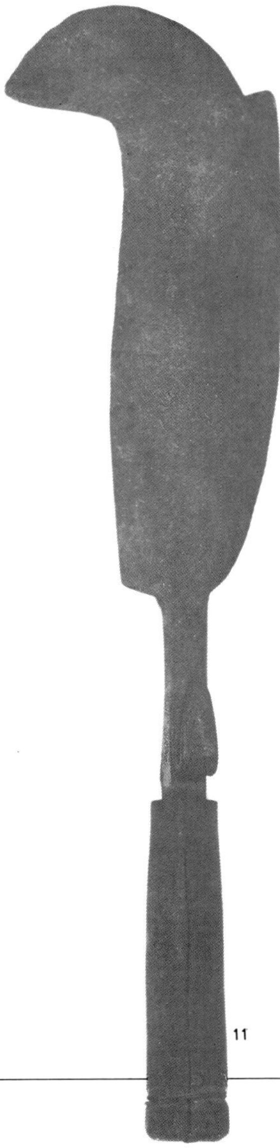

11

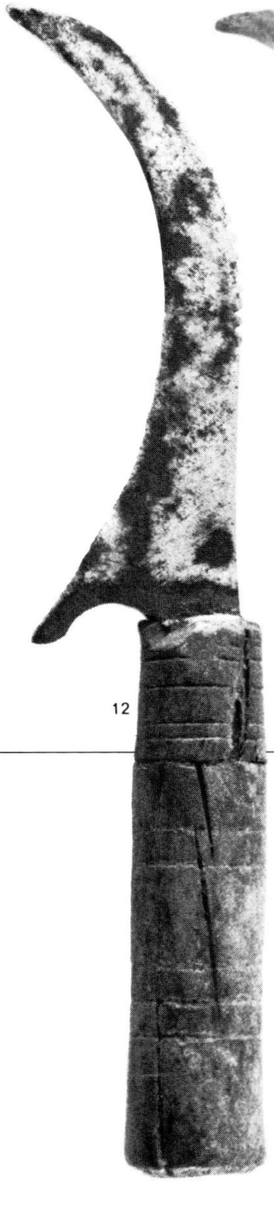

12

13

14

conséquences suivant les cas : des positions différentes de la main et de l'outil. Ainsi en est-il, par exemple, lorsque la serpe est « maniée » de haut en bas ou de bas en haut (**1** et p. 114, 2 et 3). ● Quant au talon des serpes, il est l'exécutant de tâches spéciales (voir ci-avant) — mais il confère aussi un certain équilibre à l'outil en main et en action (revoir à ce sujet p. 81) — ; il occupe des emplacements différents au dos de l'outil, et avec des formes et dimensions diverses.

1 : Mars, « Le Vigneron ». Celui-ci taille sa vigne avec une serpe : mouvement de bas en haut (voir aussi 2, p. 114). France, Loir-et-Cher, Vendôme, église de la Trinité ; un des sujets des « Mois » qui ornent les stalles. 15e siècle. Voir aussi 9, p. 120.

2/3/4 : Trois types de serpe de Bourgogne, à bec (ou croc), exposés dans la galerie culturelle du Musée des Arts et traditions populaires, à Paris. **2** : Serpe à un croc et un taillant sans talon ici, mais certaines serpes de ce type en ont un aussi en Bourgogne. **3** : Serpe à deux crocs. **4** : Serpe à deux crocs et avec un talon assez allongé.

5/6 : Le talon est dans le prolongement de la partie serpe proprement dite, mais avec des dimensions très différentes. **5** : *Poudadouiro* (23 × 24 cm) ; lame galbée ; fer forgé ; un croc large et grand talon ; virole. Avant 1880. France, Bouches-du-Rhône, Eygalières (Mission Ch. Galtier). **6** : Fixation de la serpe sans virole (L : 25 cm). Talon étroit. Grèce (Athènes, Musée Bénaki).

7/8 : Lames et crocs ont des formes et des volumes différents, comme les talons ; mais ceux-ci sont placés sur le dos de l'outil plus bas que les précédents. **7** : Serpe (37 × 20 cm), par M. Moindrot, taillandier. France, Cher, Sancerre (Mission P. Soulier). **8** : Forme bombée de la base de la serpe qui dépasse ainsi de beaucoup, en largeur, la poignée. Montage du talon sur une pièce distincte : support et renfort. Différentes tailles de ce type de serpe (L. : 32 à 38 cm ; dont lame : 12 à 18 cm), type qui comporte des variantes, telle celle de la serpe utilisée dans les vignobles de Tokaj. Hongrie (Inf. L. Vincze).

9/10 : L'emplacement du talon correspond à la base de la partie travaillante de la serpe. **9** : Une tige métallique prolonge cette partie ; sa pointe traverse le bois de la poignée (« soie » de la faucille, p. 76). Type de serpe qui aurait été emprunté par la Hongrie à des pays balkaniques (Bulgarie, Roumanie), d'après certains auteurs, mais qui, d'après L. Vincze, serait, au contraire, d'origine hongroise. **10** : Bec et lame font un angle presque droit. Serpe, fin 19e, provenant du Vendômois (Collection L. Franchet).

11 : Serpe (46,5 × 12,7 cm) ; fabricant et marque Moindrot (comme 7), mais, ici, le talon occupe une partie du dos de la lame. Celle-ci (comme 9), est prolongée par une tige métallique. Le manche en bois est consolidé.

12/13/14 : Serpes à tailler, sans talon. La forme incurvée de la lame est expressive de l'emploi de l'outil. **12** : Serpe (L : 26 cm) ; courbe très ouverte de la lame ; lame étroite. La pointe du taillant inférieur dépasse, mais en longueur, ici, la partie supérieure du manche. Grèce, Péloponèse (Musée Bénaki, Athènes). **13** : Type de serpe d'assez grande taille (L : 26 à 30 cm ; dont lame : 14 à 16 cm) comme certaines autres serpes de Hongrie (ci-avant 8). Hongrie, Gyöngyös et monts Matra (Inf. L. Vincze comme pour la suivante). **14** : Serpe (L : 16 à 22 cm) ; dont lame : 9 à 10 cm ; l : 2 à 3 cm). Manche décoré : incrustations d'étain. Roumanie, Transylvanie. Les serpes de petites dimensions peuvent être utilisées pour les vendanges.

1

2

3

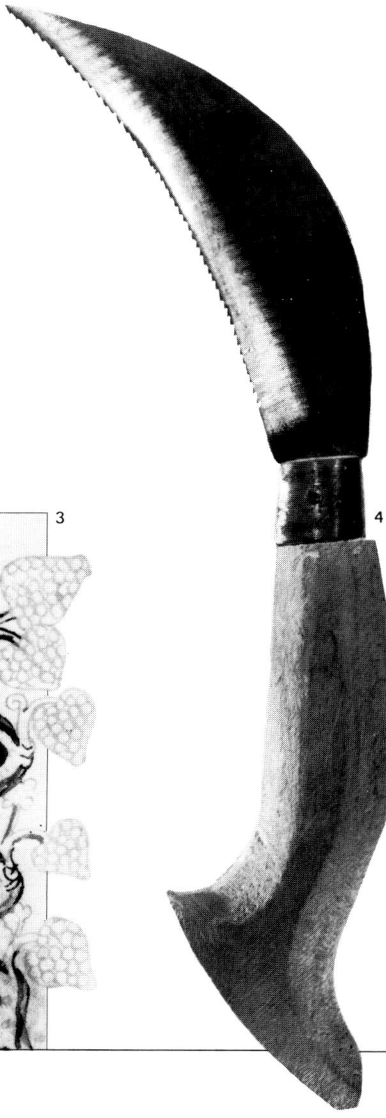
4

5

SERPES ET SÉCATEURS POUR LA VIGNE. ET DE QUELQUES AUTRES DISPOSITIFS POUR RÉCOLTER DES FRUITS

● De nombreuses interventions ont accru et diversifié les espèces et variétés de vignes, et leurs qualités et aptitudes en vue de la production de raisins destinés soit à la consommation de table soit à d'autres fins (jus, vins, alcools). ● Mais où que soit cultivée la vigne à travers le monde, quelles que soient les conditions du milieu physique et humain où cette culture peut être et est pratiquée, il faut, partout, à un moment donné, détacher la grappe du cep. ● Cette opération est effectuée avec la main seule (**1**) ou bien avec une petite serpe (**3** à **5**) ou un sécateur (**6**,**7**). ● La serpe ou plutôt serpette, petite serpe, a des traits communs avec la serpe à tailler la vigne, notamment par l'inclinaison de la partie supérieure de la lame ; mais la manière de s'en servir, les gestes d'emploi, sont différents. Dans un psautier du 13ᵉ siècle, l'auteur des figurations ici reproduites (**2**,**3**) a nettement marqué la différence des positions de la main et de l'outil. Un vigneron, dans une vigne de Charente-Maritime, m'a montré combien les mouvements qu'exigent les diverses opérations de taille (voir aussi page précédente) différaient de ceux du vendangeur. ● La serpe n'a qu'une lame, le sécateur en a deux, articulées, comme le sont celles des ciseaux (p. 193) ; mais les deux lames, incurvées, rappellent ici celles des serpes, et même, pour l'une, les serpes à talon (**7**, lame de droite). Les sécateurs figurés comportent, l'un et l'autre, une « serpe » adjointe au dos de la lame de gauche. Ces instruments cumulent des dispositifs et des pièces qui leur permettent de servir, spécialement, pour telle ou telle opération concernant la taille et la vendange. ● Mais des vendanges se font encore avec des sécateurs non munis de ces attributs — du moins en attendant peut-être l'extension de l'usage de ces machines, parfois énormes, qui enjambent les rangs de vigne, et qui « vendangent », certes vite, mais sans les contacts délicats et sélectifs que peut établir la main avec les pampres et les grappes. ● En Bourgogne, jadis, il était recommandé de vendanger cent jours après la floraison des lis. Aujourd'hui cette date peut être scientifiquement déterminée par analyse de l'état du raisin, mais les vendanges réclament toujours de belles journées ensoleillées. ● Dans l'ensemble, les vendanges sont de plus en plus tardives, passant d'août à octobre, pour des raisons non climatiques mais techniques (E. Le Roy-Ladurie) : l'amélioration des qualités du vin. ● Pour les vins de Sauternes en Bordelais (Gironde), les vendanges ont lieu même parfois au début de novembre afin que la « pourriture noble » ait suffisamment attaqué les grains (cf. introduction). ● Pour la récolte des fruits, diverses techniques sont pratiquées ; certaines d'entre elles ont été déjà signalées mais envisagées sous un autre angle d'observation (cueillette ou récolte p. 70-71 ; contenants, 6, p. 201). Pour récolter tel fruit on peut le faire tomber en

7

6

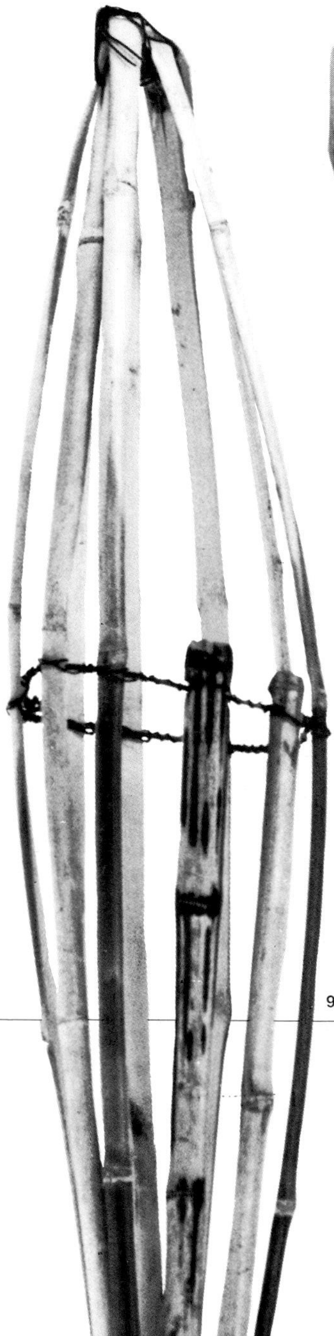

9

8

secouant l'arbre, ou bien c'est le cueilleur ou récolteur qui grimpe sur l'arbre pour en détacher le fruit, le recueillir dans sa main ou le jeter au sol. ● La main, munie d'une gaule (1, p. 70) peut aussi détacher le fruit d'un coup sur celui-ci ou sur la branche qui le porte. Ces procédés de chocs et chutes concernent des fruits à chair ou enveloppe assez résistante (noix, châtaignes, noix de coco...). ● Le cueille-fruits (**8**, **9**), en contraste, permet de détacher et de recueillir plus délicatement les fruits mûrs et plus fragiles, qui ne sont pas à la portée de la main, et dont on veut préserver l'aspect et la qualité.

1 : Vendanges à main nue. A gauche, le pressoir où le raisin est foulé avec les pieds. 18e dynastie (entre 1580 et 1321 avant notre ère). Égypte, Tombe de Nakt. La vigne est ici figurée formant un arc de verdure : encore maintenant, elle est cultivée ainsi en treille-arceau, ce qui, en pays très ensoleillé, protège, d'un soleil trop ardent, la grappe qui pend au-dessous du feuillage. Dans d'autres régions, en France notamment, l'exposition au soleil est, au contraire, nécessaire et recherchée, et les formes de plantations dans les vignobles sont différentes. Quant au foulage avec les pieds, je l'ai vu pratiquer en Bourgogne : les hommes étaient nus dans une cuve profonde (Saint-Gengoux-le-National, Saône-et-Loire, en 1920).

2/3 : Un vigneron taille sa vigne, tandis qu'un autre est en train de vendanger : l'auteur de ces figurations a bien noté les positions différentes de l'un et de l'autre et de celle de leur serpe respective au travail. Calendrier-Psautier de Bonmont, 13e siècle (Bibliothèque de Besançon, Doubs). Des échalas, pieux plantés en terre verticalement, soutiennent séparément chaque plant de vigne ; cette culture sur échalas est toujours en pratique, parmi d'autres procédés de soutien et de guide de la plante ; entre autres, ceux qui comportent des fils de fer tendus, horizontalement, de part et d'autre dans une vigne, supports collectifs, en liaison avec des plantations en ligne, régulières et parallèles, plus ou moins espacées.

4/5 : Couteaux à vendanger à lame incurvée ; certains utilisés aussi pour la taille de la vigne (14, p. 111 et ci-dessus, 3 et 4). **4** : Lame dentée ; bois, métal ; virole (L : 29 cm ; dont L lame : 12,5 cm). Turquie, sud Mer Noire, région d'Isparia. **5** : Petite serpe appelée *seyette*, pliante ; le vendangeur peut ainsi la transporter facilement dans sa poche. France, Alsace (Musée d'Unterlinden, Colmar).

6/7 : Types de « serpo-sécateur ». Mesures suivant usages (en moyenne, L : 20 cm ; L serpe : 6 cm ; L talon : 2,5 cm). **6** : Au centre le sécateur proprement dit, à droite le talon ; à gauche, la lame de serpe. France, Vendômois (Inf. MJBD). **7** : A gauche des lames du sécateur, la lame de la serpe. 1961. France, Yonne.

8/9 : Pour cueillir des fruits. **8** : Type de cueille-fruits de forme courante : un cône renversé ; ici en lamelles de bois triangulaires maintenues et fixées par des liens ; monté sur tige. **9** : *Canastilla*, bambou (L : 89 cm ; d max. : 12,2 cm) ; ligatures au sommet, vers le milieu et vers la base ; une ouverture latérale dans la partie supérieure. Ethnie Nahua. Mexique, État de Marellos.

3

4

1

2

5

TYPES DE RÉCOLTES : ARRACHAGE DE LA GENTIANE, RAMASSAGE DE LA CHATAIGNE

● Les outils précédemment étudiés l'ont été par catégories ; ils ont été situés dans le déroulement des activités agricoles successives, sur un plan horizontal si l'on peut dire, afin de faire éclater aussi la richesse de leur diversité. ● Cependant, il n'y a pas lieu d'omettre de les envisager aussi sur un plan vertical, c'est-à-dire encadrés, en amont comme en aval, par les outils qui préparent leur action et ceux qui la poursuivent ; avec remplacement s'il y a lieu, « en cours de route », d'un outil (**1**) par un autre (**2**). ● La grande gentiane croît dans les montagnes ; en France dans les Alpes, le Jura, l'Aubrac ; de ses racines on obtient des apéritifs et divers autres produits (toniques, fébrifuges.) Pour extraire du sol ces énormes racines, le gentianaire emploie une série d'outils spécialisés ; certains d'entre eux (**1**,**2**,**3**) marquent non seulement les étapes de cette activité et les gestes et attitudes correspondants, mais tout ce que peuvent apporter de nouveau l'expérience et l'invention d'un utilisateur. ● Avec l'ancienne pioche à gentiane (**1**), le gentianaire tenait le manche de la main droite ; il enfonçait le côté « pic » sous la racine ; puis il appuyait fortement, avec la main gauche, sur la branche opposée au pic, celle-ci remplissant le rôle d'un puissant levier ; grâce aux efforts conjugués des deux mains, la dure extraction de la racine était effectuée. ● Le fils du forgeron qui avait conçu et fabriqué le précédent outil remplaça celui-ci par un type de bêche fourchue de son invention (**2**) ; il enfonce la fourche en s'aidant de l'appui-pied ; puis, s'arc-boutant sur le long manche lui servant de levier, il soulève, arrache la racine (**3**). ● Lorsque les châtaignes sont mûres, elles se détachent et tombent sur le sol encore entourées de leur « bogue », enveloppe piquante. On les ramasse au sol avec un outil qui permet à la main d'être protégée : pince en bois ou petit râteau (**5**,**6**). ● Après avoir été séchées, les châtaignes sont débarrassées de leur enveloppe à l'aide de divers instruments, entre autres avec une *bourniaque* et son pilon (**7**,**8**) ou avec un disque de

6

10

9

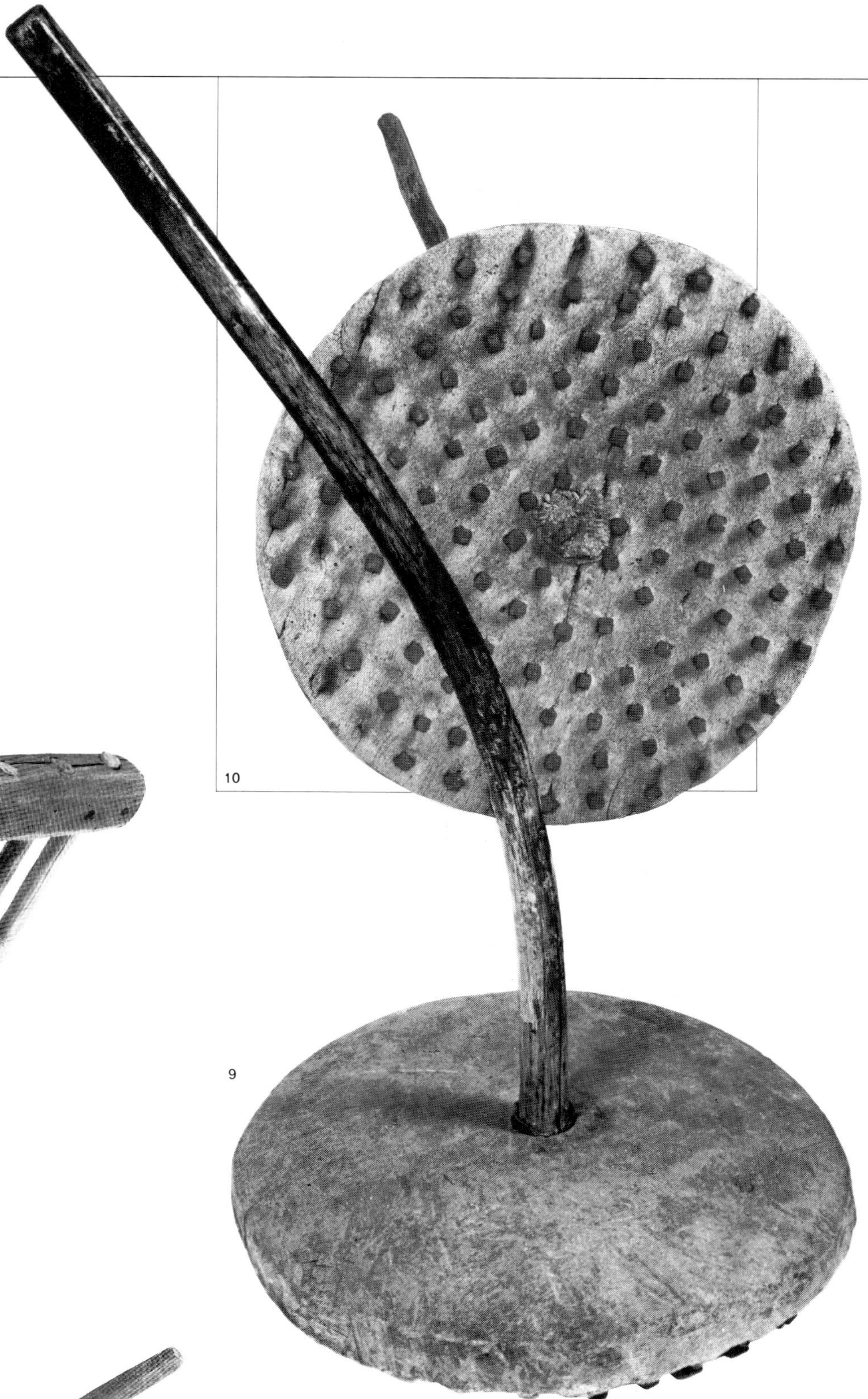

7

8

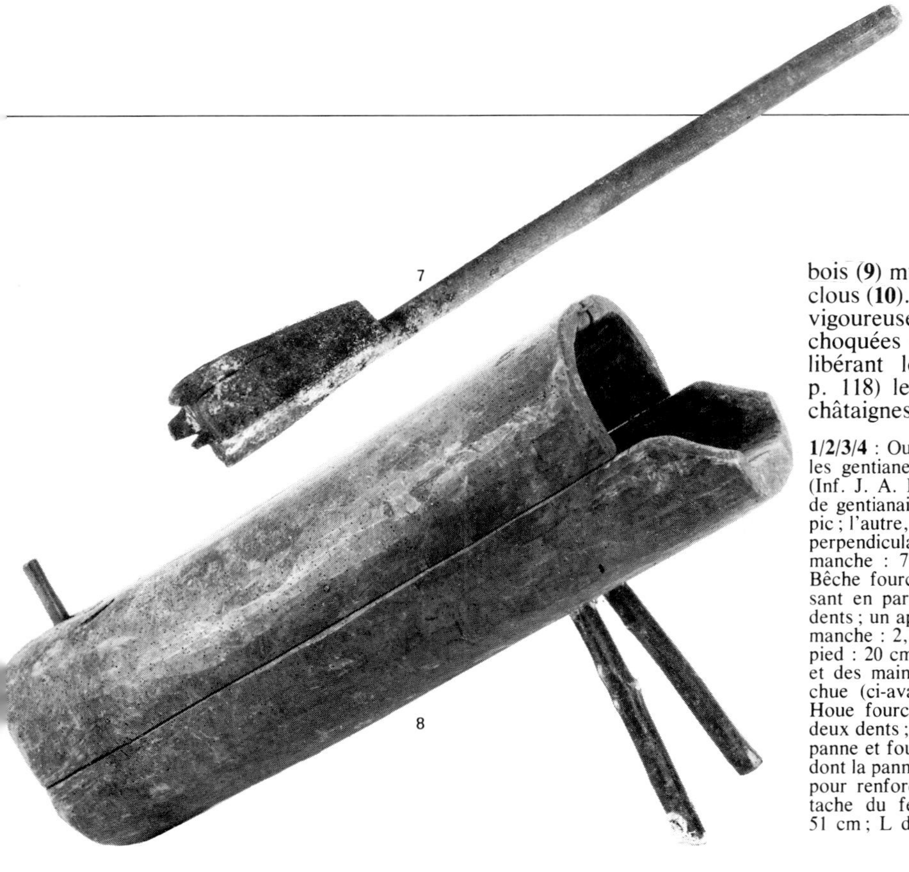

bois (**9**) muni, dessous, de têtes de clous (**10**). Les châtaignes sont tant vigoureusement remuées et entrechoquées que les bogues éclatent, libérant le fruit. Voir aussi (I, p. 118) les sabots à dépiquer les châtaignes.

1/2/3/4 : Outils pour déterrer et démotter les gentianes. France, Aubrac, Aveyron (Inf. J. A. Miquel). **1** : Ancienne pioche de gentianaire ; une extrémité pointue, le pic ; l'autre, aplatie et recourbée ; manche perpendiculaire (L totale : 1,20 m ; L manche : 77 cm) ; sert à déraciner. **2** : Bêche fourchue ; longue douille remplissant en partie le rôle du manche ; deux dents ; un appui-pied transversal (L totale manche : 2,17 m ; dent : 51 cm ; L appui-pied : 20 cm). **3** : Le gentianaire, du pied et des mains, à l'aide de la bêche fourchue (ci-avant), extrait une racine. **4** : Houe fourchue, *bigot* ; bois ; fer forgé ; deux dents ; précédemment outil composé panne et fourche, (voir B, 11 p. 84), mais dont la panne a été rabattue sur le manche pour renforcer celui-ci et ainsi que l'attache du fer au manche (L manche : 51 cm ; L dent : 24 cm) ; pour démotter les racines après l'extraction de celles-ci, puis pour les retourner afin de hâter leur séchage sur place.

5/6/7/8/9/10 : Ramassage et décorticage des châtaignes. France, **5** : Ramassage des châtaignes avec des pinces en bois en Dordogne. Vers 1903 (carte postale). **6** : Ramassage avec un petit râteau ; 8 dents (L manche : 33 cm ; l : 27,5 cm ; (L dent : 11 cm). Aveyron, Prades - d'Aubrac, La Vayssière-de-Lunet. **7**,**8** : *Bourniaque* pour décortiquer les châtaignes séchées ; deux demi-troncs d'arbres évidés, ajustés par chevilles ; deux pieds (L : 1 m ; d : 30 cm) ; pilon muni de 5 pointes en bois (L : 98 cm ; l : 9 cm). L'homme se met à cheval sur la bourniaque, tourné vers l'ouverture de celle-ci ; il agite le pilon des deux mains. Vers 1900. Aveyron, Castelnau-de-Mandailles. (Musée J. Vaylet, Espalion). **9**,**10** : Plateau circulaire vu de dessus et de dessous (L manche : 73,6 cm ; d plateau : 37 cm) ; têtes de clous carrés contribuant au décorticage des châtaignes. Ardèche (Inf. Jean Blanc).

1

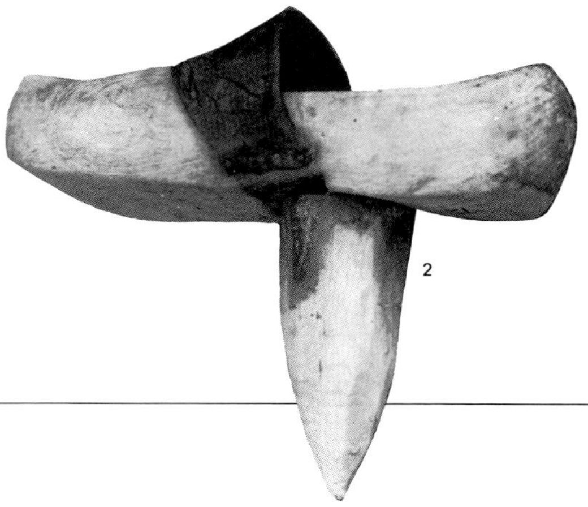

2

3

CHAUSSURES, SABOTS, PATINS : OUTILS AGRICOLES

● Pour effectuer certains travaux, des cultivateurs équipent leurs pieds de chaussures, sabots ou autres supports. Ils adjoignent à ceux-ci un ou plusieurs éléments : clous dentés (**1**), pointe (**2**), crochet (**3**,**4**), plaques de métal (**5**), fourches (**6**,**7**), patins (**8**) ou autres dispositifs. On peut considérer, dès lors, que ces cultivateurs ont chaussé un outil agricole. ● Avec les chaussures à semelle hérissée de pointes, robustes et dentées, les châtaignes piétinées sont décortiquées (**1**) : autre procédé que les précédents (p. 117) pour effectuer cette opération. ● Dans le trou pratiqué en terre avec l'ergot vertical de la semelle du sabot (**2**), sont plantés pommes de terre ou topinambours ; gestes coordonnés du pied et de la main : le cultivateur qui plante ou sème ainsi a une position moins courbée que celui qui effectue les mêmes opérations, mais avec un petit plantoir (1, p. 64), à moins qu'il n'emploie un long bâton (p. 10). ● Le crochet latéral, à crans, du « sabot à échalas » (**3**) permet de maintenir droit, en bonne position, l'échalas tandis que, pour enfoncer celui-ci, le vigneron exerce une pression du pied grâce au sabot attenant au crochet ; à cette pression s'ajoute celle des deux mains (**4**). ● Bêcher dans un sol argileux, résistant, et qu'il faut parfois mouiller au préalable pour pouvoir y enfoncer la lame, comme le signale Pierre Coutin en Limagne, a conduit le cultivateur à ferrer ses sabots : une plaque de fer est fixée à la semelle, sous le sabot ; elle permet une forte pression sur l'épaule de la bêche ; l'autre plaque est placée latéralement sur le côté du sabot (**5**) ; elle contribue à protéger le bois de ce sabot : le côté de celui-ci frotte le long du manche. Elle fait partie d'un ensemble technique. ● Jambe gauche équipée pour la moisson (**6**,**7**). « La faucille est tenue de la main droite ; au fur et à mesure de la coupe, la main gauche ramène les tiges sectionnées contre la jambe gauche où les maintiennent, rassemblées et dressées, les fourchettes. Un petit pas en avant ; la moisson continue ; de nouvelles poignées s'accumulent le long de la jambe en prenant appui sur le sabot » (Inf. Dr M. Tessier). ● Patins (**8**), utilisés par un cultivateur japonais pour étaler des engrais animaux et humains épandus dans la rizière. Chaque patin

4

8

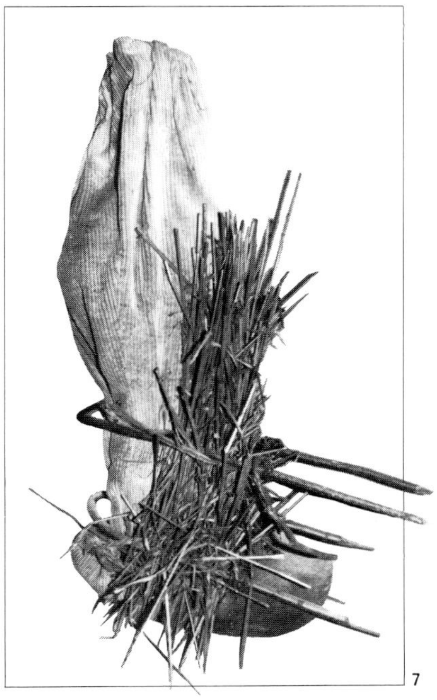

7

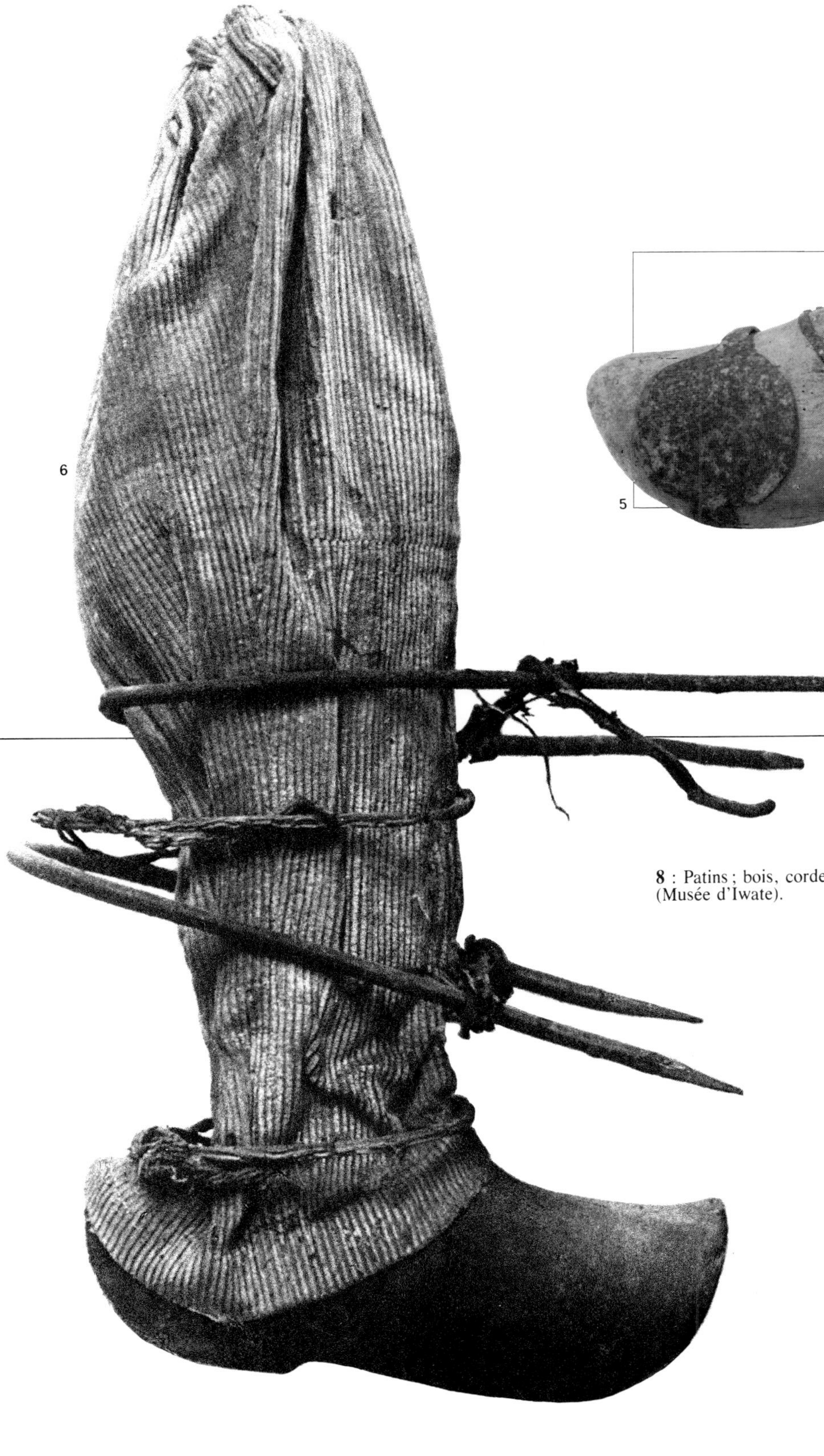

6

5

est muni de deux cordes; l'une maintient le pied, l'autre aide le cultivateur à garder le patin en position de travail.

1 : Chaussures à décortiquer les châtaignes. Semelle bois; dessus cuir; dents en fer, avec crans (L : 28 cm; H : 20 cm; L dents : 6,5 cm). France, région des Cévennes, en montagne (Coll. A. Leroi-Gourhan).

2/3/4/5/6 : Divers équipements du sabot. France. **2** : Sabot à ergot vertical sous la semelle; bois, cuir (L sabot : 26 cm; L ergot : 13 cm). Bourbonnais, Allier (Musée d'Izeure). **3,4** : Sabot bois, fer; pour enfoncer les échalas. Le sabot et son crochet à crans. Le vigneron en train d'enfoncer l'échalas avec ce sabot. 1946. Saône-et-Loire, Chalon-sur-Saône, Buxy, Bissey-sur-Cruchaud. **5** : «Sabot de bêche»; bois, métal (Poids : 1,5 kg). Limagne (nord), Allier, Saulzet. **6,7** : Sabot et fourchettes. Fixation des fourchettes à la jambe gauche du moissonneur; puis on voit l'utilisation (paille mise ici pour la démonstration). Loire-Atlantique, Bourgneuf-en-Retz (Musée du Pays de Retz).

8 : Patins; bois, cordes. Japon, Hondo (Musée d'Iwate).

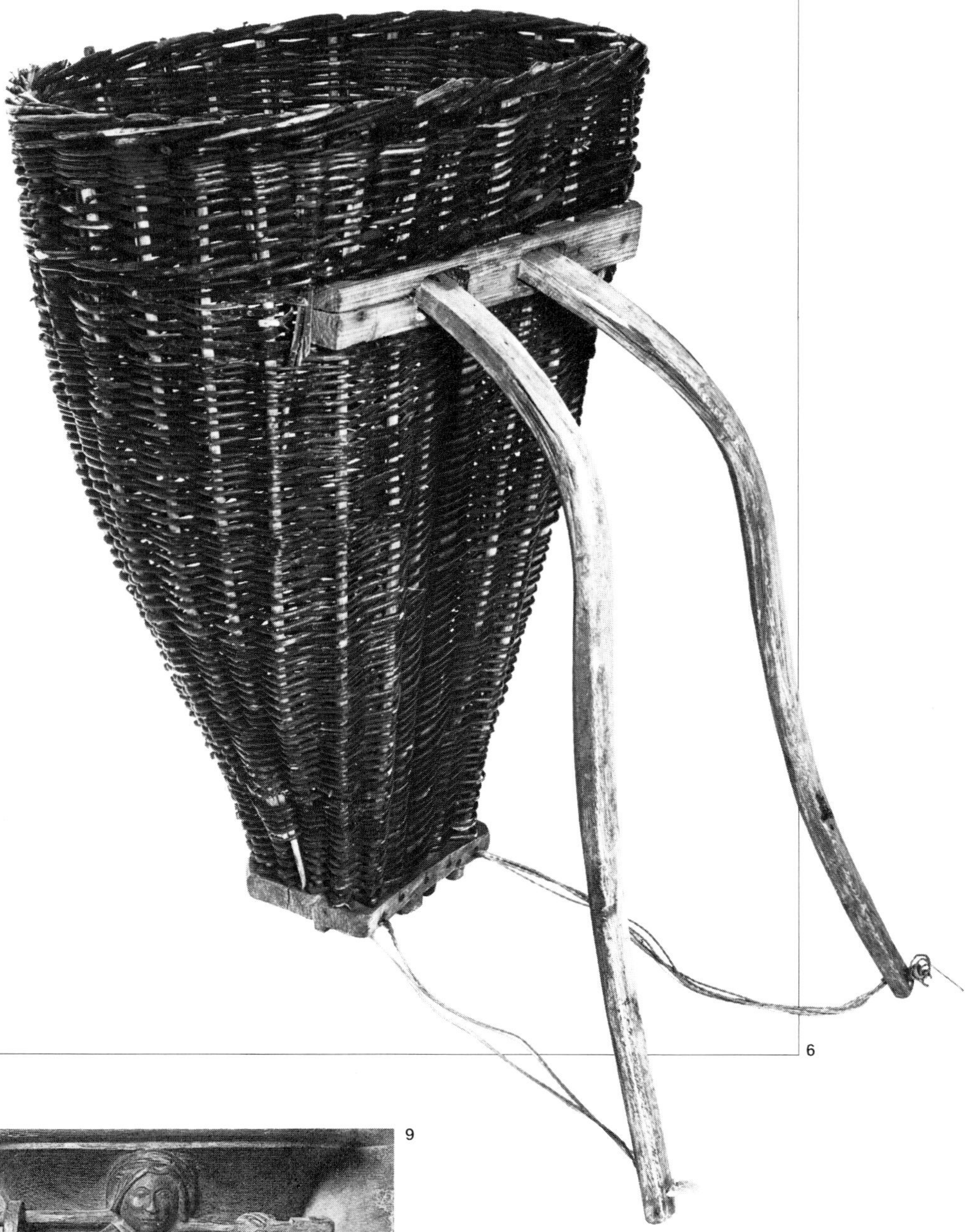
6

1

9

5

PORTER UNE CHARGE D'UNE MANIÈRE ACTIVE OU PASSIVE

● En examinant ces images, on pourrait se contenter de classer les objets par la manière de les porter : à la main (**1**), sur ou avec la tête (**2** à **5**), sur l'épaule ou les épaules (**6** à **8**). Mais il s'agirait, au sujet du « portage » — terme désignant les transports effectués par l'homme sans le concours de véhicule —, d'un classement formaliste. ● Des perspectives beaucoup plus larges et « vivantes » ont été ouvertes lorsque A.-G. Haudricourt a distingué les manières actives ou passives de porter une ou plusieurs charges. ● « Active » : c'est la manière de tenir par exemple la gourde à la main par son anse (**1**) ou par son goulot (4, 5, p. 158) ; « passive » : lorsque la gourde munie d'une attache plus longue est portée en bandoulière. ● Dans le premier cas, la main est comme mobilisée par une seule tâche ; dans le deuxième cas, les mains libérées peuvent accomplir en même temps d'autres tâches distinctes ou en participation avec le portage passif (**7**,**8**) : celui-ci s'est développé, correspondant à l'acquisition d'une plus grande aisance du porteur à dissocier ses gestes. ● La manière de porter les objets a des répercussions sur la forme de ces objets, de leurs dispositifs d'attaches, de portage, de pose, avec conséquence, entre autres, sur la forme des vêtements ; mais la forme de ceux-ci influence également les modalités du portage. ● Porter passivement : sur tête (**2**), par courroie frontale (**3**), courroie frontale avec appui aussi sur les épaules (**4**), ou par courroie pectorale (**5**) sont des modes de transport qui se sont maintenus dans différentes parties du monde. Des modes de portage (**3**,**4**,**5**) qui correspondent à certains types de vêtements amples et sans ajustage aux formes du corps (tunique, poncho...). ● Au contraire, des vêtements ajustés, à manches, épousant les formes du corps, sont adaptés à certains autres dispositifs de portage, tel celui de la hotte (**6**) : la mise en place des doubles bretelles nécessite en effet un enfilage successif des bretelles, comme les manches, entre autres, d'un kaftan ou d'une veste. ● Expansion conjointe de ce type de « vêture » et de la hotte ? Elle est supposée à partir du centre nord-est asiatique (chez les peuples groupés sous le nom de Tartares) ; après avoir atteint la Chine, elle serait parvenue dans l'Ouest, mais tardivement : la hotte ne figure ni en Mésopotamie ni en Égypte anciennes. ● Porter d'une manière passive, c'est la forme de portage que pratiquent les porteurs de sacs à dos, mais aussi les mères de

4

7

8

3

divers continents lorsqu'elles placent l'enfant sur leur hanche, le soutenant d'un bras ou par une bande d'étoffe ; ou bien l'enfant est « logé » sur le dos de sa mère (supports divers). Celle-ci peut ainsi porter d'autres charges ou se livrer à divers travaux, notamment agricoles ; l'enfant continue à bénéficier de la présence, de la chaleur, du contact maternels, aux effets bénéfiques et sécurisants. ● Or on commence seulement en Europe à s'en rendre compte et à prendre modèle : divers « contenants » de bébé sont accrochés sur le dos (ou sur le devant) des parents, qui peuvent disposer de leurs mains tout en assurant le « bien-être » de l'enfant.

1 : *Flasquet*, bouteille « clissée » (H. base-goulot : 27 cm). Verre soufflé ; gaine et anse, sparterie ; bouchon liège. Fin 19e siècle. Bouches-du-Rhône. (Museon Arlaten).

2 : Portage sur la tête d'une calebasse au fond arrondi : un coussinet pour la caler. Cameroun (Inf. R. Biannic-Imbert).

3/4/5 : Portage frontal ou pectoral. **3** : Appui aussi sur le dos courbé à cet effet. 1960. Népal, Dolpo (C. Jest). **4** : Avec de plus un jouguet prenant appui sur le haut des épaules ; double dispositif, « perfectionnement » permettant de porter jusqu'à 40 kg. Ethnie Akha. Laos nord, Phong Saly. Observé aussi au nord de la Thaïlande (A. Bourillon). **5** : Corbeille (H : 33,5 cm ; d : 36 cm) avec courroie pectorale. Ethnie Warapo. Brésil, rive droite du Rio das Aircias.

6 : Hotte (H : 83 cm ; ouverture : 61 cm × 42 cm). Osier, bois, fer, ficelle.

2

Portage dos-épaules, ici pour transport de foin, de divers outils agricoles. Vers 1942. Puy-de-Dôme. Charbonnières-les-Vieilles, Pont-de-Perry (Inf. H. Raulin).

7/8 : Divers types de portage semi-passifs : avec le concours d'une ou des deux mains. **7** : Portage sur une épaule d'une « canne » (récipient à lait en cuivre martelé) ; la main en maintient l'équilibre avec le concours d'une corde prenant appui sur la tête. France, Normandie, Manche. **8** : Portage sur les deux épaules et sur la base du cou, d'où jouguet avec encoche au centre ; aux extrémités du jouguet, suspension de seau et de bidons (p. 188-191) ; concours des mains (portage, équilibrage et stabilisation des récipients). Belgique, Liège (Musée de la Vie Wallonne).

9 : « La Balance » : sa position évoque celle des « palanques » placées en équilibre sur une épaule et, par rapport à celle-ci, perpendiculairement ou en oblique (à la différence du jouguet, ci-avant). Concours de la main, compte tenu du balancement dû à la marche, nécessairement rythmée. Une « miséricorde » de Vendôme (voir 1, p. 113). Technique de portage répandue (Chine, Vietnam, etc.).

1

2

8

7

PORTER À CRU, PORTER À BAT

● Le bât est un assemblage de pièces de bois, destiné à être placé sur le dos des animaux porteurs. La selle partage avec lui (d'où l'étroite parenté entre l'un et l'autre) quelques éléments essentiels de base, observables dans diverses parties du monde : deux arcs, l'un en avant, le pommeau, l'autre en arrière, le troussequin, reliés par des pièces transversales, les bandes (**1** à **4**, **6**). Cette structure rigide peut être recouverte avec d'autres matières : tissu, cuir, paille (**5**). ● Le bât, qui permet d'éviter une pression directe sur la partie dorsale, sensible, à ménager, de l'animal, prend appui sur les côtes de celui-ci ; un matelassage plus ou moins épais, attenant au bât ou

6

5

4

3

indépendant de celui-ci, adoucit en général le contact (**6**). ● L'animal bâté peut porter des charges plus lourdes que lorsqu'il est monté ou chargé « à cru », c'est-à-dire directement sur le dos de l'animal (avec parfois un simple intermédiaire : sac, couverture, peau...) ; ce fut le cas pendant des siècles, le bât (en figuration aussi) apparaît tardivement, avec le développement de l'attelage et la présence de la sellette que comportait celui-ci (1, 2, 6, p. 136 ; 3, p. 141) ; la sellette est peut-être à l'origine du bât. ● Avec un bât, les charges sont placées à même le bât ou suspendues de chaque côté de celui-ci ; elles le sont directement ou mises dans un contenant : outre, tonnelet, sac, panier, filet à foin, caisson ; ou encore, quand les troupeaux transhument des régions méditerranéennes vers les Alpes, dans l'*ensarri*, assemblage de peaux de boucs ou de chèvres, placé à cheval sur l'âne ou le mulet et se terminant en vastes poches de chaque côté. ● Outre les animaux porteurs qui nous sont le plus familiers (cheval, mulet, âne, éventuellement chien), d'autres animaux sont porteurs à travers le monde : lamas des Andes, chameaux d'Asie (6, p. 136), dromadaires d'Asie et d'Afrique (**6**), rennes des Lapons et des Esquimaux ou éléphants (**7**), ceux-ci utilisés surtout en Asie. ● C'est en Asie, plus qu'ailleurs, qu'on observe une véritable « panoplie » d'animaux porteurs ; leurs zones d'emploi s'interpénètrent, mais on peut cependant en tracer les principales zones de répartition : bovidés, dont buffles, Asie méridionale et orientale ; petits chevaux nerveux, robustes, en plaine, mais qui grimpent aussi, chargés, en très haute montagne ; chameaux dans les caravanes des grands déserts. ● Mais plus on s'élève, plus les animaux porteurs « habituels » se font rares au profit du yak. Le yak vit et travaille, entre 3 000 et 5 000 m dans l'Himalaya (charges de 70 à 80 kg). On obtient (croisement yak-bovin) des animaux plus dociles, pouvant vivre à des altitudes de 2 500 à 3 000 m. ● Les plus résistants des compagnons du yak sont des moutons et des chèvres de races tibétaines (**8**). En caravanes, chargés de sel ou de grain, presque enfoncés dans la neige, ces petits et robustes « porteurs » passent des cols himalayens, à plus de 5 000 m.

1/2/3/4/5/6 : Bâts et selles comparables à travers le monde. **1** : Selle d'homme : traits à comparer avec ceux du bât : pommeau, troussequin, traverses de bois (H avant : 24 cm ; arrière : 12 cm ; L : 43 cm) ; bois gravé. URSS, RSS d'Estonie. **2** : Bât de cheval en Pays Bigouden ; même structure que ci-avant. France, Bretagne, Finistère, Pont-l'Abbé. **3** : Selle (troussequin), à gauche ; bât à droite ; courroies de fixation ; une courroie supplémentaire pour le bât. 1913. Grèce, Crète, **4** : Bât de yak (L : 29 cm ; H : 26 cm) ; bois ; corde en poils de yak. Népal, région de Dolpo (C. Jest). **5** : Bât de mulet ; paille ; chargé de cruches (L : 1,08 m ; l : 73 cm ; H : 66 cm). Espagne, Andalousie (Coll. P. Deffontaines). **6** : Même structure de bât ; mais traverses plus longues ; adaptation à la bosse du dromadaire. 1960. Maroc.

7 : Éléphant porteur : plate-forme au-dessus du « bât ». Inscription : « Appelé Thong Di, ville de Surin. Age 35 ans ». Attitude de la foule : curiosité, marchandises à acheter, respect religieux ? 1980. Thaïlande, près de la frontière birmane. (Inf. A. Abbe).

8 : Portage à « cru ». Caravane de chèvres et de moutons, porteurs de sel dans des bissacs (13 à 18 kg). Venant des salines de Trabye Tsakha (4600 m d'alt.), au Tibet ; la caravane traverse un col entre Reng et Tarap (Népal) ; le sel sera échangé contre du grain au Népal et en Inde (Inf. C. Jest.).

4

5

TRANSPORTER PAR GLISSAGE. TRAVOIS ET TRAINEAUX

● Le glissage est un moyen de transport aussi ancien que le portage ; il est toujours en usage. La charge est traînée elle-même sur le sol (exemple : une bille de bois) ou placée sur un support monoxyle ou de pièces assemblées, rectangulaire ou triangulaire, muni ou non de patins. ● Sont traînés sans patin spécial : travois (**1**) et branche fourchue (**2**). Pour les travois, deux des extrémités des perches sont soit croisées — et fixées l'une à l'autre — sur le dos de l'animal tracteur, soit placées et fixées de chaque côté de celui-ci. Dans le premier cas les perches s'écartent vers l'arrière, dans le deuxième, elles restent parallèles (brancards, voir p. 136 à 139). Dans les deux cas les extrémités inférieures traînent sur le sol avec ou non des barres transversales (transport charges, personnes). ● Des Indiens de l'Amérique du Nord ont employé le travois « triangulaire » (poteaux de tente) avec chiens tracteurs, puis cheval, après l'introduction de celui-ci en Amérique. Structure (voir aussi p.136-137) à comparer avec celle du bâti triangle-timon (p. 126-127). ● Quant à la branche fourchue (**2**), elle est tirée à main ou attelée, munie ou non de barres transversales suivant les charges (bois, pierres, foin, diverses récoltes). ● Équipés de patins sont les traîneaux, avec souvent un bâti surélevé (**3**) ; de dimensions et structures variées, ils sont adaptés soit

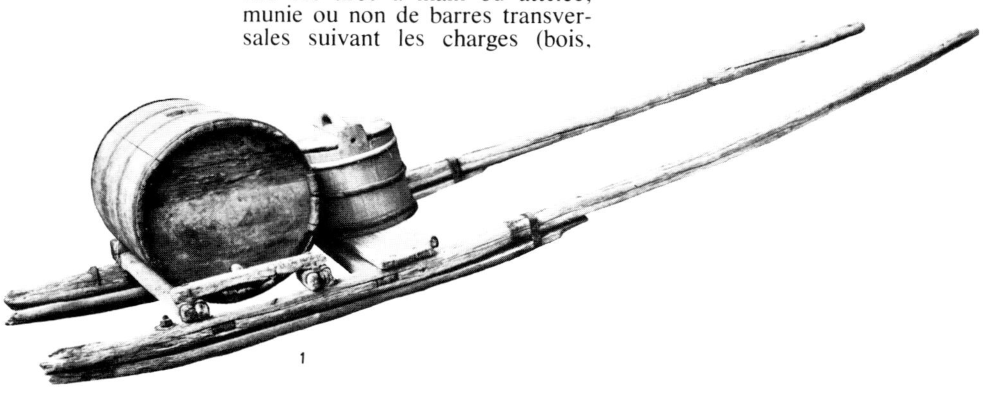

1

6

2

à la circulation sur terre soit à celle sur neige et glace. ● En revanche, les schlittes des Vosges sont des traîneaux très spécialisés (**4,5**), avec lesquels les schlitteurs descendent, hors de la période enneigée, des bûches ou des troncs d'arbre (deux schlittes groupées pour des troncs de 6 à 8 m de long); les patins sont fartés (de *fart*, terme suédois) avec de la graisse de bœuf. La schlitte descend entraînée par son poids, mais dirigée et freinée par l'homme arcbouté. ● Quant au traîneau à foin (**5**), à roues et à patins, utilisé en régions montagneuses (Pyrénées, Alpes, Pays de Galles...) il est attelé à la montée, les roues étant seules en service; à la descente, les patins glissent; ils assurent en même temps l'adhérence au sol et le freinage, auxquels contribuent les roues, souvent immobilisées par une chaîne. ● Des cabanes de berger sont aussi munies de patins (4, p. 162).

1/2 : Travois et traîne, pour transports divers. **1** : Travois en bouleau (L : 3,10 m; l : 83 cm). 19e siècle. Norvège, comté d'Akershus, Boerum (Norsk Folkemuseum, Oslo). **2** : Traîne triangulaire (L : 1,73 m; l : 87 cm) 1947. Dordogne, Beynac.

3 : Traîneau pour transport sur neige au Canada. « Winter Landscape » par Cornelius Kreighoff (1812-1872).

4/5 : Traîneaux ayant une fonction spéciale. **4** : « Schlitteur dans les Vosges ». Vers 1920 (carte postale). France. **5** : Schlitte ou « bouchot » (L : 1,61 m; l : 78 cm; H : 80 cm), avec deux manches à l'avant, mobiles, pour diriger et freiner. France, Vosges, Bussang.

6 : Traîneau à foin. Deux roues à l'avant; patin à l'arrière. Pays de Galles, Iles Britanniques (Welsh Museum, Cardiff).

3

1

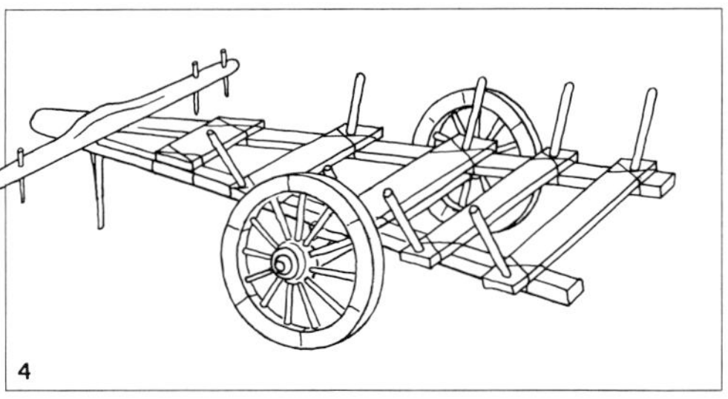

4

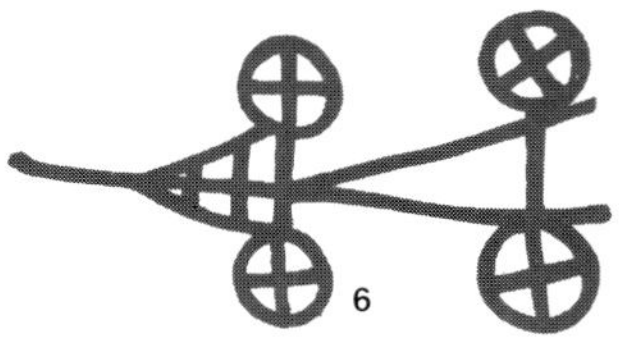

6

2

VOITURES A TIMON : LE CHAR EST A DEUX ROUES, LE CHARIOT EST A QUATRE ROUES. LES CHARS TRIANGULAIRES

● Certaines voitures à quatre roues ont procédé du traîneau ; à celui-ci quatre roues ont été ajoutées. Véhicule sans articulation entre l'avant et l'arrière, tournant donc difficilement. Figuré ou modelé à Sumer, puis en Egypte, il est lié à des expéditions militaires (porte-bagages), manifestations, processions (cortège, objet votif). Type de véhicule rural encore signalé ici ou là, dans des campagnes ou encore au Japon, en Inde, mais ici, véhicule rituel ; pour le faire tourner, on soulève l'avant avec de grandes perches. ● Les *chariots* à quatre roues (**6**,**7**), dont l'avant-train est articulé par rapport à l'arrière-train, ont une autre origine : ils procèdent de l'association de deux voitures, ou *chars*, caractérisées chacune par un timon — triangulaire (**6**) ou droit — et deux roues ; le timon d'un des chars a été fixé à l'essieu de l'autre char, d'une façon mobile, par une « cheville ouvrière » ; l'avant-train tourne donc indépendamment de l'arrière-train (tournants facilités, moins de risque de verser). ● Des gravures préhistoriques de l'âge du fer (européen) témoignent de cette antique association (**6**) ; mais aussi et encore, des chariots contemporains (**7**) dont la structure, articulée, rappelle le passé. ● Pour que cette association ait pu se produire, il a fallu qu'auparavant une voiture à timon et à deux roues seulement ait été d'un usage courant ; l'origine du *char* est donc techniquement antérieure à celle du *chariot*, ce que confirment histoire et iconographie. ● Le char est attesté sur des sceaux sumériens (vers – 3 000 ans) ; puis (entre – 2 500 et – 1 500), son usage a gagné, vers l'ouest, Crète, Égypte, Europe ; vers l'est, Asie

5

7

3

8

méridionale jusqu'à la Chine. Mais tandis qu'en Chine il fut de bonne heure (avant notre ère) remplacé par la *charrette* (p. 136), le char est resté, beaucoup plus tardivement, seul en usage en Europe (1er-2e siècles de notre ère). ● Son vaste domaine s'étend toujours, en priorité, du sud de l'Asie orientale au sud de l'Europe, jusqu'en Espagne et Portugal, d'où l'usage du char gagna l'Amérique du Centre et du Sud (6, p. 143). Dans le reste de l'Europe le char subsista longtemps en « isolats » (Pays Baltes, Scandinavie) ; au Pays de Galles, encore présent au 18e siècle, il en a complètement disparu. ● Quant au chariot (voir ci-avant) plus équilibré, au « timon-flèche » articulé (voir légende), il est plus exigeant en force de traction. Son usage s'étendit d'une manière discontinue, de l'Europe orientale en Scandinavie ; il atteignit d'autre part les régions rhénanes et l'Angleterre ; il pénétra par le nord dans les Balkans où il repoussa le char dans les régions littorales. ● Quant au char triangulaire (**4**), quelle est son origine ? Serait-il issu d'un travois « triangulaire », mais aux deux perches fixées au joug, entre les animaux, et non sur le dos d'un animal (travois, p. 124-125) ? Char au timon triangulaire donc, technologiquement, antérieur au char au timon droit ? Mais seul celui-ci figure à Sumer. ● En l'absence de témoignages anciens (disparus) faut-il supposer ceux-ci, et considérer alors, comme leurs « descendants », ces chars triangulaires dispersés, comme en auréole, autour de la Mésopotamie ; vers le nord, au Caucase (Géorgie) ; vers l'est, en Inde (**8**) ; vers l'ouest, en Sardaigne et Espagne. Témoins reliques ou coïncidences ? en tous cas, ils sont comparables entre eux. ● Dans leur « lignée », toujours au point de vue technologique, ne peut-on placer les chars en Y surnommés « chars en ogive » (F. Galhano) du Portugal (**3** et 1, p. 144) ou ceux des Landes (France), ou même du Pays de Galles, jadis ?... et finalement comme leurs descendants, les chars à plancher rectangulaire et timon droit, les plus fréquents aujourd'hui ?

1/2/3/4/5 : Chars : voitures à timon et 2 roues. Le timon est fixé au plancher du char : différence avec la flèche (ci-après 7/8). Pour les types de roues, p. 142. **1** : Montants en bois, entrelacés de branches. Portugal, Guarda, Sabugal, Rendo. **2** : Montants en bois, timon à extrémité recourbée. Portugal, Amarante, Gondar (1 et 2 d'après F. Galhano, Centro de Estudos de Etnologia, Lisbonne). **3** : Char vu de face. Forme du plancher triangulaire, comme celui des deux précédents chars. Brésil, Ribeirao Pretô (Museus Municipalis). **4** : Char dont le bâti rappelle celui du travois. Inde, Madhya Pradesh (ouest), Jhabua (dessin extrait de « L'Homme et la charrue »). **5** : Plancher rectangulaire. Au marché. 1980. Inde, Karnataka, Bijapur. (Inf. A. Abbe).

6 : Chariot : association de 2 chars. Gravure sur un rocher. Age du fer (ou du bronze ?). Suède, Bohuslän, Langön, (d'après G. Berg).

7/8 : Chariots : voiture à timon et 4 roues ; avant et arrière-train articulés l'un par rapport à l'autre. Le timon, plus exactement la « flèche », est articulé sur une broche (articulation verticale). **7** : Type de chariot à contrefort dont la base est fixée à l'extérieur de la roue ; dispositif anciennement observable de la Hesse (Allemagne) à la Bulgarie. Ici dans la plaine russe. Carte postale : date du timbrage, 1902. **8** : Lithographie. Attelage d'un chariot à deux paires de chevaux ; les roues avant, plus petites que les roues arrière, facilitent le bracage du chariot. En Guyenne, France (Extrait de *La Guyenne monumentale*).

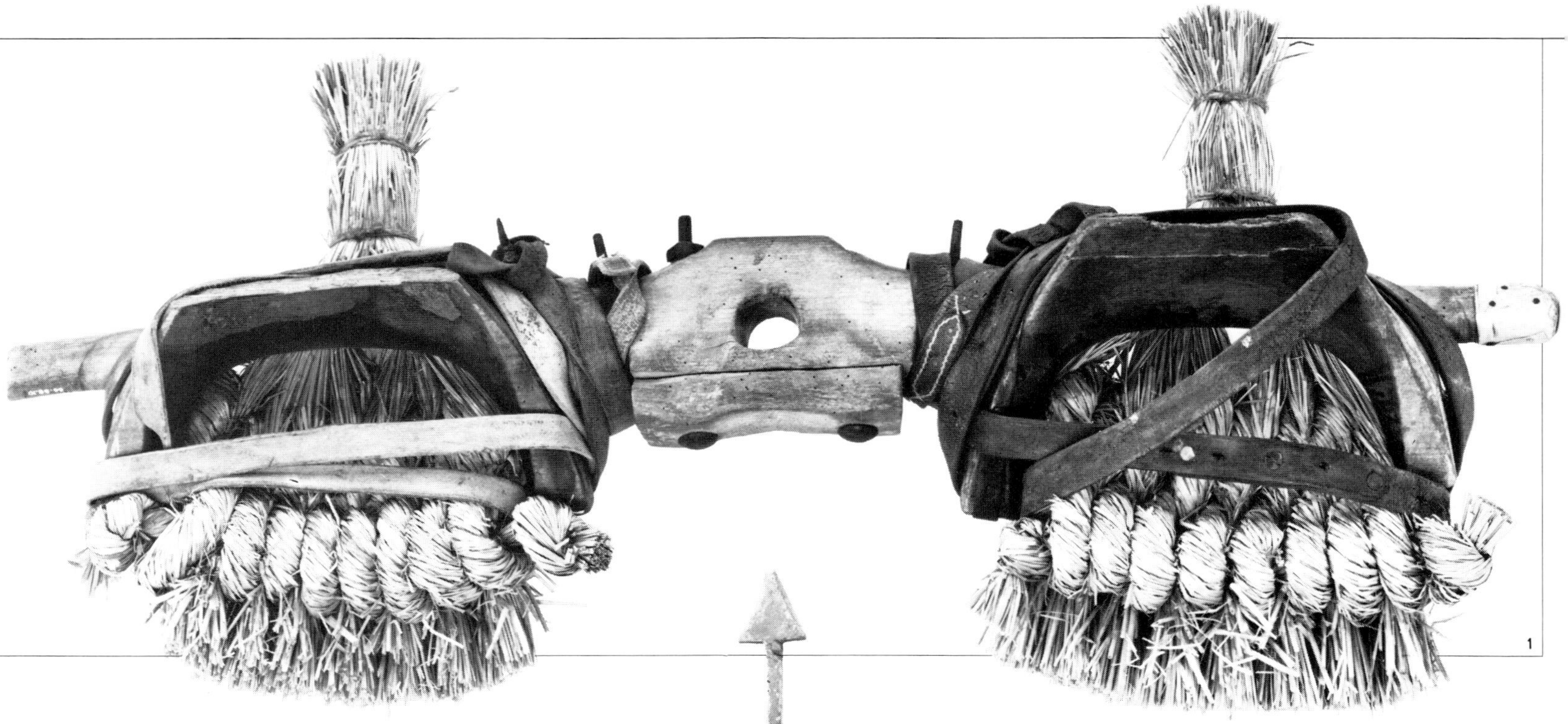

1

4

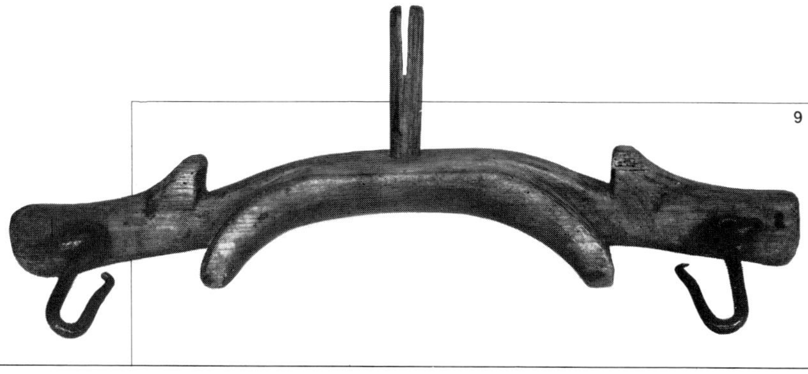

9

ATTELER DES BOVINS AU JOUG OU AU JOUGUET DE CORNES

● Il y a deux manières d'atteler au joug un couple de bovins, après avoir disposé ceux-ci de front, de part et d'autre du timon : les atteler soit avec un joug de cornes, soit avec un joug de garrot (pour celui-ci, voir p. 132-133). ● Le joug de cornes — pour bovins à cornes droites — a deux variantes, toutes deux avec fixations aux cornes : le joug de nuque posé en arrière des cornes, qui cerne celles-ci, type le plus courant (**1** à **8**) ; le joug de front, placé devant les cornes (ainsi que le jouguet, 4, p. 141). ● La manière de fixer le joug au timon est rigide ou souple. Rigide : timon engagé dans un orifice pratiqué dans le joug (**1** à **3**) ; les deux pièces font corps ; traction pénible pour les bêtes (tous les à-coups du parcours ressentis directement par et dans la tête) ; efficace surtout pour le transport de lourdes charges (troncs d'arbres dans les Vosges) ; type de joug qui s'est avancé, avec le chariot (p. 127), jusqu'aux régions rhénanes (est de la France). ● Souple : l'extrémité du timon est engagée dans une attache relativement mobile (anneau, bride), placée sous le joug (**4** à **8**), en différentes matières (écorces torsadée, cuir, métal) ; elle atténue pour les bêtes la rigueur du précédent attelage. Souplesse (relative), « jeu » possible de l'extrémité du timon ; moins de risque de

2

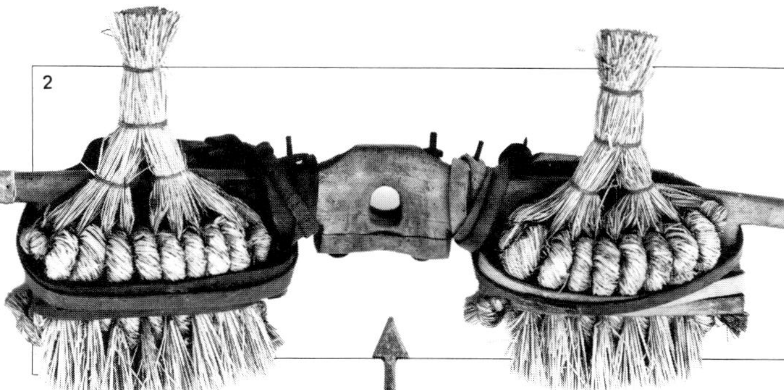

5

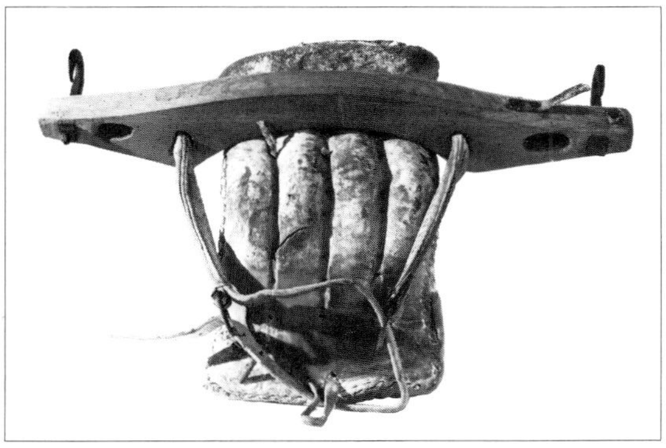

10

6

3

7

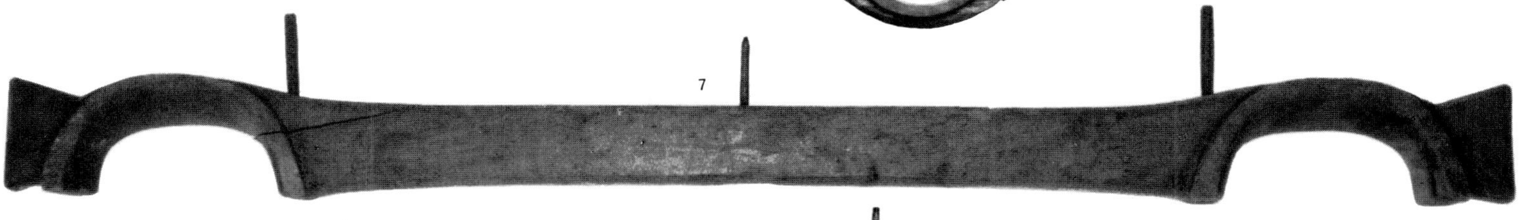

8

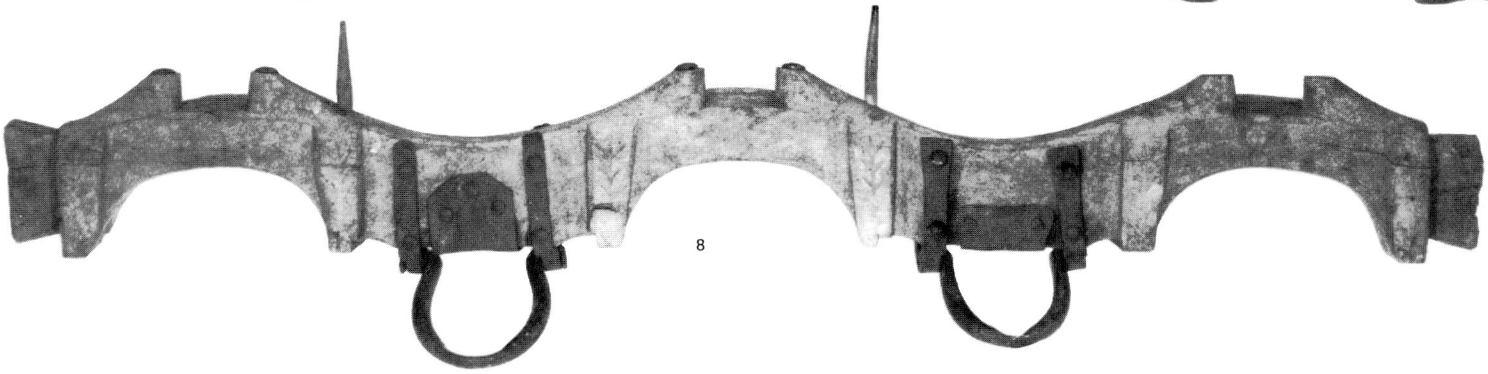

cassure de celui-ci. ● Le joug de cornes, emboîtant la tête des animaux, doit, pour ne pas blesser ceux-ci, être soigneusement ajusté : joug sur mesure, taillé, sculpté aux formes de la tête de chaque animal, dans une bille de bois, autrefois par un artisan spécialisé, le jougtier. ● Ces jougs de cornes remplissent plusieurs fonctions. Pour la voiture à deux roues : mise en mouvement, gouverne, soutien, recul, arrêt ; pour la voiture à quatre roues, mêmes fonctions sauf soutien (assuré par les deux roues supplémentaires). Pour les instruments agricoles, sans roues ou même avec avant-train, mêmes fonctions que pour la voiture à deux roues, sauf recul, à moins de soulever l'instrument s'il est assez léger (araire). ● Taille, poids des jougs de cornes (plus légers pour les vaches que pour les bœufs), place des quatre *cornières* (emplacements pour les cornes), celle des *testières* (emplacements des têtes parfois éloignées l'une de l'autre), diffèrent ainsi que la résistance des jougs suivant le travail à accomplir. Des jougs à trois têtes (**8**) sont destinés à trois bovins attelés. ● Les plus anciens témoignages de jougs de cornes : en Égypte, vers – 3 000 (1, p. 36). Puis ce joug se répandit en Europe. Il y était encore utilisé (20e siècle de notre ère) de l'Europe centrale (Autriche, Bavière) au Portugal (zones discontinues) ; il domina toujours en France par rapport au joug de garrot (ci-après) : c'est l'attelage du cheval qui le fit reculer (p. 136). Il rayonna jusqu'en Amérique du Centre et du Sud (6, p. 143). ● Un jouguet de cornes équipe les bovins (**9**,**10**), parfois lorsqu'ils sont attelés par couple mais surtout lorsqu'on ne les a plus attelés que seuls à une voiture ou un instrument agricole (ci-après, p. 136-137).

1/**2**/**3** : Jougs de cornes ; monoxyles ; attache rigide. France. **1**,**2** : Même joug, face et dos ; coiffe de paille de seigle pour éviter le frottement des courroies de cuir sur le front (L : 1,09 m ; l : 17,5 cm ; l coussinets : 50 cm) ; pour vaches. Vers 1900. Morvan, Nièvre, Glux (MJBD). **3** : Joug (L : 1,40 m) ; pour forts bovins (manquent courroies d'attache), et lourds charrois. 19e siècle. Vosges, la Bresse (Musée lorrain, Nancy).

4/**5**/**6**/**7**/**8** : Jougs de cornes ; monoxyles ; attache souple, anneaux ou brides. France. **4**,**5** : Même joug, dos et face (L : 1,29 m ; H : 42 cm ; l : 20 cm) ; robuste ; très coiffant ; travaux durs, lourds charrois. Emplacement des « cornières » (4). La cheville, « clef » (à gauche), est placée à l'extrémité du joug, derrière les anneaux pour bloquer ceux-ci lors de la traction. Puy-de-Dôme, Charbonnières-les-Vieilles, Pont-de-Péry. **6** : Moustiquaire, « émouchettes » : protection contre les piqûres (mouches, taons), qui font souffrir et énervent les bêtes ; un aiguillon (2, 3, p. 34-35 ; 1, p. 36 ; comparer avec p. 166). Tarn, Graulhet (attelage de Raoul Truquet). **7** : Jougs, grand écart entre les bovins (L : 1,90 m) ; pour labour entre rangs de vignes ou buttage pommes de terre. Région pyrénéenne (mais aussi Pays Basque). **8** : Joug à trois têtes. Noyer et fer. 19e siècle. Hautes-Pyrénées, Lafitole (**7**,**8** : Musée pyrénéen, Lourdes).

9/**10** Jouguets de cornes ou jougs à une tête ; attache souple par crochets. France. **9** : Chevilles et encoches pour enroulement et fixation des courroies : à observer sur les jougs doubles (L : 55 cm ; H : 19,5 cm ; l : 8,5 cm). Bas-Rhin, Alsace. **10** : Jouguet avec coussinet matelassé (pour joug et jouguet ; fait autrefois par les bourreliers). Franche-Comté, Haute-Saône, Champlitte (Musée A. Demard).

2

3

4

5

LES SURJOUGS OU SOUBREJOUGS DES RÉGIONS PYRÉNÉENNES

● On les appelle aussi des « clochers » ou des « chapelles », ces surjougs qui se dressaient au milieu de certains jougs de cornes pyrénéens : les cultivateurs les plaçaient sur une cheville au centre du joug (**1**). ● Ces surjougs, aux surnoms évocateurs de formes et de sons, étaient en effet garnis de clochettes de différentes tailles, dont le carillon tintait joyeusement lorsque le cultivateur et conducteur se rendait en charrette à la foire. Les clochettes annonçaient à tous le passage de la voiture, et au maître, jadis, l'arrivée de celle-ci, apportant une part de la récolte de l'année. ● Ces surjougs étaient taillés dans une bille de bois (sycomore et à défaut ormeau mâle), évidée, sculptée ; ils étaient peints d'une couleur vive, bleu, rouge, jaune, vert et parfois cloutés de cuivre. Ils étaient souvent exécutés en hiver, à la veillée, par le cultivateur lui-même. ● Une véritable émulation régnait entre tous les « surjougtiers », pour l'exécution et l'originalité de ces œuvres d'art, chacun cherchant à faire mieux que les autres. ● Œuvres d'art et en même temps de prestige, ces clochers sonores avaient aussi, au point de vue pratique, l'avantage de signaler la présence du véhicule en cas de mauvaise visibilité : routes sinueuses, chemins étroits, encaissés, ainsi qu'en

1

6

7

8

9

temps de brouillard. On leur attribuait même jadis un rôle quasi magique : ils protégeaient du tonnerre, ils éloignaient les mauvais esprits. ● Le rôle technique, social, esthétique que joue le clocher sonore n'est pas le seul qu'il remplit. Les animaux courbés sous le joug sont, eux aussi, directement concernés par le tintement des clochettes, ainsi que l'ont prouvé certaines expériences menées avec des troupeaux de vaches ou de moutons montant en estive (voir p. 172-177). ● Il est donc aisé de transposer le résultat de ces travaux, et d'attribuer aux cloches des surjougs un pouvoir de signal et de stimulant, s'exerçant sur les bêtes attelées. Celles-ci « entendent » le départ lorsque l'on fixe le clocher sur le joug, puis le tintement des clochettes, en cours de route, les encourage dans leur rythme de marche. Le surjougtier, en choisissant les cloches du surjoug, a-t-il sans doute le souci d'obtenir ainsi une « musique » harmonieuse qui l'accompagnera tout au long du chemin ; mais ne chercherait-il pas aussi à faire plaisir à ses animaux, tout en les engageant à tirer le véhicule plus régulièrement et, si possible, à hâter un peu le pas... ● Très répandus au 19e siècle, surtout dans les Pyrénées centrales françaises et leurs piémonts, quelques-uns étaient encore en usage, dans les vallées garonnaises avant 1940 (Hautes-Pyrénées, Gers, Haute-Garonne, Tarn-et-Garonne, Ariège). ● Aujourd'hui on ne peut plus voir de soubrejougs que dans des musées (très belle collection au Musée pyrénéen de Lourdes, et au Musée des Arts et Traditions populaires à Paris). Mais leurs clochettes sont silencieuses...

1 : Joug et surjoug (L joug : 1,10 m ; H surjoug : 54 cm). France, Haute-Garonne.

2 à **9** : Surjougs ou soubrejougs. France. **2,3,4,6,7** : Haute-Garonne. **5,8,9** : Gers, région du Lannemezan (Inf. Cte Begouen et J. Rozès de Brousse). **1** à **9** : Musée pyrénéen, Lourdes.

1

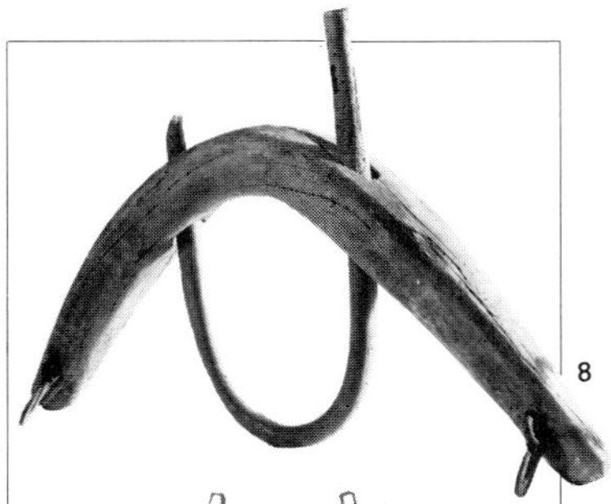

8

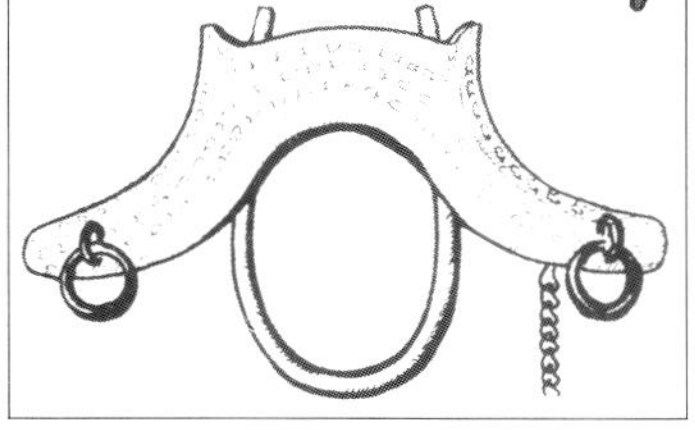

9

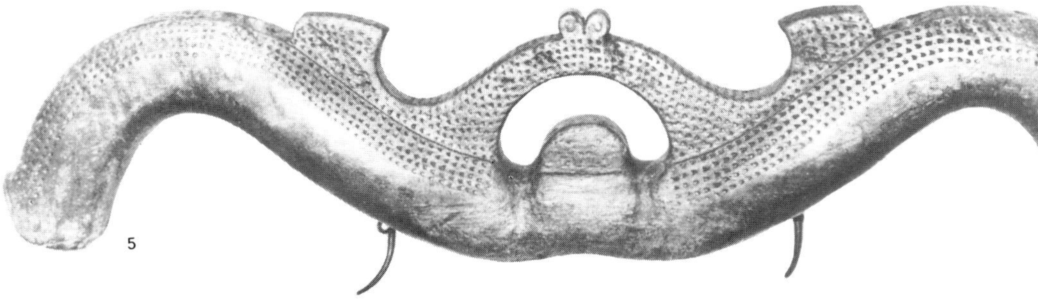

5

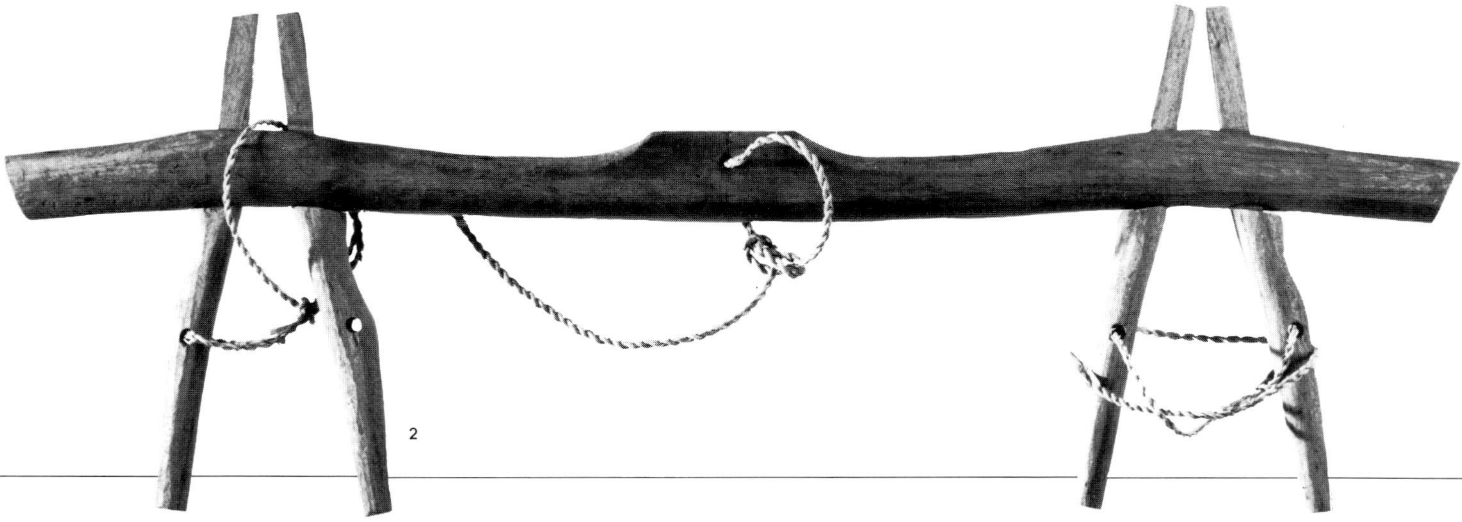

2

ATTELER DES ANIMAUX AU JOUG OU AU JOUGUET DE GARROT

● Le joug de garrot, ou joug d'épaules, est ainsi appelé parce qu'il prend appui sur le garrot et l'épaule des deux animaux attelés de front — position tout à fait différente de celle du joug de cornes. Autres différences : non fixé au corps des animaux ; composé de plusieurs pièces (n'est donc pas monoxyle) ; non « personnalisé », pouvant donc être utilisé successivement pour des couples différents, par exemple, de bovins. ● Le joug de garrot assure le soutien et la gouverne d'un véhicule, comme le joug de cornes (p. 128-129) ; mais encore, à la différence de celui-ci, il n'assure ni le recul, ni le freinage du véhicule en descente — « son fardeau sortirait hors du pouvoir des bœufs », écrivait O. de Serres au 17e siècle (les voitures n'étaient pas encore munies de freins) — ; ni l'arrêt : voir la position du jouguet (**7**). ● Grande diversité de formes et de disposition des pièces du joug de garrot à travers le monde : barre supérieure rectiligne (**1** à **3**) ou, au centre (**4**,**5**), incurvée (abaissement de l'attache du timon) ; encadrement du cou des animaux : arrondie (**4**,**5**) ou angulaire, en trapèze (**2**) ou en rectangle (**3**) ; barre inférieure du joug, absente (**1** à **3**) ou présente, charpentant dans ce dernier cas tout l'ensemble (**4**). Sous cette forme, il a été associé au collier (1 et 2, p. 140). ● Le joug de garrot est le type de joug utilisé

7

4

6

3

en Asie du sud-est et en Asie méridionale ; il est non seulement adapté à la conformation des différents animaux attelés (vaches, buffles, zébus...) mais aussi aux implantations différentes des cornes des uns et des autres (ce qui n'est pas le cas pour le joug de cornes, voir p. 129). ● En Europe méridionale jusqu'en Espagne et au Portugal — où dans certaines régions il se « conjugue » (à proprement parler) avec une attache aux cornes (p. 134-135) —, le joug de garrot a été, ou est encore, utilisé plus que le joug de cornes ; déjà, au Ier siècle de notre ère, un agronome latin, Columelle, en vantait les avantages, comme captant mieux les forces des animaux que le joug de cornes ; mais cet avis n'était pas partagé. « Il y a dispute pour discerner la meilleure des deux sortes », écrivait encore O. de Serres. ● Aujourd'hui, en Europe, ces deux types de jougs n'ont pas disparu. Ils furent introduits par la colonisation dans les trois Amériques ; ils sont en usage encore dans des campagnes du centre et du sud du Nouveau continent. Ces deux types d'attelage sont donc restés en service à travers les siècles pour les bovidés. ● Mais pour les chevaux, cet « attelage antique », au joug, fut abandonné au profit de l'« attelage moderne » (p. 136-137). ● Du joug de garrot et du joug de cornes (voir texte, p. 129) quel est le plus ancien ? Celui de garrot est le plus anciennement attesté (Sumer, Mésopotamie). N'est-ce pas, en effet, le plus ancien, techniquement, par sa structure : un assemblage de pièces. Pratiquement, il est adapté à différentes conformations animales (telles les implantations et formes différentes des cornes de bovidés). L'attelage au joug de cornes est plus « spécialisé ». ● Quant au jouguet de garrot (**6** à **9**) d'origine plus récente, parce qu'associé à l'attelage à un seul animal, on peut se demander s'il est la réduction d'un joug à deux têtes, ou si, indépendamment de celui-ci, il est une création originale, en association avec celle de l'attelage aux brancards (**7**) (Fr. Sigaut).

1/2/3 : Jougs de garrot : barre supérieure horizontale : « jougs bâton ». **1** : Barre avec jugulaires passant sous le cou de chaque animal ; clochettes ; extrémité du timon recourbée, souvent sculptée. Un enfant pour arrêter les bêtes. Cambodge, Kampongchan. **2** : Barre (L : 1,24 m) ; encadrement des cous en forme de trapèze, bois et corde ; anneau pour l'extrémité du timon. Suède, Skane (Nordiska Museet, Stockholm).

4/5 : Jougs de garrot : barre supérieure arquée. **4** : Montants d'encadrement verticaux ; barre inférieure horizontale ; attache rigide du timon. Albanie (nord), environs de Lesh. (Inf. M. de Fontanès). **5** : Joug (L : 1 m) ; encolures : partie supérieure arquée ; manquent les deux jugulaires : en voir sur 1, 8 et 9. Yougoslavie, Slovénie (Inf. Fr. et M. Zwitter, Ljubljana).

6/7/8/9 : Jouguets de garrot : différents types. **6** : Attelage d'un zébu à un araire-semoir (2, 3, p. 69), avec jouguet et traits. Décembre 1975. République arabe du Yémen, 50 km au nord de Sanaa (Inf. M. Gast). **7** : Attelage d'une vache à une voiture avec jouguet (remarquer la position de celui-ci, contre les cornes, à l'arrêt) et brancards. Canada, province de Québec, Gaspésie. **8** : Pour bovin. 1830 environ. États-Unis, Massachusetts (Smithsonian Institution, Whashington). **9** : Mêmes localisation et références ci-dessus (5).

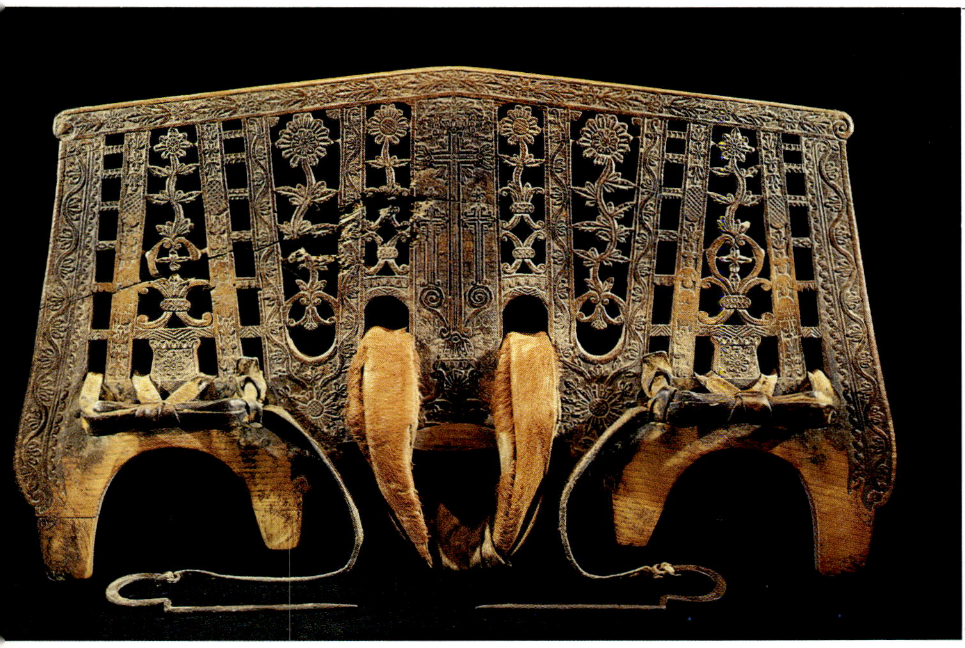

1

2

6

AU PORTUGAL, JOUGS DE CORNES ET DE GARROT, DÉCORÉS ET PEINTS

● Dans le nord-ouest du Portugal, particulièrement dans les régions littorales, de part et d'autre de Porto et de la vallée du Douro, les jougs, comportant de superbes décors, sont très développés (**1** à **6**). ● Ces grands jougs, en frêne, noyer ou chêne-liège, sculptés, ajourés, parfois peints, ont un rôle utilitaire (traction) et décoratif (motifs géométriques et figuratifs) ; certaines figurations (croix, ostensoirs...) ne suggèrent-elles pas un appel à une protection divine pour l'homme, l'attelage, leur travail en commun ? ● Au nord de Porto (Minho) des jougs et jouguets rectangulaires (**1** à **5**), comportent, à leur base, une ou deux ouvertures en arc qui reposent sur le garrot des bovins ; ces ouvertures arrondies sont accompagnées, chacune, sur le devant (pour certains jougs sur le derrière), par une pièce de bois disposée en arceau et dont les extrémités se rejoignent vers le haut (**2** à **4** ; ces pièces manquent sur le **1**). ● Au sud de Porto, les jougs, toujours aussi magnifiquement décorés, ont une autre forme (**6**) : une base horizontale sur laquelle s'élève, au centre, une pyramide tronquée ; et un autre mode de fixation du joug aux animaux : à des chevilles (ici 4, parfois 2 seulement) est fixée une courroie de cuir qui passe sous le cou de l'animal. ● La plupart de ces jougs, placés sur l'encolure des animaux, sont également fixés par des courroies aux cornes : ils sont donc à la fois jougs de cornes et jougs de garrot ; le tirage est plus puissant ; mais aussi l'équilibre des grands jougs est mieux assuré. Ces superbes jougs sont utilisés pour la traction des véhicules et celle des instruments agricoles (**5**). ● Pour soutenir et fixer l'extrémité du timon des uns et des autres, une courroie, formant boucle (**1**), passe par deux trous utilitaires, mais enjolivés, pratiqués au centre des doubles jougs.

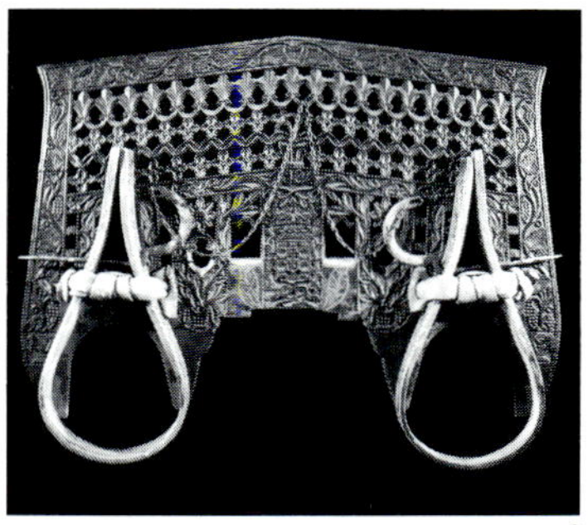

3

4

7

5

● Œuvres d'artisans s'étant transmis leur art de père en fils, ces jougs, au nord-ouest du Portugal, se sont développés et épanouis à partir du milieu du 19e siècle. ● Vers l'intérieur, à l'est de la précédente région, les jougs, beaucoup moins développés, sont des jougs de cornes dont certains sont aussi très décorés (7) L'on en trouve des témoignages, notamment en Amérique centrale (6, p. 142-143).

1/**2**/**3**/**4**/**5** : Jougs et jouguet de garrot et de cornes, au nord de Porto. Types du Minho (Taille maximum : largeur : 1,25 m ; hauteur, près de 80 cm ; la « plaque » décorée seule : 60 cm). **1** : Joug (l : 1,16 m ; H totale : 62 cm) ; il manque ici l'arceau (à l'envers), visible sur jouguet et jougs suivants ; courroie au centre pour recevoir l'extrémité du timon ; à droite et à gauche, courroies pour attacher le joug aux cornes ; décor : 3 croix et motifs géométriques et floraux. Daté 1875. Famalicao. **2**/**3** : Jouguet (l : 70 cm ; H : 65 cm) et joug (l : 1,15 m ; H : 77 cm) ; le joug est daté 1936. Santo Tirso. **4** : Joug (l : 1,08 m ; H : 68 cm) ; surmonté de crins de cheval. Paredes de Coura. **5** : Scène de labour, avec deux attelages et jougs sculptés et décorés. Environs de Porto. 1959.

6 : Joug de garrot et de cornes. Type de Ovar, au sud de Porto (l : 1,23 m ; H : 70 cm) ; surmonté de crins de cheval ; polychrome. Murtosa, Bunheiro.

7 : Joug de cornes. (l : 1,29 m ; H : 12,5 cm) ; au centre, deux échancrures pour le passage de la courroie soutenant l'extrémité du joug ; à droite et à gauche, les échancrures pour faire passer et arrêter les courroies qui lient le joug aux cornes ; décor. Montalègre, Tourém (**1** à **7**, doc. E. Veiga de Oliveira, B. Galhano et B. Pereira, et Museu de Etnologia, Lisbonne. Sauf **5**, C. Jest).

1

5

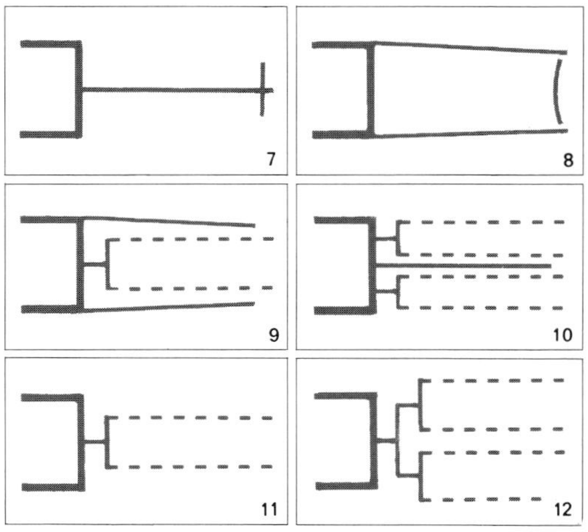

7 8 9 10 11 12

2

ATTELAGE AUX BRANCARDS DE VOITURES A DEUX OU A QUATRE ROUES. CHARRETTES ET CHARIOTS

● Les équidés furent attelés à des véhicules plus tardivement que les bovins, ainsi qu'en témoignent des figurations sumériennes (chevaux : peut-être d'abord « pré-chevaux » par rapport aux chevaux figurés à partir du 18e siècle avant notre ère ?) ● Les chevaux furent attelés, comme leurs prédécesseurs en attelage, au joug de garrot (de nombreux bovins le sont encore, **1** et p. 132-133). Ce joug, auquel était adjointe une courroie jugulaire, convenait mal au cheval ; il comprimait la trachée artère, gênait la respiration. Des améliorations semblent (sur des figurations), lui avoir été cependant apportées : courroie jugulaire placée plus bas sur le cou, attache plus en arrière, en position plus oblique et moins contraignante pour l'animal. ● Ces dispositifs — qui prouvent les recherches faites pour améliorer la traction — ne palliaient qu'en partie les défauts de l'attelage que le Ct Lefebvre des Nouettes qualifia « d'antique » par rapport à l'attelage « moderne » (collier, bricole, page suivante). Classification à nuancer mais qui, dans l'ensemble, souligne ce qu'a pu représenter de progrès, pour l'attelage, le « passage » d'un attelage bridant — plus ou moins — la gorge, à des formes d'attelage « libérant » celle-ci, et captant plus efficacement l'énergie du cheval. ● Ce qui favorisa sans doute aussi l'extension de la *charrette*, voiture à brancards et à deux roues, attelée à un seul animal au lieu de deux. ● Lorsque la charrette « apparaît » en Chine, avant même notre ère — elle y remplacera le char — elle a déjà probablement une longue histoire. Les peuples en mouvement de l'Asie orientale et centrale l'utilisaient-ils peut-être déjà ? à partir d'un travois triangulaire ? rectangulaire ? (forme moderne, 1, p. 124). En Chine, en tous cas, la charrette est présente alors que l'Occident ne la connaît pas encore. ● Elle parvint en Europe par les steppes et plaines eurasiatiques, au cours des premiers siè-

6

3

4

cles de notre ère ; et, venant de l'est, elle atteignit la France avec la bricole, 6e-7e siècles ; avec le collier, 9e siècle, au temps de Charlemagne ; à ce sujet, les témoignages linguistiques ont précédé les témoignages iconographiques (A. G. Haudricourt). L'utilisation de la charrette fut cependant assez tardive au service des activités agricoles. ● Forme de véhicule et d'attelage « conquérante », la charrette remplaça, en plusieurs régions, le char ou le chariot à timon, ou du moins en restreignit l'emploi à son profit (I, p. 142) ; ou bien encore, elle fut adoptée dans des régions jusqu'alors sans véhicule tracté. ● Tandis que l'attelage au timon est resté largement prépondérant en Asie méridionale et en Europe, surtout méditerranéenne (p. 126-127), la charrette, avec ses brancards, occupa un vaste domaine au nord du précédent, de la Chine aux extrémités occidentale (p. 139) et septentrionale de l'Europe ; elle s'étendit, par la colonisation, au-delà des mers, notamment au Canada (7, p. 132). ● Si, en Asie, le char ou la charrette — l'un et l'autre à 2 roues — sont restés prépondérants dans leurs domaines respectifs, en Europe s'est étendu le véhicule à quatre roues : d'une part le chariot à timon (7,8, p. 127), et d'autre part le chariot à brancards (**3** à **5**) avec même avant-train mobile mais appareils de traction donc différents. ● Lorsque des traits, liens souples, furent fixés, d'un côté au collier ou à la bricole, et de l'autre côté, à un ou plusieurs *palonniers* (**9**,**10**), le timon ou les brancards perdirent certaines de leurs fonctions, dont celle de la traction ; ils conservèrent la gouverne des véhicules à deux ou quatre roues, et le soutien de ceux à deux roues. ● Dans certaines conditions de parcours et de travail, voitures et instruments agricoles ne comportent même plus que palonnier et traits (**11**,**12** ; p. 56, 1 ; p. 133).

1/2 : Charrettes. Pour les roues, ci-après (p. 144-146). **1** : Bovin attelé ; fixation des brancards au jouguet de garrot. Vers 1940. Chine, Guangdong, Guanzhou (Canton). **2** : Cheval attelé ; collier d'épaules ; brancards soutenus par courroie dossière passant et reposant sur sellette ; courroie sous-ventrière, fixée aussi aux brancards : empêche le renversement en arrière de la charrette ; avaloir à la base de la croupe : courroie de reculement. Mexique.

3/4/5/6 : Chariots à brancards ; avant-train articulé. Certains avec roues avant plus petites que roues arrière : facilitent le tournage du véhicule. **3** : A l'extrémité des brancards, un arc, la « douga », pour maintenir l'écartement des brancards : developpement, adaptation, du jouguet ? Ancienne carte postale. Environ 1910. Russie. **4** : Chariot (L caisse : 2,31 m ; brancards : 2 m ; l : 72 cm, dont caisse : 60 cm) Suède, Halland (Nordiska Museet, Stockholm). **5** : « Glamorgan Wagon » ; chariot (L : 3,75 m ; l : 1,85 m, dont caisse 1,60 m ; profondeur : 78 cm) ; type de véhicule introduit en Pays de Galles par l'Angleterre, en provenance probable des Pays-Bas ; panneaux latéraux arqués. 1910. Sud du Pays de Galles (Welsh Museum, Cardiff). **6** : Attelage à un chameau. 1929. Chine, Gansu, Jiayuguan (Inf. E. Maillart).

7 à **12** : Très schématiquement, les étapes historiques des techniques d'attelage des instruments ou des véhicules agricoles. **7** : Les animaux furent d'abord couplés de chaque côté du timon (6, p. 126). **8** : Un seul animal entre les brancards (p. 136) ; attelage adopté, ici ou là, alors qu'ailleurs, l'attelage couplé est resté, et reste, prépondérant. **9**,**10** : Palonnier et traits : amélioration de l'attelage (ci-contre et p. 52-53). **11**,**12** : Dans certaines conditions de travail, attelage aux traits sans brancards ou timon : des instruments agricoles font frein (2, p. 37 ; 1, p. 56 ; 6, p. 59 ; 6, p. 133). Plusieurs de ces formes d'attelage peuvent être associées (6, p. 140).

1

2

ATTELAGE RIGIDE OU SOUPLE. LE COLLIER D'ÉPAULES OU LA BRICOLE DE POITRAIL

● Parmi la vingtaine de pièces que comporte l'attelage d'un cheval, le collier d'épaules est la pièce la plus importante. Entourant le cou de l'animal et prenant appui, pour la traction, sur la base osseuse des omoplates, le collier doit être adapté à la conformation du cheval auquel il est destiné. ● Ce collier, « personnalisé », est en grande partie l'œuvre du bourrelier, artisan rural, qui travaille sur mesure, tenant compte des méthodes locales d'attelage, tout en marquant de son talent (technique, esthétique) certains dispositifs et aspects du collier. ● Le collier comprend deux parties essentielles (mais il en est de fabrication plus sommaire) : deux attelles en bois (rouges sur **2**), avec rembourrage (bourre, crin) autour de l'encolure et au dos (pour adoucir le contact avec l'animal). Le collier comporte, en général, une articulation en haut, une fermeture à la base. ● Il présente un certain nombre de variantes. Ici (**1**), l'articulation est surmontée par l'extrémité des attelles ; là (**2**), elle est surmontée d'une pointe en cuir (plus ou moins haute). Dans ces colliers ruraux, qui ont un air de fête, on perçoit un souci, une volonté d'art et de prestige, signalés à propos des surjougs, décorés et sonores (p. 130-131), et des jougs (p. 134-135). ● De ces types de colliers, qui conviennent aux équidés, on a tiré parti pour atteler de même des bovins (3) ; dans ce cas, les bovins ont « hérité » le col-

4

3

5

6

lier du cheval, alors que jadis, pour le cheval, avait été « emprunté » le jouguet des bovins. ● Adaptation cependant à la conformation d'un autre animal : articulation sous le cou, fermeture sur le cou. ● La bricole de poitrail (**4** ; et 4, p. 141), évolution de la jugulaire ? (p. 141), à la différence du collier, n'est pas personnalisée, d'où la possibilité d'atteler des chevaux différents, successivement à un même véhicule sans avoir à modifier la pièce principale assurant la traction. Important avantage en cas de remplacement de cheval ou chevaux en cours de travail ou de déplacements (relais). Élégance aussi de l'attelage et du cheval au cou bien dégagé. ● Courroie souple disposée autour du poitrail, la bricole ne comprime pas la trachée artère et ne gêne pas la respiration de l'animal (à la différence de la courroie jugulaire, p. 136), si toutefois la pression sur la poitrine n'est pas trop forte ; d'où certaine limitation des efforts, des transports (poids, résistance). ● Au-delà du milieu du 20e siècle, jusqu'à la motorisation des travaux agricoles, on utilisait encore ce type d'attelage par couple, notamment dans les régions rhénanes : Allemagne (**4**), France de l'est (3, p. 141). Attelage à la bricole mais avec brancards, observé notamment en Inde. ● Pour l'attelage jouguet-collier associés du Portugal (**5,6**), voir ci-dessous légende mais texte page suivante.

1/2/3 : Colliers d'épaules. **1** : Type flamand, répandu aussi dans le nord de la France : sur l'articulation, applique de cuir, rectangulaire, clous dorés ; décors et grelots. Belgique (Musée de la Vie Wallone, Liège). **2** : Collier d'une structure répandue en France ; décor et clochettes. Franche-Comté (Musée de la Citadelle, Besançon). **3** : Attelage d'un bovin au collier ; comme pour le cheval, brancards soutenus par la dossière (sangle) passant sur la sellette (petite selle) ; la sangle sous-ventrière empêche le basculement de la charrette en arrière ; l'avaloir, courroie arrière, assure freinage et reculement. Charente-Maritime, île de Ré, Le Bois.

4 : Attelage à la bricole (ou tablier). Chariot à timon ; chaque cheval est attelé à la voiture par traits et palonnier (p. 136-137). Une barre transversale, à l'extrémité du timon (attache souple) oblige les deux chevaux à harmoniser leur allure. Allemagne (RFA), région rhénane.

5/6 : Colliers avec jouguet. Portugal. **5** : Collier (H sans touffe, grelots et pompons : 93 cm ; ouverture : 58 × 42 cm ; l avant-arrière : 37 cm) ; décoration : clous dorés, glace, grelots, pompons, en haut touffe de crin (p. 134-135) ; le jouguet manque. Algarve (Inf. Veiga de Oliveira, Musée des arts populaires, Lisbonne) **6** : Attelage de charrette avec ce type de collier-jouguet ; extrémités de ce dernier fixées aux extrémités des brancards. Environ de Béja (Inf. A. Abbe). — Comparer avec 1, p. 140 ; et autres modes d'association, 2, p. 140 ; 2, p. 136 ; 3, p. 141.

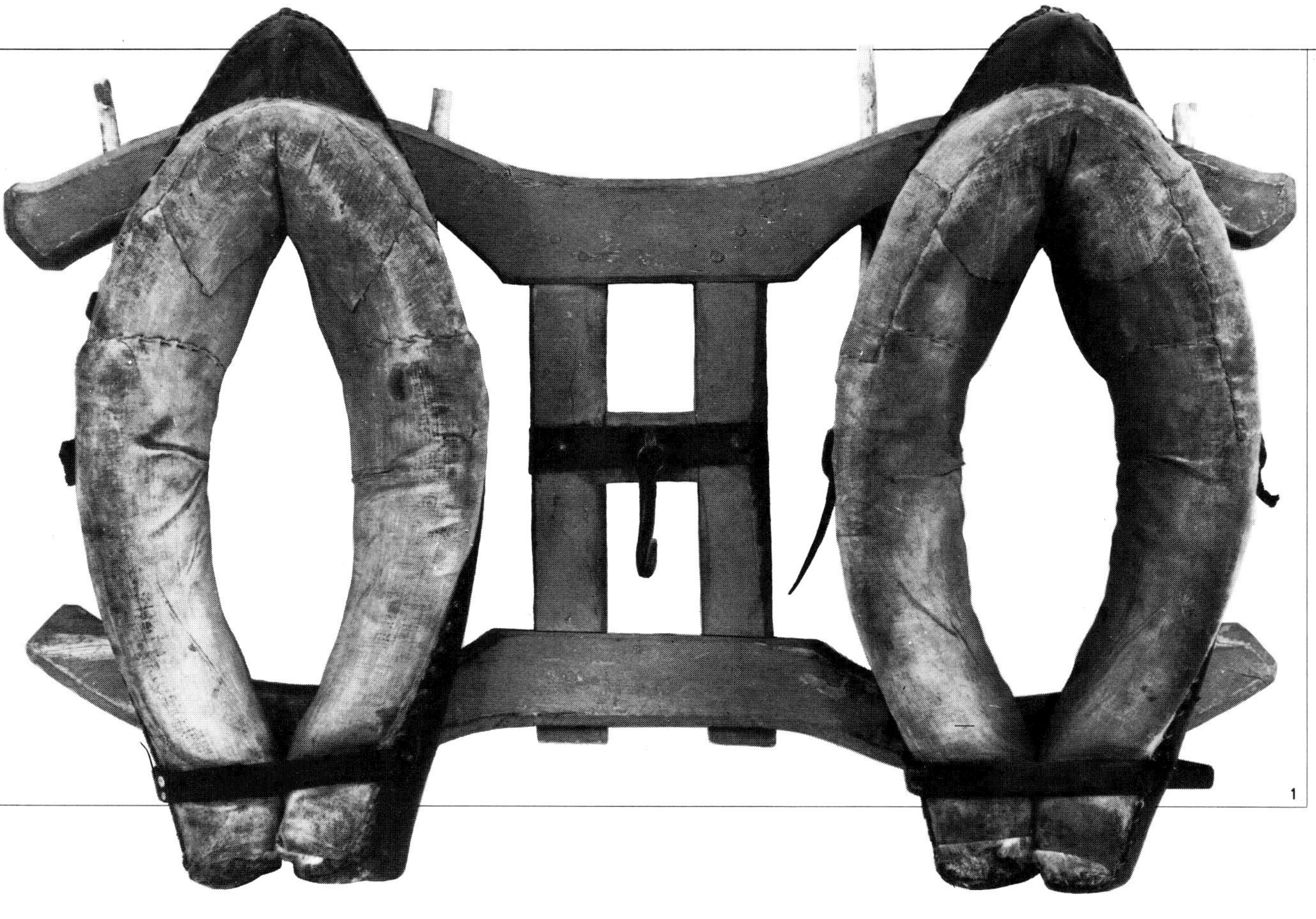

1

2

DIVERSES FORMES D'ATTELAGE ASSOCIÉES OU JUMELÉES

● L'attelage moderne n'a pas uniformément remplacé l'attelage antique (voir ci-avant); à tel point même qu'il lui fut associé dans certains cas et dans certaines régions : adaptation à la conformation des animaux pour une meilleure utilisation de la puissance de traction de ceux-ci, à la fois par le garrot et par les épaules; possibilité de labours plus efficaces, de charges plus lourdes transportées, de parcours en conditions de roulage difficiles. ● L'association joug-collier (**1**) — vue de dos — est destinée, ici, à un labour avec mule et cheval; celui-ci, à droite, (encolure plus ample), marche en contrebas (raie précédemment tracée), position de travail plus pénible, nécessitant un effort plus puissant (A. Durand-Tullou). ● L'autre joug-collier (**2**) — vu de face — servait à atteler deux mules à un char. ● Cette association, ingénieuse, joug-collier, observée dans diverses régions de France, au Portugal, en Hongrie dans le Caucase..., implique l'usage antérieur et séparé du joug et des colliers, et donc la pratique de leurs différentes fabrication et utilisation. ● Les colliers, nouveaux venus, au point de vue technologique et historique, par rapport au joug (p. 136-137), ont été ajoutés ou

6

4

3

5

adaptés à « l'ossature » du joug de garrot. ● Quant aux colliers, ils sont spécialement destinés à capter mieux la puissance de traction des animaux ; ils améliorent aussi le contact garrot-attelage (blessures du joug... Des animaux ont beaucoup souffert). ● En Chine, l'attelage entre brancards est ancien (1, p. 136), comme l'usage du jouguet : deux barres obliques réunies par leur sommet et reliées aux brancards et à la sellette (**3**). Le jouguet, comme le joug, contribue à maintenir le collier contre épaules et poitrail de l'animal. ● Non plus accolés l'un à l'autre, mais jumelés, tels sont disposés les éléments d'un attelage couplant deux animaux d'espèces différentes (**4**,**5**). Dans l'attelage d'Alsace, le jouguet est placé en avant des cornes (p. 128). Dans l'attelage du Maroc, jouguets et courroies soutiennent une barre sous-ventrière à laquelle est fixé le timon de l'araire dental (p. 38-39). ● Autre forme d'attelage, avec animaux de mêmes espèces ou d'espèces différentes : l'attelage en file (**6**). Ici, un cheval entre les brancards de la charrette, et, devant lui, des vaches munies de jouguet avec traits. Normandie : l'attelage moderne y a été adopté tôt par rapport au centre et au midi de la France, mais tard, comme en Europe, par rapport à l'Extrême-Orient (136-137).

1/2 : Joug de garrot et collier d'épaules associés, pour équidés attelés par couples. **1** : Joug-collier (du côté collier), 1935. Gard, Montdardier. *Joug*, bois (L : 1,21 m ; H : 66 cm ; L « cabilles », baguettes verticales dont on aperçoit les extrémités : 68 cm) ; joug-cadre (peint en bleu), exécuté par Clément Cubassa, charron à Montdardier. *Colliers*, cuir, tissu, rembourrage (H : 94 cm ; l côtés : 32 cm) ; exécuté par Louis Graille, bourrelier à Rogues (Gard) ; partie avant aménagée pour recevoir le joug (à comparer avec 5, 6, p. 139). **2** : Joug-collier (du côté joug). 2e moitié du 19e siècle. Gironde, Belin (Musée d'Aquitaine, Bordeaux). *Joug* (L : 1,90 m ; H : 65 cm) ; courroies de cuir au lieu de « cabilles ». *Colliers* fixés au cadre du joug.

3 : Jouguet associé à un collier d'épaules ; sellette avec courroie soutenant les brancards ; attelage d'un âne à une charrette. 1978. Chine, environ de Pékin (Inf. MJBD). A comparer avec 2, p. 136 et 6, p. 141 ; détails légendes.

4/5 : Attelages de couples d'animaux différents. **4** : Vache avec jouguet de front en cuir rembourré, attaches en cuir, cheval avec bricole. Juillet 1935. Bas-Rhin, environs de Wissembourg, Steinseltz (Inf. MJBD). **5** : Ane et dromadaire attelés à un araire dental (p. 38-39). Maroc (Inf. C. Jest).

6 : Lithographie. « Une noce en Basse-Normandie. La belle-mère apporte le trousseau de la mariée ». Signé Hippolyte Bellanger, 1834. Le cheval, le « limonier », avec collier, entre les « limons » (brancards) de la charrette (p. 136-137) ; devant, bovins avec jouguet de garrot (p. 132-133),

2

1

8

CHARRETTES ET CHARS DÉCORÉS. ROUES A RAYONS : ROUES RADIALES

● Ces charrettes décorées étaient des voitures couramment utilisées, en Sicile, pour le transport des produits agricoles (légumes, fruits), du charbon de bois, du fumier. Mais de quand date la coutume de les décorer aussi richement (**1**,**2**,**3**) ? Elle est assez récente en Sicile, parce que récente y est aussi l'utilisation des véhicules à roues. ● En effet, ce n'est qu'à partir de 1830 seulement que des routes furent construites en Sicile ; jusqu'alors on ne circulait qu'à pied ou en selle, avec transports à dos ou à bât ; l'usage des voitures ne se développa que progressivement, quoique les Siciliens aient eu l'avantage de posséder déjà des animaux pour le portage ; mais ils durent les dresser à la traction ou les remplacer. ● La décoration des voitures fut sans doute, au début, sujet de fierté, d'émulation entre les heureux propriétaires d'attelage, traduisant aussi la satisfaction éprouvée par de meilleures et plus rapides possibilités de transport, d'échanges, de profits. ● Des ateliers spécialisés décorent encore ces véhicules de sujets très variés « à la demande » : thèmes soit anciens (religieux, héroïques, légendaires), soit rajeunis, ou nouveaux (**3**,**5**). L'intérêt porté à la décoration, pimpante, de ces charrettes a largement dépassé le seul milieu des utilisateurs : les voitures siciliennes sont devenues l'objet d'un grand défilé public, lors de festivités annuelles. ● On a pu observer (vers 1920) de telles voitures en Grèce (Salonique) ;

3

5

4

6

7

mais c'est surtout en Amérique du centre (**6**,**7**) et du sud, que sous influences initiales venues d'Europe, elles se sont propagées. ● Ces roues à rayons, ou roues *radiales* (à comparer aux roues *discales* ci-après) sont apparues quelque 2600 ans avant notre ère, dans le nord de la Mésopotamie, puis dans la vallée de l'Indus en Inde, à peu près à la même époque ; son usage est attesté vers — 1500 en Chine. ● La roue radiale est d'une fabrication difficile et complexe. Une immense roue du temple-char céleste du dieu Soleil à Konarak. La roue est chargée de significations puisqu'elle a figuré seule, en Inde et ailleurs, avant même qu'elle ne soit, comme ici, roue d'un véhicule. Évocation du soleil, signe ésotérique ? Quel que soit son diamètre, elle comporte trois parties principales : le moyeu, les rayons, la jante ; celle-ci est en plusieurs pièces, cintrées et jointées, jadis protégées par des morceaux de cuir, de métal, avant de l'être par un bandage continu de métal. ● Celui-ci est placé autour de la roue alors qu'il est encore rougi par le feu ; en se refroidissant il resserre tous les éléments de la roue : « couronnement » de celle-ci et d'une des étapes majeures de l'œuvre du charron.

1/2/3 : Charrette sicilienne (brancards et 2 roues). Exécutée vers 1919, dans un village sur les pentes de l'Etna ; remise en état à Aci San Antonio. Italie, Sicile, Catane. **1** : Voiture sans les brancards. (L : 1,22 m. L avec brancards : 3,08 m ; l : 1 m). Panneaux par R. Russo : épisodes des Paladins de France (Chanson de Roland, Roi Arthur, récit du « Roland furieux » de l'Arioste, œuvres littéraires de traditions orales, connues de tous en Sicile). **2** : Détails de la roue (d : 1,22 m) et de ses trois parties essentielles : moyeu, rayons, jante, celle-ci protégée par un bandage (cercle de fer). **3** : Détail d'un panneau décoratif (50 cm × 30 cm), placé sur l'essieu de la charrette et daté 25.4.19. En haut, au 1er plan, et en avant, base d'un bas-relief, plus récent, maintenant les montants de la caisse par S. Chiarenza. (20 ans en 1970). Inscription : « Entrata de Uzeta a Catania » (Uzeta était un preux ayant libéré la Sicile des Sarrasins).

4/5 : Contrastes : Sicile, 1973, environs de Syracuse. **4** : Charrette sicilienne, peinte d'une manière uniforme ; modeste rappel de peintures fastueuses. **5** : Triporteur et sa remorque, pour lesquels en revanche, a été « relevée » la tradition de la peinture, figurative et décorative, sur véhicule. Décor exécuté dans un atelier de Catane ou des environs.

6/7 : Char (timon et deux roues) et joug de tête, décorés ; détail de la roue. 1980. Costa Rica, Naranjo, petite ville de la Cordillère centrale, entre San José et Puntarena. (Inf. A. Abbe, comme 4 et 5).

8 : Roue, grès rose. Scènes diverses et décors floraux. Inde, Orissa, Temple de Konarak, 13e siècle.

1

5

8

6

ROUES DISCALES ET « CHANTANTES ». ROUES BLOQUÉES SUR ESSIEU OU ROUES LIBRES

● Les roues discales sont composées de plusieurs morceaux de bois, équarris, ajustés, jointés : elles forment un « disque », d'où leur nom. Elles sont antérieures aux roues radiales (p. précédentes) datant de quelque 3500 ans avant notre ère : premiers témoignages, à Ur en Mésopotamie. ● Certains auteurs supposent que les premières roues ont dû être des rondelles de bois découpées dans des troncs d'arbres utilisés comme rouleaux (M. Aiken Littaner). Mais comment avoir reconnu une roue dans un tronc si l'on n'a pas, auparavant, fabriqué une roue en plusieurs morceaux ? (réflexion comparable, voir fléau monoxyle, p. 99 ; joug, p. 140). ● De nos jours des chars sont munis de roues discales, ou ils l'étaient encore récemment : en Péninsule Ibérique et aux Açores (**1** à **7**), en Pays Basque, Europe méditerranéenne, Extrême-Orient (Chine, I, p. 134 ; Mongolie), Asie péninsulaire, Amérique du Centre et du Sud (Mexique, Brésil...), avec influence ici de l'Espagne et du Portugal. ● Une des caractéristiques de ces roues discales est leur montage fixe sur l'essieu ; en conséquence, celui-ci tourne en même temps que les roues. ● Il semble que les roues à rayons (p. 142) aient été les premières à être « libres », montées sur un essieu fixe, ne tournant pas avec elles. Perfectionnement très important dont bénéficièrent ensuite les

2

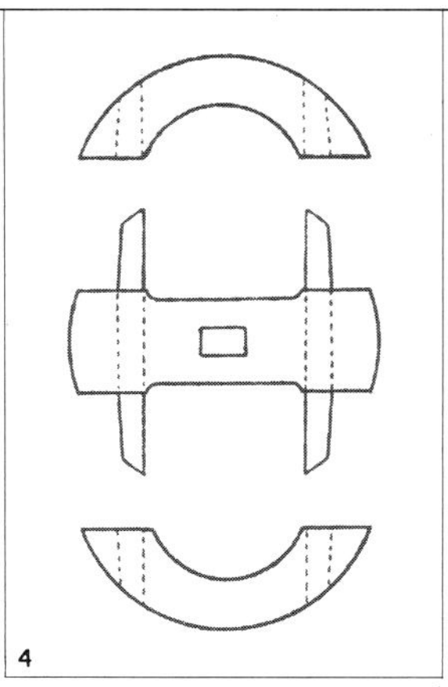
4

3

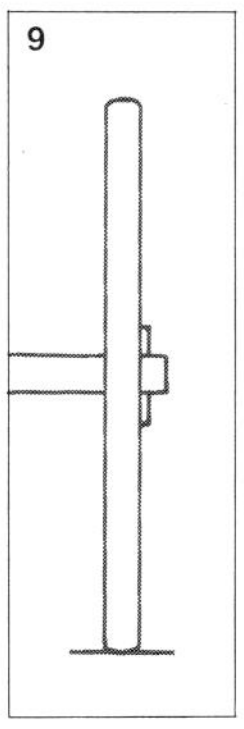
9

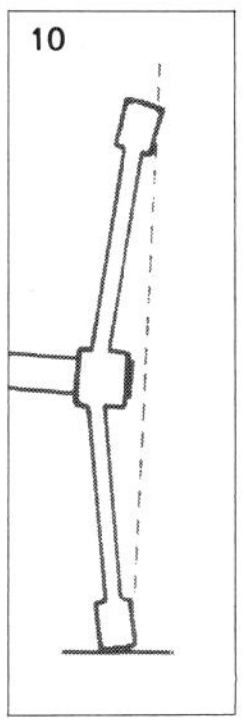
10

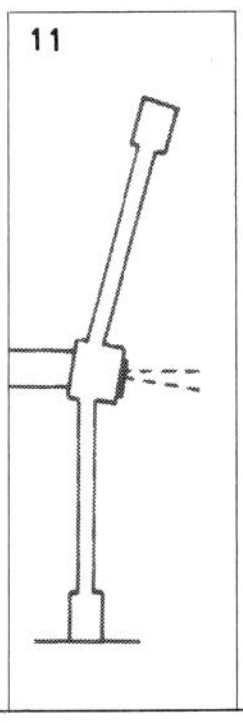
11

7

roues discales. ● Au Portugal, les roues discales, calées, ont été longtemps les plus répandues pour les chars à bœufs (F. Galhano, A. Jorge Dias) : chars en ogive (3, p. 127) et chars rectangulaires. Quant aux chevaux et mulets, ils étaient attelés, de longue date déjà, à des véhicules à roues libres et à rayons. ● Des « contaminations » se sont produites entre ces divers types de roues et de montages : roues discales non bloquées, « libres » ; roues radiales, adoptées pour des chars à bœufs et bloquées sur l'essieu. ● Ce « blocage » est réputé ménager le timon sur les parcours irréguliers, accidentés, montueux (J. Needham) ce qui explique sans doute sa persistance et celle du « chant » résultant de ce dispositif. Virgile parlait des « stridula plaustra » dans les *Géorgiques*. « Bruit aigu et incessant qui, dit-on, met en fuite les loups et les ours (Cervantès, « Don Quichotte »). Les charretiers, en Espagne, prétendent que « le diable ferait du mal à leurs bœufs et que ce bruit le fait fuir », écrit Baretti, au 18e siècle. Le bruit « inouï », effrayant « des carros basques est semblable à celui d'une multitude de geais plumés vifs, d'enfants fouettés, de chats en amour... », mais Théophile Gautier ajoute : « Un paysan ne voudrait pas d'un char qui ne chante pas ». Ce « chant », J. Brunhes l'a entendu aussi, mais à l'autre bout de l'Ancien Monde, au Laos (**8**), où les roues des chars : « Grincent et geignent si fort que de très loin on entend leur musique plaintive » (1923, près de Thakhet, sur les bords du Mékong). ● Les roues anciennes et des roues encore actuelles ont un profil longitudinal plat : elles sont dites *discales* (**9**). Tandis que les roues dites *écuées* (**10**,**11**) au profil longitudinal conique (ouvert vers l'extérieur) représentent un réel progrès technique, accroissant la résistance de la roue, notamment aux tournants.

1/2/3/4/5/6/7 : Roues discales (d : environ 1 m). Différentes régions du Portugal. Au sud, roues pour la plupart calées sur essieu. **1** : Type du nord-est (très montagneux) avec char triangulaire. Vinhais, Espinhosela. **2** : Type de roues discales le plus répandu : nord, nord-ouest (jougs ornés, p. 134-135), centre. Ouvertures plus larges : allégement de la roue ; « savoir » du charron pour ne pas diminuer par là même la résistance de la roue. Nazaré (revoir 1, p. 126). **3** : Même type de roues, vendues sur le marché hebdomadaire de Barcelos. **4** : Schéma montrant comment sont faits les types de roues en 3 parties. **5** : Roue pleine dont les 3 parties sont assemblées par crampons de fer. Archipel des Açores, île de Porto Santo. **6** : Barre transversale supplémentaire. Pombal, Abiul. En Mongolie, type de roue comparable, mais avec deux barres supplémentaires parallèles. **7** : Technique particulière de fabrication de la roue ; région de pêcheurs. Circulation sur dunes et plages. Murtosa, Torreira.

8 : Roue radiale ; axe fixé à l'extérieur de la roue. 1923. Sur la route entre Saïgon (Ho Chi Minh Ville) et le Cap Saint-Jacques (Mission J. Brunhes). Même dispositif observable au Cambodge contemporain, et sur bas-reliefs de Angkor (12e siècle).

9/10 : Amélioration de la technique de fabrication de la roue à rayons (d'après H. Polge). **9** : Roue radiale à profil longitudinal plat ; faible résistance aux poussées et chocs transversaux. **10** : Roue *écuée* : les rayons sont disposés obliquement par rapport au moyeu et à l'essieu ; importante innovation technique (observable en France vers le 15e siècle) ; meilleures stabilité et résistance. D'autres progrès intervinrent encore par la suite, dont l'axe de la roue placée obliquement par rapport à l'essieu.

3

7

1

2

LA BROUETTE : PETIT VÉHICULE A DEUX ROUES... QUI N'A PLUS QU'UNE ROUE

● La brouette était à l'origine à deux roues ainsi que le confirme le nom même de ce petit véhicule : brouette, birouette (bi = deux ; rota = roue). Elle a donc été probablement une adaptation, à l'échelle humaine, du véhicule attelé, auquel, de ce fait, elle serait postérieure. Ce que confirment des figurations relativement tardives de la brouette (**1**). ● Quoique des brouettes à deux ou même trois roues (double ou même triple points d'appui) soient attestées (**2**), — et qu'il en subsiste encore des témoignages sous des formes modernes (tels les « diables » à deux roues dont se servent certains transporteurs) —, la brouette à une seule roue est le type le plus courant aujourd'hui, aussi bien en Extrême-Orient qu'en Europe (**3** à **8**). ● Elle représente une solution technique plus avancée que la précédente à deux roues ; elle réclame de l'utilisateur non seulement force et dextérité, mais plusieurs efforts simultanés : déplacement personnel assurant par là même et par poussée, celui de la brouette ; support d'une partie de la charge « à bout de bras » (**4**,**6**), avec souvent le secours d'une courroie prenant appui sur les épaules ou au travers du dos (**3**,**4**,**6**) ; maîtrise de l'équilibre du véhicule en marche par les deux poignées ; sans oublier le coup d'œil nécessaire et constant

8

4

5

6

de l'utilisateur afin de diriger la roue unique, de soutenir et de pousser à bon escient la brouette. ● Contrôle incessant : aussi la brouette chargée est-elle « poussée » ; on peut la « tirer » (**7**) lorsqu'elle est peu ou non chargée ; regardez un terrassier : il pousse et vide (sur le côté ou par-devant) sa brouette chargée, et il revient la remplir, souvent en la tirant derrière lui. ● La brouette, qui réclame une telle participation physique et attentive de la part de son utilisateur, a l'avantage d'être plus « maniable », moins encombrante que tout autre véhicule ; elle est adaptée aussi à des transports sur parcours étroits (sentiers, digues). ● Ses avantages ont favorisé son usage en Europe. Mais ne viendrait-elle pas de Chine où elle est beaucoup plus anciennement attestée (J. Needham) ? En général, on ne la trouve ni en Afrique, ni en Amérique. ● Brouettes à plateau, supports de charges (**3** à **6**) ou brouettes elles-mêmes contenants (**1**,**2**,**7**) : ces petits véhicules sont très variés. Structuralement, on peut distinguer la position des charges par rapport à la roue : charges disposées de part et d'autre de la roue (**3**,**4**) ; charges placées entre roue et poignées (**5** à **7**) ; charges placées au-dessus de la roue (**8**). Quant à la position des bras — moteur et soutien — ils sont tendus ou pliés... ● La brouette, au repos, prend appui sur un ou deux pieds fixes (**7**) ou mobiles, ou sur ses deux brancards, inclinés vers l'avant.

1/**2** : Anciennes figurations de brouettes. France. **1** : Brouette à une roue, figurée sur une archivolte du portail nord de la cathédrale de Beauvais (peut-être première figuration de la « une roue » en Europe). 13e siècle. **2** : Brouette à 3 roues, avec transport d'une cultivatrice aux champs pour le battage des céréales (avec fourche, fléau et gourde). Miniature des « Heures de Charles d'Angoulême ». Fin 15e siècle.

3/**4**/**5**/**6**/**7** : Divers types de brouettes chinoises. **3** : Grande roue à rayons, en bois, avec porte-charges latéraux ; parfois un homme s'assied sur un côté pour équilibrer les charges placées de l'autre côté. 1923. Shanghaï (Mission J. Brunhes). **4** : Dispositif comparable, mais roue pleine. 1973. Pékin. Mêmes date et localisation pour les vues suivantes, comme pour celle-ci (Inf. J. Cauquelin). **5** : Plate-forme horizontale au-dessus de la roue, à rayons métalliques (empruntée à une bicyclette ou autre cycle, solution moderne, liée ici à l'extension relativement récente de la bicyclette). **6** : Roue placée en avant de la charge. **7** : Brouette chargée, tirée.

8 : Brouette de structure courante en France, mais avec des formes différentes de plateaux ou de contenants. Roue pleine en bois ; en général cerclée de fer ou roue à rayons bois ou métal. Hautes-Alpes, Saint-Véran (MJBD).

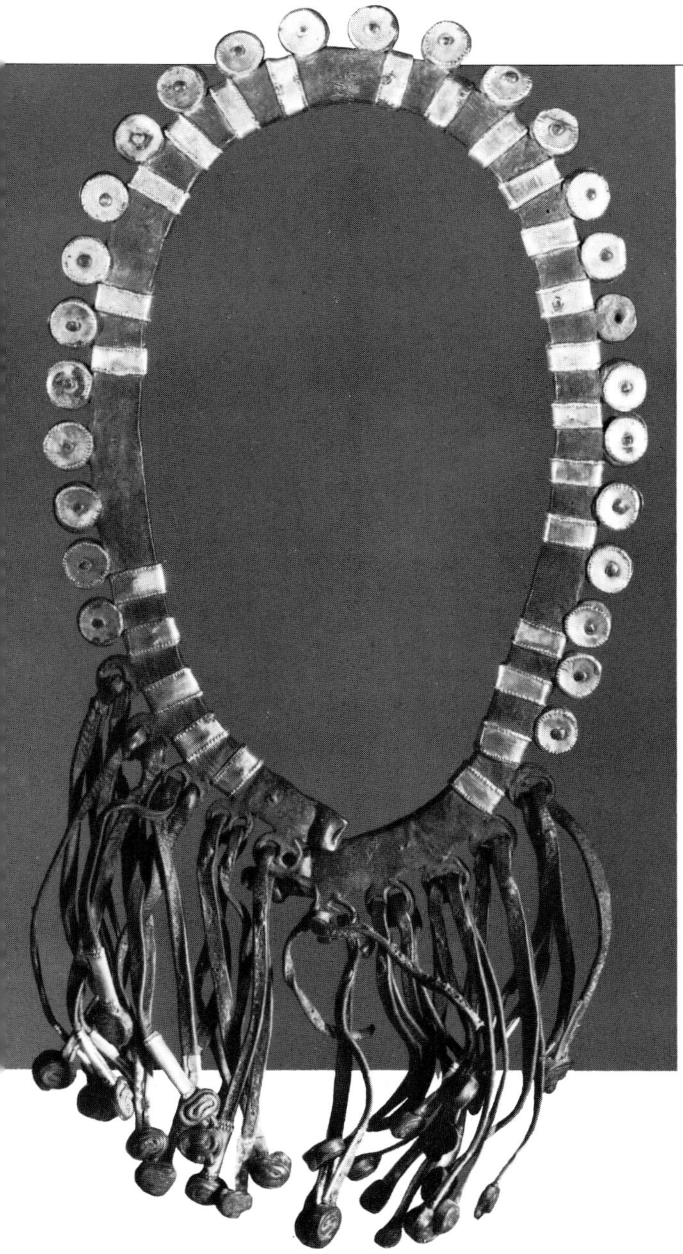

7

8

1

5

ÉQUIPEMENT ET ORNEMENTATION DU BÉTAIL. TECHNIQUES, RITES, MAGIE

● Un troupeau de vaches monte, en estive, sur les monts d'Aubrac, le 25 mai, jour de la Saint-Urbain ; venant des environs de Rodez : il va rejoindre le buron Canuc, non loin du Puy de Gudette. Le parcours est comme en fête pour ceux qui l'accompagnent, comme pour ceux qui le regardent passer.. ● Les vaches qui marchent en tête du troupeau guident celui-ci : elles se rappellent fort bien l'itinéraire de l'an passé. Pour le plaisir des uns et des autres (pour leur propre plaisir ?), elles ont été ornées de bouquets multicolores (**1**), de drapeaux, de branches de houe, « Panache de décorations sur les plus belles bêtes du troupeau » (A. Desvallées). ● Le tintement des sonnailles accompagne la joie collective —, celle des vaches, des *menouns* et *floucats* (p. 173) doit être aussi motivée par la promesse des frais pâturages d'altitude, dont les « anciens » ont gardé le souvenir de l'an passé. Spectacle joyeux et sonore : pour certains spectateurs ce n'est probablement que cela. ● Mais la date choisie ici pour le départ ne signifie-t-elle pas un souci particulier de protection demandée au saint, pour les trajets et le séjour, pour cette grande aventure qui va commencer ? Ainsi, à travers manifestations et décor, et suivant des traits de divers ordres, importe-t-il de ne pas détacher certains faits techniques des rites et des croyances qui les accompagnent et qui leur donnent leur profonde et pleine signification, une signification qui peut s'atténuer, disparaître, alors que gestes, objets, signes subsistent. ● Les ornements du bétail que présentent ces pages ont une signification dont on ne peut les dissocier (**2** à **10**) ; voir aussi surjougs (p. 130-131) ; colliers et cloches (p. 172 à 179) ; et « matériel » divers. ● Objets, illustrations et textes à l'appui exposés entre autres au musée des Arts et traditions populaires (Paris), montrent tout ce que le concret — ce que nous voyons — peut exprimer en réalité d'intentions plus ou moins secrètes et de croyances en des puissances invisibles bénéfiques ou maléfiques. ● La santé des animaux est primordiale : les animaux portent sur eux-mêmes des « signes » qui doivent conjurer le mal, guérir les maladies, préserver des accidents. Les bonnes récoltes sont vitales : la préparation du champ, les semailles, sont l'objet de divers rites agraires ainsi que les différentes étapes de la culture, jusqu'à la joie de la moisson qui s'exprime en des « bouquets de moisson », forme d'actions de grâce. ● Implorations, prières, pèlerinages, sont inséparables de la vie agricole et pastorale, en diverses régions de France et en de nombreux ailleurs. ● Aussi, comme me le disait A.G. Haudricourt : « Il n'est pas possible d'étudier les activités techniques sans les relier étroitement aux activités rituelles ou magiques avec lesquelles elles se confondent dans beaucoup de sociétés ».

10

2

4

6

3

9

1/2/3/4/5/6 : « Parures » d'animaux. **1** : Bouquet de fleurs artificielles fixées sur le jouguet d'une vache, lors de la montée en estive d'un troupeau sur l'Aubrac. 25 mai 1982 (Doc. et inf. J.-F. Hellio et N. Van Ingen). **2** : Yak Lam-pa, chef de file d'une caravane : au-dessus de la charge, un étendard avec des prières imprimées ; cloche et pompons (faits de poils de yak teints en rouge). Comme la vache d'Aubrac, il connaît, reconnaît, son chemin... 1960. Népal, Dolpo (C. Jest). **3** et **4** : De part et d'autre de l'Himalaya. Un yak avec pompons aux oreilles, au Tibet (côté nord de la chaîne) ; entre Lhasa et Shigatse. 1980 (J. Kiger). Au sud, détails de certains de ces pompons et de leur attache. (L torsade : 46 cm ; pompon seul : 7 cm) ; poils et queue de yak, pour identification de l'animal, pour sa protection. **5** : Décoration d'un bovin pour la nuit de Pongal, fête de l'An nouveau. Jouguet de garrot. 1980. Inde, Madras (Inf. A. Abbe). **6** : Premier labour d'un champ où vont être plantées des pommes de terre : attelage orné de drapeaux à l'occasion de cette cérémonie rituelle agraire. Ethnie Aymara. Bolivie, La Paz, Ingavi-Tiwanaku. Tant de « fêtes » du premier labour ! (A. van Gennep, R. Dascotte...), et revoir 3, p. 49.

7/8/9/10/11 : Colliers et « ornements » divers. **7** : Collier de mule (L : 82 cm) ; en peau d'hippopotame ; décoration de disques de peau recouverts de cuivre. Ethnie Amohora. Éthiopie. **8** : Ornement frontal (pochette triangulaire 11,6 × 13 cm ; L lanière cuir : 50 cm ; L touffes poils : 11 cm) ; contre le mauvais œil, pour âne ou cheval ; cuivre ; perles bleues et blanches ; pompons laine ; touffes poils. Grèce, Macédoine, Tessaloniki. **9** : Amulette pour la protection des bovidés (L : 31 cm) ; bois sculpté. Pakistan. **10** : Plaque frontale de mulet (d : 17 cm) ; fixée à la bride ; cuivre gravé : 1810, JAB CA ; décor figuratif, ornemental, mais aussi peut-être langage ésotérique, « signes » protecteurs ? Musée d'Annecy, Haute-Savoie.

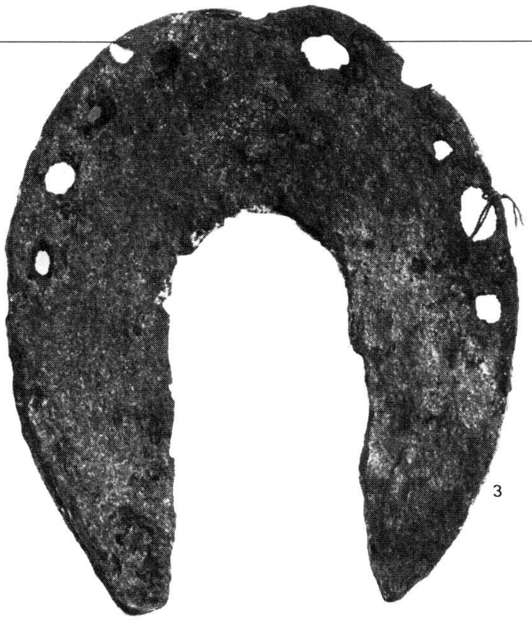

3

6

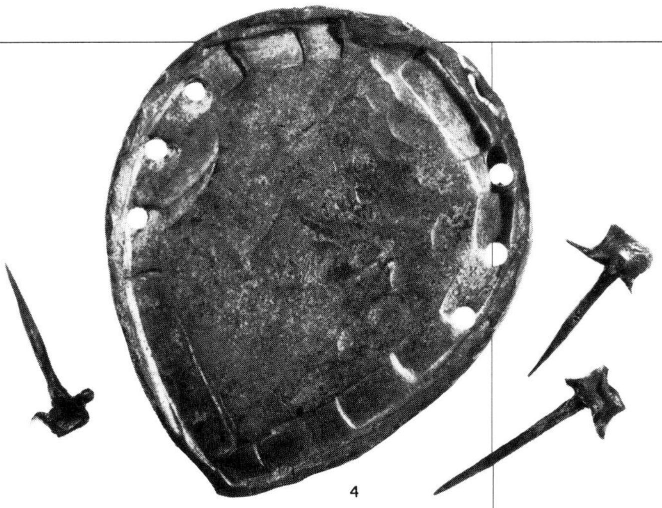

4

1

2

7

5

LE MARÉCHAL-FERRANT, LE « MANIEUR DE MÉTAL ROUGE »

● Il fallut attendre le Moyen Age, du moins en Europe occidentale, pour que la force du cheval attelé à un véhicule ou à un instrument de travail puisse être utilisée plus efficacement ; et ceci grâce à la pose d'un « fer » sous le sabot des animaux tracteurs (équidés, bovins). Pendant des siècles, ce sabot, non protégé, fut un handicap pour les transports et les travaux : il s'usait (mais... repoussait). ● Ni les Grecs, ni les Romains ne connurent la technique du ferrage : pour les pieds malades ou blessés du cheval, les Romains utilisèrent des hipposandales enveloppant le pied ; elles étaient fixées avec des liens à la base de la patte. Mais cette solution ainsi que quelques autres, également de circonstance, ne pouvaient intervenir durablement pour empêcher l'usure du sabot. Tardivement, des documents font état du ferrage des chevaux (époque de Charlemagne 9e siècle ; à Byzance, 10e siècle...). Cette nouvelle technique, d'une importance capitale, se développa en France à partir du 12e siècle, en liaison avec une meilleure utilisation du cheval (p. 138 et suivantes) ; le bœuf en bénéficia un peu plus tard (15e siècle). ● Mais l'extension du ferrage, en milieu rural, resta soumise, au cours de l'histoire, à de nombreux aléas : manque ou insuffisance de disponibilités financières, d'approvisionnement en métal (p. 16-17). ● Il est cependant encore des régions du monde — ou bien des circonstances — dans lesquelles les animaux porteurs ou tracteurs ne sont pas ferrés (pratique absente ou différée). Chemins rocailleux, pentes ardues : l'adhérence directe du sabot au sol, la sûreté des pas y sont mieux assurées qu'avec des fers. ● Le maréchal (en francique : *marhskalt*, celui qui soigne les chevaux), était le spécialiste du ferrage. En France, jusqu'au milieu du 20e siècle encore, il n'y avait guère de villages, sans un, deux ou trois maréchaux-ferrants.. ● En grandes périodes de ferrage (avant travaux et labours de printemps, travaux et moissons d'été, travaux et labours d'automne), le « manieur de métal rouge » réparait, forgeait, martelait des fers, les adaptait à chaque animal, les posait (B.

8

9

10

Lizet). Entre-temps, le maréchal-forgeron réparait les outils à bras et attelés. ● Le maréchal, « médecin » des pattes et sabots, ou cornes des animaux, était aussi un « médecin généraliste » pour ces animaux. Ses savoirs, ses dons de guérisseur, étaient réputés bénéfiques aussi pour les humains. Son rôle social était également important dans les communautés rurales : il l'est resté dans certaines sociétés d'Afrique noire, entre autres. ● En France, le maréchal, dont la fin de l'apprentissage comme compagnon était couronnée par l'exécution d'un chef-d'œuvre (**9**,**10**), avait une situation dont l'importance diminua avec les transformations de la métallurgie : pose de fers manufacturés au lieu de fers façonnés à l'enclume ; fers dont la variété des modèles fut considérablement réduite (à rapprocher de la réduction des outils agricoles, p. 84-85). ● A la campagne, sauf exception, la clientèle du maréchal a abandonné l'animal pour le moteur. ● Le maréchal-ferrant disparut à son tour, à moins de se reconvertir en réparateur de machines agricoles. Mais il est encore des pays — heureux ? du moins pour la beauté et la science des gestes — où les fers continuent à être forgés à la main (**4**).

1/2 : Ferrage d'un bœuf ou d'un cheval : différences d'attitudes et de matériel. Attitudes du maréchal-ferrant. Cartes postales. **1** : Ferrage d'un bœuf, immobilisé — et même soulevé par des sangles passées sous le ventre — dans un « travail » ou « trenel ». Limousin. **2** : Ferrage d'un cheval ; celui-ci n'est immobilisé dans un « travail » que s'il est récalcitrant.

3/4/5/6 : Divers types de fers pour chevaux ou bovidés. **3** : Fer à cheval ancien pour sabot fourchu (14,5 × 12,5 cm) ; à 7 clous. Don d'un maréchal du Mêle-sur-Sarthe, Orne (Musée de Normandie, Caen). **4** : Fer à surface pleine (12,5 × 10 cm) ; 3 clous forgés main comme le fer (L : 5,4 cm). Turquie (Musée de Konia). **5** : Fer de yak (11,5 × 10,5 cm), forgé main. 1980. R.P. de Chine, Tibet, acheté sur le marché à Lhasa (MJBD). **6** : Fers pour les sabots (ongles) de 2 des doigts d'un bovin (14 × 7 cm ; H de l'attache dont la partie supérieure est recourbée sur le dessus du sabot : 9 cm). L'un des types de fer à vache répandu en France ; voir ce type de fer sur le « chef-d'œuvre » (9).

7 : Patin ; bois ; lanières de cuir (D : 22 à 25 cm ; H : 6 cm). Placé sous les sabots des chevaux pour circulation et transports divers sur la neige. Fabrication artisanale, puis (après 1950) industrielle (semelle caoutchouc). Norvège. Des patins étaient mis aussi aux pieds des chevaux tractant une charrue en terrains mous de tourbières en Écosse (Inf. Fr. Sigaut).

8 : Saint Éloi (7ᵉ siècle, conseiller du « bon roi » Dagobert). Patron des maréchaux-ferrants, tient un fer à cheval. Statue bois polychrome. Art allemand. Vallée du Rhin. 16ᵉ siècle (Musée Dobrée, Nantes).

9/10 : Chefs-d'œuvre, « Bouquets de Saint Éloi », exécutés par des compagnons maréchaux-ferrants pour passer « maîtres ». Enseignes fer forgé. 19ᵉ siècle. France. **9** : « Bouquet » (H : 1,50 m ; l : 73 cm) ; en bas, 11 fers différents disposés en demi-couronne. Au-dessus, un avec modèles réduits : deux fers à vaches, de chaque côté, à la base ; trois houes composées (1ʳᵉ, 3ᵉ branches et sommet) ; à gauche reille lancéolée (7, p. 35) ; à droite soc dissymétrique (5, p. 47) ainsi qu'un curoir (pour nettoyer le soc en cours de labour) ; fourche à foin trois doigts (p. 110-111) ; bêche fourchue, deux dents (8, p. 17). Vaucluse, Aurel. **10** : « Bouquet » (1,90 × 1,48 m) ; 28 fers différents sur quatre fers supports ; guirlande de feuilles de laurier : couronne à la partie supérieure. Bourgogne, Saône-et-Loire.

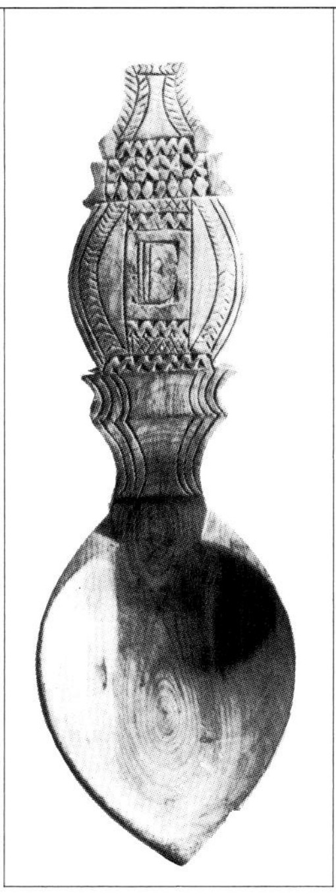
3

1

2

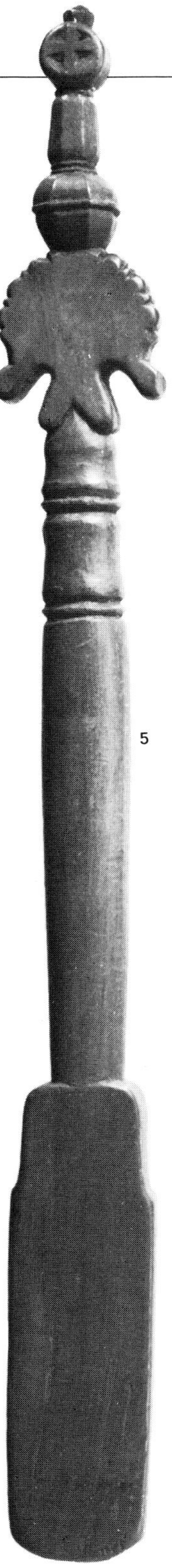
5

6

4

CUILLÈRES ET RÉCIPIENTS DIVERS, UN DES ASPECTS DE LA VIE ET DES ACTIVITÉS PASTORALES

● Les cuillères en bois (**1** à **4**), les spatules (**5**,**6**), divers contenants pour préparations ou transports alimentaires (**7** à **12**) sont pour la plupart exécutés par leurs utilisateurs, ici, en majorité, bergers et vachers. ● Formes et dimensions de ces objets correspondent à la fonction de ceux-ci, aux matières premières employées : bois ou autres végétaux (**1** à **7**, **9** à **11**), corne (**8**), terre (**12**), et à la manière de tirer parti de ces matériaux. ● L'emplacement des divers dispositifs de support (**10**) ou encore ceux de préhension — manche ou anse — sont variés, tout en devant répondre à certaines conditions communes de prise en main et d'emploi du contenant. ● Les manches sont rigides, et fixe est leur attache (**1** à **7**) : cela permet non seulement de porter le contenant (et donc son contenu) à bout de bras, mais aussi de le mouvoir en diverses positions, d'une seule main, suivant les nécessités d'emploi. ● Certains traits complémentaires, comme un crochet à l'extrémité du manche (**7**), confortent la prise et le maintien en main, en cours de travail. Ce qui permet, au repos, d'accrocher cette petite louche qui sert à contenir la présure. Celle-ci, dissoute, fera cailler le lait (fabrication du fromage). ● Les anses rigides, à attaches fixes (**12**) ou articulées (**11**), comme les anses souples (**9**,**10**) servent au portage du récipient (p. 152-153) ou à sa suspension ; sauf si le récipient, au lieu d'être suspendu, est posé directement sur son fond ou par l'intermédiaire d'un support, attenant, l'éloignant du sol (**10**). ● Les auteurs, bergers ou vachers, de la plupart de ces objets domestiques, en sont, en général, les utilisateurs ; ils connaissent les matières premières dont ils peuvent disposer, comme les impératifs de fonction, et, en conséquence, de fabrication. ● Mais ils ont su souvent, chacun à sa manière, conférer, même aux plus humbles de ces objets, des caractères originaux, personnels, dont ont « profité » particulièrement, entre autres, les manches. ● Ceux-ci, situés entre la main et la partie la plus directement travaillante de l'objet, peuvent être « nus » ou presque « nus » ; par leur ligne droite ou courbe (**7** ; et 5, p. 156), ils n'en sont pas moins beaux — parfois même encore plus

10

12

11

9

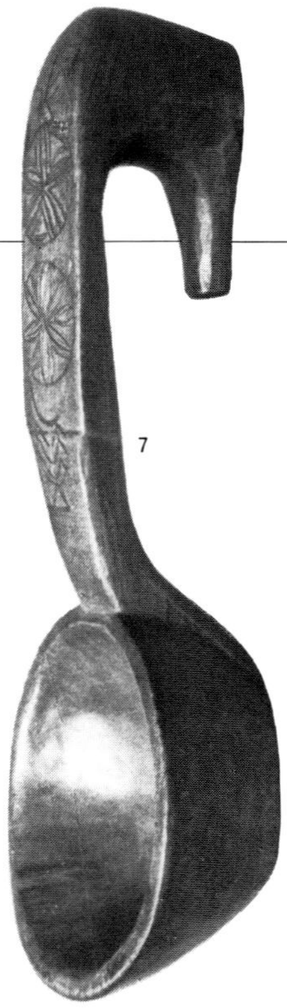

7

8

beaux. D'autres manches sont ciselés avec la lame du couteau, gravés ou percés avec la pointe de celui-ci. ● « Enjolivements » qui sont souvent des motifs — cœur (**2**), croix (**5**), étoiles (**6**) — dont le symbolisme nous paraît clair. Mais certains modèles géométriques, comme la rosace à pointes, n'ont-ils pas, ici, quelque résonance ésotérique ? (p. 178).

1/2/3/4 : Cuillères en bois au manche orné ; exécutées par bergers ou vachers. Divers usages. **1** : Cuillère vue de dos ; dans le manche, silhouette découpée d'un cerf (L : 20,5 cm ; d : 10 cm). 1re moitié du 19e siècle. Suisse, canton de Lucerne, Entlebuch. **2** : Cuillère avec le manche ; en découpe, un cœur ; en gravure, étoile, initiales (L : 15 cm ; d : 11 cm). Datée 1613. Comme la précédente cuillère, servait à recueillir la crème à la surface du lait. Suisse (1, 2, Schweizerisches Museum für Volkskunde, Bâle). **3** : Cuillère pour consommation individuelle (L : 16 cm ; l : 5 cm). Espagne, Ciudad Real, Fuencaliente. **4** : Cuillère et fourchette à 5 dents (L : 25 cm ; l : 7,8 cm), placées tête-bêche ; monoxyle ; en guise de manche, le portrait barbu de Garibaldi (au dos, le portrait de sa femme). Sculptées par des gardians. Inscriptions : B J 1898 (Bouches-du-Rhône, Muséon Arlaten, Arles).

5/6 : Spatules (L 5 : 25 cm et L 6 : 20 cm ; bases « travaillantes » : 7,8 × 2,3 cm et 3 × 2,3 cm). Sculptées, gravées par des bergers. Pour remuer leur bouillie dans la marmite. Hongrie, Hadzu-Bihar, Debrecen (Musée d'Agriculture, Budapest).

7 : *Grailin ;* petite louche ; bois de cornouiller (L : 21 cm) ; voir aussi 5, p. 156. 19e siècle. Hautes vallées alpines, au nord de l'Italie (nord-nord-ouest de Biella), vallée de l'Elvo (Elf), Sordevolo (Inf. G. Calleri ; collection privée).

8/9/10/11/12 : Divers porte-dîner en corne, bois, vannerie, poterie ; pour repas au pâturage ou au champ. **8** : Corne de bovin (L : 14,5 cm ; d max. : 8 cm, et min. : 6 cm) ; décors gravés (vaches avec et sans collier). Espagne, Salamanque. 1939. Musée de Bâle, ci-avant 1, 2). **9** : Porte-dîner en liège (H : 9 cm ; d : 17 cm). Espagne, Andalousie, Sierra Morena. **10** : Pour transporter le riz cuit (H : 37,5 cm ; d panier : 11 cm ; l base : 26 cm) ; bambou. Laos. **11** : Porte-dîner (34,5 × 26 cm) ; bois de pin, cerclé de bois. 19e siècle. France, Hautes-Alpes, Queyras, Arvieux, Les Escoyères. **12** : *Potine,* porte-dîner en poterie (H max. : 19 cm ; l : 28 cm ; d : 12,5 cm et 15 cm) ; terre vernissée partiellement verte à l'extérieur. Pour apporter le repas au berger ; l'un des contenants, pour le repas du chien. Eure-et-Loire, Beauce.

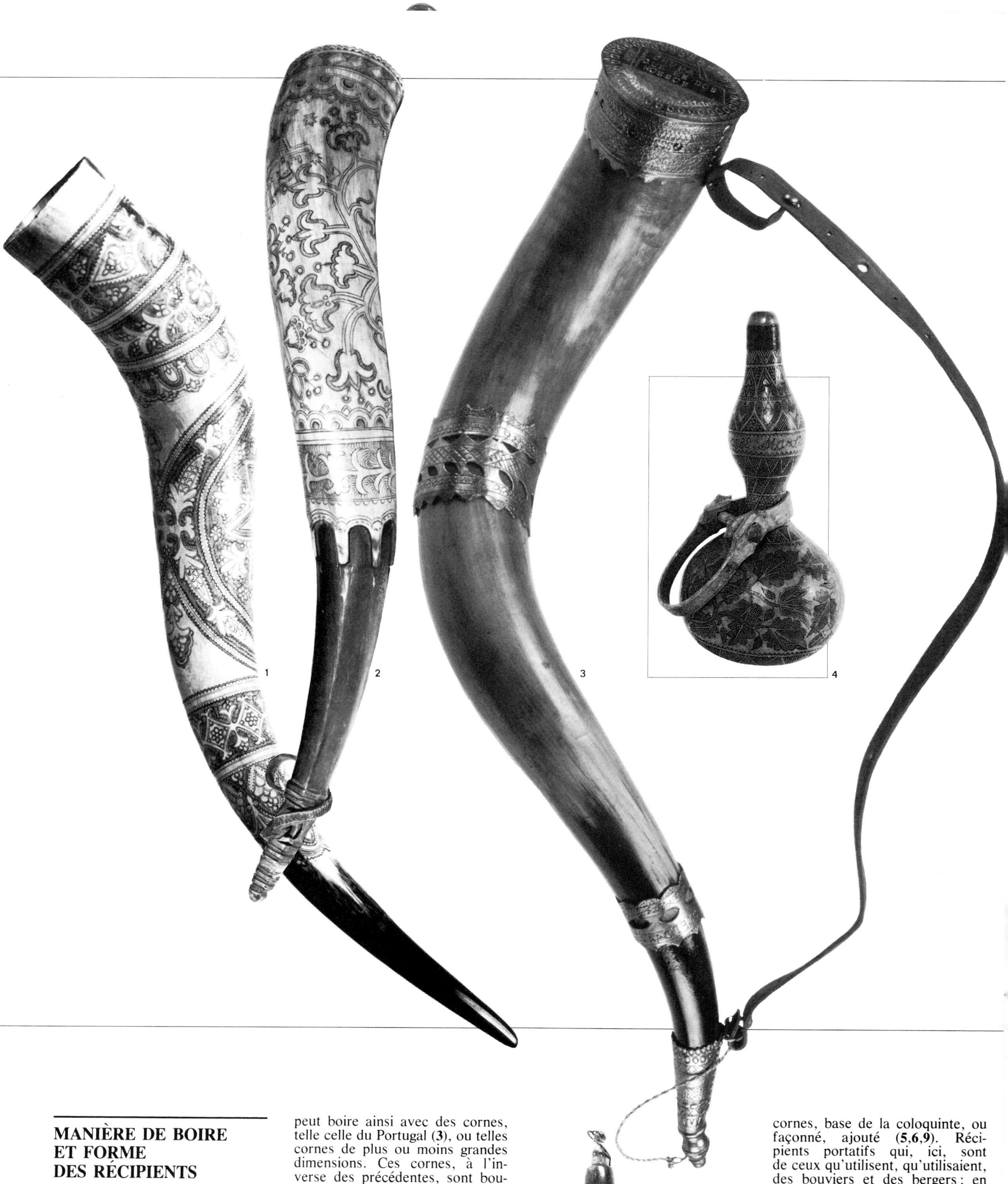

1 2 3

4

MANIÈRE DE BOIRE ET FORME DES RÉCIPIENTS

● Pour boire, on peut se servir de contenants intermédiaires entre le récipient principal et la bouche (p. 156-157). Avec la plupart des récipients figurés ici, gardiens de troupeaux, cultivateurs peuvent boire de deux autres manières. ● Soit directement au récipient principal, en l'occurrence au rebord de cornes de bovins comme celles de Hongrie, (**1**,**2**) ; cornes couramment peu ornées, ou même toutes simples, « nature » : cornes mises à l'envers, pointe en bas, base en haut, celle-ci assez ouverte pour que l'on puisse y porter ses lèvres pour boire. ● Soit en ne touchant pas des lèvres le récipient, c'est-à-dire en buvant « à la régalade » ; on peut boire ainsi avec des cornes, telle celle du Portugal (**3**), ou telles cornes de plus ou moins grandes dimensions. Ces cornes, à l'inverse des précédentes, sont bouchées à leur base, et c'est par leur pointe percée que la boisson peut s'écouler en un jet plus ou moins vif. ● La tête penchée en arrière, celui qui boit — avec ces cornes ou autres récipients aménagés à cet effet (**4** à **9**) — dirige le jet vers sa bouche ; il tient le récipient incliné et à une certaine hauteur devant lui. Ses compagnons peuvent faire de même à tour de rôle, sans toucher de leur bouche « l'embouchure » du récipient. ● Cette manière de boire nécessite un certain entraînement, le jet rapide et ininterrompu du liquide oblige à une déglutition rapide et bien rythmée. ● L'orifice est aménagé ; il est utilisé tel quel (**7**,**8**), ou avec un goulot naturel : extrémité des cornes, base de la coloquinte, ou façonné, ajouté (**5**,**6**,**9**). Récipients portatifs qui, ici, sont de ceux qu'utilisent, qu'utilisaient, des bouviers et des bergers ; en général, ceux-ci les ont faits, et

5

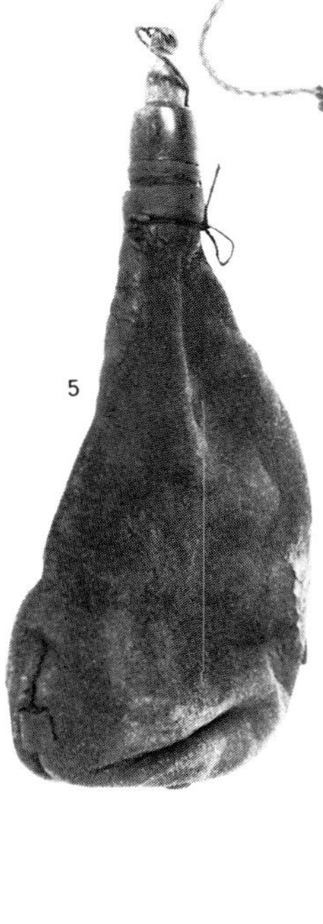

9

6

7

8

décorés, pour eux-mêmes ou pour les offrir. ● Boire à la régalade est en fait très hygiénique (et on peut boire de cette manière avec une bouteille ordinaire) ; mais il est probable que les utilisateurs de ce procédé apprécient aussi (peut-être surtout) la simplification de matériel qu'il comporte. Manière habituelle de boire et forme des récipients correspondants : des gestes et des traits significatifs. ● Il faut cependant noter que telle manière de boire n'exclut pas telle autre avec le même récipient. D'un orifice étroit, le liquide peut aussi être versé dans un contenant intermédiaire dont les bords sont plus ou moins évasés (p. 156-157). Sur ceux-ci, comme sur le rebord de certaines cornes, les lèvres peuvent alors se poser.

1/2/3 : Cornes de bovidés que des bouviers ont transformées et embellies pour s'en servir comme cornes à boire et/ou comme récipients pour le transport d'une boisson. **1** : Corne à boire (L : 65 cm ; d : 0,7 à 9 cm). Hongrie, Somogy. **2** : Corne en deux parties qui s'emboitent ; cuir. (L totale : 38 cm ; L première partie en corne blanche : 23 cm ; L deuxième partie en corne noire : 15 cm ; d maximum : 6 cm). Décor floral incrusté. Hongrie, région de Debrecen. **3** : Corne de plus grandes dimensions (L : 82 cm ; l max : 11,5 cm ; min. : 2 cm) ; pointe aménagée pour l'écoulement du liquide. Application de cuivre découpé et inscriptions gravées. Portugal, Minho, Viana do Castelo.

4/5/6 : Différents types de gourdes (forme, matière) pour emporter la boisson au champ, au pâturage — ou « don d'amour ». **4** : Coloquinte séchée (H : 26 cm ; d max. : 12 cm) ; décor gravé et peint, cœur, feuilles de chêne, glands ; attache articulée, en bois. Nom et date, 1908. Yougoslavie, Croatie (Schweizerisches Museum für Volkskunde, Bâle). **5** : Gourde, *buta* (30 cm × 17 cm) ; peau de chèvre ; goulot ; bouchon vissé, en corne. Première moitié du 20e siècle. Exécutée en Espagne, utilisée à Ferrières, France, Hautes-Pyrénées. **6** : Gourde (H totale : 36 cm ; dont H support : 5 cm ; l : 13,5 cm ; d goulot : 4 cm) ; faisceau de fibres entrelacées ; étanche : l'intérieur étant enduit de poix pour rendre la gourde étanche. Portée en bandoulière. 1889. RDA, Juteborg, Rohrbeck. Etant donné la région (peu d'élevage ovin) hésitation à attribuer cette gourde à un berger d'après E. Karasek (Museum für Volkskunde, Berlin, RDA).
7/8/9 : Tonnelets (petits « tonneaux ») ; comparables aux tonneaux, le corps formé de douelles et cerclé de bois (ici), ou de fer. Pour transporter lait, vin, eau, en général pour consommation personnelle du berger ou celle d'autres gardiens de troupeaux. **7** : Pour transporter du lait (d : 26 cm ; l : 16,5 cm). 1853. Norvège, Hedmark, Osterdalen (Norsk Folkemuseum, Oslo). **8** : Tonnelet, (13 cm × 18,5 cm). Le berger apporte sa boisson (ici vin) au pâturage. 19e siècle. France, région du Massif Central, Auvergne (don du berger, mission C. Marcel-Dubois). **9** : Tonnelet (L. : 10 cm ; d : 20,5 cm). Sur sa face, la Croix et le monogramme du Christ, ca 1600. Suisse, canton d'Uri (Musée de Bâle, voir 4, ci-avant).

2

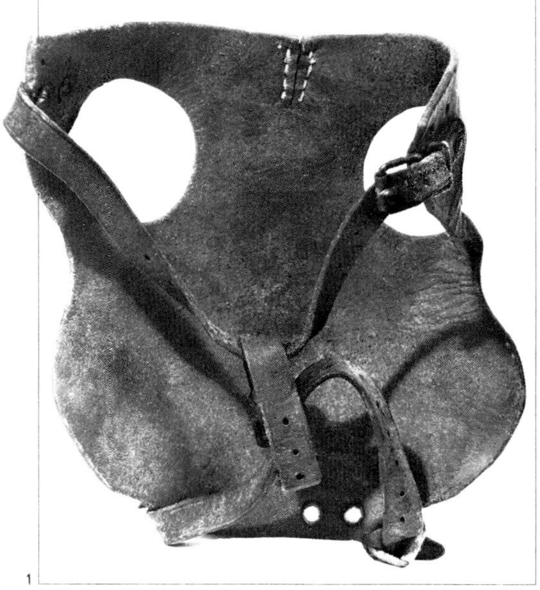

1

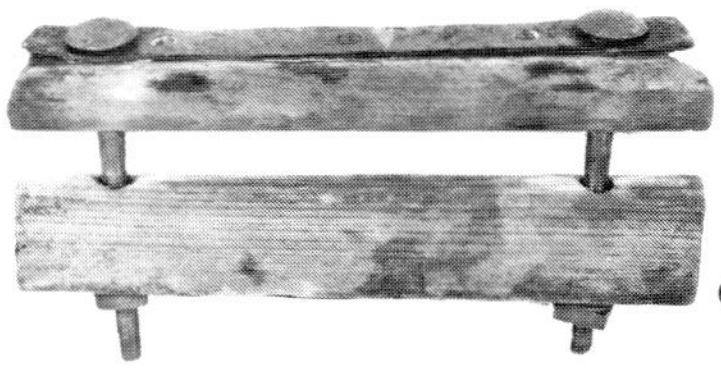

6

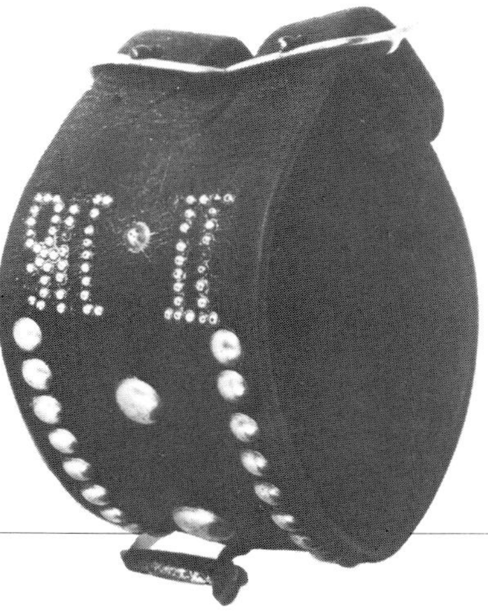

3

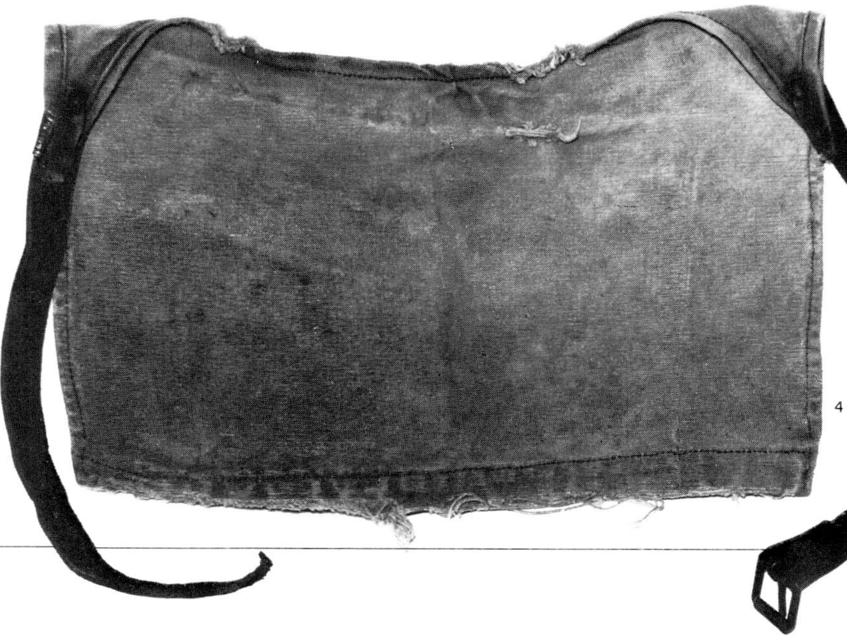

4

LES CONDITIONS DE VIE D'UN TROUPEAU : REPRODUCTION ET SOINS

● La reproduction est encore, dans certains cas et certaines régions du monde, confiée à des béliers vivant librement dans le troupeau. Ces béliers s'affrontent (s'affrontaient) parfois durement ; aussi, en France, les aveuglait-on avec un masque (**1**,**2**), lorsqu'il y avait compétition entre eux au moment de la lutte (accouplement du bélier et de la brebis). ● Le bélier reproducteur, le plus beau, le plus vaillant, bénéficiait d'un collier particulièrement orné (**3**). Lorsqu'il s'agissait, au contraire, d'éviter des rapports entre bélier et brebis, on munissait le bélier d'un « tablier » (**4**) ; quant aux agnelles (jusqu'à un an), trop jeunes encore pour « faire l'agneau », on cousait sur leur arrière-train un morceau d'étoffe (**5**), appelé *brague* dans les Landes, *pédas* dans les Hautes-Pyrénées. ● Mais il est des mâles — et pas seulement parmi les ovins — auxquels on enlève toute possibilité de procréation en supprimant leurs testicules (**6**) ; ceux-ci étaient broyés (chez les Lapons) ou coupés avec les dents (en France) ; dans ce dernier cas, des bergers pyrénéens préparaient avec eux un plat fort apprécié. ● Les ovins *châtrés* — à proprement parler des « moutons » (mais ce terme est employé couramment pour désigner tous les ovins) — sont utilisés comme conducteurs de troupeaux (p. 172). Le « vrai » mouton est aussi celui que sacrifient les musulmans lors de leur fête religieuse de l'Aïd el Kébir. ● Sur d'autres marchés, comme en France, les consommateurs prisent, surtout maintenant, les viandes jeunes, comme celle des agneaux « de 100 jours » ou mieux encore de « 30 jours », ce qui a modifié très profondément les conditions et techniques de l'élevage et celles du marché de la viande ovine. ● Grande tâche pour le berger que de veiller constamment à la santé de chacune de ses bêtes ; il pratique lui-même certains soins et interventions. Il dispose à cet effet de divers produits et d'un petit matériel médical et chirurgical ; il le transporte, en général, dans son sac ou dans ses poches (p. 152-153). ● Parmi les contenants, les cornes de bovins ont été souvent aménagées, décorées (**7**), par les bergers eux-mêmes pour le transport de produits, tels l'huile de cade pour combattre la gale, et le jus de tabac pour soins

12

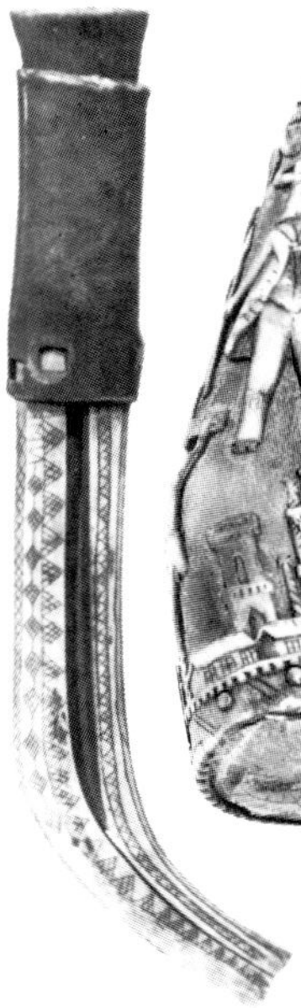

7

8

9

5

10

11

et désinfection. ● Les couteaux sont, parmi tout le matériel pastoral, les objets les plus répandus et indispensables, avec leur lame unique ou leurs nombreuses lames à usage spécialisé (**8** à **12**). ● Les couteaux sont les compagnons les plus familiers de tous les éleveurs et cultivateurs ; les gestes accompagnant leur emploi ont même acquis, en certaines circonstances, une valeur significative particulière : autrefois, à la fin du repas, tant que le maître de maison n'avait pas « plié » son couteau (de table et à usages divers), on n'avait pas le droit de se lever de table : symbole de l'autorité patriarcale.

1/2/3 : Divers équipements destinés aux ovins et liés aux problèmes des accouplements bélier-brebis. 19e et 20e siècles. France. **1** : Masque de bélier, vu de l'intérieur (26 cm × 26,5 cm). Cuir ; deux orifices pour les cornes. Ariège, Mirepoix. **2** : Masque de bélier, vu de profil (20,5 cm × 16,5 cm). Cousu et riveté. Place des cornes en arrière du masque, entre les courroies. Aveyron, Villefranche-de-Panat (don de E. Teysseyre, moniteur d'élevage ovin, FNO). **3** : Collier d'attache de bélier (l : 10 cm ; d : 17 cm). Cuir, fer ; clous de cuivre à la fois décoratifs et donnant plus de rigidité au collier. Caractérise le meilleur géniteur du troupeau. Initiales IR (celles du berger Irénée Roques). Fin 19e siècle. Aveyron, Villefranche-de Panat (don des enfants du berger. FNO).

4/5/6 : Pour empêcher les accouplements. 19e et 20e siècles. **4** : Tablier de bélier ; rectangle, avec partie supérieure arrondie (H : 35 cm ; l : 46 cm). Toile, attaches en cuir, boucles en fer. Placé verticalement sous l'animal, empêche la lutte libre qui nuit à la sélection, fatigue les agnelles, rend le contrôle laitier difficile en perturbant la lactation. Alsace, Bas-Rhin, Molsheim (Don de M. Mulmayer, mission MJBD). **5** : Agnelles protégées. Morceau de toile cousue autrefois avec de la laine, à présent avec de la ficelle, pour éviter les accouplements avant que l'agnelle ait atteint 18 mois. 1977. Hautes-Pyrénées, au-dessus de Ozon. (MJBD). **6** : *Casseaux*, instrument à castrer les agneaux mâles entre 4 et 6 mois (32 cm × 17 cm). Les deux barres de bois sont rapprochées et les écrous serrés ; quelques coups de marteau sont donnés sur la barre supérieure (pour produire l'atrophie des vaisseaux testiculaires). Fabriqué par l'utilisateur, fin 19e siècle ; don de ses enfants. Haut-Rhin, Bantzenheim (Mission MJBD et A. Grammes, FNO).

7 : Corne (blonde) de bovin (29 cm × 8 cm) ; pour jus de tabac, produit utilisé pour désinfecter plaies et abcès des ovins. Haut bouchon bois, incrusté étain. Suspendue à la ceinture. Décor gravé en taille d'épargne : berger, bergère se tenant par la main ; roulotte à deux roues ; église ; maisons ; à gauche, un des larrons crucifiés entourant le Christ en croix (figuré de l'autre côté). Fin 19e siècle. Exécutée par Paul Volfard, berger ; en usage jusqu'en 1930. France, Meuse, Nant-le-Petit (Inf. G. Charoy, FNO).

8/9/10/11/12 : Divers couteaux de bergers et d'autres pasteurs. Suivant besoins, régions, souhaits des utilisateurs, formes et nombre différents de lames acier, et divers manches. **8** : Un jeu de lames (couteau fermé : 13 × 3,5 cm), dont trois « flammes » (perpendiculaires à l'extrémité de la lame), utilisées, entre autres, pour les saignées ; lame à pointe incurvée pour le piétin, lésions des tissus sous les cornes de la patte qui font tant souffrir les ovins : ceux-ci boitent, ils se mettent à genoux pour paître... France, Hautes-Pyrénées. **9** : Couteau pliant (10,3 × 2,8 cm) ; lame pour piétin, incurvée ; poinçon. Inscription : Grosshaus Ernest. Début 20e siècle. France, Alsace, Haut-Rhin, Dietwiller. **10** : Couteau pliant (L : 20 cm), pour piétin. 19e siècle. Italie, Piémont, haute vallée de l'Elvo (comme 7, p. 155, pour localisation et origine). **11** : Couteau (L : 32 cm ; l manche : 5 cm ; lame : 3 et 2 cm) ; manche bois incrusté d'étain. Hongrie, Grande Plaine (voir 6, p. 153). **12** : Couteau (L : 35 cm) ; dans sa gaine. Bois de renne et cuir ; 20e siècle. Laponie, nord Scandinavie (Inf. Y. Delaporte).

1

6

3

LA MAISON DU BERGER ET CELLE DE SON TROUPEAU

● La maison du berger, c'est l'espace lorsque le berger vit en plein air et qu'il couche à la belle étoile, près de son troupeau. Il est encore des bergers qui, à travers le monde, au cours de déplacements plus ou moins continus, couchent étendus sur le sol, enveloppés ou non dans leur cape ou leur manteau. Tels des bergers corses qui « s'enfermaient » ainsi dans leur *pelone*, en poils de chèvres : lourde cape à capuchon pesant une quinzaine de kilos ; « le pelone, c'est une vraie cabane » (G. Ravis-Giordani). ● D'autres bergers, tout en veillant eux aussi sur le troupeau, ont une cabane à roues (**1**, **2**), sans roues (**3**), ou à patins (**4** ; patins : voir p. 124-125) suivant les pâturages qu'occupera le troupeau ; cet abri peut donc être roulé, porté, ou glissé. ● Le berger y loge d'une manière continue, ainsi le « berger ambulant (p. 176) ; ou seulement à la belle saison, ainsi le « berger semi-sédentaire », son troupeau étant en plaine ; ou encore, pendant l'été, comme le « berger transhumant », en montagne avec son troupeau. ● L'abri réduit du berger suit le troupeau mais, dans certaines régions de plus ou moins maigre végétation, c'est la tente, abri de tout un groupe humain, qui est déplacée, accompagnant une recherche constante de pâturages par le « berger nomade ». ● Habitats pastoraux mobiles très divers. Mais il est aussi des habitats pastoraux fixes d'une grande diversité : cabanes en terre, bois, pierre, branchages, paille, ou mélange de ces matériaux. Construites en montagne, y séjournent le ou les bergers du troupeau transhumant ; hutte-abri souvent rudimentaire, et qui l'est parfois un peu moins lorsque le berger, à ses tâches de garde et de conduite du troupeau, joint celles de fromager (**5**). ● Quant au « berger de bergerie », qui rentre et sort le troupeau tous les jours, son logis est aussi varié : il loge en bergerie même ou à côté de celle-

8

7

2

4

5

ci, ou dans une « maison du berger » mise à sa disposition par un groupe de propriétaires d'ovins lui confiant leurs moutons, ou dans sa propre maison. ● Les « habitations » des moutons ne sont guère moins diverses, sauf si le troupeau vit constamment en plein air. Bergeries de formes, matériaux, dispositions intérieures différents, elles sont occupées d'une manière permanente ou temporaire ; certaines sont vraiment rudimentaires, tandis que d'autres traduisent, par leur seul aspect extérieur, une adaptation originale au milieu. Ainsi telle bergerie courbe des Landes (hélas ! non conservée) comparée à telle bergerie provençale (**6**,**7**). ● Souci aussi d'améliorer les conditions de production (y compris celle du fumier) et par conséquent des profits. Ces préoccupations d'ordre pratique et financier permettent de faire bénéficier le troupeau de plus de bien-être, ce dont, heureusement, grand nombre de bergers se soucient parce qu'ils aiment les brebis et que les brebis les aiment ; et ce n'est pas ici une parabole. ● Les gardiens de troupeaux recherchent, pour eux-mêmes, un peu plus de bien-être : camping moderne de berger vu en Normandie, ou encore cabane-cuisine des cowboys en Amérique !

1/2/3/4 : Cabanes mobiles de divers types. **1** : Cabane de berger (2,04 m × 1,04 m ; H : 2 m ; L totale avec le timon : 4,70 m). Bois, fer, toit en paille de seigle ; 2 roues. Habitat temporaire, l'été ; en 30 ans, 5 bergers l'ont occupée successivement, dont un berger, 18 étés. Exécutée en 1921. France, Auvergne, Puy-de-Dôme, Aydat (Mission M. Couturier, FNO). **2** : Cabane de berger à 4 roues, vue vers l'arrière ; les « joues » de la cabane correspondent à l'emplacement du lit du berger (disposé transversalement) ; sous le lit, mais ouverte vers l'extérieur, la niche à chiens. Type de cabane de Normandie et d'Ile-de-France. Octobre 1960. France, Val d'Oise, Ecouen, Montsoult, à 20 km de Paris (H. Trémaud). **3** : *Barraca de pastor*, barraque de pasteur (L : 2 m ; l : 67 cm) ; à la dimension d'un homme étendu ; battant abaissé pour la nuit ; protection contre les loups ; lit de paille. 20e siècle. France, Pyrénées-Orientales, Cerdagne, près Puycerda ; sert aussi dans les Hautes-Pyrénées (Mission J. Deloncle). **4** : Cabane sur patins (L : 2 m ; l : 76 cm ; H : 1,49 m), destinée à glisser sur l'herbe des pâturages. 19e siècle. Norvège, Nordland, Saltdal (Norsk Folkemuseum, Oslo). En France, des cabanes de berger, sur patins étaient utilisées notamment aux alentours du Mont-Saint-Michel (sur les prés-salés) et dans les Pyrénées.

5 : Cabane fixe. « Bergers de la montagne » ; le matériel servant à la fabrication du fromage est en train de sécher. Début 20e siècle. Hautes-Pyrénées, région de Cauterets (carte postale, éd. Ducassé, Doc. J. Blanc).

6/7/8 : Bergeries de divers types. France. **6** : Bergerie courbe, demi-circulaire, le dos tourné aux vents d'ouest. Ossature en bois, toit en chaume. Type unique en France ; il y en avait 298 au début du 19e siècle ; elles ont toutes disparu, les 3 dernières existaient encore, en partie écroulées, en 1941 date de la photographie ; le temps et les incendies les ont fait disparaître depuis lors, sans que l'on vienne à leur secours en les classant. Landes, au nord de Mont-de-Marsan, Lugaut, Retjons (Inf. et doc. Toulgouat). Une maquette reconstitue une de ces bergeries au musée d'Hossegor. Fermes semi-circulaires, en Espagne, Léon : influence, coïncidence ? (P. Deffontaines). **7** : Très belle bergerie en pierre, *coral*, où des moutons montant des régions littorales méditerranénnes, viennent passer l'été. 1939. Alpes-Maritimes, Le Bar-sur-Loup, Gourdon (Inf. P. Deffontaines). **8** : Un berger ambulant modernisé : une caravane moderne, au centre ; l'ancienne cabane sert de niche aux chiens. A droite, le camion, pour déplacer les deux « cabanes ». 1970. Eure. Saint-Cyr-de-Vandreuil. MJBD.

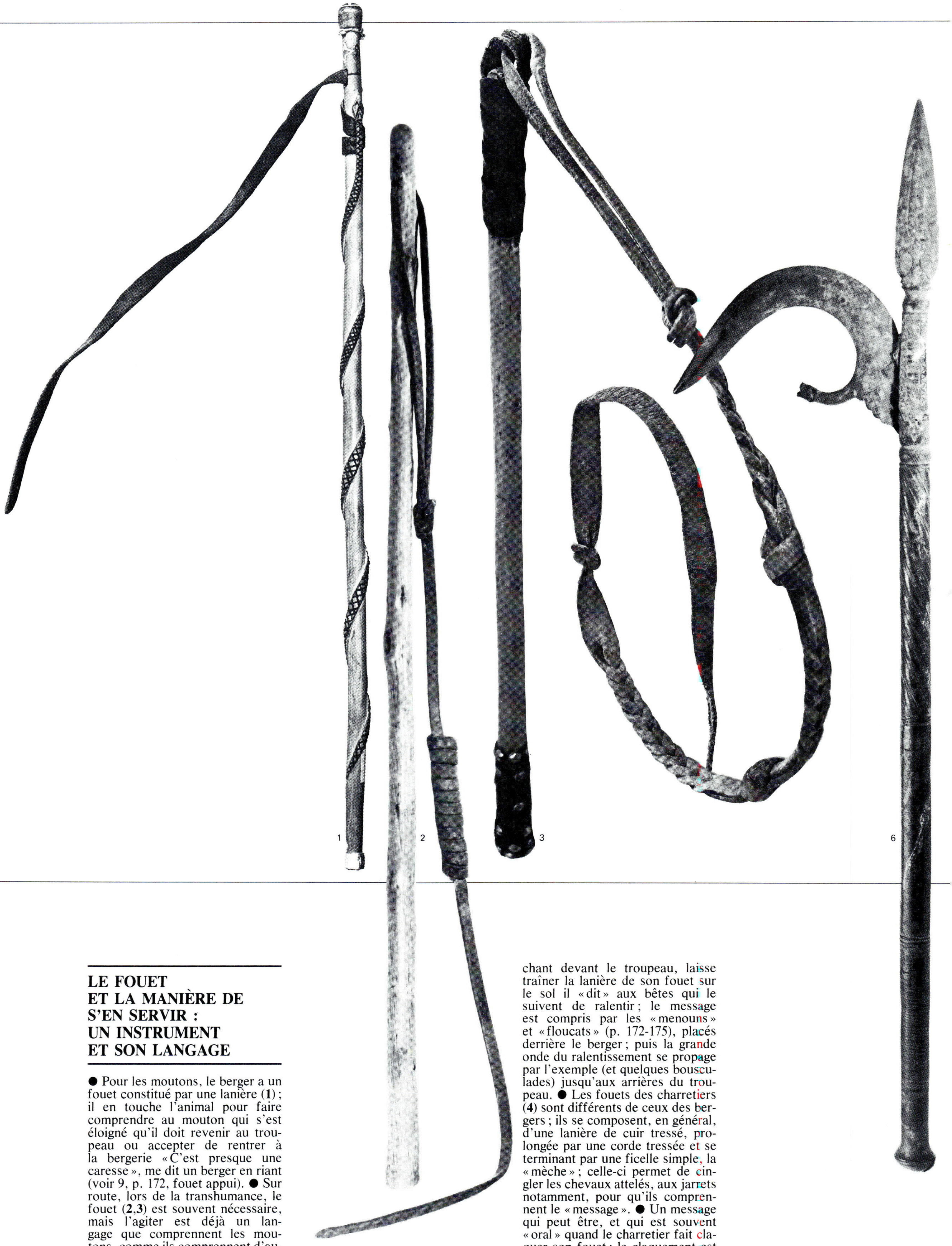

LE FOUET ET LA MANIÈRE DE S'EN SERVIR : UN INSTRUMENT ET SON LANGAGE

● Pour les moutons, le berger a un fouet constitué par une lanière (**1**) ; il en touche l'animal pour faire comprendre au mouton qui s'est éloigné qu'il doit revenir au troupeau ou accepter de rentrer à la bergerie « C'est presque une caresse », me dit un berger en riant (voir 9, p. 172, fouet appui). ● Sur route, lors de la transhumance, le fouet (**2**,**3**) est souvent nécessaire, mais l'agiter est déjà un langage que comprennent les moutons, comme ils comprennent d'autres gestes encore que fait le berger ; ainsi lorsque celui-ci, marchant devant le troupeau, laisse traîner la lanière de son fouet sur le sol il « dit » aux bêtes qui le suivent de ralentir ; le message est compris par les « menouns » et « floucats » (p. 172-175), placés derrière le berger ; puis la grande onde du ralentissement se propage par l'exemple (et quelques bousculades) jusqu'aux arrières du troupeau. ● Les fouets des charretiers (**4**) sont différents de ceux des bergers ; ils se composent, en général, d'une lanière de cuir tressé, prolongée par une corde tressée et se terminant par une ficelle simple, la « mèche » ; celle-ci permet de cingler les chevaux attelés, aux jarrets notamment, pour qu'ils comprennent le « message ». ● Un message qui peut être, et qui est souvent « oral » quand le charretier fait claquer son fouet ; le claquement est signal de départ, il est ordre d'activer l'allure, l'effort ; l'attelage le

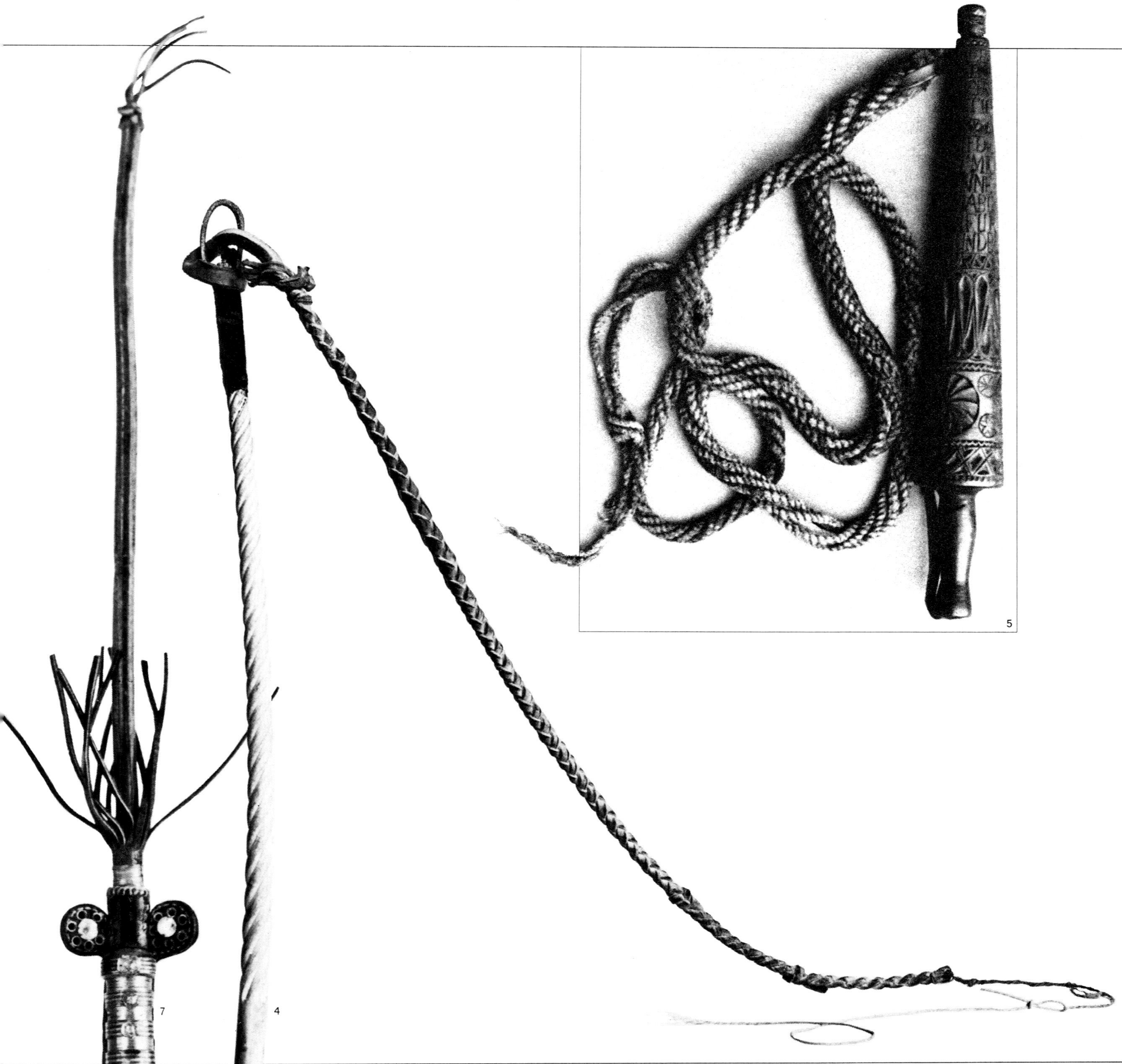

5

7

4

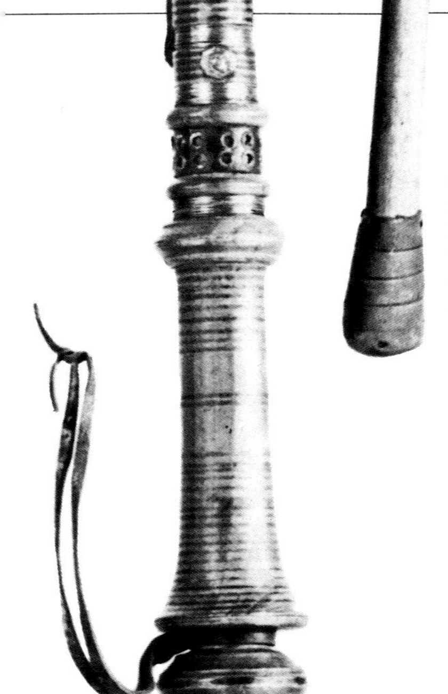

comprend parfaitement. ● Mais le conducteur qui fait claquer son fouet, au départ, exprime aussi sa propre satisfaction et la fierté qu'il a de son équipage : c'est alors à ceux qui l'entourent qu'il s'adresse, par exemple à l'arrivée à la foire ou au départ. ● Mais ne fait pas bien claquer le fouet qui veut : à Mollèges (Bouches-du-Rhône), le jour de la Saint-Éloi (1er décembre), un concours avait lieu à ce sujet entre jeunes gens afin de primer le meilleur claqueur de fouet. ● Le fouet, dit *«fouet de Pentecôte»* (**5**) est en Autriche le signe et l'instrument d'un autre message : « Instrument rituel dont se servent les jeunes pâtres au moment de leur tournée de quête, le jour de la Pentecôte, date de la première sortie des bêtes pour les pâturages » (K. Beitl). On retrouve une coutume similaire en Alsace.

● En observant d'autres instruments de conduite des animaux (**6**,**7**), il faudrait aussi pouvoir, au-delà de la lecture directe de certains traits — pointe et crochet d'une part, fouet, tige souple d'autre part —, discerner les diverses significations des emplois, afin de rendre à chaque objet sa véritable et complexe identité.

1/2/3/4 : Fouets de berger ou de charretier. France. **1** : Fouet de garde de berger sédentaire (L manche : 1 m ; L lanière : 67,5 cm) ; lanière plate, cuir chromé ; partie supérieure enroulée, pour allonger le fouet si nécessaire (usure) ; manche bois ; serpent sculpté ; initiales P R : Pagès Raymond, berger, auteur, utilisateur et donateur. 1961. Causse du Larzac, Aveyron, La Cavalerie (mission MJBD). **2** : Fouet, *fouit*, de route d'un berger de troupeau transhumant (L manche : 82 cm ; l : 2,4 cm ; lanière : 98 cm) ; lanière cuir veau, tressée, nouée ; manche frêne. Auteur, utilisateur : J. Sanchetti, berger. 1952. Pyrénées-Atlantiques, Gère-Bélesten (P. Masounave, FNO). **3** : Fouet de route (L lanière : 1,84 m ; d nœud : 3 cm ; L manche : 1 m) ; lanière cuir tressée et nouée ; manche dit « Perpignan », fabriqué à Sorèdes, près Perpignan, Pyrénées-Orientales, en bois ; monture et poignée cuir ; clous cuivre. 1959. Bouches-du-Rhône, Arles. **4** : Fouet de charretier, *fouit de carretié* (L manche : 73 cm ; lanière : 1,50 m) ; mèche cuir chromé, tressé ; manche torsadé en micocoulier ; poignée cuir. 1963. Bouches-du-Rhône, Manade de Tenque (Inf. Ch. Galtier).

5 : « Fouet de Pentecôte » (L manche : 73 cm ; L lanière : près de quatre fois celle du manche) ; manche bois, sculpté, motifs divers, dont rouelles, rosaces. Début 19e siècle. Autriche, Ultental, Tyrol du Sud (Inf. K. Beitl. Osterreichisches Museum für Volkskunde, Vienne).

6/7 : Divers instruments de conduite. **6** : Crochet à éléphant (L : 53 cm) ; fer gravé. Pour piquer et saisir. Inde. **7** : Fouet (L : 82 cm) ; manche métal (cuivre, fer) ; orné, ciselé ; partie fouet : cuir. Afghanistan, province de Balkh. Mazar-i-Sharif.

1

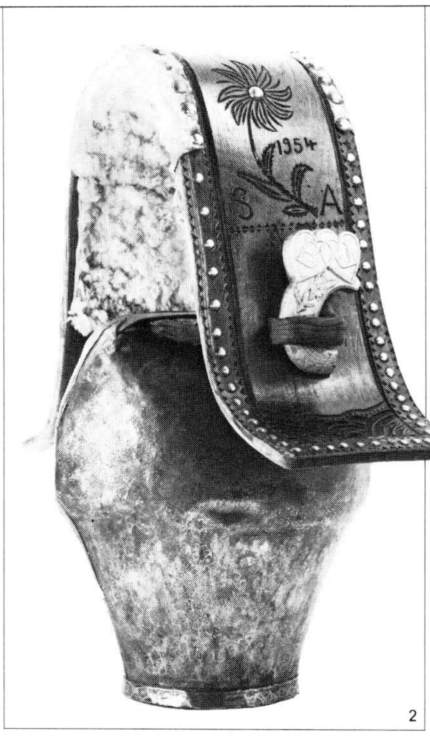

2

3

« COLLIERS LYRES » ALPINS ET COLLIERS RONDS PYRÉNÉENS. COLLIERS EN BOIS

● Les colliers coudés, « colliers lyres » alpins de cette page, sont du même type que les colliers précédents (p. 172-173). Ils sont mis en vis-à-vis, ici, avec l'autre principal type de collier, celui des colliers pyrénéens ronds (**4** à **7**). Les colliers de ces deux pages sont en bois et destinés à des ovins, sauf un collier (**2**) que portait un *menoun* (2, p. 173). ● Ces deux types de colliers ainsi confrontés sont en usage en France méridionale dans les régions où l'on pratique la transhumance, c'est-à-dire soit la montée de troupeaux « domiciliés » en plaine vers les montagnes (Alpes, Massif central, Pyrénées) pour un séjour estival, soit, en hiver, la descente, en plaine, de troupeaux vivant habituellement en montagne (transhumance « inverse »). ● Les colliers coudés sont ceux des troupeaux qui transhument du midi provençal vers les Alpes, troupeaux à l'est du Rhône ; quelques troupeaux, à l'ouest du fleuve, en portent aussi. ● Les colliers lyres ont des « ailes » qui varient d'envergure : les plus anciennes, typologiquement, sont droites ou peu évasées (2, 5, 6, p. 172-173) ; puis les ailes ont esquissé une courbe plus nette vers l'extérieur (4, 7, p. 173, et **1**,**2**, p. 174), pour prendre ensuite ampleur et « envolée » dans de très beaux colliers (**2** ; et p. 173, 3). ● A des bandes de cuir superposées — calées de part et d'autre, par des clavettes (bois, corne), utilitaires et ornementales — est suspendue la sonnaille. ● Quant aux colliers ronds en bois, ils sont utilisés pour les troupeaux transhumant à l'ouest du Rhône, montant des régions méditerranéennes vers le Massif central et les Pyrénées-Orientales et des plaines aquitaines vers les Pyrénées centrales et atlantiques (Béarn, Pays Basque). ● Pour la fermeture du collier rond, les deux extrémités de celui-ci sont superposées et « verrouillées » par des tenons à têtes extérieures (**4**), en nombre variable et par une goupille (visible à l'intérieur de **5** et surtout de **6**). ● L'usage de ces deux principaux types de colliers ne s'arrête pas aux frontières politiques, même de très hautes altitudes. Les colliers coudés sont utilisés de part et d'autre des Alpes : France, Italie (ovins ; 5, 6, p. 172), Suisse (bovins ; 7, p. 173), Allemagne (Bavière)... Les colliers ronds sont en usage aussi en montagne et de part et d'autre des Pyrénées (sans que l'on puisse préciser le sens de

6

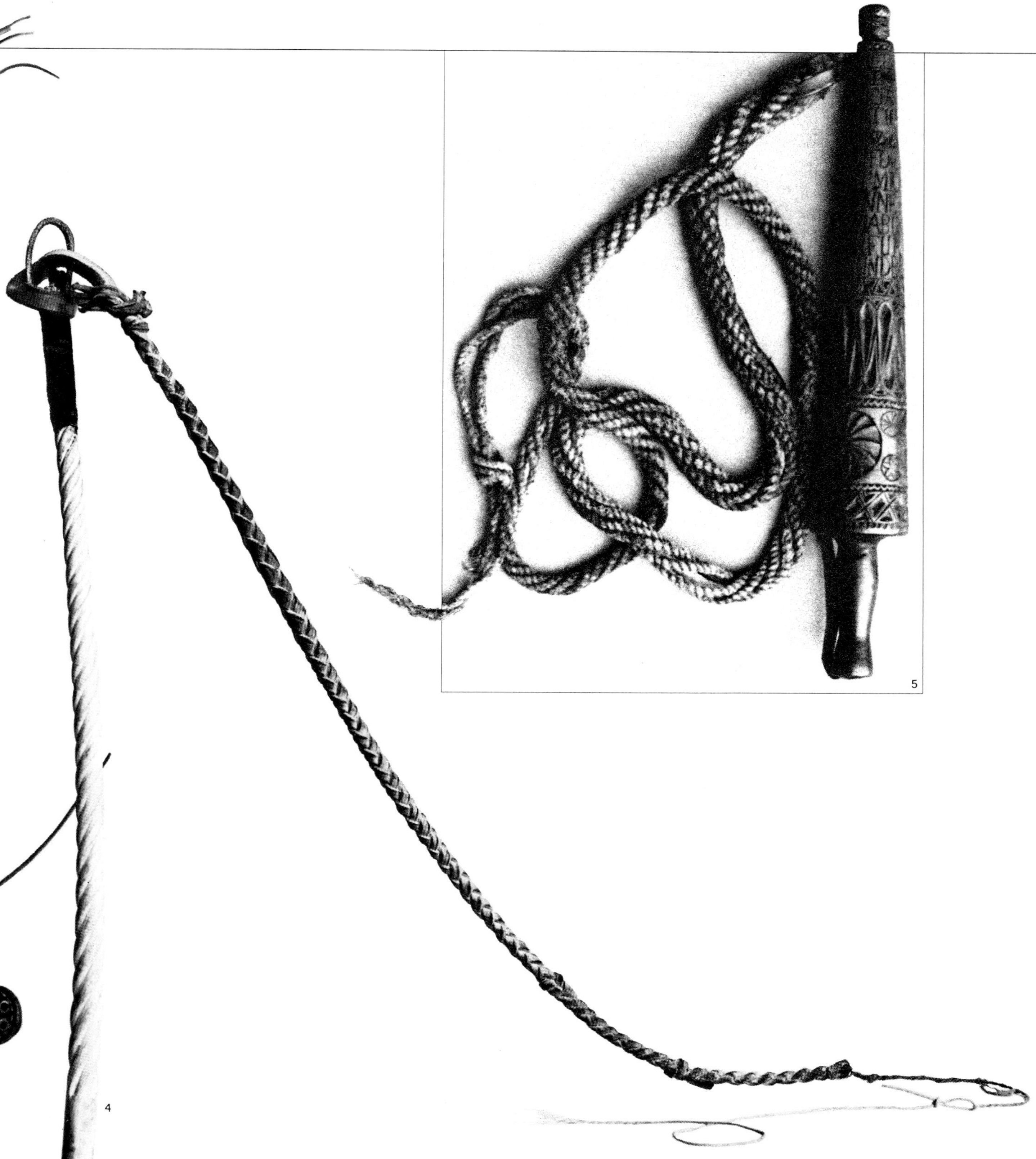

5

7

4

comprend parfaitement. ● Mais le conducteur qui fait claquer son fouet, au départ, exprime aussi sa propre satisfaction et la fierté qu'il a de son équipage : c'est alors à ceux qui l'entourent qu'il s'adresse, par exemple à l'arrivée à la foire ou au départ. ● Mais ne fait pas bien claquer le fouet qui veut : à Mollèges (Bouches-du-Rhône), le jour de la Saint-Éloi (1er décembre), un concours avait lieu à ce sujet entre jeunes gens afin de primer le meilleur claqueur de fouet. ● Le fouet, dit *«fouet de Pentecôte»* (**5**) est en Autriche le signe et l'instrument d'un autre message : «Instrument rituel dont se servent les jeunes pâtres au moment de leur tournée de quête, le jour de la Pentecôte, date de la première sortie des bêtes pour les pâturages» (K. Beitl). On retrouve une coutume similaire en Alsace.

● En observant d'autres instruments de conduite des animaux (**6**,**7**), il faudrait aussi pouvoir, au-delà de la lecture directe de certains traits — pointe et crochet d'une part, fouet, tige souple d'autre part —, discerner les diverses significations des emplois, afin de rendre à chaque objet sa véritable et complexe identité.

1/**2**/**3**/**4** : Fouets de berger ou de charretier. France. **1** : Fouet de garde de berger sédentaire (L manche : 1 m ; L lanière : 67,5 cm) ; lanière plate, cuir chromé ; partie supérieure enroulée, pour allonger le fouet si nécessaire (usure) ; manche bois ; serpent sculpté ; initiales P R : Pagès Raymond, berger, auteur, utilisateur et donateur. 1961. Causse du Larzac, Aveyron, La Cavalerie (mission MJBD). **2** : Fouet, *fouit*, de route d'un berger de troupeau transhumant (L manche : 82 cm ; l : 2,4 cm ; lanière : 98 cm) ; lanière cuir veau, tressée, nouée ; manche frêne. Auteur, utilisateur : J. Sanchetti, berger. 1952. Pyrénées-Atlantiques, Gère-Bélesten (P. Masounave, FNO). **3** : Fouet de route (L lanière : 1,84 m ; d nœud : 3 cm ; L manche : 1 m) ; lanière cuir tressée et nouée ; manche dit «Perpignan», fabriqué à Sorèdes, près Perpignan, Pyrénées-Orientales, en bois ; monture et poignée cuir ; clous cuivre. 1959. Bouches-du-Rhône, Arles. **4** : Fouet de charretier, *fouit de carretié* (L manche : 73 cm ; lanière : 1,50 m) ; mèche cuir chromé, tressé ; manche torsadé en micocoulier ; poignée cuir. 1963. Bouches-du-Rhône, Manade de Tenque (Inf. Ch. Galtier).

5 : «Fouet de Pentecôte» (L manche : 73 cm ; L lanière : près de quatre fois celle du manche) ; manche bois, sculpté, motifs divers, dont rouelles, rosaces. Début 19e siècle. Autriche, Ultental, Tyrol du Sud (Inf. K. Beitl. Österreichisches Museum für Volkskunde, Vienne).

6/**7** : Divers instruments de conduite. **6** : Crochet à éléphant (L : 53 cm) ; fer gravé. Pour piquer et saisir. Inde. **7** : Fouet (L : 82 cm) ; manche métal (cuivre, fer) ; orné, ciselé ; partie fouet : cuir. Afghanistan, province de Balkh. Mazar-i-Sharif.

1

13

10

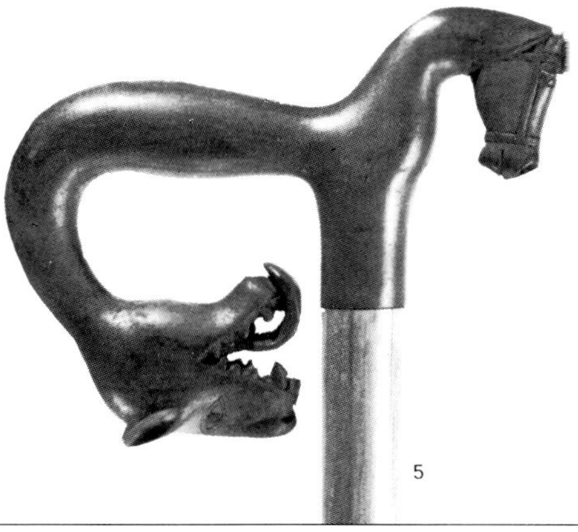

5

2

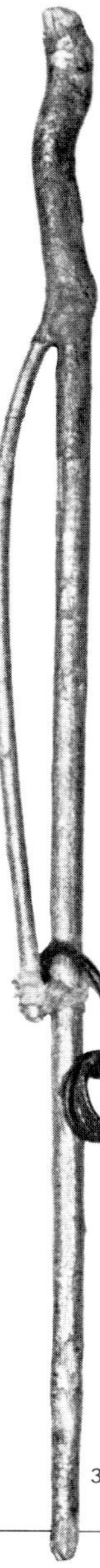

3

4

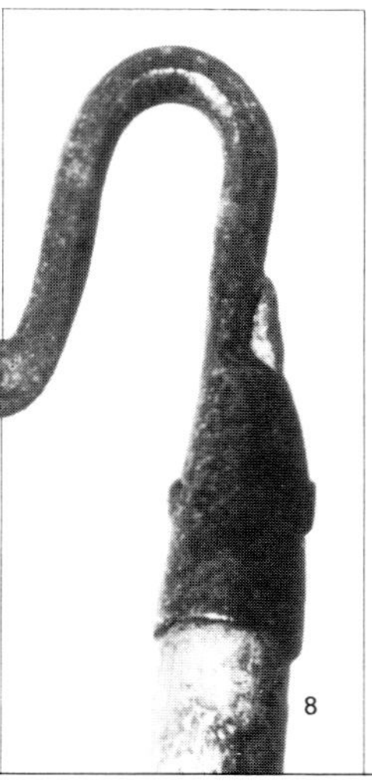

8

EN PROLONGEMENT DE LA MAIN, DES « BÂTONS » DIVERS : BOULADE, CANNE, CROCHET, HOULETTE, TRIDENT...

● Les rapports entre l'homme et l'animal sont concrétisés, ici, par une série de « bâtons » destinés à la « gouverne » (conduite, garde, rassemblement) du bétail. Mais aussi à la défense de celui-ci contre divers attaquants et prédateurs (p. 164-165). ● Appuyé sur sa *boulade*, un berger (**1**) surveille son troupeau au pâturage. D'autres bergers, au départ du troupeau, prennent leur canne (**4**,**5**) pour s'y appuyer et moduler leur pas et en même temps l'allure du troupeau. ● Cette prise en main est un geste-langage pour les animaux (comme l'est le fouet traînant p. 166-167). Elle signifie le départ ; les animaux manifestent dès lors plus vivement leur impatience à prendre la route. ● La voix accompagne ou non le geste, mais un autre signal sonore peut accompagner celui-ci ; le cliquetis des anneaux suspendus au manche (**3**) et agités par le berger ; celui-ci enjoint à ses bêtes de ne pas s'éloigner et leur signale sa présence. Si l'une d'entre elles s'éloigne, il lance vers elle le bâton sonore ; le chien ira le rechercher. ● Avec son bâton à crochet, le berger attrape par la patte arrière la bête qu'il veut saisir pour soins ou autres motifs (**7**,**8**). Du crochet fonctionnel, des bergers ont fait une œuvre d'art qui couronne une canne ou un bâton de gouverne (**4**,**5**,**6**). ● Le manche de la *houlette* a d'abord comporté une palette ou petite cuillère d'un côté ; puis a été ajouté à l'autre extrémité (7, p. 153) un crochet ; palette et crochet ont été ensuite réunis en une seule pièce (**9**). ● Avec la petite pelle, le berger envoie une motte de terre (**10**) ou une petite pierre un peu au-delà de la brebis qui s'éloigne pour la faire revenir ; le chien a alors ordre de ne pas bouger pour ne pas troubler tout le troupeau, à moins qu'il n'ait été chargé lui-même par le berger de faire revenir la brebis. ● L'usage de la houlette s'est étendu du centre de l'Europe vers le nord de la France. A ce seul type d'instrument doit être réservé le terme de « houlette ». ● Autres « bâtons » pastoraux en France : la *croix de pasteur*, de bergers pyrénéens (**11**), ou le *trident* des gardians de Camargue (**12**). ● Lors de cérémonies religieuses des évêques tien-

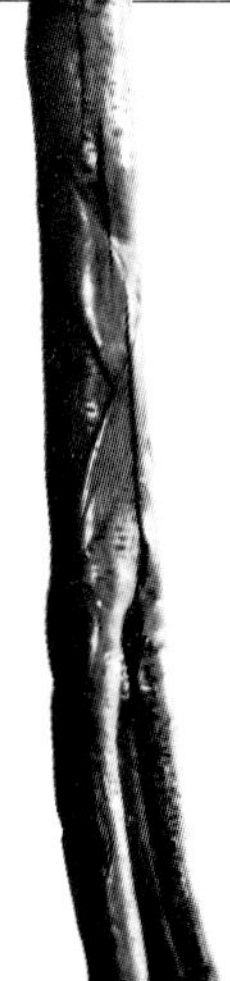

nent en main une crosse, souvent richement ornée (**13**), symbole du « bon pasteur » de l'Évangile.

1 : Un berger, les deux mains appuyées sur sa « boulade » : celle-ci comporte un renflement (collet d'une tige) à sa partie supérieure. Cape à rayures, dite « limousine », portée autrefois par des bergers (Auvergne, Limousin, Vendée, Beauce). 1960. Puy-de-Dôme, Olby (P. Soulier). « Boulade » au Portugal, voir M. Barboff.

2/3 : Bâtons de bergers et de vachers. **2** : Bâton de route du berger transhumant (L : 1,15 m ; d : 5 cm) ; frêne ; sculpté au couteau par le berger : serpent, scènes du Tour de France à bicyclette ; nom de l'auteur gravé « Carnino Michel, Berger Névache, 1952 ». Bouches-du-Rhône, Molières-Miramas (FNO). **3** : Bâton de berger ou de vacher (L : 91 cm) ; bois ; anneaux métalliques. Belgique, Wallonie (Musée de la Vie Wallone, Liège). Bâton sonore signalé aussi en Suisse, Valais (J. Loup).

4/5/6 : « Sommet » de canne ou de « bâton » pastoraux : autofabrication et création artistique. **4** : Tête de bélier, serpent (L totale : 1,09 m ; L crochet : 12 cm) ; cornouiller ; initiales (caractères cyrilliques). Décors ; un chien gravé. 1969. Bulgarie, monts Rhodope, Smoljan. **5** : Bois différents pour la poignée (zoomorphe) et la tige (L totale : 98 cm ; l poignée : 15 cm). Yougoslavie. **6** : Crosse (H de celle-ci : 13 cm ; l : 11 cm ; H totale : 1,41 cm). Cuivre doré. Partie incurvée pour appui (bras replié ou sous l'aisselle). Tête de bélier, serpent enroulé ; rosace à six branches (voir p. 92, 172, 178). Hongrie, région de Sopron (Schweizerisches Museum für Volkskunde, Bâle).

7/8 : « Bâtons de berger » : hampe et crochet. **7** : Attraper un mouton avec un crochet. Meuse, Naives-devant-Bar (L. Gilbert, FNO). **8** : Crochet de fer (L totale : 1,28 m). Hongrie, Dévaványa (Musée de Bâle, comme ci-dessus, 6).

9/10 : La houlette (du vieux français, *houler*, jeter). **9** : Cuillère avec crochet attenant (L : 1,18 m ; l : 6 cm) ; bois, acier. Manche teinté au sulfate de cuivre et sculpté : lierre, croix de Lorraine. Meuse, Naives-devant-Bar, comme ci-dessus Meuse (M. Chauvin, FNO). **10** : Le berger va jeter une petite pierre en direction du mouton, 1947. (Inf. J. Blanc).

11/12 : Deux modes de contact avec l'animal, suivant l'animal et le mode d'élevage. **11** : *Creu* (croix) *de pastor* (L totale : 1,45 m ; l fer : 6 cm) ; bois, fer forgé ; pour garde d'ovins. Palette arrondie pour jet de pierre ou de terre ; accroche-patte de part et d'autre. Arme aussi défensive (attaque loup). Plantée à l'écart, protège les moutons contre la foudre. 1960. Pyrénées-Orientales, Roussillon, Dorrès (Musée des Arts et traditions populaires, Perpignan). **12** : *Ferri, pounchoun, fichoiro*, trident (« trois dents ») de gardian (à cheval) de *manades* (en espagnol, *manada*, troupeau) ; utilisé en Camargue pour rassembler taureaux, chevaux, en les piquant ou en les en menaçant (L dents : 3 cm ; écart entre elles : 11 cm ; L manche : 1,60 m). Bouches-du-Rhône. Voir marquage, p. 181.

13 : Crosse ecclésiale (H : 22,5 cm ; l : 14 cm ; manque ici le manche) ; cuivre et bronze, ciselé, doré. Un monstre ailé engoule une volute terminée par un autre monstre. Agneau avec croix de la résurrection ; pierres précieuses. Fin 12e s. Exécutée en Angleterre. Aube, ancienne abbaye de Clairvaux (Musée de Cluny, Paris).

1

9

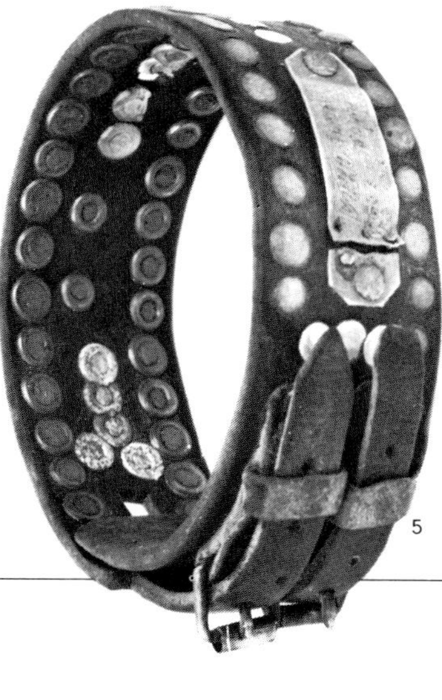

5

6

CHIENS DE DÉFENSE OU CHIENS DE CONDUITE DES TROUPEAUX. LEURS DIFFÉRENTS COLLIERS

● Les chiens de défense ont été de bonne heure associés aux activités pastorales, peut-être même dès les débuts (esquisses, développements...) de la domestication de quelques autres animaux (p. 9). « Par la suite, l'Antiquité classique et le Moyen Age européen n'ont encore connu que les chiens de défense » (X. de Planhol). Des chiens qui défendent mais aussi attaquent, repoussent les ennemis (loups, renards, ours, félins tels le lynx, chiens errants et affamés). ● Arme offensive et défensive est le collier à pointes (**1** à **4**) qui protège aussi le cou, particulièrement vulnérable des chiens. Certaines races de chiens « molosses » de grande taille sont eux-mêmes très féroces : au Tibet (Népal), on lie leurs pattes de devant au collier pour les neutraliser, ne les laissant en liberté que la nuit (C. Jest). ● « Les chiens jouent encore pleinement leur rôle primitif de défenseurs des troupeaux » (R. Laurens), de la Sibérie et de l'Asie centrale (**3**) et occidentale (**1**, **2**) jusqu'en Afrique du Nord et en Éthiopie. ● Des chiens, spécialement de défense, sont encore « en service » aussi en Europe orientale, en Corse, en quelques isolats dans les Pyrénées (le « Montagne des Pyrénées » ou « Grand Pyrénéen ») ou encore ailleurs en France, Angleterre, USA.... ● Quant au chien de garde et de conduite, éduqué à ces fins, il n'est utilisé qu'en Europe occidentale et centrale, des pays scandinaves à l'Italie comprise, avec avancées en Europe centrale. ● Ce type de chien aurait été formé à son nouveau rôle d'abord (13e siècle) dans les îles au nord de l'Irlande, d'après X. de Planhol ; puis les méthodes de dressage et d'utilisation de ces auxiliaires se sont étendues, sutout à partir du 17e siècle (nord de la France, Pays-Bas), pour gagner ensuite le sud et l'est de l'Europe (France au 19e siècle, Italie, Crète, Hongrie...). Elles n'atteignirent qu'au milieu du 20e siècle les Carpates polonaises et le sud de l'Espagne. ● La diffusion du chien de conduite a correspondu à de nouvelles techniques pastorales, mais aussi agricoles, liées à de nombreux facteurs (humanisation des paysages, extension des surfaces cultivées...) d'où la nécessité d'un plus grand encadrement des troupeaux.

7

8

10

3

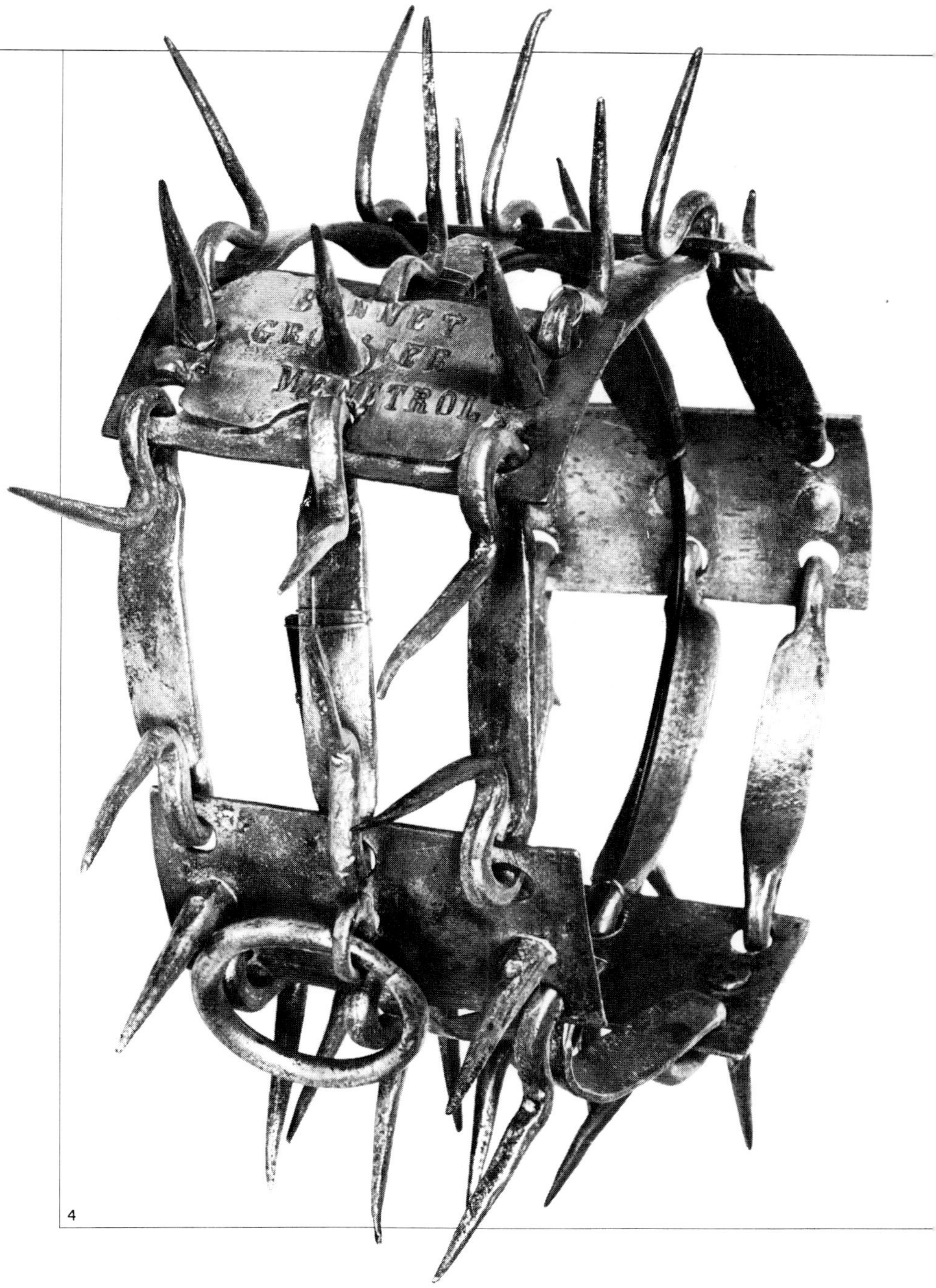

4

2

● L'équipement des chiens et celui de leur maître (s'il y a lieu) traduisent ces faits suivant diverses formes et modalités. Observer celles-ci à propos d'un troupeau d'ovins est significatif. ● Ou bien le chien est successivement « enchaîné » et « libéré » : le berger porte à cet effet un baudrier auquel sont fixés chaînes et colliers (**8,9**). Ou bien le chien est constamment « libre », sans attache, capable d'initiatives quoique toujours très dépendant de son maître (10, p. 168). ● La formation d'un chien de berger à ses tâches dure quelque 18 à 24 mois suivant l'animal : caractère, aptitudes, races (très diverses). Mais le chien, avant tout, doit aimer les moutons, et cela ne s'apprend pas...

1/2/3/4 : Colliers armés pour chiens de défense. Forgés par artisans locaux. **1/2** : Collier (d : 17 et 14,5 cm ; L pointes : 8,5 cm) ; puis collier sur deux chiens (molosses, poils blancs). 20e siècle. Turquie, province de Konya (Inf. R. Dupaigne). **3** : Collier (d : 16 cm ; L pointes : 4 cm). Pour les grands chiens dits « du Tibet » (poils noirs) 20e siècle. Népal, Kathmandu (C. Jest) **4** : Collier, trois rangs de pointes (d : 17 cm ; L dents : 8,5 cm) ; articulé ; fer forgé ; plaque cuivre avec nom : Bonnet Groslier. 19e siècle. France, Puy-de-Dôme, Ménétrol (Inf. J. Barrelet).

5/6/7 : Colliers de chien. France. **5** : *Coulié de chien* (d : 13,5 cm ; l : 5,7 cm) ; cuir clouté de cuivre ; plaque avec nom du berger propriétaire. Vers 1950. Bouches-du-Rhône, Miramas (Inf. Ch. Galtier). **6** : Collier : chaîne de 5 maillons (L : 43 cm ; l : 4 cm) ; un touret (anti-torsion) avec une fermeture de sécurité (mousqueton). Vers 1960. Eure, Ormes (don du berger, M. Poulain ; mission MJBD). **7** : Collier de dressage (d : 17 cm ; l : 4 cm) ; pointes à l'intérieur ; pour chiens, tels des molosses ayant pris de mauvaises habitudes ; le berger tire sur la chaîne d'attache, le collier se resserre, il pique le chien et force celui-ci à obéir. 19e siècle. France.

8/9 : Colliers de chiens « enchaînés ». France. **8** : Baudrier, « *port'chaîne* » en cuir, porté en bandoulière par le berger ; chaîne métal ; collier cuir (L développée baudrier : 1,40 m ; chaîne, idem : 1,64 m ; d collier : 13,5 cm). Chaîne à mousqueton. Haut-Rhin, Habsheim, Dietwiller (don de M. Grosshaus, berger, voir aussi 9, p. 161). **9** : Le berger et son fils, appuyé l'un sur son « bâton » (p. 168-169), l'autre sur son fouet (p. 166-167). Les deux chiens sont enchaînés : au baudrier du berger sont fixés deux chaînes et colliers ; moutons sur herbage. 1966. Champagne, Marne, Coole (MJBD).

10 : Sonnailles de chien ou de renne (H clochettes : 6,7 cm ; d base : 2 cm). URSS, Sibérie orientale (Musée de l'homme).

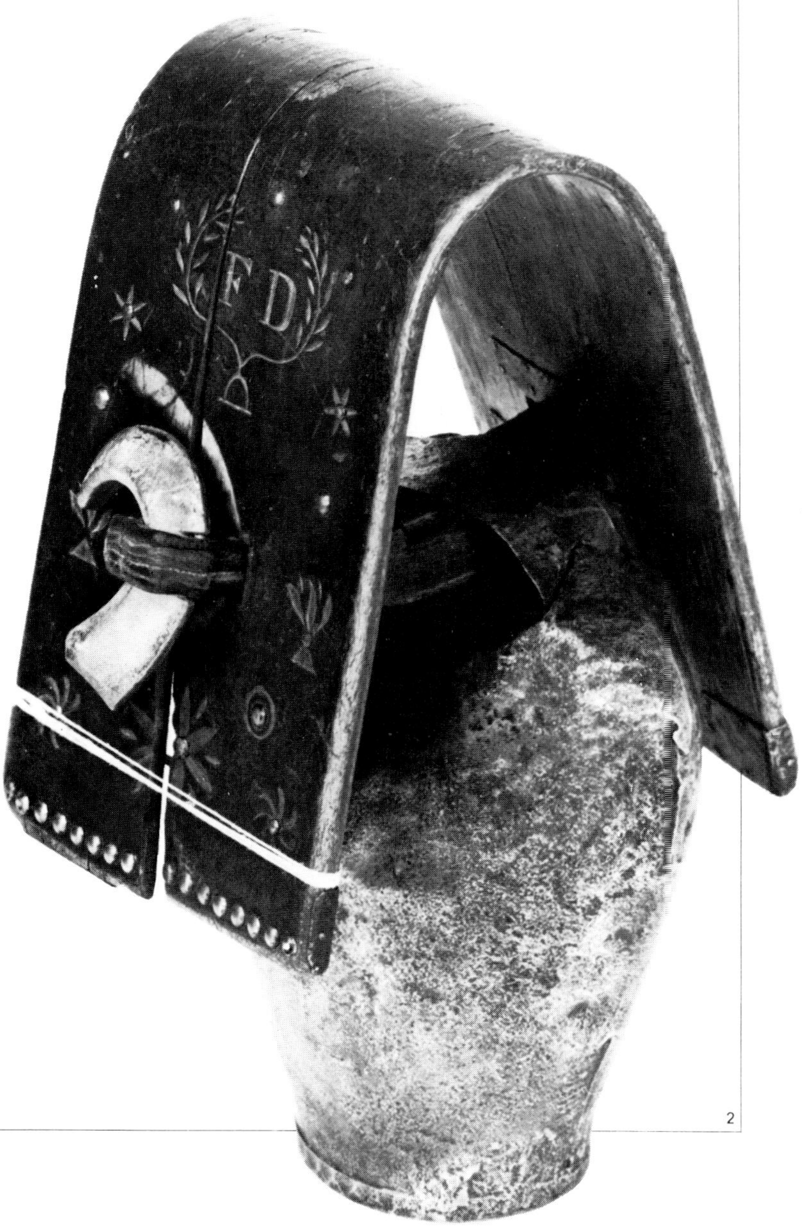

2

1

5

CLOCHES, SONNAILLES ET COLLIERS. SIGNALISATION ET « PHONOCOMPORTEMENT » DU BÉTAIL

● Une cloche, une sonnaille sont choisies avec un soin particulier par les bergers (**1**). La sonnaille que le berger achète ici a un battant en métal. ● Afin que la sonnaille ait une plus belle sonorité, le berger remplacera souvent ce battant par un autre en bois, os ou corne, par une dent de cheval (ou par des battants réputés bénéfiques, p. 178-179). ● Mais bien d'autres animaux que les ovins, tels caprins, bovins, ânes (**3**), mulets, yaks (2, p. 149, 8, p. 177) peuvent être munis, suivant lieux et circonstances pastorales d'un engin sonore. ● Les « sonnailles » (p. 172-175) sont formées, précise A. Desvallées de deux plaques de tôle cintrées ; les bords en sont pliés puis assemblés et brasés (soudés avec un autre métal ; visible, 4, p. 179) ; puis l'anse est fixée. ● Quant aux « cloches », elles sont obtenues suivant une autre technique ; elles sont fondues (comme les cloches des clochers) ; le métal (bronze ou acier) chauffé à blanc est coulé dans un moule (cloches, 2 à 8, p. 176-177 ; et 3, p. 178-179). ● Les unes et les autres, désignées souvent sous le même terme de « cloches », ont d'abord un rôle de signalisation ; elles permettent de localiser, nuit et jour, sur pâturage, leur porteur, de repérer l'animal qui se serait écarté ou perdu en forêt, en montagne, ou encore la bête qui est attaquée et qui se débat : rythme inhabituel du tintement. Silence : la bête chôme (se repose), rumine. ● Compte tenu de ses choix et « arrangements » éventuels, le gardien de troupeau peut reconnaître chacune de ses bêtes au « chant » distinct de chaque sonnaille ou cloche. Et chaque troupeau, dans son ensemble, a un « chant » distinct qui l'identifie (pour des oreilles averties). ● « Parures et blasons sonores, moyens de prestige et de délectation », écrivent Cl. Marcel-Dubois et M.-M. Pichonnet-Andral à propos de ces « engins sonores », de leurs rôles et influences. ● Les travaux de ces deux chercheurs ont porté, entre autres, sur le *phonocomportement* des bovins : influence sur ceux-ci de la « musique » des cloches (sens général) avec notation, pour chaque cloche, de la sonorité et du timbre, et détermination de la hauteur de leur son (voir légendes **2** et **3**). ● Pour les *menouns*, boucs, et les

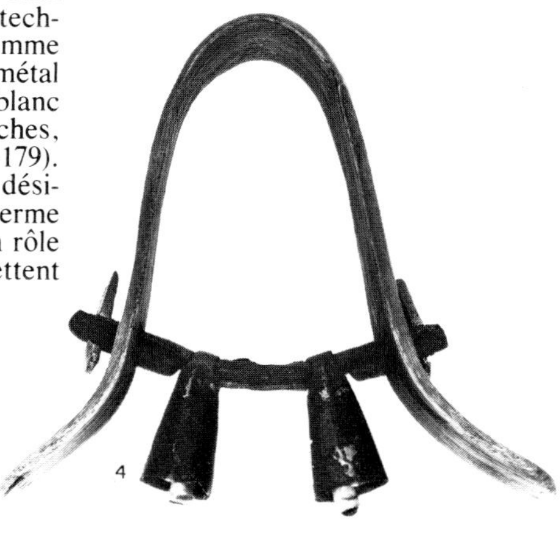

4

7

3

floucats, béliers (les uns et les autres castrés) qui partent en transhumance, en tête des troupeaux d'ovins, vers les Alpes ou le Massif central, les bergers mettent les

6

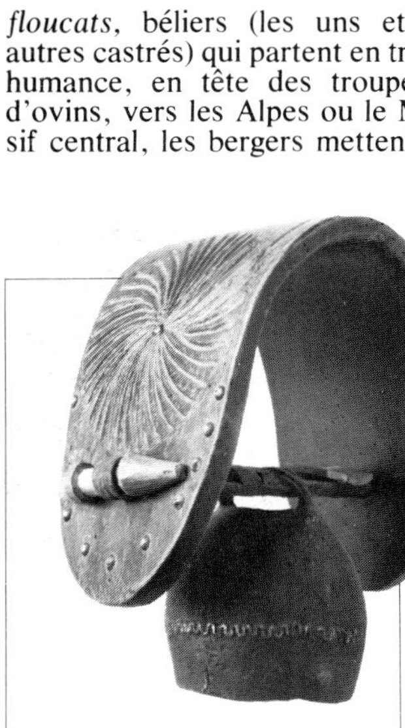

plus beaux colliers (**2**), les plus belles et grosses sonnailles : éléments de prestige. Mais ce chant, mêlé à celui de toutes les autres sonnailles, stimule les bêtes lors de la montée, longue et pénible, en alpage. ● Pour cette montée les plus grosses sonnailles sont en général des *redons* ou *drayo* (**2**) ; la *clape* est plus droite (**3**) ; les *clapéto* sont destinés aux brebis et aux jeunes ovins. ● A. Durand-Tullou rappelle à ce propos un « dit » traditionnel relatif à l'ancienne montée du troupeau, ensonnaillé, vers l'Aubrac : «Le *drayo* chante : "*Mountèn, mountèn*" (nous montons, nous montons) —, le *clapo* répond "*dabalorèn, dabalorèn*" (nous descendrons, nous descendrons) —, le *clapeto* murmure "*béléo, béléo*" (peut-être, peut-être) —, car le voyage et le séjour sont longs et toujours pleins d'aléas. »

1 : Un marché aux sonnailles. Choix de sonnailles pour le troupeau, avant le départ en transhumance. 1954. France, Var, Aups (Inf. et doc. J. Blanc).

2/3/4 : Sonnailles, différentes formes et tailles. Colliers coudés, en bois, dits « colliers lyres » (p. 174). France. **2** : Sonnaille, *Sounaio, drayo* (de draye, voir p. 175), type redon, *redoun* (28 × 19,7 cm) ; tôle cuivrée ; battant os ; courroie d'attache cuir. Hauteur son : ut. *Coulas de menoun*, de «bouc conducteur» (28 × 24,5 cm) ; bois peint vert ; clous cuivre. Initiales FD ; décor gravé, rameaux, rouelle. Clavettes corne, en forme de corne de chèvre. 20e siècle. Var, Le Val (F. Donadez, berger, auteur et donateur). **3** : Sonnaille et collier pour l'âne, bâté et chargé, qui accompagne le troupeau transhumant. Utilisé pour transhumance entre Saint-Martin-de-Crau (Bouches-du-Rhône) et Allos (Basses-Alpes) (Inf. J. Blanc). *Sounaio*, type *clapo* (28 × 19,7) ; tôle cuivrée ; attache cuivre. Hauteur du son : fa dièse. *Coulas d'ase* (41 × 63 cm) ; noyer ; peint jaune ; vase, rameaux fleuris sculptés, peints vert. Clavette : un clou (absent), retenant une boucle de cuir, était dissimulé dans le feuillage. Exécuté par Pierre Giordano, berger, vers 1950. **4** : Collier à deux sonnailles pour brebis ayant eu des agneaux jumeaux, *coulas de bessouneiro*, de bessonnière (23,5 × 25,5 cm). Bois, cuir, métal. Transhumance Crau (Bouches-du-Rhône) - Névache (Hautes-Alpes). 1re moitié du 20e siècle (3 et 4, mission Ch. Galtier et J. Blanc).

5/6/7 : Sonnailles bombées et « colliers lyres ». **5/6** : Colliers, *gambis* (en provençal, *cambis*) ; décorés de rosace, rouelle tournoyante (p. 178-179), clous dorés. Premier collier (45 × 10 cm) ; bois de bouleau ; 1re moitié 20e siècle. Second collier (43 × 13 cm) ; noyer ; fin 19e siècle. Italie, haute vallée de l'Elvo (G. Calleri, collection privée ; 7, p. 155 ; 6, p.156). **7** : Cloche dont le support cuir est cloué à l'extérieur sur le collier. Collier (49 × 13 cm) ; décor gravé : croix, rosace, initiales GE BE. Suisse, Canton de Berne (Schweizerisches Museum für Volkskunde) Bâle.

1

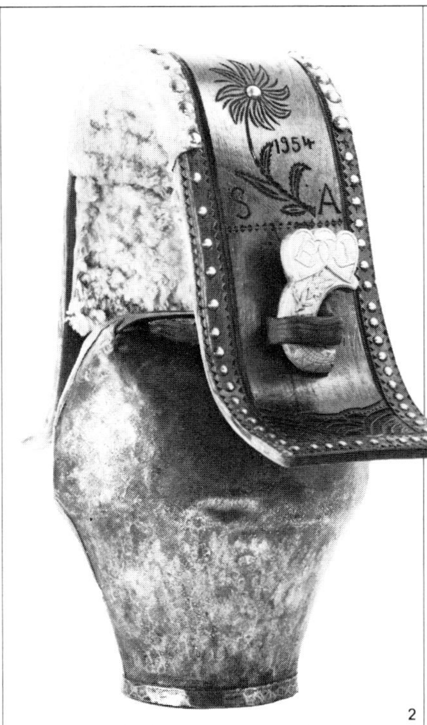

2

3

« COLLIERS LYRES » ALPINS ET COLLIERS RONDS PYRÉNÉENS. COLLIERS EN BOIS

● Les colliers coudés, « colliers lyres » alpins de cette page, sont du même type que les colliers précédents (p. 172-173). Ils sont mis en vis-à-vis, ici, avec l'autre principal type de collier, celui des colliers pyrénéens ronds (**4** à **7**). Les colliers de ces deux pages sont en bois et destinés à des ovins, sauf un collier (**2**) que portait un *menoun* (2, p. 173). ● Ces deux types de colliers ainsi confrontés sont en usage en France méridionale dans les régions où l'on pratique la transhumance, c'est-à-dire soit la montée de troupeaux « domiciliés » en plaine vers les montagnes (Alpes, Massif central, Pyrénées) pour un séjour estival, soit, en hiver, la descente, en plaine, de troupeaux vivant habituellement en montagne (transhumance « inverse »). ● Les colliers coudés sont ceux des troupeaux qui transhument du midi provençal vers les Alpes, troupeaux à l'est du Rhône ; quelques troupeaux, à l'ouest du fleuve, en portent aussi. ● Les colliers lyres ont des « ailes » qui varient d'envergure : les plus anciennes, typologiquement, sont droites ou peu évasées (2, 5, 6, p. 172-173) ; puis les ailes ont esquissé une courbe plus nette vers l'extérieur (4, 7, p. 173, et **1**,**2**, p. 174), pour prendre ensuite ampleur et « envolée » dans de très beaux colliers (**2** ; et p. 173, 3). ● A des bandes de cuir superposées — calées de part et d'autre, par des clavettes (bois, corne), utilitaires et ornementales — est suspendue la sonnaille. ● Quant aux colliers ronds en bois, ils sont utilisés pour les troupeaux transhumant à l'ouest du Rhône, montant des régions méditerranéennes vers le Massif central et les Pyrénées-Orientales et des plaines aquitaines vers les Pyrénées centrales et atlantiques (Béarn, Pays Basque). ● Pour la fermeture du collier rond, les deux extrémités de celui-ci sont superposées et « verrouillées » par des tenons à têtes extérieures (**4**), en nombre variable et par une goupille (visible à l'intérieur de **5** et surtout de **6**). ● L'usage de ces deux principaux types de colliers ne s'arrête pas aux frontières politiques, même de très hautes altitudes. Les colliers coudés sont utilisés de part et d'autre des Alpes : France, Italie (ovins ; 5, 6, p. 172), Suisse (bovins ; 7, p. 173), Allemagne (Bavière)... Les colliers ronds sont en usage aussi en montagne et de part et d'autre des Pyrénées (sans que l'on puisse préciser le sens de

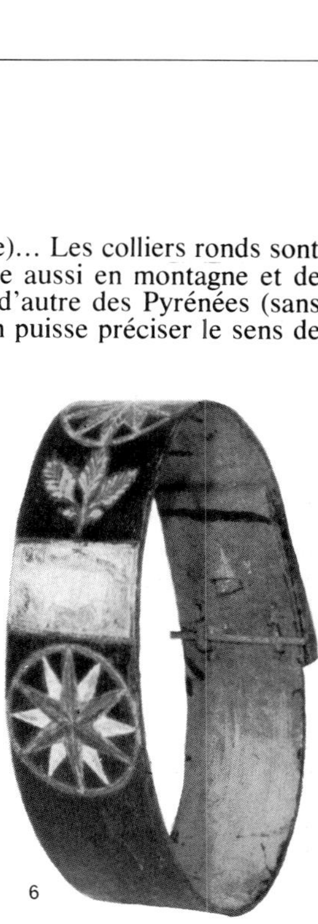
6

8

4

7

5

leur diffusion). ● Leur domaine respectif à tous deux est cependant en recul. Le développement des transports des troupeaux transhumants par train ou camions (surtout dans les Alpes : plus grandes distances entre le piémont et les hauts pâturages) exclut tout collier, tant les bêtes sont entassées, serrées... ● Il reste cependant quelques itinéraires « à pattes », avec accoutumance progressive et salutaire, des bêtes à l'altitude, mais avec fatigue dues aux longues marches. ● Il reste donc la possibilité d'admirer encore, ou mieux d'accompagner, quelques troupeaux ensonnaillés et leurs bergers sur certains de « leurs » chemins, *carraïre, draye,* souvent raides et rocailleux, mais qui, à présent, ne sont plus entretenus.

1/2/3 : Colliers lyres, « type alpin », et clavettes mobiles pour ouverture et fermeture du collier. France. **1** : Collier de brebis, *coulas de fedo* (25 × 21,5 cm ; l : 5 cm) ; initiales PG. Sonnaille : petit redon, base bordée. Bouches-du-Rhône, Mouriès (utilisé par P. Gervais, berger à Mouriès. Inf. Ch. Galtier). **2** : Collier de bouc meneur, *menoun* (29 × 39 cm ; l : 14,5 cm) ; bois foncé ; clous cuivre entre deux rangs décor dents de scie ; branche fleurie incisée. Inscription : SA 1954. Partie supérieure doublée peau de mouton. Clavette sculptée : deux cœurs avec initiales BJ ; fleurs. Sonnaille : redon bordé ; tôle bronzée. 1951. Bouches-du-Rhône. Travaux exécutés successivement *par des bergers* pour améliorer et embellir le collier (M. Michel, de Mouriès, a fait le collier ; Aimé Scani, d'Arles : les sculptures ; A. Oliviero, Salon-de-Provence, a ajouté la peau de mouton). **3** : Clavettes d'un collier de chèvre (12 × 5 cm) ; profil tête de chèvre ; buis. En fonction à Aiguines, Var (auteur, M. Carbonnel).

9

4/5/6/7/8 : Colliers ronds, « type pyrénéen » ; lames de bois (mises en forme, arrondies) ou jonc (tressé). Pour ovins. France. **4** : Collier (17 × 11 cm ; l : 9,5 cm) ; bois peint ; sur fond blanc, motifs et nombreuses couleurs (rouge, vert, bleu, jaune, violet) ; croix de guerre de ce côté avec son ruban (motif ici à l'envers) ; de l'autre côté, médailles militaires) ; fleurs. Verrouillage par clavettes dont on voit les trois têtes extérieures. Sonnaille bombée et bordée. 1923. Gard, Orthoux (colliers par M. Reboul, berger sculpteur, Orthoux. Inf. A. Durand-Tullou). **5** : Collier (13,8 × 9,9 cm ; l : 9,8 cm) ; bois blanc : micocoulier (bois souple : mise en forme facilitée ; décor gravé ressemblant à des motifs de broderie ; rosace et fleurs de lys, étoile à quatre branches ; HB 1948. Hérault, Aumelas (par H. Barthélemy, berger éleveur. Inf. L. Gilbert, FNO). **6** : Collier de brebis, *colear d'ovela* (15 × 14,2 cm). Fond noir ; étoiles ; fermeture très visible. 20ᵉ siècle. Nouailhan, Hautes-Pyrénées (Musée Pyrénéen, Lourdes). **7** : Collier de brebis (19 × 5,8 cm ; d : 12 cm) ; fermeture croisée : évidement et crochet ; peau de mouton sur la bélière de la cloche : protection du cou, mais aussi pour l'amélioration de la sonorité de la sonnaille, redon, tôle bronzée (16 × 11,8 cm). Vers 1960, Landes (utilisé par M. Gervais, berger, Luxey et don G. Ponzo, Saint-Martin-d'Oney, Landes, FNO). **8** : Collier de brebis, jonc tressé. Aubrac, Aveyron (Collection P. Sagan).

9 : Collier de brebis (H : 28,5 cm) ; bois sculpté. Autriche, Tyrol, vallée de Fiemme (Inf. K. Beitl, Österreichisches Museum für Volkskunde, Vienne).

5

1

2

6

3

COLLIERS EN CUIR, EN MÉTAL OU EN D'AUTRES MATIÈRES. QUELQUES RÉFLEXIONS COMPLÉMENTAIRES

● On a pu admirer au cours des précédentes pages les colliers dont sont parés, comme chefs de file de troupeaux, des *floucats* ou des *menouns* (p. 172-175), animaux châtrés, en l'occurrence tout à leur tâche de conducteurs. ● Le bélier reproducteur, qui a un tout autre rôle à remplir auprès des brebis, porte souvent un collier résistant (**1**), ce qui permet la maîtrise de l'animal s'il y a lieu, mais ce renforcement du cuir par des clous en cuivre est aussi une décoration. ● Tandis qu'ovins, bovins, en transhumance estivale et verticale (p. 172) sont très nombreux, ou même en totalité, ensonnaillés, ils le sont moins, revenus au bercail, pour 6-8 mois. Quant aux animaux qui sont toute l'année soit sédentaires (sorties et retours quotidiens), ou semi-sédentaires (sédentaires pendant les mois d'hiver, mais continûment dehors à la belle saison) ils sont, en France, moins nombreux, proportionnellement aux transhumants, à être ensonnaillés. ● Dans tel troupeau d'ovins, par exemple, au nord de la Loire, seules quelques brebis, deux ou trois dans un troupeau de 400-500 bêtes, portent collier et clochette (**2**) : ce sont aussi les « brebis chéries » du berger. ● Tandis que les ovins sédentaires ou semi-sédentaires sont quelque 10 millions en France, ceux qui transhument ne sont que 700 à 800 000, mais par leurs déplacements et leur « panache » (p. 172-175) ils captent plus souvent l'attention du public que les sédentaires. ● Au détriment aussi de l'intérêt à porter à d'autres déplacements pastoraux, telle la transhumance « horizontale » (peu de différence d'altitude entre points de départ et d'arrivée), pratiquée en Europe moyenne, disparue entre Alsace et Picardie. Tel le déplacement en Normandie, encore récemment (enquête MJBD), de quelques bergers et troupeaux d'ovins « ambulants » : ces bergers vivent en cabane (p. 162) toute l'année ; autour de villages, les ovins emparchés (p. 164) fument les champs et ont droit, en échange, aux pâturages. Dans de nombreux pays ou régions (exemples dans les Balkans, l'Asie Mineure, au Tibet) la proportion entre sédentaires et transhumants est souvent à l'inverse de celle observée en France : la majorité des animaux du cheptel transhument. ● Quelles que soient l'importance et l'ampleur relatives de ces mouvements, N. Dunare — qui a étudié ceux-ci en Roumanie, dans les Balkans, en Europe centrale — les a qualifiés d'une manière expressive et imagée de « pendulaires ». ● Au cours de tous ces stationnements et déplacements divers de troupeaux on peut observer une grande diversité de cloches, de colliers suivant fonctions, formes d'élevage, modes d'utilisation des matériaux (p. 172-179). Sans omettre ce

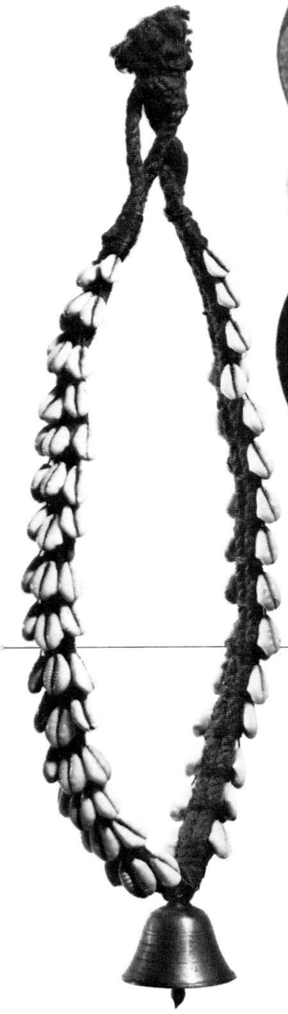

9

7

10

8

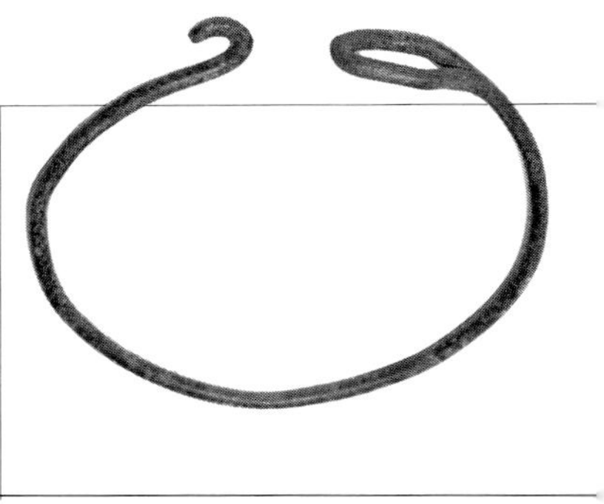

4

que chaque auteur-utilisateur peut investir dans son œuvre d'intentions, de messages, apparents ou non (p. 148-149). ● Que dire des uns comme des autres lorsque l'on voit en Bulgarie (**10**) des hommes défilant, portant masques et atours et, en ceinture (comme au Pays Basque), les cloches de leurs vaches ? Le carillon des cloches contribue à la joie de tous, mais ne porte-t-il pas d'autres messages ?

1 : Collier d'attache de bélier (d : 20 cm ; l : 8 cm) ; double fermeture. Inscription : DJ Lacaune. Milieu 20ᵉ siècle. Tarn, Massals, Latapie (don Julien Didier à la sollicitation de G. H. Rivière).

2/3/4 : Divers types de colliers et de cloches fondues pour ovins ou caprins. 20ᵉ siècle. **2** : Collier cuir (L : 24 cm ; l : 3 cm) ; boucle fer. Clochette (H : 7,5 ; d : 8 cm) ; fixée au collier par bande de cuir ; clou de fer à cheval pour battant. Val-d'Oise, Mareil-en-France (don Mme Jumentier ; mission MJBD). **3** : Colliers de cuir pour brebis ou chèvre ; une clavette « épingle » ensemble les deux extrémités du collier ; tête de clavette en général ouvragée : ici le « signe de Salomon » (une étoile de cinq ou six branches ; elle protège, elle délivre du diable). Cloche. Portugal, Alentejo (Inf. M. G. Barbof). **4** : *Crogliula*, collier de brebis (d : 15,3 et 14,5 cm ; l : 0,5 cm) ; un « brin de métal » ; fermeture : crochet et boucle. 20ᵉ siècle. Corse, Crosciano, Sisco (don Félix Roger, berger, collecte S. Abelleira).

5/6/7/8 : Colliers, cloches ou clochettes fondues, pour bovidés : vaches, yak. 19ᵉ-20ᵉ siècles. **5** : Collier de vache en cuir (L déroulée : 1,70 m ; l : 16,5 cm) ; décor : clous, deux rosaces ajourées sur fond rouge ; boucle. Cloche (d : 19 cm ; H : 12,5 cm). Inscription « Arnaud Jean, Aussois ». Exécution du collier : Alpes, Savoie, Aussois. Exécution de la cloche : Romans, Drôme. 1964 (Inf. L. Alcan). **6** : Collier et cloche de vache, cuir et métal (Cloche : 46 × 43 cm). 1860. Suisse, Appenzell (Schweizerisches Museum für Volkskunde, Bâle, Suisse). **7** : Collier de vache « type Chamonix » (L déroulée : 76 cm) ; chaîne torsadée avec fixation de 16 anneaux (d : 7,8 cm), plats, guillochés. Plaque ovale cintrée (pour épouser la forme du cou). Cloche d'acier (H : 13 cm ; d : 13,8 cm), fixée par clou riveté ; fondue à Chamonix. Ensemble utilisé dans un buron d'Aubrac (Inf. et mission C. Jest). **8** : Collier de yak (L déroulée : 2 m) ; laine de yak tressée, brune et écrue, garnie de 4 queues de yak (L : 35 et 45 cm) ; 2 grelots de métal (7 × 6 cm et 6,6 × 8 cm). Népal, Dolpo, Tarap (mission C. Jest).

9 : Collier de cheval (L déroulée : 88 cm) ; « corris », coquillages, montés sur fibre. Clochette en laiton. Inde, Assam.

10 : Cloches de vaches (H : 34 cm ; l : 30 cm) accrochées à la ceinture pour un défilé, *starci*. Fête agraire : 1ᵉʳ janvier (Bulgarie occidentale) ; quelques semaines avant Pâques, dans les autres régions, avant les premières semailles. Les hommes ont un masque, *gugla*, en drap noir avec appliques de couleur pour les yeux et la bouche, et surmonté d'une poupée en mariée ; en arrière, une peau de chèvre. Les cloches de vaches de la ceinture, autrefois faites par artisans spécialisés (chaudronniers, ferronniers), aujourd'hui fabrication industrielle (Inf. du Musée de Pazardjik, Bulgarie). Ici, fête à Pavel Banya, district Stara Zagora, 22-27 février 1971.

7

1

5

2

D'AUTRES TYPES DE CLOCHES. SIGNES DIVERS ET MESSAGES SONORES

● Les cloches (sens général), suspendues au cou des animaux sont chargées de remplir des tâches diverses (p. 172-177), mais aussi d'ordre prophylactique et magique (p. 148-149). Il n'est pas toujours facile, et possible, de le détecter sans signes et dispositifs observables. ● Qu'en est-il exactement, à ce sujet, même si on croit le savoir, du « signe de Salomon » (étoile à six branches), des rosaces à pointes, croix à virgules hélicoïdales ou rouelles tournoyantes (svastika) qui ornent des colliers (5, 6, p. 172; 5, p. 176) comme d'autres objets (ci-avant : coffins, « bâtons », récipients divers, jougs ; voir p. 142-143) ? ● Peut-être en savons-nous plus (?) sur les sonnailles laissées au bétail sur pâturage non seulement pour des raisons pratiques (p. 172-177) : elles ont aussi le « pouvoir » d'éloigner les vipères par leur vibration (enquête M. Boisebarre). Du pain bénit dans une cloche protégera le troupeau de la foudre. Une pierre, la variolite (elle a des taches qui évoquent la variole), servira de battant à la cloche d'un ovin (**1**) : elle évitera ainsi au troupeau la « variole des moutons », la clavelée (un de ses noms locaux, la pigotte). Une hache polie, en réalité préhistorique, mais supposée tombée du ciel avec la foudre, sert de battant à une cloche : elle évitera aux ovins la douve du foie ; ou bien elle épargnera au troupeau d'être foudroyé. ● Mais soulignons de plus : « Qu'à la valeur magique, symbolique et homéopathique des cloches s'ajoute aussi la valeur incantatoire de la musique » (M. Bouteiller). ● Ces divers signes et dispositifs marquent bien à la fois les soucis et les espoirs des éleveurs, comme l'indiquent aussi d'autres « décors » et objets : ornements frontaux et talismans (8, p. 146), ou autres objets investis de pouvoirs occultes (d'autant plus délicats à décrypter que de mêmes motifs et objets continuent à être utilisés, alors que leur signification première a pu disparaître au fil du temps. ● Pour essayer de saisir le « secret », resté plus ou moins ésotérique, des cloches du bétail, encore faut-il « situer » celles-ci dans tout l'ensemble, tout le réseau de pratiques et de rites protecteurs dont le bétail est également l'objet (prières, bénédictions, pèlerinages...). ● Mais aussi situer ces cloches dans la lignée des cloches qui, à travers le monde, « chantent » pour assurer une protection, promouvoir une action, une prière, transmettre un message : ainsi celui dont sont chargées, entre autres, les cloches des édifices religieux. Ces cloches « parlent » à ceux qui les écoutent ; elles sollicitent qu'on entende leurs voix. ● Ainsi en est-il des multitudes de petites cloches suspendues aux toits du principal temple bouddhiste de Lhasa, au Tibet. Le vent les agite et leur tintement porte aux divinités les prières, demandes et hommages qui leur ont été confiés ; ceux-ci, consignés sur un feuillet fixé au battant, volètent au vent et au rythme de la clochette.

8

6

3

10

9

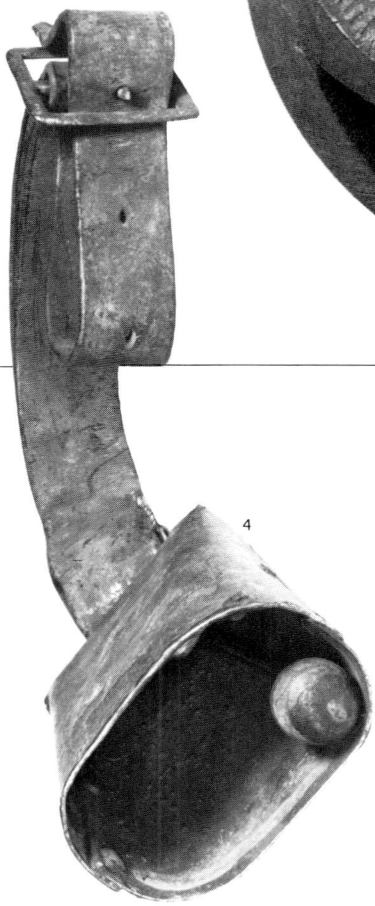
4

1/2/3 : Diverses cloches pour ovins et caprins. **1** : Cloche d'ovin sur pâturage (H : 9,7 cm ; d ouverture : 8,2 cm), ayant pour battant une pierre de pigotte. 19e siècle. France, Hérault, Saturargues (don Dr Marignan). **2** : Cloche (H : 16 cm ; l max. : 27 cm ; min. : 11 cm) ; battant (17 cm) ; cuivre ; anse à la base du collier. Collier en bois, avec clavettes, tête à l'intérieur ; fixation par goupille, à l'extérieur (à l'inverse voir par exemple 6, p. 175). 20e siècle. Albanie, Elbassan. **3** : Cloches doubles pour brebis ou chèvre ; la seconde cloche sert de battant à la première (H totale : 19 cm ; H cloche : 11,8 cm ; l : 7,6 cm ; H de la cloche-battant : 5,7 cm dont 3,2 cm dépassant la cloche proprement dite ; l : 4,2 cm). Cuivre jaune. À l'intérieur de la cloche-battant, un battant en fer. 20e siècle. Grèce, Péloponèse, Tripoli, Nestáni. Même type de cloche observé en Bulgarie.

4/5 : Cloches pour bovins. **4** : *Cow-bell*, cloche de vache. Battant en fer. Collier cuir ; boucle et ardillon. Vers 1890. Etats-Unis (comm. par J. T. Schlebecker, Smithsonian Institution, Washington). **5** : Cloche de veau (H sans la bélière : 5,5 cm ; H de celle-ci : 1,5 cm ; d : 5 cm) ; cuivre. Achetée sur un marché à Chengdu. 1981. Chine, Sichuan.

6/7/8 : Cloches en bois, avec un ou plusieurs battants en bois aussi. Battants placés à l'intérieur ou à l'extérieur de la cloche. **6** : Cloche et battant en bois (H : 16 cm ; l : 19 cm). Pour vache. Italie, Les Pouilles (Schweizerisches Museum für Volkskunde, Bâle). **7** : Cloche et battants en bois (H : 20 cm ; l : 26 cm) ; torsade en rotin. Pour buffle. Vietnam, région du Darlac, Sar Luc. **8** : Cloche d'éléphant en bambou (L de la « cloche », partie centrale : 18 cm ; d : 4 cm ; L totale battants articulés : 20 cm). 1921. Vietnam, région du Darlac, Ban Me Thuot (Collecte et mission Jean Brunhes, Extrême-Orient).

9 : Grelot (8 × 6,5 cm) fixé par une queue de yak à un collier. 1969. Népal, Dolpo, Tarap (C. Jest).

10 : Clochettes et messages-prières, suspendus au rebord du toit d'un temple à Lhassa, grand centre de pèlerinage bouddhiste du Tibet, mais où viennent aussi des pèlerins de la Chine et de l'Inde. 1980. Chine, Tibet, Lhasa (MJBD).

5

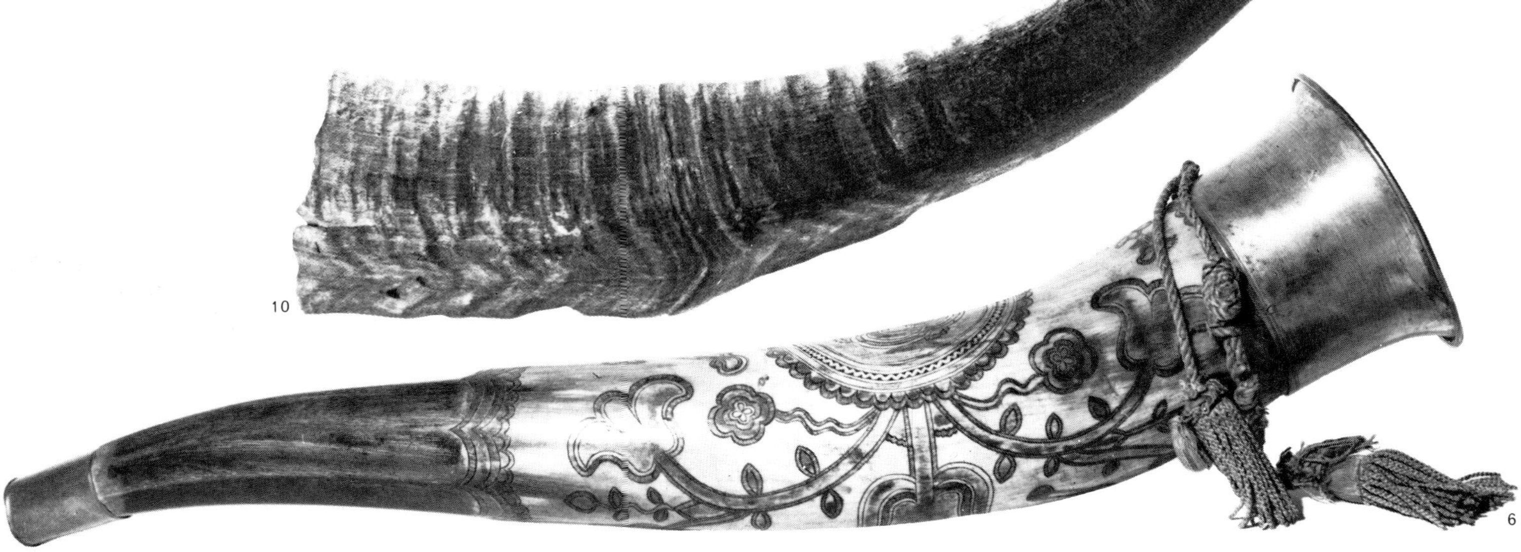

10

6

4

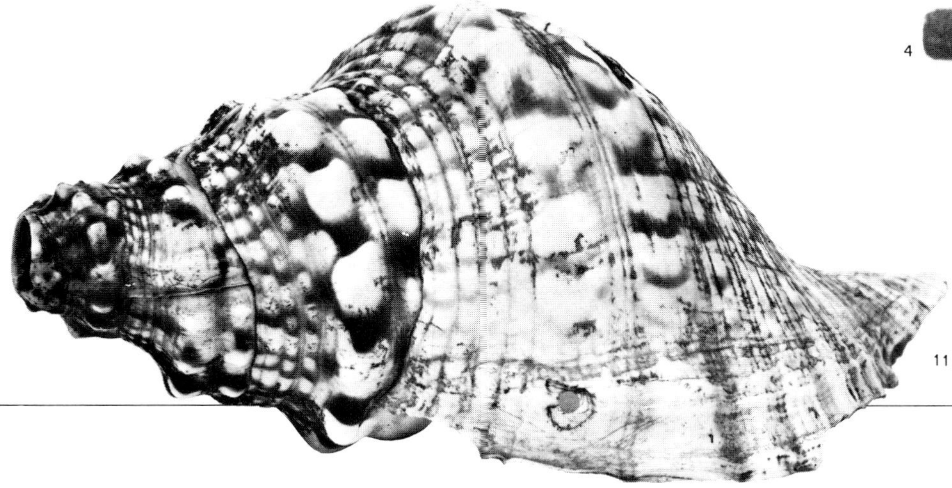

11

INSTRUMENTS MUSICAUX A VENT ET PORTE-VOIX PASTORAUX : FLÛTES DE PAN, CORNES ET CONQUES D'APPEL

● Les gardiens de troupeaux, vivant de longs jours ou mois solitaires avec leur troupeau, en plaine ou en montagne, ont souvent adjoint à leur activité pastorale principale, d'autres activités (p. 152 et suiv). Toutes ces activités sont étroitement liées entre elles ; elles font partie de la vie même, profonde, de ceux qui les pratiquent. ● Parmi les activités pastorales que l'on pourrait qualifier de secondes — mais non de secondaires — le chant et la musique sont celles auxquelles les bergers et chevriers, entre autres, s'adonnent sans doute avec le plus de plaisir ; moyen de s'exprimer, épanouissement, délassement. ● Leurs auditeurs, qui sont, en la circonstance, les animaux du troupeau, sont aussi, paraît-il « charmés » : réceptifs à la voix du berger, au son de leur propre cloche, pourquoi ne le seraient-ils pas à certains chants vocaux et instrumentaux ? « Le son des instruments récrée les moutons », écrivait Carlier au 18e siècle, ajoutant « Il écarte les loups ». ● La flûte de Pan (**1**) — inventée, dit la légende dorée des dieux de l'Antiquité, par le dieu Pan avec des roseaux qu'il assembla — et d'autres types de flûte, sont toujours des instruments d'où naissent des sons au souffle du berger (malgré l'apparition, ici ou là, d'un nouveau venu, le transistor). ● Pour briser leur solitude, malgré tout parfois pénible, les gardiens de troupeaux, surtout en montagne, ont trouvé un moyen d'établir des contacts entre eux à distance. Bergers et bergères lancent alors, à travers l'espace, et en une certaine direction, un appel, *huchement*, *ahuc*, comptant si nécessaire, sur l'écho, pour répercuter, au loin, leur voix (**2**). « Appel suivant une technique particulière qui facilite la longue portée de la voix jusqu'à un kilomètre » (Cl. Marcel-Dubois). ● Mais à l'aide de divers *porte-voix*, œuvres en général de leurs propres utilisateurs, la voix peut être portée plus loin (jusqu'à 3 km environ). De différentes matières et formes, ces porte-voix ont, en général, une double fonction : permettre à des gardiens de troupeaux de communiquer entre eux à distance ; leur permettre aussi

9

1

7

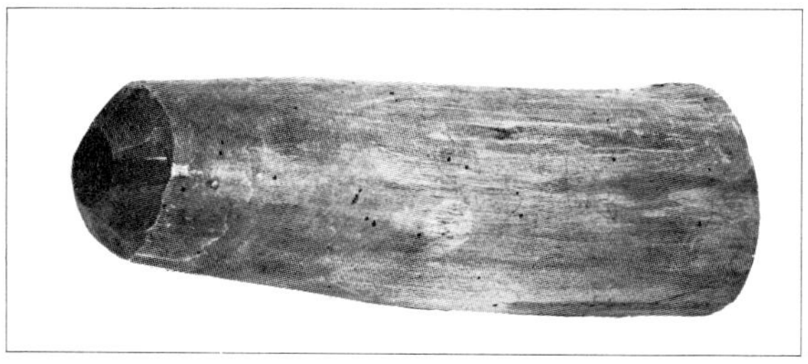

3

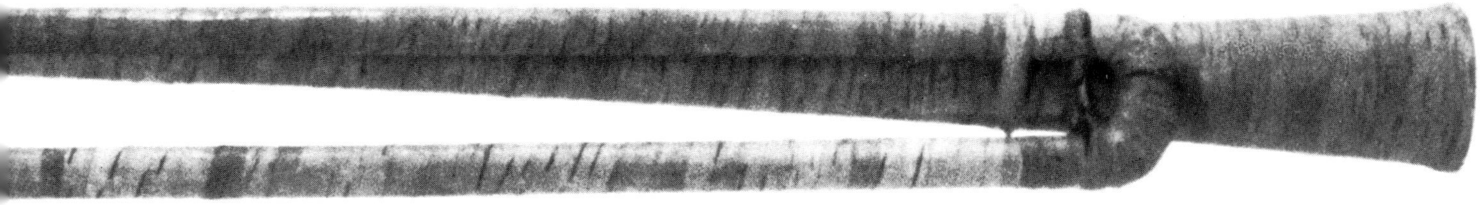

2

8

12

d'avoir un contact « oral » avec des animaux, par exemple momentanément dispersés et qu'il faut réunir. ● Mais ces moyens de communication à distance restent limités comme rayon d'action. A ceux-ci, les bergers ajoutent, si nécessaire, un autre moyen de communication efficace, même à très grandes distances : ce sont les feux que des bergers allument, de sommet en sommet, pour s'appeler, pour s'alerter mutuellement en cas de danger, de malheur, ou encore, pour célébrer, d'une manière joyeuse, flamboyante, en la nuit du 24 juin, la fête de la Saint-Jean.

1 : « Les bergers avec leurs instruments de musique », extrait de « Histoire illustrée de la Corse » par J. A. Galleti (1863). Un berger avec une *flûte de Pan* ou *syrinx* : ici 12 flûtes juxtaposées de tailles différentes et décroissantes ; l'autre berger joue de la flûte. Instruments de musique utilisés par bergers et chevriers pour leur plaisir, mais aussi lorsqu'ils conduisent et surveillent leur troupeau, pour stimuler et charmer celui-ci.

2 : Exemple de *huchement* (terme et figuration : 16e siècle). C'est le *ahuc* du Rouergue, mais on retrouve le mot dans les Pyrénées, en Espagne et jusqu'au Maroc (N. Casteret). Ici un appel modulé que se lancent deux bergères éloignées l'une de l'autre en Gastines (gâtine : pays de landes mal dégagé de la forêt).

3/4/5 : De diverses manières d'utiliser bois ou écorce pour en faire des porte-voix pastoraux. **3** : *Burloir* (28,5 × 9,8 cm) ; fait par le sabotier ; creusé dans un morceau de bois. Pour appel dans la montagne bourbonnaise. 19e siècle. France, Allier, La Bugne. **4** : Cor de chevrier (L : 90,5 cm) ; écorce de bouleau détachée en spirale et enroulée ; courroie. Suisse, Schwytz (Schweizerisches Museum für Volkskunde, Bâle). **5** : Trompe, *buccin* (L : 3 m) ; en sapin ; utilisée par bergers et vachers. 1946. Roumanie, Transylvanie, Maramuresh. Observable ailleurs, ainsi dans les Alpes suisses, sous le nom de *alpenhorn*, « corne des Alpes » (7, p. 189).

6/7/8/9 : Cornes (proprement dites) aménagées en cornes d'appel (base et sommet ouverts). Dimensions très différentes suivant races et espèces animales. Europe centrale et Balkans, entre autres, élèvent des bœufs à très grandes cornes, presque droites ; contraste avec d'autres, et donc entre objets obtenus. **6** : Grande trompe d'appel de vacher (L : 65 cm ; d max. : 12 cm). Corne, cuivre, corde ; décor floral. Hongrie, Grande Plaine, région de Debrecen. **7** : Grande trompe d'appel, idem (L : 59 cm ; d ouverture : 12,5 cm ; d embouchure : 2,5 cm). Corne, cuivre (anneau, cercle, ouverture) ; décor floral gravé. Utilisée aussi pour la chasse (usage peut-être plus ancien que celui pastoral). Yougoslavie, Croatie. **8** : Corne de vacher (L : 25 cm) ; divers motifs gravés. Suède, Dalarna (Nordiska Museet, Stockholm). **9** : Appel matinal avec une corne de bouc pour le rassemblement du troupeau commun. 1963. France, Hautes-Alpes, Saint-Véran (MJBD enregistre l'appel).

10 : Corne de chèvre donnée par un chevrier crétois : il était en train de l'aménager en corne d'appel. 1925. Grèce, Crète, sur les pentes du Mont Ida (MJBD).

11 : Conque (20,5 × 9,5 cm) : coquille d'un mollusque marin, genre *triton*, utilisée à quelque 2 500 m d'altitude pour réunir le troupeau. Embouchure à la pointe. 1960. Hautes-Alpes, Pierregrosse, près Saint-Véran (J. Blanc).

12 : Porcher commun ; en bandoulière, une « corne » d'appel en cuivre. Fouet sur l'autre épaule. 1971. France, Alsace, Bas-Rhin, Mothoren (Inf. R. Henninger).

7

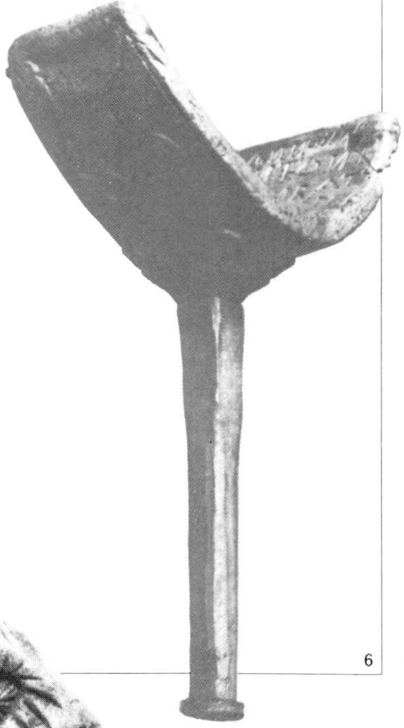

6

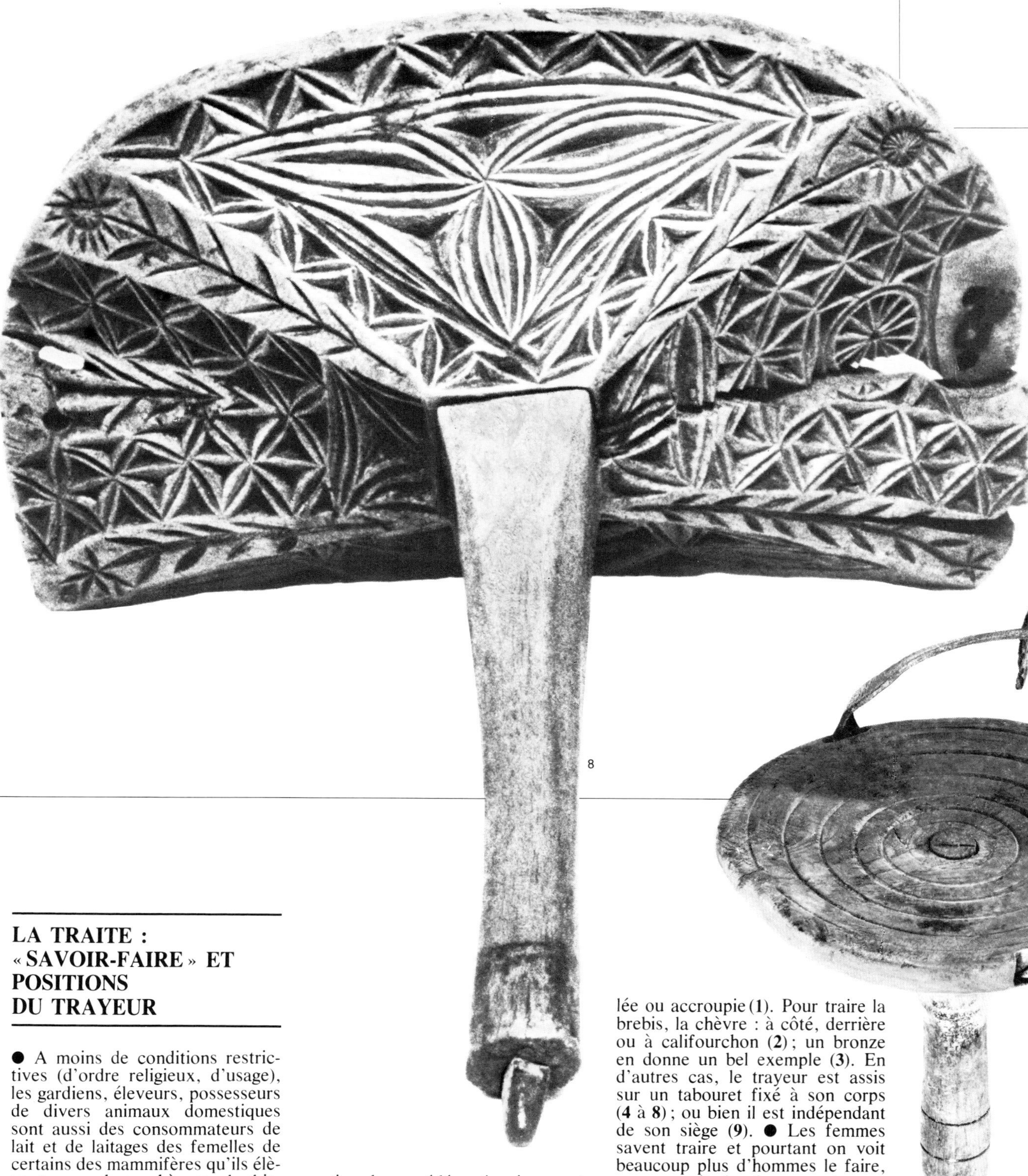

8

5

LA TRAITE : « SAVOIR-FAIRE » ET POSITIONS DU TRAYEUR

● A moins de conditions restrictives (d'ordre religieux, d'usage), les gardiens, éleveurs, possesseurs de divers animaux domestiques sont aussi des consommateurs de lait et de laitages des femelles de certains des mammifères qu'ils élèvent : vaches, chèvres, brebis, juments, ânesses, chamelles, 'bri (femelle du yak)... Et pour ce faire, par la traite, ils subtilisent aux petits de ces mères une part, plus ou moins importante, de leur alimentation lactée, sans parler d'une substitution totale (ou presque) dans des élevages « modernes ». ● La traite, malgré l'instauration de procédés mécaniques, et quelle que soit la destination du lait, reste dans la majorité des cas, et à travers le monde, une technique manuelle (**1** à **3**) ; et un savoir-faire d'ordre pratique — dans lequel le corps entier du trayeur est impliqué, quelle que soit la position de celui-ci par rapport à l'animal : position agenouillée ou accroupie (**1**). Pour traire la brebis, la chèvre : à côté, derrière ou à califourchon (**2**) ; un bronze en donne un bel exemple (**3**). En d'autres cas, le trayeur est assis sur un tabouret fixé à son corps (**4** à **8**) ; ou bien il est indépendant de son siège (**9**). ● Les femmes savent traire et pourtant on voit beaucoup plus d'hommes le faire, que ce soit des hommes trayant des juments en Mongolie ou des « buronniers » leurs vaches sur les monts d'Aubrac, en France (**4**). Conditions particulières dans lesquelles se trouvent les troupeaux, mais sans doute aussi dans ce cas, comme dans bien d'autres, répartition (ou non) des tâches entre homme et femme dans certaines

2

4

1

3

9

sociétés. ● La technique de la traite présente plusieurs manières de faire : le trayeur opère à pleine main, traite « à la poignée » ; ou pince un trayon entre le pouce et l'index, traite « à la pincée » ; ou bien seul le pouce replié agit sur le téton, traite « suisse » pratiquée aussi en Savoie (surtout par les hommes, force nécessaire) ; convient à des tétons courts. ● La technique dépend aussi de la conformation de l'animal, de sa taille, de l'emplacement et du nombre des mamelles ou pis et en conséquence des mamelons, trayons ou tétons : quatre pis en général chez la vache, deux chez la chèvre et la brebis, et, chez ces dernières, placés plus en arrière que sur la vache. ● Vigueur et douceur, habileté et dextérité de la part des trayeurs. Mais ceux-ci doivent tenir compte du caractère propre de chaque animal, des réactions de celui-ci au toucher, de ses souffrances éventuellement, de ses résistances (l'animal qui retient son lait parce que le trayeur ne lui convient pas). Nécessité de tenir compte aussi des attitudes et tentations de l'« enfant » (p. 191). ● Comme l'a montré et analysé M. Salmona, au sujet du comportement des éleveurs, toutes les activités pastorales engagent la personnalité entière de celui qui les assume. Des connaissances très étendues sont indispensables, mais l'est aussi un « savoir-faire » habile, intelligent, sensible, dont dépend le succès d'un élevage — y compris celui de la traite.

1/2/3 : Trois des différentes positions du trayeur ou de la trayeuse. **1** : Femme accroupie du côté des pattes postérieures de l'animal. Miniature persane. **2** : Traite de brebis en Sardaigne. Trayeur à cheval sur la brebis ; tourné vers l'arrière de celle-ci, il saisit les deux tétines entre les pattes postérieures de l'animal. Actuel. Italie, Sardaigne, Nuoro, région de Montiferri, village de Sennariolo (comm. par M. Guilio, Istituto Zootecnico e Caseario per la Sardegna). Même position observée en Crète. **3** : Le chevrier, à cheval aussi sur la chèvre : il maintient celle-ci d'une main et trait de l'autre main. Bronze. 15e siècle (Florence, Musée national).

4/5/6/7/8 : Autres positions de trayeurs : ils sont assis sur un tabouret bas, ou selle, à un pied fixé par des courroies à la taille et aux cuisses du trayeur, qui se déplace tout en gardant ses mains libres. Types de selles. **4** : Un trayeur et son tabouret en position. Le veau (à droite) est attaché à la patte arrière de sa mère. 1963. France, Lozère, en Aubrac, sur une « montagne » (pâturage d'altitude), Place de Cure. Inf. J.-D. Lajoux. **5** : Selle dite « botte cul » (35 × 27 cm) ; bois, cuir. France, Ain, région de Divonne (Collecte H. Trémaud).

6 : Tabouret (H : 30 cm) ; bois sculpté et entaillé. Daté 1796. Autriche, Tyrol du Sud, Vintschgau (Osterreichische Museum für Volkskunde, Vienne). **7,8** : Deux tabourets à traire, vus d'en dessous : surface entièrement décorée, gravée. Pour le premier (plateau : 26,5 × 17,6 cm ; H : 37 cm), on ne voit que le dessous de l'extrémité du pied, au centre de la photo (étant donné la prise de vue) ; signé et daté : Caspar Schild, 1827. Suisse, canton de Berne, Hasliberg. Le dessous du second a été photographié en oblique (plateau : 30 cm × 18 cm ; H : 30 cm) ; bois. Italie, vallée d'Aoste (6 et 7, Schweizerisches Museum für Volkskunde, Bâle).

9 : Tabouret (ou banc) à trois pieds (32 × 33 cm ; H : 35 cm). Bois. Le trayeur peut le déplacer (utilisation à cet effet d'une main) ; mais il peut ne pas se déplacer : ce sont les vaches à traire qui passent successivement devant lui. France, Finistère, Pont-l'Abbé. (Inf. J. Le Cain).

2

3

4

1

10

POTS A TRAIRE : FONCTIONS COMPARABLES MAIS FORMES, MODES DE PRÉHENSION ET MATÉRIAUX DIFFÉRENTS

● Caractère commun des contenants de ces pages (p. 185 à 189) : être étanches parce que destinés à recevoir un liquide ; celui-ci est, en l'occurrence, du lait que l'on est en train de traire ou que l'on vient de traire, à la main. Les divers récipients à lait traduisent cette exigence, mais les réponses à celle-ci revêtent des formes très diverses. ● Et tout d'abord en fonction de l'animal à traire, de sa conformation, de sa capacité de production lors de chaque traite et suivant les périodes plus ou moins abondantes de lactation. ● Autres traits particuliers des récipients à prendre en compte : d'une part, les matériaux disponibles — bois, fibres tressées avec enduit intérieur (Djibouti ; 11, p. 189), terre cuite, cuir (chez les Kirghizes, Asie centrale), métal... — d'autre part les techniques de fabrication — pots monoxyles ou de pièces assemblées (**2**) — droits (**7**) ou évasés (**5**) ; décalés vers l'avant (**3**,**4**), forme ancienne, abandonnée, mais qui était très fonctionnelle ; ou encore contenant dessinant une courbe, telle celle d'une corne (**1**), ou parce que le choix s'est porté sur une forte branche coudée (**8**). ● Les différents dispositifs pour la préhension des pots à traire expriment la manière de saisir l'un de ces pots, de le tenir, de le poser ou de le porter pendant la traite et après celle-ci. Tel pot comporte une poignée tournée vers l'intérieur du récipient (**3**,**4**), avec aussi la possibilité d'une prise de l'extérieur (**4**) : anse dans laquelle on ne glisse que quelques doigts, main ouverte appliquée contre le récipient (**5**). Anse latérale, rigide et verticale (**5** à **7**) ou latérale et souple (**1**), ou encore transversale (**2**,**9**). ● Manières de porter un récipient (8, p. 121), mais aussi celles de le placer et de le poser « en fonction », compte tenu de la conformation de l'animal, de la posture et des gestes habituels du trayeur (p. 184-185). ● Si le pot ou seau est posé sur le sol ou maintenu entre les genoux (1, p. 185), le trayeur dispose pour traire de

7

9

8

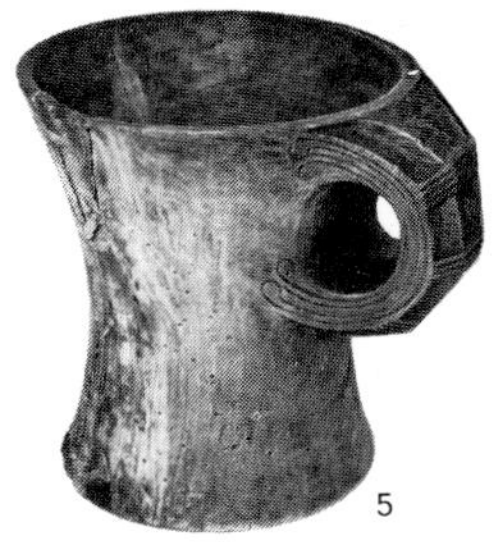

5

6

ses deux mains ; d'une main seulement s'il tient et soulève le pot de l'autre main. ● Un pot à lait plein, avec anse rigide latérale, peut être tenu devant soi, l'avant-bras plus ou moins plié ; sinon, par commodité ou parce qu'il est lourd, il est porté à bout de bras, à la verticale, ou avec d'autres moyens, entre autres à l'aide d'un jouguet (seau : 8, p. 121). ● La taille, la contenance des récipients ne dépendent pas seulement des capacités de production en lait d'un ou de plusieurs animaux, ni des limites des possibilités de portage ; mais bien aussi de l'usage, plus ou moins immédiat, qui sera fait du lait : le pot à lait du berger peut être de taille relativement réduite quand il sert aussi de « pot à soupe » (**5**). ● Dans de tels récipients, en bois (**3**,**4**) des bergers pyrénéens faisaient même chauffer ou réchauffer le lait en mettant dans celui-ci une pierre brûlante, ferrugineuse, ce qui donnait au lait un goût particulier, fort apprécié.

1/2 : Pour la traite d'une *'bri* (femelle du yak), en régions himalayennes. Pots entourés de bandes de laiton. Poignée souple, longitudinale ou transversale. 1968, Népal, Dolpo (Inf. C. Jest). **1** : Corne de yak sauvage, aménagée en récipient à traire (L : 15 cm ; d : 11 cm). Sert aussi pour la traite de chèvres et brebis. **2** : Récipient hexagonal (H : 22 cm ; d : 24 cm). Bois.

3/4 : Pots pour la traite de brebis ; bois ; taillés dans la masse ; une poignée vers l'intérieur. France, Pyrénées-Atlantiques. **3** : *Kotchia* (H : 21 cm ; d : 16,5 cm). A appartenu à M. Uthural, berger. Juin 1962. Béarn, Larrau (Mission P. Masounave, FNO). **4** : Pot à traire (H : 25 cm ; d : 22 cm) ; en plus de la poignée intérieure, une anse latérale. Pays Basque.

5/6 : Pots pour traire les brebis ; évasés mais matières et capacités différentes ; anse latérale. France. **5** : *Era sanso* (H : 18,5 cm ; d 18,8 cm) ; décor gravé sur la poignée : volutes, feuillage, cœur à pointe tournée vers le haut, quadrillage ; sur le corps du récipient, croix surmontant un cercle. 19e siècle. Ariège, vallée de Bethmale. **6** : Pot à traire moderne (H : 23 cm ; d : 22 cm) ; en fer-blanc ; plus grand que le précédent, mais forme inspirée de celle du pot « traditionnel » (voir aussi 1 à 3, p. 188) ; bord supérieur évasé ; décor six points. 1961. Pyrénées-Atlantiques (Mission P. Masounave, FNO).

7/8 : Pots à lait plus grands que les précédents, pour recueillir le lait de brebis de plusieurs traites, et pour le transporter ; corps monoxyle creusé dans une forte branche, droite ou courbe ; trois cercles de fer dont deux maintiennent l'anse latérale (pièce rapportée). 1re moitié du 20e siècle. France, Ariège, vallée de Bethmale (Musée pyrénéen, Lourdes). **7** : Pot à lait droit (H : 62 cm ; d : 22,5 cm). **8** : Pot à lait courbe (H : 43 cm ; d : 15,5) ; le cercle de fer du bas manque. Porté, comme le précédent, à l'aide d'un support en forme de S couché. Une partie, tenue en main, épouse la courbe de l'épaule du porteur, l'autre partie sert de crochet passé dans l'anse du pot.

9 : Un seau à traire les vaches ; profil et fond, face extérieure (H : 22 cm ; d : 33 cm) ; bois blanc ; en douelles verticales rejointées (comme celles d'un tonneau, p. 188) que maintiennent deux « ceintures » de bois. Sur le fond (10) décor gravé ; au 1er plan, trayeur assis sur tabouret, seau à traire tenu entre les genoux ; au loin vacher, avec seau, allant traire ; à l'arrière-plan un chalet. Suisse, Saint-Gall (Bâle, Schweizerisches Museum für Volkskunde).

10 : *Stialas de latg*, bois à huit faces, chacune divisée en hauteur en deux parties d'où seize registres au total (F. G. Stebler). Sur chacun de ceux-ci est marquée (traits, encoches) la production de lait de vaches, en alpage, l'été ; vaches appartenant à un ou à plusieurs propriétaires (initiales ou signes distinctifs en tête de chaque registre). Le lait était l'objet d'un « échange » contre la garde des bêtes. 19e siècle. Suisse, Grisons, Tavetsch (Landesmuseum, Zürich).

9

2

6

1

2

« POUR FAIRE UN POT, IL FAUT A LA FOIS LE SOLIDE ET L'ESPACE INTÉRIEUR »

● Cet ancien adage taoïste rappelle opportunément que, si l'aspect extérieur de l'objet est un élément d'information utile, il l'est en fonction du service que doit rendre l'espace intérieur. ● Et en fait, c'est cet espace qui répond à la nécessité première de l'objet ; une nécessité autour de laquelle s'ordonnent tous les autres éléments d'un récipient, compte tenu des conditions précédemment évoquées concernant l'animal, les techniques de fabrication et d'utilisation. ● C'est à ce double titre que l'on peut comparer ici, (comme précédemment, 5, 6, p. 187) les récipients en bois ou en métal pour traire les brebis (**1**,**2**,**3**) ; le nouveau modèle est une copie améliorée de l'ancien, mais ici en tant que « contenants » l'ancien et le plus moderne sont semblables (importance de donner, entre autres informations, les dimensions des objets). L'exemple est donc « parlant ». ● De plus, la capacité de ces récipients indique des traites cumulées, tandis que d'autres dimensions, par exemple celles de tel pot (**5**), peuvent indiquer : des traites plus « individualisées », ou la disponibilité — momentanée, permanente — d'un seul animal ; le moment, l'époque d'une traite plus ou moins abondante ; la destination de celle-ci (fromage, consommation familiale, vente). ● Autres traits de différenciation entre ces pots et leur capacité : forme, matériaux, manière de les prendre et de les porter. « Empoignade » verticale (**4**) ou horizontale, dans ce cas avec divers dispositifs de préhension (**1** à **3**, **5** à **9**). ● Dans les récipients pour la traite des vaches, l'écran protecteur et récupérateur des éclaboussures de l'un des côtés est plus ou moins haut et large (**6** à **10**). Pour les récipients relevant de la technique de la boissellerie, la douelle de protection (et aussi de prise en main), particulièrement large par rapport aux autres (**6** à **8**) est munie parfois d'un trou supplémentaire (**7**,**8**) pour accrochage ou transport. Les récipients en poterie (**9**) présentent un dispositif de préhension et de protection comparable. Ne serait-ce pas, ici aussi, le modèle composé de plusieurs pièces qui aurait suggéré la réalisation d'un modèle en « une seule pièce » ? (revoir, 12, p. 99). ● Quant au récipient (**10**) destiné à recueillir le lait de brebis, il comporte un rebord plus élevé mais de douelles de même hauteur ; celles-ci sont des lames de bois de même largeur, rappelant ainsi une ancienne technique de fabrication. Deux prises en main sont ménagées, l'une de chaque côté du rebord. ● Tous ces récipients sont « ouverts », compte tenu des conditions de l'opération. Certains d'entre eux ne servent qu'à la traite ; d'autres à la traite et au transport du lait (divers sur ces pages ; seau, 8, p. 121) ; d'autres, au col étroit, au seul transport (**11** et bidons, 8, p. 121).

5

7

8

10

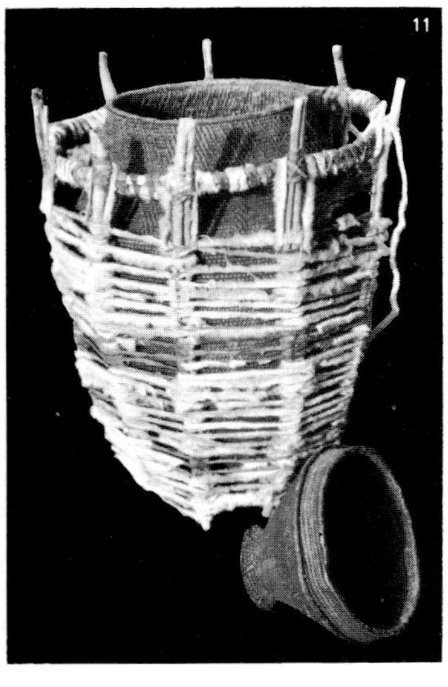

11

1/2/3 : Récipients à traire les brebis ; anse transversale, courbe ou rectiligne. **1** : Seille, *siau*, (H : 30 cm ; d : 33 cm) ; douelles ; deux cercles de fer. Milieu 20e siècle. En fonction chez Daniel Sibille, en 1963. Hautes-Alpes, Saint-Véran (mission MJBD). **2** : Seau (H : 18 et 36 cm ; d : 28 cm) ; taillé dans un tronc d'arbre ; évidé ; cercle de fer. Tchécoslovaquie, Slovaquie, Turoczszentmarton. **3** : Seille (H : 30 cm ; d : 34 cm) ; aluminium. Aveyron, Roquefort (Don Ed. Gaffié).

4/5 : Récipients à traire les brebis ; moyen de préhension sur un seul côté. France. **4** : *Tinellou* (H : 32 et 44 cm ; d : 24 cm) ; tronconique ; lames de bois jointées ; 2 cercles de fer ; 19e-20e siècles. Corse, Niolo (mission et don V. Armani, Bastia). **5** : *Sihun* (H : 15,5 cm ; d : 20 cm) ; terre ocre jaune vernissée en partie. Alpes-Maritimes, Barène (Don M. Mauron).

6/7/8 : Récipients à traire les vaches ; en bois. **6** : Seille tronconique (H : 38 cm ; d : 27 cm) ; douelles, bois de couleurs différentes alternées ; deux cercles de bois. 1964. Haute-Savoie, Le Mont-Sixt (Mission H. Raulin). **7** : Seau à traire, ovale (H : 45 cm ; l : 36 cm) ; autour des ouvertures, feuillages entrelacés ; sur le seau, un vacher avec trompe d'appel (voir 5, p. 182) ; animaux ; fleurs, feuilles. Signé Peter Schütz ; daté 1749. Suisse, canton de Berne. **8** : Seau à traire, ovale (H : 41,8 cm ; l : 43,5 cm) ; figuration d'un vacher et d'une vache. Traduction de l'inscription : « La vache est un animal utile, elle nous donne du lait, du fromage et du beurre. » 18e siècle. 7 et 8 : Suisse, canton de Berne (Bâle, Schweizerisches Museum für Volkskunde).

4

9 : Récipient à traire. Terre cuite (H : 51 ; d : 44 cm). Muséon Arlaten, Arles.

10 : *Gieleta* (H, côté rebord : 27 cm ; H, partie contenant : 22 cm ; d partie supérieure : 28 cm ; d fond : 30 cm). Pologne (Muzeum Etnograficzne, Krakow).

11 : Récipient à lait, en vannerie fine (dans son support). Il a été auparavant retourné sur le feu d'une certaine plante : des particules de fumée, en se déposant sur ses parois internes, l'ont ainsi rendu imperméable. 1984. Somalie nord et Djibouti (Fr. Levard).

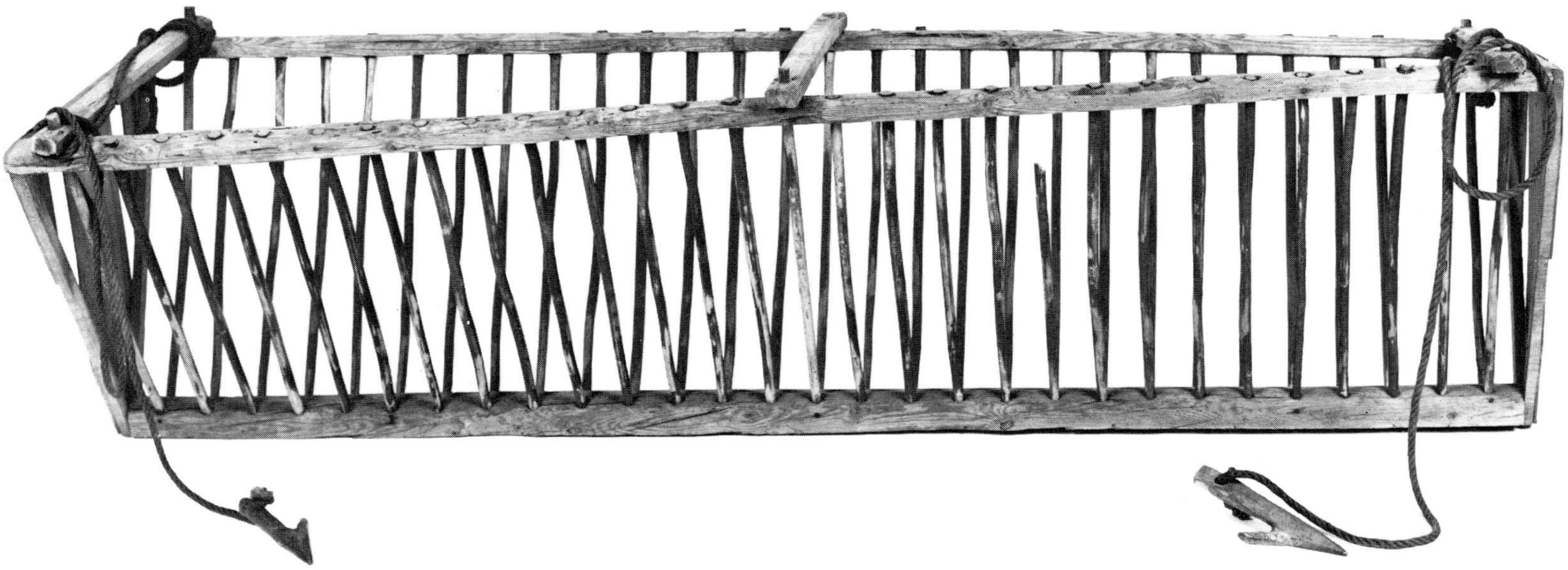

1

2

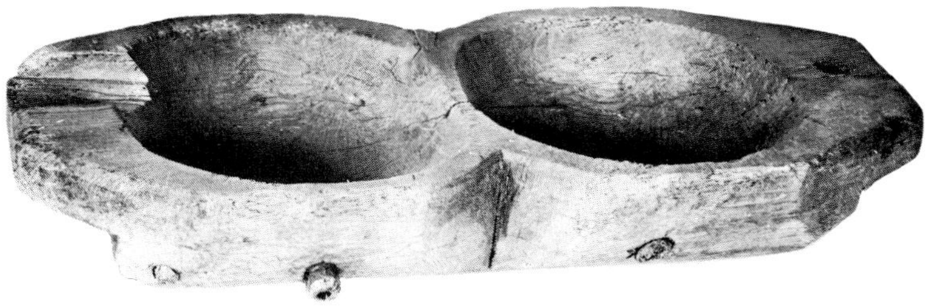

3

4

6 5 7 8

DU RATELIER A L'EMPÊCHE-TÉTER. RASSASIER OU RATIONNER

● Deux types de râteliers, parmi d'autres ; deux techniques différentes de fabrication et d'utilisation : l'un des râteliers est suspendu (ou bien muni de pieds et donc aussi surélevé), l'autre est posé à même le sol. Mais c'est sans doute ce que signifient ces divers traits qui est le plus important. Le premier râtelier correspond, en général, à une alimentation, notamment en foin, plus abondante que le second. ● Ce dernier (**2**) est, en effet, considéré comme ayant une forme adaptée à recevoir une alimentation (ici pour ovins), plus fruste, moins généreuse que l'autre. Or, en réalité, il ressort d'observations récentes que cette position, au sol, est beaucoup plus rationnelle, car elle correspond à la position, naturelle, des animaux se nourrissant sur pâturage ; c'est en effet, tête baissée, que les bovins broutent, que les ovins paissent. ● Pour suppléer à la défaillance de brebis nourrices, un petit matériel a été prévu pour donner le biberon à de jeunes agneaux (**3**,**4**). ● Quelques autres outils, à titre d'exemples ici, concourent, pour leur part, à la préparation ou à l'obtention d'aliments : un coupe-foin (**5**) qui sert à détacher, du foin engrangé et tassé, les rations journellement nécessaires. Ou une hache du Bénin (**6**) : « Avec laquelle les pasteurs peuhl, bouviers, bergers, ébranchent les arbres pour donner au bétail un complément de nourriture quand l'herbe se fait rare en pleine saison sèche... » (R. Pujol).

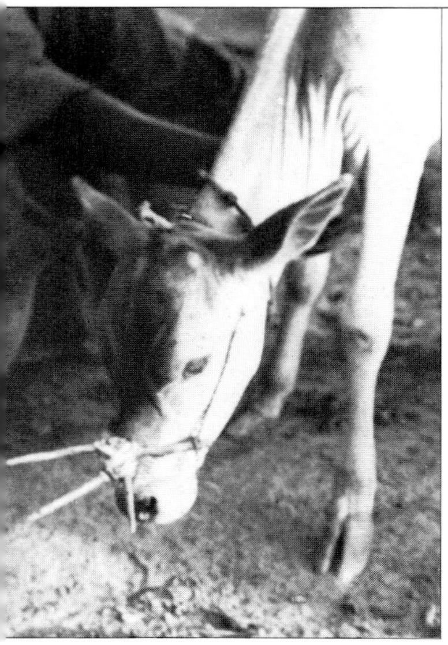

9

12

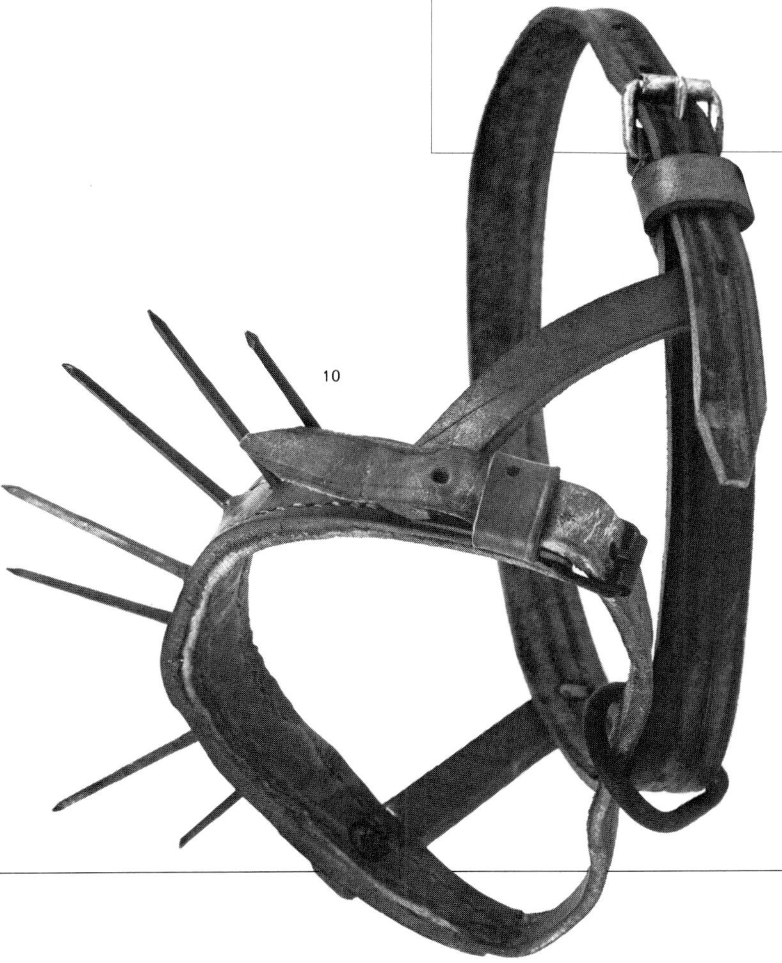

10

11

13

● Au Népal, on ne donne du sel, (8, p. 123), que deux fois par an au bétail, des bergers pyrénéens en portent sur eux au pâturage (**7**, **8**) ; ils en donnent une pincée, prise entre pouce et index, aux brebis gourmandes, distribution à laquelle s'en ajoutent d'autres, plus abondantes, au parc, en étable. ● Gourmandise satisfaite ici, et là, restriction imposée : pour qu'il ne puisse pas avoir accès à telle écorce (**9**), ou au lait maternel, on « arme » le petit de différentes manières. En voulant s'approcher du pis, le petit pique sa nourrice (**10**) qui s'éloigne ; ou bien, en levant la tête pour téter, une plaquette, suspendue à la cloison nasale, se rabat sur la bouche du petit, aussi bien au Népal (**11**), qu'en France (**12**). A moins que la mamelle n'ait été emprisonnée, pour être mise « à l'abri » (**13**) d'une appétence naturelle.

1/2 : Râteliers à fourrages ; distribution relativement libre ; accès de chaque côté. 20e siècle. **1** : *Doublier* (L : 2,33 m ; l : 66 cm ; H : 63 cm) ; suspendu. Pyrénées-Orientales, Roussillon, Sant Jan Pla de Corps (mission P. Idrac, FNO). **2** : Casier à fourrages (L : 2,18 m ; l : 59 cm ; H : 45,5 cm) ; arceaux ; parois : bois entrelacé. Pour fourrages divers ; feuilles et branches en certaines saisons ou périodes de disette. Auvergne, Puy-de-Dôme (mission M. Couturier, FNO).

3/4 : Pour faire téter les agneaux. **3** : « Biberon » double (L : 44 cm ; l : 17 cm) ; en pin. Hautes-Alpes, les Espons (mission J. Margot-Duclos). **4** : « Biberon » simple (l : 15,5 cm ; H : 14 cm). Terre cuite vernissée, orange ; sert aussi à faire avaler un médicament. 1888. Sarthe, Le Mans.

5/6 : Outils coupants au service de l'alimentation animale. **5** : Un des nombreux modèles de coupe-foin (L totale : 1,10 m ; L lame avec douille : 60 cm ; l coupe oblique : 38 cm) ; double poignée : appui des deux mains Alsace, Bas-Rhin, Obernai (J. P. Gyss). **6** : Hache peuhl (Lame fer : 9,2 × 8,5 cm ; L lame avec tige traversant le sommet du manche, et dont l'extrémité est retournée dans le bois vers le haut : 20 cm ; L manche : 48 cm) : lame gravée, manche pyrogravé, porte la marque du propriétaire. Utilisée par des Peuhl, gardiens des troupeaux, groupes ethniques de l'Atacora. Bénin, nord-ouest de l'Atacora (Inf. R. Pujol).

7/8 : Salière et salinière de bergers, 20e siècle. **7** : *El saler* (L : 21 cm ; d : 2,5 cm) ; roseau ; bouchon. Mis dans la poche ou le sac. Exécuté, utilisé par M. Pacouil, berger. Pyrénées-Orientales, Evol (mission J. Deloncle). **8** : Poche à sel (14 × 13 cm) ; canevas ; laines couleurs. Suspendue à la ceinture ou, par cordelière, à l'épaule. Souvent faite par une jeune fille pour son bien-aimé. Hautes-Pyrénées, Tarbes (Mission et don A. Delpiazzo, FNO).

9/10/11/12/13 : Divers moyens de « coercition ». 20e siècle, sauf 12. **9**, **10** : Piquants placés sur le museau du jeune veau. Au Sénégal (9) ; ethnie Sarakole ; région de Tambacounda, Bakel (Inf. M. Griaule). En France (10), avec sept pointes (d : empêche-téter : 22,3 cm ; d collier : 24,5 cm). Aubrac, Aveyron, Entraygues. **11**,**12** : Plaquettes de bois. Museau de sevrage (11) d'un jeune yak (12 × 7 cm) ; articulation sur baguette traversant la cloison nasale. 1965. Népal, Dolpo, Tarap (comme 10, C. Jest). Pour sevrer (12) un jeune veau (18 × 10,7 cm) ; au recto : quatre rosaces avec monogramme « J. C. 1896 » ; laurier, couronne ; semis de cœurs, trèfles, piques ; exécuté à Arles, l'auteur avait 18 ans (Muséon Arlaten, Arles). **13** : Mamelle d'une chèvre, protégée (peut être aussi pour cause d'inflammation ou d'infection). 1969. Iran Kuhbanan (Inf. M. Rouhalamini).

3

4

6

5

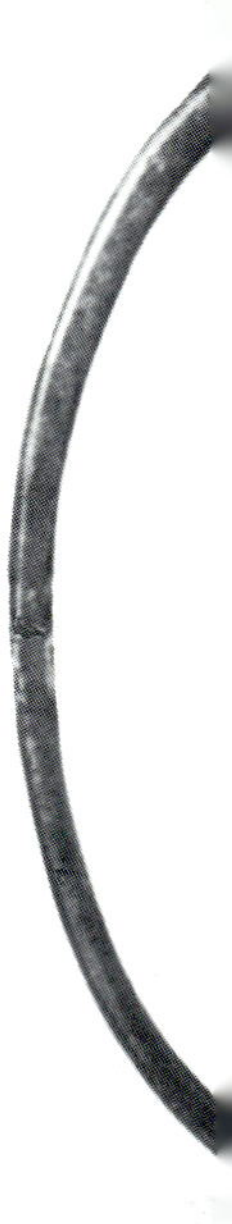

11

2

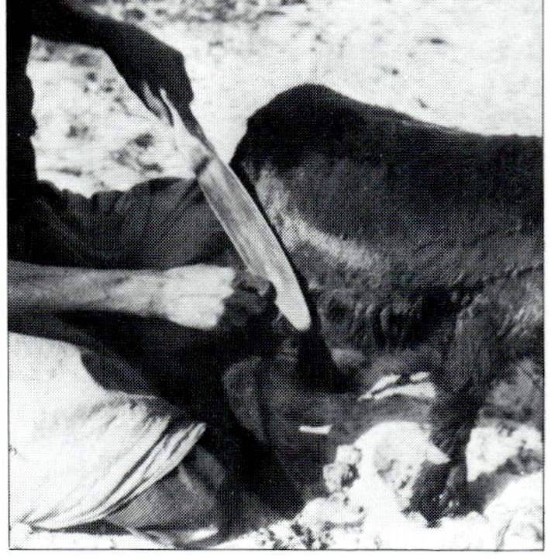

« DESHABILLER » LES MOUTONS ET CERTAINS AUTRES ANIMAUX A FOURRURE

● Divers procédés sont employés pour « déshabiller » un animal c'est-à-dire pour séparer l'un de l'autre les deux éléments de la fourrure, la peau et le poil. Tondre est cette opération qui permet de ne pas attenter à la vie de l'animal, tandis que la mort de celui-ci est inéluctable si l'on veut obtenir et porter une fourrure. ● Pour ne disposer que du poil, on déshabille donc l'animal ; et cette opération a aussi l'avantage de favoriser la repousse du poil, et notamment celle de la laine des moutons. Pour effectuer ce déshabillage, on emploie deux techniques très différentes : l'arrachage ou la coupe. ● L'arrachage de la laine des moutons a été longtemps en usage en Europe. Varron, Pline, écrivains latins (1er siècle avant notre ère-1er siècle après) parlent de cette coutume de l'arrachage, la *volsura*, pratiquée, en Italie, à la main ou avec de grosses pinces à épiler. Trois jours de jeûne précédaient l'arrachage afin de relâcher la racine des fibres dans sa gaine. On arrachait encore la laine en Irlande au Moyen Age. ● Dans d'autres régions du monde, et pour certains poils d'autres animaux, l'arrachage est encore une pratique courante ; ainsi en est-il par exemple au Tibet, région autonome de la Chine : tandis que l'on coupe au couteau le jarre — fibre grossière qui pousse au bas des flancs du yak (**1**) — on arrache d'autres poils de celui-ci : avec cette bourre « douce comme la laine » (C. Jest), on fabrique des pièces tissées, mais aussi du feutre ; celui-ci sert, entre autres, à la confection de tapis pour selle et pour bât de yak (4, p. 123 ; 2, p. 149). ● Pour tondre en coupant, trois outils, différents par leur techniques de fabrication et d'utilisation, sont en usage : le couteau (voir ci-dessus), observable aussi, par exemple, pour la coupe des poils de chèvres en Afrique (**2**) ou de lamas en Amérique ; les forces (**3** à **5**) et les ciseaux à tondre (**8** à **10**). ● Les forces sont, en Europe, plus anciennes que les ciseaux ; des fouilles en révèlent l'usage dès l'âge du fer (quelques siècles avant notre ère). Quant aux ciseaux à tondre, ils ne sont attestés en Europe qu'aux 1er-2e siècles de notre ère, et d'abord en Europe orientale : ils ont été probable-

7

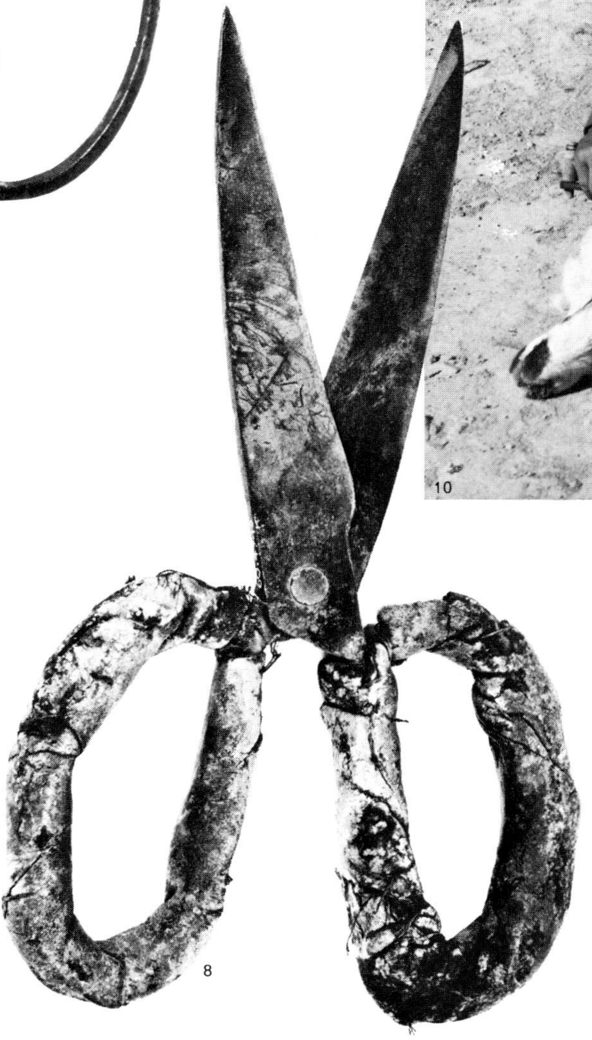

8

10

9

1

ment « empruntés » à des nomades venant d'Asie et utilisant des ciseaux (et non des forces). ● Les ciseaux ont donc, pour leur part, un long passé asiatique. Ils sont toujours en usage, entre autre, en Chine (sans exclure l'usage de forces en certaines régions), au Tibet (**9**), en Iran (**10**). ● En Europe, l'usage des ciseaux à tondre s'étendit vers l'ouest : son domaine côtoie, pénètre celui des forces, ainsi en France (**3**,**4** et **8**,**9**).

1/**2** : Coupe de poils au couteau. **1** : Une femme, le couteau devant elle, prépare la coupe du jarre, au flanc d'un yak. Népal, Dolpo (Inf. C. Jest). **2** : Un homme coupe une partie des poils d'une chèvre (on ne tond pas complètement une chèvre comme les moutons). Mauritanie, Trarza, région embouchure du Sénégal. (Inf. G. Duchemin).

3/**4**/**5**/**6** : Coupe de poils (laine) avec des forces : deux lames métal, très coupantes, réunies par un ressort (partie arrondie) et avec lesquelles le tondeur coupe la laine en rapprochant les lames ; puissant effort exigé de la main. **3** : Forces grand ressort (53,2 × 17,3 cm) ; acier. Avant 1930. France, Drôme, Arnayon. (Don du fils d'Elie Bois et de son maître-valet, M. Roux). **4** : Forces à plus petit ressort (38,8 × 9,2 cm). Progrès de la métallurgie et du façonnage, ces forces sont aussi efficaces que les précédentes. Après 1910 France, Aisne, Villers-Hélon (Don de J. Demoinet). **5** : Forces (30 × 7 cm) ; lames rapportées ; acier ; double ressort. Turquie, région mer Égée et Isparta. **6** : Doigtier de tondeur (13,5 × 2 cm) ; en roseau ; certains tondeurs protègent ainsi un ou deux doigts de la main qui ne tond pas, main droite ou gauche : un bon tondeur peut tondre alternativement d'une main ou de l'autre (défatigue, détente de l'une). 1959. Provence, Bouches-du-Rhône (Don A. Lunel).

7/**8**/**9**/**10** : Coupe de la laine aux ciseaux ; deux lames comportant chacune une poignée, et pivotant autour d'un axe central (clou transversal). Le tondeur adoucit le contact de la main avec les poignées, en garnissant celles-ci de cuir (8) ou de laine (9). **7** : Ciseaux de tondeurs (20 × 8,6 cm). Bolivie. **8** : Ciseaux (29 × 13 cm) recueillis un jour de tonte, en échange de ciseaux neufs. 1960. France, Lozère, Saint-Chély-du-Tarn (MJBD). **9** : Lors de la tonte, un berger tibétain (à gauche) reçoit la visite d'un député représentant de sa commune ; ce dernier se met à tondre avec lui. Tibet, district de Longze, commune de Liemai, sud-est de Lhasa (Inf. J. Marchisio). **10** : Tonte en Iran, province de Kerman (Inf. M. Rouhalamini).

11 : La tonte est effectuée par des tondeurs spécialistes et non bergers, ou par les bergers eux-mêmes. Ceux-ci s'entraident mutuellement. Ici une de ces tontes collectives ; avril 1974. Corse, région du Niolo (Inf. G. Ravis-Giordano).

5

1

2

3

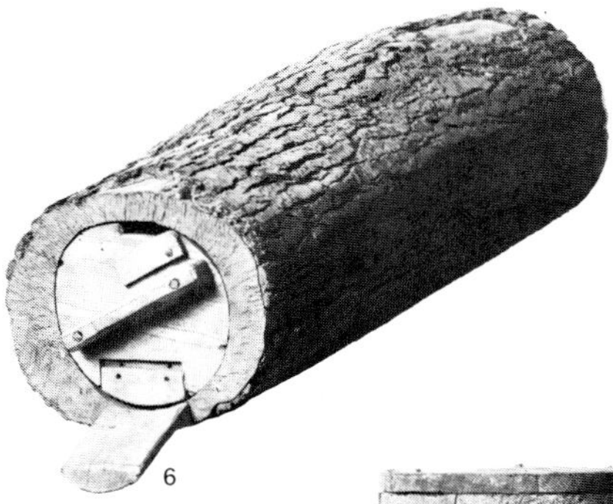

6

4

L'APICULTEUR PEUT-IL ÊTRE SURNOMMÉ « LE BERGER DES ABEILLES » ?

● Le titre d'un roman d'André Chamson est prétexte à poser la question suivante : les rapports du berger avec ses moutons et ceux de l'apiculteur avec les abeilles sont-ils comparables ? En réalité, ils ne le sont pas. ● Le berger est parvenu à rendre les moutons dépendants de leur maître (p. 165). L'apiculteur est, au contraire, en grande partie dépendant des « mouches à miel » ; pour tirer parti au mieux des cueillettes et des produits de celles-ci (miel, cire, pollen, gelée royale, propolis), il lui faut s'adapter au comportement et à la biologie de ces insectes si particuliers. ● Avant l'apparition de l'homme, au cours de quelques millions d'années, les abeilles avaient sans doute su déjà organiser leur société, élevant reine et couvains, cherchant, fabriquant, mettant en réserve leur nourriture. ● De nos jours encore, l'intervention de l'homme, dans diverses sociétés apicoles, en Eurasie, Afrique, Amérique, se borne au prélèvement des produits de la ruche. ● Ces « rapts » entraînent la quasi-destruction de la ruche et souvent de ses habitantes. Ainsi en était-il récemment encore, entre autres, chez les Pygmées d'Afrique ou les Guayakis du Paraguay, ces derniers se nourrissant principalement de miel (J. Vellard). ● Ces Indiens de l'Amérique du Sud grimpent aux arbres pour aller dénicher des ruches au creux des troncs ; pratique aussi courante ailleurs (**1**). Tandis qu'au Tibet, pour effectuer cette cueillette dans des anfractuosités de hautes parois rocheuses où se sont nichés des essaims, des chasseurs de miel, népalais, sont suspendus dans le vide, au bout d'une corde longue parfois de 60 m (H. Harrer). ● D'autres essaims, dits aussi « sauvages » (méritent-ils ce qualificatif ?), se logent sous terre ou entre des pierres, élèvent des monticules de terre (jusqu'à un mètre de haut), fabriquent leur ruche en terre glaise, ou encore occupent une ancienne termitière. ● Pour pouvoir mieux exploiter les « richesses » apicoles, des apiculteurs, bien avant notre ère (en Égypte, en Grèce...), avaient incité des colonies d'abeilles à venir s'installer dans un abri, une ruche, spécialement prévus pour elles. ● Les ruches sont de formes, dispositifs, matériaux très divers ; elles sont verticales (**2** à **4**, **8** à **11**), ou longitudinales (**5** à **7**). Des essaims viennent s'y loger spontanément, mais il est des essaims échappés d'une ruche ou venus d'ailleurs avec lesquels il faut agir avec autorité et/ou plutôt persuasion. ● L'essaim s'est-il accroché à une branche, l'apiculteur ira le quérir en le faisant tomber dans un

7

8

9

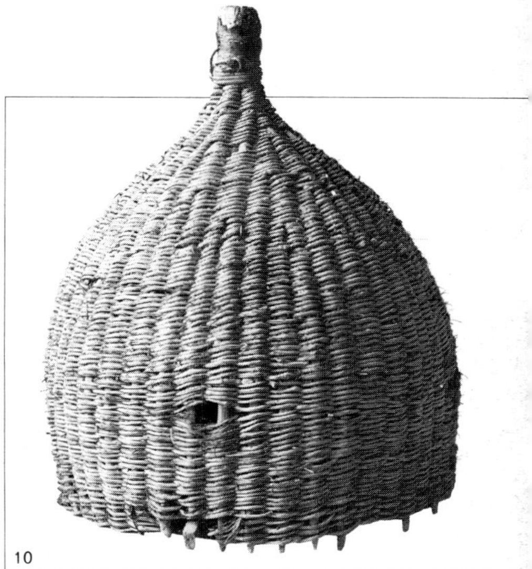

10

« panier » (8, p. 198) ; si l'essaim est en vol, divers stratagèmes sont employés pour essayer de le retenir et pouvoir ainsi le capturer : rites magiques, incantations, bruits divers, charivari, etc. ● Mais l'on sait maintenant que les abeilles sont insensibles aux bruits ; il s'agirait plutôt de manifestations gestuelles et sonores d'apiculteurs, pour affirmer, ou revendiquer, un droit de propriété sur l'essaim.

1 : Des essaims élisent domicile dans les cavités de vieux arbres. Des apiculteurs les ayant repérés, ils aménagent l'entrée de la ruche sauvage (marque d'appropriation). De plus, ils aménagent aussi des troncs creux voisins pour retenir les essaims. Mais avant la récolte, interviennent des « pilleurs de ruches » ; l'un d'eux, ici à droite, hache en main, ouvre la ruche ; l'autre enfume la ruche avec sa pipe, et va cueillir le miel avec sa palette. A droite et en bas, sacs pour recueillir les essaims et récipients pour le miel (Inf. M. Zwitter, d'après J. G. Krünitz. « Oekonomische Enzyklopedie ». 1787).

2/3/4 : Ruches aménagées dans le sens de la hauteur ; produits prélevés par le sommet, couvercle soulevé, ou bien la ruche elle-même est retournée. **2** : « Merveilleuses ruches huastèques », écrit R. Darchen, « façonnées en terre, cuites par les familles, ornées de motifs dessinés ». Petits tubes de cire noire : entrée et sortie des abeilles. Juillet 1981. Mexique, nord de Mexico (Inf. G. Stresser Péan et R. Darchen). Les Huastèques : descendants-témoins d'une ancienne population du Mexique. **3** : Ruche, *brusc* (H : 59 ; d : 35 cm) ; écorce de chêne-liège. 1re moitié 20e siècle. France, Provence (Don M. Lemaire). **4** : Tronc d'arbre écorcé, évidé (H : 1,35 m), Suède, Uppland (Nordiska Museet, Stockholm).

11

5/6/7 : Ruches aménagées dans le sens de la longueur : produits prélevés par les extrémités ; type absent de France, sauf en Corse. **5** : Tronc de chêne couché, non écorcé ; trou de vol des abeilles sur le côté ; plaques, amovibles, de bois et boue séchée aux extrémités. 1966. Iran, région nord-ouest. **6** : Sur un côté, trou et plan de vol ; poignée oblique pour ouverture (référence : 4, ci-dessus). **7** : Faisceaux de paille disposés en longueur sur une forme plus rigide ; liens circulaires ; bouchons de paille aux extrémités ; trou de vol au centre. Sur supports, sous rebord du toit. Ethiopie, Godjam (Inf. M. Griaule).

8/9/10 : Ruches « tissées ». Pointe-poignée pour saisir la ruche ou tenir la calotte renversée pour capture d'essaim. **8** : Ruche (H : 75 ; d : 45 cm) ; osier ; capuchon protecteur en paille, cercle de fer pour maintien. Côte-d'Or, Savoisy (Mission H. Raulin et MJBD). **9** : « Panier à mouches » (H : 85 cm ; d : 47 cm) ; noisetier, coudrier, recouvert de bouse de vache mêlée à de la terre. Début 20e s. Cher, Henrichemont, La Borne (Mis. P. Soulier). **10** : Ruche bombée, type ancien ; « tissage » d'osier très serré ; un trou de vol. Slovénie, environs de Ptuj (Musée de Radovljica, Yougoslavie, Slovénie).

11 : Ruche en torsades de paille, maintenues par éclisses : lamelles de bois obtenues en fendant, assouplissant (séjour dans l'eau) des branches ou tiges (noisetier, osier, rotin, ronce...) ; matériau souple, forme des ruches très variée : ronde, ovale, en dôme ou aplatie, etc. Ici, quadrangulaire, paille de seigle, éclisses de noisetier (H : 26 ; base : 70 × 43 cm) ; base bois avec sept trous d'envol ; couvercle : extraction du miel par le haut. France, Alsace, Haut-Rhin.

1

2

DES RUCHES ANTHROPOMORPHES ET DES ABEILLES COSMOPOLITES. RAYONS FIXES OU MOBILES

● Les ruches faites de main d'homme, les plus anciennes, sont dites « fixistes » : leurs rayons sont suspendus de manière fixe dans la ruche ; l'apiculteur a souvent disposé à cet effet deux barres intérieures, transversales, croisées. ● Les rayons sont fabriqués en cire par les abeilles elles-mêmes ; mais on facilite et accélère leur production en leur fournissant des rayons déjà préparés, en cire gaufrée, ainsi donc déjà alvéolés, « operculés » (des rayons sont même aujourd'hui en matière plastique). Lors de la récolte de miel les rayons étaient (sont) « taillés », (types de couteaux spéciaux : I, p. 198, nº 29 à 31). ● Les ruches à rayons fixes ont conservé la faveur de nombreux apiculteurs ; dans plusieurs régions et pays, elles sont encore les seules en usage (même les seules connues), avec des dispositifs intérieurs et extérieurs plus ou moins élaborés. ● Dans d'autres pays, comme la France, des apiculteurs leur sont restés fidèles, quoique les rayons mobiles aient maintenant de plus nombreux partisans et utilisateurs (ci-après : 2, p. 198). Certaines ruches — elles sont ici à rayons fixes — comportent des traits originaux, soit qu y figure, en façade, un personnage déterminé (**1**), soit que la ruche ait elle-même l'aspect d'un être humain (**2** à **7**). ● Les ruches qui représentent saint Ambroise, (**2**,**3**), en divers pays, expriment la confiance mise en ce saint, protecteur des apiculteurs et des abeilles, afin qu'il favorise ainsi une bonne récolte. Plusieurs autres saints sont aussi sollicités. Trois autres ruches semblent représenter des prisonniers,

6

7

4

5

3

et l'une, un démon ou un génie (**4** à **7**). ● Les diverses localisations des ruches de ces pages (p. 194-199) démontrent les remarquables aptitudes des abeilles à pouvoir s'adapter à des climats et milieux différents. Si bien que l'on trouve des abeilles (diverses espèces), dans l'Ancien continent et dans le Nouveau, en diverses latitudes et altitudes. ● Ces insectes, vraiment cosmopolites, ont étendu eux-mêmes leur habitat, ou bien cette extension est due à des transplantations autoritaires et réussies. Des abeilles «méridionales», originaires d'Italie et du Caucase, n'ont-elles pas été ainsi transplantées en Scandinavie (4,5, p. 194) et en Finlande ? elles s'y sont acclimatées — mais grâce à des soins très attentifs — à des étés courts et à des hivers longs : ce sont des conditions de vie à l'opposé de celles où se complaît une majorité

8

d'abeilles. ● Déplacements d'essaims (1, p. 198, n° 35), donc déplacements saisonniers : à la belle saison on monte les ruches en montagne, afin que les abeilles y butinent, donnant au miel le goût et la saveur des flores d'altitude.

1 : Ruche (H : 37,5 ; d : 34 cm) ; figuration sculptée en ronde-bosse d'une femme portant le costume savoyard de la région. Hausse circulaire en torsades de paille avec «éclisses» (voir ci-avant, p. 195) ; trou de vol à la base. Plancher hexagonal en bois. France, Haute-Savoie, Villards-sur-Thônes (Musée municipal de Thônes).

2/3 : Ruches représentant saint Ambroise. **2** : Ruche (H : 65 ; l avec bras : 57 ; d intérieur : 28-30 cm). Corps : paille de seigle torsadée, éclisses de noisetier. Tête, bras, mains : bois coloré. Placée sur un socle (absent) avec trou de vol (Stadtmuseum, Saxe, Weimar, RDA). **3** : Ruche (H : 71 ; L : 47 cm) ; base ovale ; paille d'orge, éclisses en rotin. Saint Ambroise tient en main une petite ruche d'un type encore en fabrication et utilisation. Pays-Bas, Nord-Brabant (Inf. R. Pujol).

4/5/6/7/8 : Diverses autres ruches anthropomorphes. (4 à 7 : Musée de Weimar, comme 2 ci-dessus. **4** : Personnage féminin (H : 1,54 m ; l : 49 cm) ; bois, probablement tilleul ; une captive (traces mains liées) ; trou de vol sous les mains. Ouverture de la ruche par l'arrière. Vêtements : diverses couleurs. **5** : Personnage masculin (H : 1,50 m ; l : 46 cm) ; captif (mains enchaînées) ; tilleul ; trou de vol sous la main droite ; vêtements diversement colorés. **6** : Ruche (H : 51 ; l : 43 ; d intérieur : 32 cm) ; torsades de paille, éclisses de noisetier ; enduit : bouse de vache ; trou de vol dans la bouche ; colorée. Figuration d'un démon, d'un génie ? **7** : Personnage aussi anonyme (H : 67 ; l : 41 cm ; d intérieur : 24-25 cm) ; torsades de paille et éclisses de noisetier ; enduit : bouse de vache ; tête et bras en bois peint. Ruche placée sur un support en bois avec trou de vol. **8** : Ruche en forme de Turc, ouvrage aussi d'un sculpteur populaire. Figuration d'un prisonnier ? dérision ? on se rappellera les incursions turques (repoussées) des 16e et 17e siècles. Yougoslavie, Slovénie (Musée de Radovljica ; comme 10, p. 195 ; voir aussi 5 à 10, p. 198-199).

1

2

3

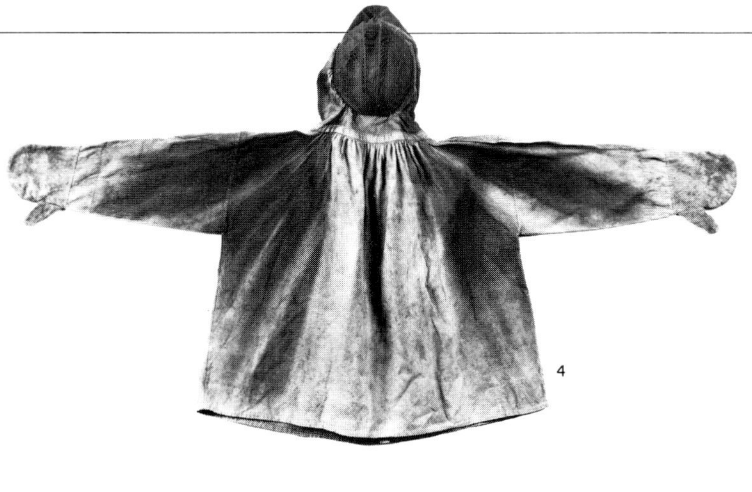

4

DES AMÉLIORATIONS TECHNIQUES. DES « ILLUSTRATIONS » SIGNIFICATIVES

● La gravure (**1**), extraite d'un ouvrage du 18e siècle, présente des ruches de divers pays sans hausse : chaque fois, toute la population de la ruche, ses activités diverses, ses ateliers de fabrication, sont réunis dans un même local. ● Au contraire, dans la ruche (**2**), les rayons sont dans un « atelier » séparé : dans une hausse placée au-dessus du corps de la ruche ; plusieurs hausses peuvent être superposées. De plus les rayons sont ici suspendus et mobiles : l'apiculteur peut les examiner, les prélever séparément. ● Les ruches, avec ces caractéristiques, se sont développées à partir du 19e siècle, donc récemment. Leurs dispositifs se sont améliorés ainsi que les procédés d'extraction du miel des rayons. ● Mais se maintiennent cependant, encore aujourd'hui, des procédés anciens de capture des essaims (**3**) ou, pour certaines manipulations des types de « vêtures » (**3**,**4**), compte tenu de l'indépendance originale, et même très agressive dans certains cas, qu'ont conservée les abeilles. ● A certaines époques, des peintres anonymes ou renommés ont « illustré » des ruches, traduisant ainsi le rôle économique et social de celles-ci. Ces cas concrets révèlent aussi tout ce qu'un apiculteur « investit » dans une ruche, c'est ce que nous « disent » entre autres (voir p. 196-197) les ruches, disposées horizontalement, à paroi frontale peinte, de Slovénie (nord de la Yougoslavie). Ces ruches, appelées *kranjici*, ont connu, aux 18e et 19e siècles, surtout entre 1820 et 1880, une efflorescence remarquable, et dans une partie relativement limitée (Haute-Slovénie). Ces ruches — parfois au nombre de 100 —, groupées dans de petites constructions (**5**), formaient un seul front animé et coloré, mais avec des sujets devenus, au cours des temps, de plus en plus variés (**6** à **10**). ● Les motifs religieux prévalurent au début (**8**), puis, vers la fin du 18e siècle, apparut « la première scène profane » (**9**) ainsi que le précise Marusa Augustin. Puis « ce furent de plus en plus des scènes laïques : persiflage des chasseurs et des artisans, des défauts féminins, des scènes guerrières... Animaux et paysages n'apparurent qu'à l'époque de la décadence de cet art spécifique », qui disparut

8

9

5

10

6

7

complètement après la première guerre mondiale. ● Ces documents toujours « vivants », quoique devenus objets de musées, sont aussi importants pour l'étude de la formation et du développement de la « peinture naïve », sans détacher toutefois celle-ci du « milieu » où cette peinture, très spécifiquement slovène, s'est épanouie.

1/Légendes correspondant aux numéros de la gravure. *1* : Reine, ou mère (elle est la seule procréatrice de la ruche). *2* : Abeille. *3* : Bourdon. *4/5* : Hausse de ruche d'osier. *6* : Couvercle de ruche. *7* : Ruisseau ; en travers quelques pierres et branches (en vue d'éventuels essaimages). *8* : Ruche grecque. *9* : Homme qui « châtre » une ruche, c'est-à-dire en prélève les rayons. *10* : Ruche vitrée. *11/12/13/14* : Ruches de paille, d'éclisses, d'osier, de troëne. *15/16* : Ruches de planches. *17* : d'écorce. *18* : du Palatinat. Ruche de Campine (Belgique) ; chapiteau levé le matin seulement pour y couper à discrétion les rayons garnis. *20/21* : Ruches d'Autriche, de Souabe. *22* : Ruche de pierrailles. *23* : Un homme fait entrer dans un sac les essaims d'une ruche. *24/25* : Deux ruches accolées par leur embouchure pour faire passer les mouches de l'une dans l'autre, en frappant doucement dans celle qui est pleine. *26* : Seringue à ruche. *27/28* : Grilles à mettre à l'entrée de la ruche : dents serrées pour l'hiver, plus écartées pour le printemps. *29/30/31* : Couteaux pour détacher les rayons fixes. *32* : Bâton croisé, se met au-dedans des ruches. *33* : Couvercle de ruche en bois. *34* : Auvent de chaume sous lequel on range les ruches. *35* : Hommes transportant, dans un sac une ruche pleine d'abeilles. Ancienne gravure (L. Liger, *La nouvelle maison rustique*, Paris, 1768), reproduite dans E. Alphandéry, Traité complet d'Apiculture, 1931 (Inf. G. Alphandéry).

2/3/4 : Diverses manipulations : « vêture » et dispositifs correspondants. France, Côte-d'Or (Mission MJBD). **2** : Ruche avec hausse et cadres mobiles. Un des apiculteurs presse sur le soufflet de l'enfumoir ; il envoie sur les abeilles quelques bouffées de fumée (produite ici par un chiffon en combustion dans le contenant métallique), non pour les faire mourir (comme autrefois) ; il les rend seulement moins offensives lors des manipulations. 1970. Minot. **3** : Ruche dans laquelle un essaim a été capturé ; des apiculteurs, protégés, font pénétrer l'essaim dans une caissette (au-dessous du grand entonnoir en bois) ; un battant ouvert, mais grillagé. L'essaim sera installé dans une ruche moderne à quelque distance. 1967. Asnières-en-Montagne. **4** : « Robe à mouche à miel » (106 × 90 cm). Grillage devant le visage ; toile. 19e siècle. Savoisy.

5/6/7/8/9/10 : Un rucher et divers devants de ruches (**6** à **10**). Slovénie, Yougoslavie. **5** : Un rucher groupant quelque 80 ruches aux environs de Radovljica. **6** : Devant de ruche (L. 32 ; H : 15 cm) ; entre deux bouquets, à gauche, saint Marc avec le lion, à droite, sainte anonyme. Environs de Skofza Lota. **7** : Sujet de fable : animaux dansant et jouant de la contrebasse ; à gauche, un homme et son violon (L : 32,2 ; H : 14 cm). Polzanah. **8** : Sujet réaliste : cueillette d'un essaim ; à gauche un rucher ; des abeilles figurées en pointillé. Radovljica. **9** : Sujet historique : combat de Pegams avec Lamberger, au château de Kamen, près de Radovljica ; illustration d'une poésie populaire. **10** : Sujet humoristique : divers animaux, lapins, renards, ours, oiseaux, victimes en général du chasseur, procèdent à l'enterrement de celui-ci. Air réjoui des animaux, mais attristé du chien. — Les devants de ruches 6 et 7 sont au Musée de l'Homme, Paris ; les ruches 8/9/10 au Musée de Radovljica.

1

2

3

4

5

L'« ÉDUCATION » DES VERS A SOIE, UNE « ÉDUCATION » ANCIENNE OU MODERNE

● La sériciculture, ou « éducation » du ver à soie, était pratiquée en Chine plusieurs siècles avant notre ère ; et si les étoffes en soie étaient parvenues de bonne heure en Europe, ce n'est, ici, que tardivement (6e siècle) que l'on commença à pratiquer l'élevage lui-même du ver à soie (Turquie, Grèce, Italie, puis France)... ● Mais en France, cet élevage ne prit un grand essor qu'à partir du 16e siècle. Lié à la culture du mûrier il fallut donc développer celle-ci avec la « culture » du ver à soie. A cet effet, Henri IV faisait publier, dès 1595, de l'œuvre que lui présentait Olivier de Serres, *Théâtre d'Agriculture et Mesnage des Champs*, le chapitre consacré à la *Cueillette de la soie*. Et 20 000 mûriers furent dès lors plantés à Paris dans le jardin des Tuileries... ● La sériciculture comporte les opérations suivantes : la récolte (cueillette autrefois, puis production organisée) des œufs, dits « graines », de certaines espèces de papillon (*Bombyx mori* en France, originaire de Chine), puis soins aux œufs jusqu'à leur éclosion, suivis de l'entretien du ver jusqu'à ce que celui-ci fabrique son cocon et s'y enferme. La filature (dévidage du cocon) fait partie d'une autre série d'opérations. ● Le « magnan », tel était appelé le ver à soie dans le midi de la France, y était élevé dans des « magnaneries », bâtiments à un ou deux étages maintenus à une certaine température ; on en voit encore des silhouettes en traversant les Cévennes. ● Au temps d'Henri IV, l'incubation des œufs se faisait encore sous l'aisselle ou la poitrine des femmes ; O. de Serres préconise de mettre ces œufs dans une boîte, et celle-ci « dans un lit entre deux couettes de plumes, échauffées à la bassinoire ». ● « Au 19e siècle des femmes "couveuses", dans les Cévennes, mettaient les œufs au chaud sous leur jupe ou dans leur corsage. D'autres dans de petits paniers sous leur édredon et restaient couchées le temps de l'incubation, de 18 à 20 jours » (O. Tessier du Cros). On utilisait encore d'autres sources de chaleur : fumier, voisinage du four à pain, lampe à huile en meuble clos puis des appareils garnis d'eau chaude. ● A partir de 1929, l'usage d'armoires, de chambres collectives d'incubation, claies superposées, se développa. Mais la production de la soie déclina en France et en Europe, tandis qu'elle se développait encore ailleurs, en Extrême-Orient, Transcausasie (URSS), Brésil... ● Cependant, en France, depuis quelques années, des sériciculteurs se sont attachés à redonner vitalité à la sériciculture en la modernisant : par l'introduction d'une nouvelle qualité de mûrier, le *Kokuso 21* (**7**), importé du Japon (milieu du 20e siècle) et par l'élevage de vers à soie de race polyhybride (**8** à **10**), dont les œufs arrivent du Japon par avion. On obtient un kilo de soie grège à partir de 8 kilos de cocons frais (il

7

8

6

10

9

y a une cinquantaine d'années, il en fallait 12 kilos) ; d'un cocon on obtient 1500 m de fil de soie (600 à 900 m auparavant). ● En Chine, dans des régions montagneuses (Liaoning), des vers à soie tussah sont élevés sur une variété de chêne : à certaines époques, par centaines, des cocons jaunes constellent les arbres de la forêt.

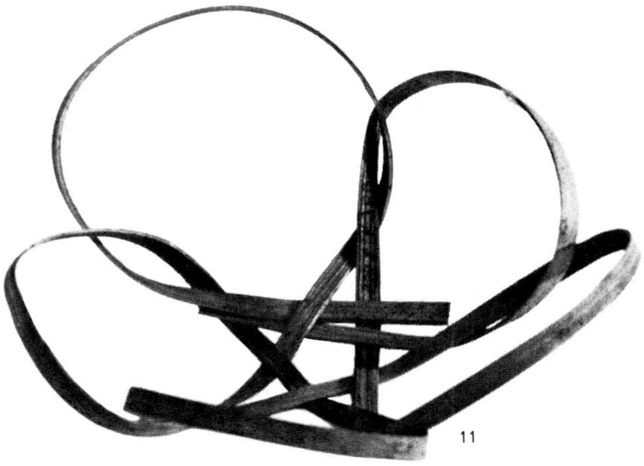

11

1/2/3/4/5 : Quelques étapes de l'éducation du ver à soie en Chine moderne ou ancienne. Les quatre premiers documents ; province du Jiangsu, ouest Shangaï (Inf. MJBD). **1/2** : Mûriers de petite taille, 2 m environ ; feuilles une grande partie de l'année : cinq à sept élevages possibles par an. Les feuilles cueillies, coupées en lanières, sont disposées sur des claies circulaires ; l'appétit des vers va croissant. Septembre 1973. Hol. **3/4** : Les vers ne mangent plus ; ils vont s'encabaner ; ils grimpent sur des touffes de paille préparées, les « dragons de paille » puis ils disparaissent dans le cocon qu'ils se sont fabriqué en quelque 72 heures. Octobre 1976. Wusi. Au cours d'une vingtaine de jours, quatre mutations se produisent du ver au papillon. **5** : On fait mourir le papillon, avant qu'il ne sorte, brisant les fils du cocon. Une ancienne gravure montre, à cette fin, des cocons portés à haute température. A gauche, achat de cocons à un paysan. Gravure 17e siècle ; ouvrage sur la Chine écrit par un jésuite, J. B. du Halde (Paris, Bibliothèque nationale).

6 : En France, cueillette de feuilles sur un mûrier de la taille d'un arbre assez élevé. Accès aux feuilles par échelle. Ici Mireille et Vincent, eaux-fortes de E. Burnand dans « Mireille » de Frédéric Mistral (Paris, Hachette, 1891).

7/8/9/10 : Éducation de vers à soie d'origine japonaise, en France. Gard, environs du Vigan (Inf. Albert Laporte, les Magnans, Molières-Cavaillac). **7** : Mûriers nains, *Kokuso 21* : feuilles aqueuses de fin avril aux premières gelées ; possibilité de combiner sept élevages par an ; meilleure rentabilité qu'auparavant. **8** : Vers à soie polyhybrides, plus grands que les *Bombyx mori*, dévorant des feuilles du mûrier préparées à cette fin. **9** : Encabanage, ici en plastique, en forme de hérisson : cocons en cours de formation. **10** : Pour défiler la soie des cocons, le trempage de ceux-ci : au premier plan, bassine dite « fileuse », eau à 45°, au deuxième plan, bassine ronde, eau à 100°. Opération alors (19) encore manuelle ; maintenant mécanisée.

11 : « Rubans » de bambou, entrelacés, préparés en vue de la montée des vers pour formation des cocons (d moyen de chaque boucle : 15 cm). Laos.

Ethnologie, technologie, techniques

1

2

3

4

● Comme il a été aisé de le constater, ce volume et ses nombreuses illustrations n'ont pas cherché à être un inventaire destiné à présenter tous les outils se rapportant à telle ou telle opération culturale. Il s'agit d'un essai de présentation suffisamment suggestif et comparatif, en même temps qu'attrayant, pour intéresser des lecteurs à des outils agricoles maniés (c'est-à-dire littéralement mis en mouvement par la main), ou attelés (mis en action ou du moins en mouvement par un animal). L'animal domestique peut être aussi engagé lui-même comme un « instrument », à une étape de la chaîne opératoire (piétinement du sol pour ameublir celui-ci, ou d'une récolte pour séparer le grain de l'épi...).

Si nous n'avons pas ménagé les déplacements des lecteurs dans l'espace, à la rencontre de cultivateurs et d'éleveurs des diverses parties du monde, les déplacements proposés dans le temps ont été plus limités ; ils sont surtout centrés sur le 19e et le 20e siècle, le temps présent compris.

Mais il s'agit très précisément des outils pré-machinistes, encore utilisés ou d'un usage récemment disparu. Des regards sont cependant fixés sur du plus ancien — un livre comme celui de Perrine Mane sur les calendriers, surtout de pierre, du Moyen Age nous y convie —, regards même parfois fixés sur du très ancien ; ceci afin d'établir des relations avec ces passés, et pour souligner éventuellement la persistance, à travers les siècles, les champs, les campagnes, de certains gestes et dispositifs. On peut même encore voir ceux-ci dans certaines agglomérations lorsque la campagne n'en a pas été encore complètement chassée.

Cependant, les rapprochements sont toujours à faire avec beaucoup de précautions entre le passé et le présent, entre ici et là, tant les conditions du cadre physique et des milieux humains dans lesquels s'inscrivent, ou s'inscrivaient, les techniques pré-machinistes peuvent être profondément différentes.

● La remarque est donc valable avec toutes ces résonances, en observant les travaux agricoles en divers temps et en divers pays du monde. L'outil à bras, dans certaines sociétés d'agriculteurs, est en effet encore le seul utilisé pour les travaux de la terre sans aucun concours de l'animal pour la traction d'un instrument ou d'un véhicule ; dans d'autres groupements humains, outils à bras et attelage sont associés pour ces diverses fins ; ou bien l'outil à bras et l'attelage coexistent avec la machine motorisée, mais les premiers sont relégués à des tâches secondaires et partielles si on les compare au rôle principal, capital, qu'ils ont rempli jadis ; il y a ici combinaison ou coexistence, à divers degrés, entre l'ancien et le moderne.

Mais que de nuances à apporter à un schéma de cet ordre ; tant de particularités, de situations, de rythmes différents interviennent dans ces « évolutions », et même des retours en arrière quant à l'utilisation de certains outils. Nous avons déjà signalé l'emploi concomitant, pour raisons économiques et sociales, soit de la faucille, soit de la faux (ci-avant page 76 et suivantes). En ce qui concerne le dépiquage, dans les propriétés qui possédaient beaucoup d'animaux, il a continué à être effectué par piétinement : « La fidélité à ce très ancien procédé avait son origine dans cette circonstance et n'était nullement l'indice d'un conservatisme général » (Charles Parain). Le maintien du portage à main, à dos, à tête (pages 120 et 121) ne signifie pas forcément l'absence d'ani-

5

1 à 5 : L'étalement des récoltes sur la route, surface plane et dégagée, en vue du dépiquage et du vannage des céréales, est un procédé courant ; il fut pratiqué dans les rues de villages, en France notamment. L'opération est, était, effectuée ici ou là avec divers outils à main ou instruments attelés (p. 96 et suivantes).

Dans cette campagne chinoise, les céréales, étalées sur une route, sont dépiquées à l'aide d'un rouleau (1), tracté ici par l'un de ces petits tracteurs chinois « à tout faire » adaptables à divers instruments. Mais au dépiquage concourent aussi les roues des voitures qui passent, le piétinement des animaux attelés (2), le roulage des pneus des lourds camions (3). Le vannage intervient ensuite sur la route même (4) ou sur une aire plus limitée (5) : la main, munie d'une pelle à vanner, continue, en contraste, à assumer cette tâche. Juin 1983. Chine, Schandung, Ling Xian (Inf. H. Marchisio et J.-P. Prod'homme).

maux porteurs et tracteurs ; des ressources insuffisantes n'ont pas permis de s'en procurer, ou bien, la main-d'œuvre étant abondante, pourquoi, entre autres raisons, se charger d'animaux à entretenir à longueur d'année ?

Pierre Coutin signalait que lorsque les cultivateurs adoptèrent la culture de la pomme de terre, nouvelle venue en Limagne (Allier), ils se remirent à travailler le sol à la bêche, estimant la terre mieux et plus profondément travaillée qu'à la charrue (celle dont ils disposaient à l'époque). Rappelons aussi le passage de l'iler à la houe et le « retour » de la houe à l'iler en Afrique (pages 20 et 21) — ou encore le retour de la charrue à la houe, en Écosse, lorsque les utilisateurs de la première se tournèrent vers des activités surtout maritimes (A. Fenton).

Quant aux récentes photographies de Jean-Pierre Prod'homme en Chine (juin 1983) on y observe, à propos du dépiquage (**1** à **5**), une association significative entre l'ancien et le moderne : utilisation d'un rouleau à dépiquer mû non par attelage (p. 100 à 104), mais par petit tracteur ; céréales étalées sur la route pour dépiquage effectué non seulement par les roues de charrettes et l'attelage de celles-ci, mais aussi par les roues des camions. Quant à l'opération suivante, le vannage, elle est restée ici manuelle.

Des monographies, dans chaque cas, rendent compte de la signification de telles ou telles combinaisons que ne peuvent décrypter, à elles seules, des explications d'ordre technique. Mais comment comprendre les caractéristiques, l'originalité de tels « systèmes » si ceux-ci ne sont pas « décortiqués » tout en étant comparés à d'autres ? Observation valable pour toutes recherches en science humaine. Claude Lévi-Strauss ne déclarait-il pas : « Les mythes ne s'expliquent que parce qu'on les démarque d'un autre », ajoutant même : « Ce ne sont pas les ressemblances mais les différences qui se ressemblent » (télévision, 23 janvier 1979).

● C'est à l'instigation de Joël Cuénot, qui avait déjà publié deux volumes consacrés à des collections du Musée des Arts et traditions populaires — deux volumes dus à la collaboration apportée par Georges Henri Rivière, à André Desvallées pour le premier et à Denise Glück pour le second —, que je fus amenée à envisager un ouvrage consacré aux techniques agricoles et pastorales et aux outillages correspondant à celles-ci. Mais un ouvrage « éclaté » par rapport aux précédents, puisqu'il va à la rencontre d'agriculteurs et de pasteurs dans différentes parties du monde.

Au point de vue contenu et méthode, et en dehors de toute appréciation sur le travail présent, il me semble pouvoir dire que celui-ci n'aurait pu être entrepris, poursuivi, s'il n'avait été précédé de longues années de formation (une formation qui n'est jamais terminée), d'expériences acquises, d'études détaillées et approfondies sur des sujets volontairement limités. Mais passer de la monographie à l'ouvrage plus général, de l'analyse de faits particuliers et dispersés à un essai aux horizons plus larges, rédiger un ouvrage à nombre de pages défini d'avance — alors que tant d'observations personnelles ont pu être faites, en différentes étapes, entre la côte ouest de l'Amérique du Nord et les rives est de l'Asie (sans traverser l'océan Pacifique !) — n'est-ce pas à la fois une gageure et une audace ?

Ce que l'on a pu engranger personnellement, grâce à tant de contacts sur place, d'accueils compréhensifs, de coopération amicale, a été enrichi par les travaux de beaucoup d'autres chercheurs : que soient remerciés les si nombreux auteurs dont les œuvres et les exposés nous ont permis de riches moissons, et qui nous ont obligée aussi à repenser certains problèmes, à reviser certaines appréciations.

Que soient remerciés aussi les musées d'agriculture ou à sections agricoles répartis dans de nombreuses régions de France et dans de nombreux pays du monde ; la plupart ont répondu avec tant d'obligeance à mes demandes de renseignements, de documents photographiques. Ils ont manifesté ainsi le souci amical, confraternel, de m'apporter une aide efficace. Parmi ces musées, celui des Arts et traditions populaires et le Musée de l'Homme m'ont apporté un concours particulièrement important, je tenais à le signaler par équité, mais ma gratitude est à égalité pour tous. Ma reconnaissance va aussi aux photographes et aux agences de photographies, grâce auxquels nous avons pu compléter notre documentation imagée à fin scientifique. Travail de contacts et de recherches multiples auquel Michèle Gavet-Imbert a tant collaboré !

● Regarder des objets provenant de sites et de milieux différents et affectés en général à des tâches agricoles et pastorales spécifiques, ce volume en offre abondamment l'occasion, tout en ayant choisi de présenter ici une majorité d'objets d'un emploi courant. N'est-ce pas Jacques Le Goff qui écrivait qu'il faut savoir s'enfoncer « Au niveau du quotidien, de l'ordinaire, du petit » ; c'était au sujet de l'Histoire, mais nous en faisons notre profit.

Regarder ? mais comment regarder ? Il s'agit surtout dans la présente étude d'inciter le regard à être sélectif et c'est ce que nous sollicitons de celui-ci étant donnée l'orientation de notre recherche. Jean Brunhes insistait, à propos de l'analyse d'un paysage au point de vue géographique, sur la nécessité de savoir en discriminer les éléments significatifs, en hiérarchiser les valeurs, mais il ajoutait : « Ne voit pas qui veut. »

Et comme dès l'abord de cette conclusion nous tenons à marquer nos larges connivences avec d'autres « regards », écoutons aussi le peintre Bonnard déclarant : « Il y a peu de gens qui savent voir, bien voir, voir pleinement » ; en admirant ses œuvres, nous percevons ce que signifie ce « pleinement » : en réalité il correspond à un choix de sujets, de couleurs, de rapports entre les uns et les autres, avec comme caractère commun : « L'infiniment banal, l'infiniment proche » (citations extraites du catalogue de l'exposition du peintre, au centre Georges Pompidou, février-mai 1984).

Grâce aux savoirs et aux talents de ceux qui les ont faits, les instruments agricoles et pastoraux qui figurent dans les pages du présent volume n'expriment-ils pas aussi, à leur manière, dans leur simplicité, et même rusticité, une réelle et significative beauté ?

● En France, en 1943 et 1945, André Leroi-Gourhan publiait deux volumes sous le titre général *Évolution et Techniques ;* ceux-ci furent suivis, mais quelque vingt ans plus tard, par deux autres volumes, sous le titre *Le Geste et la Parole*. Ces quatre ouvrages font date dans l'histoire de l'ethnologie. A la différence de Marcel Mauss dont nous ne négligeons certes par les travaux et leur orientation, l'auteur a observé lui-même faits, gestes et objets, les uns et les autres d'une manière très concrète ; c'est ainsi qu'il a bâti son œuvre. Au cours de ses enquêtes, et dans son laboratoire au Musée de l'Homme, il a tenu en main les objets, les a pesés, mesurés, dessinés. A l'aide d'une balance-mesure de son invention et d'une équation (poids et longueur de l'outil, position des mains) il calculait l'« indice d'efficacité » de certains desdits outils. A. Leroi-Gourhan a montré l'importance des témoignages d'ordre matériel au point de vue culturel, soulignant que l' : « Outil n'est réellement que dans le geste qui le rend opératoire. » Il a ainsi suscité une méthode d'analyse basée sur : « Une réalité non pas statique mais dynamique » et qui « restera un moyen essentiel, sinon complet et définitif, de compréhension des phénomènes techniques ». (Aliette Geisthoefer.)

De nombreux travaux ont apporté à cette œuvre magistrale des compléments et de nouvelles ouvertures, tandis que leur initiateur s'orientait vers la préhistoire, une préhistoire au déchiffage de laquelle l'ethnologie, pensée et pratiquée durant des années, a apporté un concours très positif.

● Essayer de définir les principales caractéristiques et finalités de l'ethnologie, c'est consta-

6

ter plusieurs manières d'appréhender cette discipline scientifique. De nombreux ethnologues l'ont donc prouvé par leur enseignement et leurs travaux, par des discussions, et même pour certains par des polémiques. Je n'indiquerai que quelques jalons de ces diverses orientations ethnologiques et particulièrement en fonction du thème du présent ouvrage.

En assistant en 1948 au passage de la thèse de Claude Lévi-Strauss sur *Les Structures élémentaires de la parenté* (1re édition en 1949), et en entendant certaines observations du jury, on pouvait déjà percevoir le courant percutant de pensée et d'interprétations « structuralistes » des faits qui se manifestait; il allait se développer dans plusieurs œuvres suivantes, dont l'*Anthropologie structurale* (1958).

D'autres manières de rassembler les faits et de les interpréter avaient continué à se manifester dans les écrits, les enseignements, les réunions scientifiques. En 1955, à un congrès « ethnologique », les rapports avaient été groupés en sections portant des titres ou plutôt des numéros significatifs : Ethnologie I, II, III... Vitalité et diversité d'une telle réunion placée sous la présidence de Claude Lévi-Strauss.

Des déclarations de celui-ci dans *La Pensée sauvage* (1962) sont éclairantes sur l'orientation de ses propres recherches : « C'est à la théorie des superstructures, à peine esquissée par Marx, que nous souhaitons contribuer, réservant à l'histoire — assistée par la démographie, la technologie, la géographie, et l'ethnographie — le soin de développer l'étude des infrastructures proprement dites, *qui ne peut être principalement la nôtre, parce que l'ethnologie est d'abord une psychologie* » (c'est nous qui soulignons). Dans les œuvres de l'auteur l'appel est certes adressé à de nombreux faits concrets, parfois illustrés, ainsi à propos de la ruche-arbre dans *Du Miel aux cendres* (p. 43, fig. 2 et p. 332, fig. 17); dans notre présent ouvrage, p. 194, ce sont des documents « techniques » présentés comme tels; dans le livre susnommé, décrits avec soin, ils sont surtout au service du « décryptage » de certains mythes. Entre beaucoup d'autres exemples, voir aussi le rôle affecté, dans le même livre, au rhombe (un type de rhombe du Pays Basque, dans notre ouvrage, p. 164) : en Amérique du Sud, chez les Bororo, il est considéré comme « engin des ténèbres ».

● L'historien, ethnologue, marxiste, que fut Charles Parain, ne pouvait que réagir à certaines déclarations de l'anthropologue, surtout lorsque celui-ci déclare : « Ainsi qu'on le dit de certaines carrières, l'histoire mène à tout à condition d'en sortir », et d'une manière générale, à la place affectée par les structuralistes à l'ethnologie. Toute l'œuvre de Charles Parain en est témoignage, et entre autres, à notre propos, dans nombre de ses dix-neuf études rassemblées dans *Outils, ethnies et développement historique*; la première de ces études est consacrée « Aux anciens procédés de battage et de dépiquage en France »; elle date de 1937; une autre a trait à « L'évolution des techniques agricoles au Moyen Age », ou encore à la « Typologie des pressoirs préindustriels ». Ces études minutieuses s'ouvrent ensuite sur des problèmes plus larges, mais l'auteur insiste sur l'importance primordiale de ces données de base, ici techniques, présentées en tant que telles, scrutant l'*infra* avant le *super*. Certes le regard de l'historien est indispensable, mais Charles Parain ajoute qu'est nécessaire « en même temps, le regard de l'ethnologue, en contact direct avec la complexité mouvante des réalités sociales ». « La vie sociale apparaît ainsi comme un système dont tous les aspects, appréhendés à divers niveaux, se trouvent organiquement liés. »

C'est pourquoi aussi, tout en rendant hommage à l'immense travail de Arnold Van Gennep, critique-t-il une œuvre trop exclusivement d'ethnologie « folklorique »; les croyances, coutumes, rites ne peuvent être animés d'un dynamisme propre, ils n'ont pu évoluer indépendamment des conditions de base, techniques, économiques et sociales.

L'ethnologie a cherché, et continue à chercher, à affirmer de plus en plus son, ses territoires, ce qui se traduira même dans des discussions au sujet des termes devant chapeauter ses recherches : « Ethnologie » ou « Anthropologie ». Les deux termes, tout en se recouvrant en grande partie, ont cependant des connotations — et des partisans différents. A. Leroi-Gourhan nous a donné son opinion à ce sujet dans *L'Expérience ethnologique* qui clôt, en quelques pages, une *Ethnologie générale*, publiée sous la direction de Jean Poirier.

Aujourd'hui, ayant affirmé, et prouvé, sa personnalité, son originalité, ainsi que la diversité de ses tendances et de ses intérêts, l'ethnologie s'associe ou est associée de plus en plus à d'autres orientations de recherches au profit des unes et des autres (à moins que cette association ne soit qu'un « patchwork », un assemblage de morceaux). Quant aux discussions et aux polémiques, elles sont signes de vitalité ou de re-vitalité. Le livre assez violent

6 : Des ruches en paille tressée sont suspendues aux branches d'un karité. Sont venus s'y loger des essaims d'abeilles sauvages. Quand vient le temps de la récolte du miel, les collecteurs montent dans l'arbre, enfument les ruches. Avec le miel recueilli, ils feront surtout de l'hydromel, boisson fermentée fort appréciée de ces populations non musulmanes où l'alcool n'est donc pas interdit; produit également utilisé en médecine, par exemple pour soigner la rougeole des enfants. 1983. Mali, vallée du Niger, entre Mopti et Segou (Inf. A. Abbe et H. Balique). De tels arbres ornés de leurs ruches ne mériteraient-ils pas de faire partie, sur place, d'un de ces « éco-musées » dont Georges Henri Rivière fut l'ardent promoteur en France et ailleurs ?

7 : Les Buong habitent, en Nouvelle-Guinée, une région montagneuse, entre 1000 et 1500 m d'altitude, à 7° environ au sud de l'équateur. Ils cultivent, entre autres plantes, l'igname, ressource alimentaire qui est vitale pour eux. Aussi la plantation de ce tubercule, dans un champ qui lui est « consacré », est-elle une cérémonie

de Y. Lacoste, relatif à la géographie mais qui concerne aussi les autres sciences humaines, en porte témoignage, comme l'article *Des Ethnologues qui dérangent* (voir bibliographie). Quoi qu'il en soit, des efforts multiples de coopération (efficaces, nous l'espérons) s'expriment en des termes chargés de signification : ethno-histoire, ethno-botanique, ethno-zoologie, ethno-science, ethno-minéralogie, ethno-écologie, ethno-archéologie, ethno-musique, ethno-entomologie, ethno-économie, ethnologique, ethno-psychologie, ethno-psychanalyse, etc., et même, plus récemment, ethno-écosystème, ethno-zoo-botanique, ethno-phytogéographie... Ces combinaisons peuvent être, à l'inverse, anthropo-technique, sémio-technique, bio-technologie... Associations de termes relativement récentes (qui s'écrivent couramment sans trait d'union).

Ces faits et ces termes sont expressifs de liaisons positives établies entre divers thèmes de recherche et l'ethnologie. Ils traduisent non des limitations mais des orientations, avec le souci cependant de conserver, à chaque discipline «tête de file», sa trajectoire afin d'enrichir le bien commun des connaissances. J'ai essayé par exemple, dans *Géographie humaine et ethnologie*, de montrer à la fois les différences et les connivences entre ces deux disciplines. Pour sa part, ce sont des connivences entre faits concrets et sociaux qu'A. G. Haudricourt nous fait découvrir lorsqu'il associe nature et culture, à propos de «l'origine des clones et des clans» dans la «civilisation de l'igname», et dans une autre étude, *Domestication des animaux, culture des plantes et traitement d'autrui.*

● Aujourd'hui, l'Histoire est redevable à l'ethnologie de nouvelles ouvertures, elle le reconnaît, mais l'inverse est également vrai (Jean Meuvret). Dans chaque cas cependant avec des connotations différentes, qui dépendent aussi de la personnalité des auteurs. Georges Duby, dans ses divers travaux et notamment dans l'*Histoire de la France rurale* qu'il a dirigée avec Armand Wallon, en porte la preuve, par ses propres contributions et par celles des divers collaborateurs groupés autour de lui : l'ensemble — quatre volumes parus entre 1975 et 1976 — conduit de la préhistoire à nos jours (1974) : des chapitres, des illustrations où l'ethnologue peut faire ample moisson.

C'est, en effet, particulièrement avec l'ethnologie que : «L'histoire a noué... le dialogue le plus aisé et le plus fécond» tandis que : «L'ethnologie se recharge d'historicité», écrit encore Jacques Le Goff dans la préface de *Pour un autre Moyen Age. Temps, Travail et Culture en Occident* (1977). Il s'agit «d'un Moyen Age long» compris comme s'étendant du Bas Empire romain à la Révolution des 18e et 19e siècles, d'«Un Moyen Age profond que le recours aux méthodes etnologiques permet d'atteindre dans ses habitudes journalières, ses croyances, ses comportements, ses mentalités». Puis dans le même volume, dans l'essai consacré à *l'Histoire et l'Homme quotidien*, l'historien ajoute : «L'apport immédiat de l'ethnologie à l'histoire c'est à coup sûr la promotion de la civilisation (ou culture) matérielle» : l'auteur met ainsi l'accent sur les techniques, à une partie desquelles justement le présent livre est surtout consacré. Les historiens sont peut-être parmi ceux qui pratiquent actuellement le plus d'avancées dans divers domaines d'autres disciplines scientifiques, dont celui de l'ethnologie. Ainsi l'historien Emmanuel Le Roy-Ladurie étudie-t-il entre autres des problèmes de bergers, de vigne, de la culture et des aléas de celle-ci au cours des climats et des siècles...

● Au sein de l'ethnologie, la technologie, y compris l'étude des techniques, a pris son élan en diverses directions de recherches et d'associations de recherches et ceci, même avant qu'elle n'affirme sa propre personnalité. Déjà, en 1926, Marc Bloch publiait une étude *Technique et Évolution sociale* et plus tard, en 1945, Marcel Mauss *Technique et Société.* Cependant en 1964 A. G. Haudricourt écrivait encore : «La technologie, science des forces productives, est encore loin d'être reconnue comme science autonome et d'avoir la place qu'elle mérite.» Depuis lors, sous l'impulsion de François Sigaut et de diverses équipes de chercheurs, ces orientations de recherches prouvent de plus en plus leur propre spécificité.

«La technologie désigne l'étude scientifique des techniques et non les techniques elles-mêmes», écrit Jean-Pierre Digard dans *Technologie : déclin ou nouveau souffle?* et Serge Bahuchet : «La technologie est une composante de la société, donc une science sociale.» Tandis que les techniques sont plus précisément : «Les procédés par lesquels l'opération peut être réalisée... elles sont les moyens d'améliorer la prise de l'homme sur le milieu». A ce sujet A. G. Haudricourt précise : «La technique est plus ancienne que la science», mais il ajoute : «Lorsque l'invention matérielle est déduite d'une croyance magique, le succès de l'invention matérielle ne fait que confirmer et exalter cette croyance.»

accomplie collectivement; il s'agit d'intercéder auprès des puissances souterraines afin que soit obtenue, quelques mois plus tard, une récolte non seulement bonne mais, de plus, très abondante. Le «prêtre de l'igname» procède, en même temps que les hommes du village (les femmes sont exclues), à des rites propitiatoires. Dans la fosse assez grande qu'il a creusée avec son bâton (voir aussi p. 10-11), il a placé l'igname; il est en train de la recouvrir, religieusement, de terre. «Technique du sacré», écrit Fr. Girard.

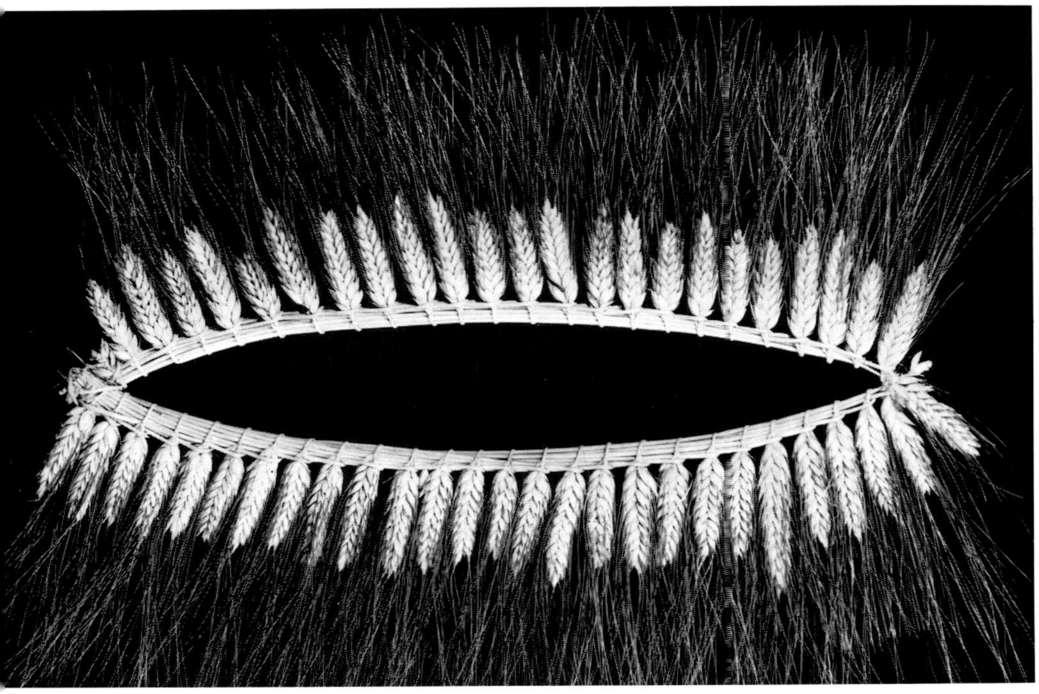

8

Ces dernières lignes soulèvent les problèmes des rapports de l'homme, ici le cultivateur, l'éleveur, le conducteur de véhicules, avec des puissances invisibles, directement impliquées dans telles ou telles pratiques agricoles, pastorales ou liées aux transports. Nous ne l'avons certes pas oublié en cours de route et, à plusieurs reprises, nous avons fait figurer des objets qui le signifient. Toutefois, d'autres ouvrages analysent plus spécialement ces problèmes qui posent en effet... problème.

● La technologie associée à d'autres recherches conserve son originalité et, de ce fait, apporte une contribution très positive au développement de certains thèmes et thèses. Les travaux de Maurice Godelier, entre autres ceux sur les Baruya de Nouvelle-Guinée, élargissent singulièrement les perspectives ethnologiques, notamment lorsqu'ils traitent des liens entre technique et société.

Plusieurs revues françaises et étrangères comportent maintenant dans leur titre le terme « technologie » ou « technique » ; leur association avec d'autres termes en nuance les orientations : « Technique et Culture », « Technique et Sociétés », « Technologie, Idéologie et Pratique », etc. ; une revue porte même le seul titre de « Techniques » qui fut aussi celui d'une journée d'étude (1984) ; les conclusions de celle-ci présentées par Isac Chiva sont un vaste programme de travail. Nous ne pouvons que nous en réjouir. Mais il est d'autres publications où le terme « technique » est employé comme si « la technique » ne pouvait que se concevoir moderne ou même d'avenir. Cueillette, chasse, pêche aux temps préhistoriques étaient déjà des « techniques », et il ne s'agit pas de se prévaloir du présent et de la *high tec* en ignorant les « techniciens » du passé.

● Au lieu de confronter, de comparer, comme dans le présent volume, un grand nombre d'objets et d'établir un plan de travail à échelle mondiale, observations et conclusions peuvent être concentrées sur des sujets plus limités ; il est possible alors de réserver aux développements et analyses plus de détails que nous n'avons pu le faire ici. Pour illustrer ces propos, je pourrais citer *L'Homme et la Charrue à travers le monde* signalé déjà dans la préface. D'autres sujets ont été, par la suite, l'objet de mes recherches et publications : jougs de cornes et jougs de garrot en France ; comparaison entre les types d'élevage ovin en commun, dans les Alpes et en Champagne ; sujet encore plus circonscrit : celui qui a trait aux fourches en micocoulier de Sauve (Gard).

Dans le cadre de la vaste recherche sur programme (RCP) consacrée à *l'Aubrac* (Cantal, France), dirigée par Georges Henri Rivière, organisée par le Centre national de la Recherche scientifique et le Musée national des Arts et traditions populaires, j'ai dressé un tableau et proposé une analyse des opérations (travaux et transports agricoles) d'une manière je crois assez nouvelle ; mais le sujet traité *(Technique et outillage agricoles pré-industriels en Aubrac)*, était localisé et restreint par rapport à la vision élargie et comparative proposée ici.

● Les encouragements que m'a prodigués André Leroi-Gourhan — il m'avait incitée à poser ma candidature au CNRS —, les tâches que me confia Georges Henri Rivière au Musée des Arts et traditions populaires, m'ont incitée à m'orienter vers la recherche ethnologique, me donnant la possibilité de confronter et d'associer tout à la fois les points de vue de l'ethnologie et de la géographie humaine.

André Leroi-Gourhan, Pierre Deffontaines et moi, nous venions d'assumer ensemble les responsabilités de la *Revue de Géographie humaine et d'Ethnologie*, tandis que *L'Atlas aérien de la France*, établi avec Pierre Deffontaines — et dont la préparation comporta pour moi de nombreux vols aériens —, était en cours ; il comprend cinq volumes et groupe près de 1500 photographies aériennes assez longuement commentées. Ces divers travaux, et une longue collaboration avec mon père, Jean Brunhes — qui créa l'expression « géographie humaine » et qui la fit figurer, dès 1902, dans le titre de sa thèse sur l'irrigation en pays méditerranéen (que de technique et technicité dans l'irrigation) —, m'avaient préparée sans doute à l'actuel vaste tour d'horizon. Ils m'aidèrent en tout cas à oser l'entreprendre.

Chargée de mission des Musées nationaux au Musée des Arts et traditions populaires pendant une quinzaine d'années, devenue peu après cette nomination chercheur au CNRS, j'ai pu être en contact direct avec les objets des départements du musée dont j'avais la responsabilité, concernant les techniques d'acquisition : cueillette, chasse, pêche ; les techniques de production : culture et élevage ; les transports ruraux.

De très nombreuses enquêtes sur le terrain en France, un certain nombre d'entre elles accompagnées de collectes d'objets et d'enregistrements au magnétophone pour le musée, m'ont permis non seulement d'observer des outils mais aussi de les tenir en main. Outils inanimés, mais aussi en fonction ; cette manipulation permet d'avoir une meilleure connaissance de l'objet, et une appréciation plus juste des talents et des savoirs de l'utilisateur.

Cette prise de connaissance de l'outil en cours d'utilisation a complété celle acquise lors du transfert des collections du Musée des Atp des sous-sols du Palais de Chaillot au nouvel immeuble élevé à Paris, au Bois de Boulogne, spécialement pour les collections, les expositions et les nombreux services du musée. Je me rappelle le jour — 20 février 1963 — où la carcasse du Musée, dressée, encore nue mais terminée, Georges Henri Rivière tint à ce que fût respectée la « tradition » à cette étape du travail : un couvreur alla accrocher un bouquet au faîte du toit.

Participant quelques mois plus tard à la mise en place des objets agricoles et pastoraux, dans le nouveau musée, j'ai pu avoir, ici aussi, en main, outils et instruments : il y en avait des centaines. Beaucoup sont aujourd'hui présentés dans des vitrines et quasiment inaccessibles au toucher, au maniement. Or ce contact par le toucher ajoute beaucoup à la connaissance que

8 : *Epis de blé provenant de la dernière gerbe de blé moissonnée. Le « bouquet » est placé dans le sens de la longueur (L : 45 cm), soit sur un mur, soit sur une porte de la maison. Il rappelle, par sa forme, l'œil prophylactique, c'est-à-dire celui qui protège les hommes, comme les animaux, des malheurs, maladies et accidents. Il est ainsi conservé par les Beni-Souf, jusqu'à la prochaine moisson. 1962. Algérie, environs de Tlemcen (Inf. D. Destalle).*

9 : *Dans le nord du Cameroun, divers types de faucilles sont utilisés : faucilles pour récolter le mil, pour couper l'herbe ou pour accompagner, dans un but uniquement symbolique, certaines danses.*

On voit ici quelques-unes de ces faucilles de danse, les muvarhâ *(muvâ : faucille ;* rhâ *: danse) entre les mains de jeunes filles (ethnie Padouko) du village d'Oudjilla ; La lame en fer est dans le prolongement du manche, également en fer, mais torsadé. Les danseuses tiennent la faucille « très gracieusement au-dessus de leur tête, le bras demi-tendu » (G. Biannic). Divers sont les motifs de ces danses : célébrer une récolte, un mariage, accompagner un enterrement. 1971. Cameroun (Inf. R. Biannic-Imbert).*

l'on peut avoir d'un objet, quel qu'il soit. En fait les travaux de recherche et d'enquêtes-terrain, et les responsabilités muséographiques que m'avaient confiées Georges Henri Rivière puis le successeur de celui-ci, Jean Cuisenier, ont été étroitement liés les uns aux autres, les unes ont conforté les autres et réciproquement.

● D'où sont donc originaires ces outils et ces instruments si divers ? (« instruments » désigne, en général, des « outils » formés d'une combinaison de plusieurs pièces le plus souvent articulées entre elles ; mais nous avons employé assez indifféremment les termes outils et instruments). Comment expliquer l'« apparition » de certains d'entre eux dans telle civilisation ? S'agit-il d'une innovation locale ou d'un emprunt ? (le terme innovation étant employé de préférence à invention alors qu'il s'agit en général d'une combinaison nouvelle d'éléments préexistants). Ce qui est certain, c'est que lorsque l'objet apparaît pour la première fois figuré, son introduction dans telle ou telle société est plus ancienne que sa figuration.

A propos de l'araire manche-sep, est évoquée sa probable diffusion à partir de la Mésopotamie (p. 36 et 37). Alors que bâton à fouir, bêche, houe ont pu « apparaître » dans diverses sociétés sans qu'il soit nécessaire alors de chercher pour chacun un seul point d'origine. La diffusion des techniques et des outils pose problèmes, mais problèmes qui sont très différents suivant les cas.

Les objets peuvent « voyager », c'est-à-dire être empruntés de proche en proche sans qu'il soit nécessaire d'invoquer les déplacements d'une population ; c'est ce qu'a montré André Leroi-Gourhan dans sa thèse sur *L'Archéologie du Pacifique nord* (1948), à propos du couteau. Il est au contraire des objets qui se sont répandus avec les peuples qui se déplaçaient, ainsi le supposons-nous pour la charrette venue d'Asie (p. 136 et 137). Mais dans un cas comme dans l'autre, les nouvelles techniques ne s'étendent pas en ligne droite. Le chanoine Falch'un a montré par exemple comment en Bretagne des mots nouvellement introduits avaient gagné d'abord des centres plus réceptifs que d'autres d'où ils ont alors rayonné à l'entour : il est très probable que nous pouvons appliquer ce modèle de diffusion aux techniques de nos jours encore, en songeant au rôle des marchés et des foires.

● A propos du rayonnement d'une technique, d'un instrument, d'un type de véhicule, de nombreuses interrogations se posent aussi ; nous l'avons souligné par exemple à propos des chars triangulaires (p. 126 et 127) : ceux-ci, encore en usage malgré l'utilisation des voitures à plancher rectangulaire, seraient les témoins « archaïques », et les plus éloignés, d'un centre originel de diffusion, à l'exemple des mots qui ne subsistent plus qu'aux seules extrémités d'une de leurs anciennes zones d'extension ou de cheminement.

Mais il est aussi des instruments en usage sans que l'on puisse en trouver ailleurs de comparables ; sont-ils une innovation locale, tel l'ingénieux *émoutassié* (4, p. 57) ? dont le type ne semble pas, cependant, avoir « essaimé ». Cet exemple témoigne de « nouveautés » qui sont dues localement à des utilisateurs, à des forgerons, des maréchaux-ferrants, à des anonymes inventifs ; beaucoup de ces « trouvailles », savantes, ici ou là, dans le monde entier, ont disparu. D'autres modèles ont subsisté, originaux ou copies plus ou moins fidèles et limitées (p. 84-85).

● Il est toujours délicat de déterminer les raisons qui motivent le maintien d'un outil, sa reprise en main (voir ci-avant) ou son remplacement. D'autant plus que celui-ci s'inscrit dans l'ensemble du « train de culture », qui sera en général d'abord partiellement modifié avant de l'être plus complètement. Mais par quel élément du « train » va-t-on commencer la transformation ? par le début ou par la fin ? C'est, dans beaucoup d'exploitations, par l'achat d'une batteuse que l'équipement motorisé a commencé : c'est-à-dire par l'extrémité de la chaîne des travaux, le début, la moisson, continuant d'être effectué avec des outils à main. Charles Parain justifie, à la suite de E. J. T. Collins, cette manière de procéder dans tel ou tel milieu rural ; et, par une série de considérations, explique cette « anomalie » (qui surprend en effet notre logique) en développant plusieurs arguments, entre autres : machine à battre plus accessible aux petits exploitants, investissement partagé s'il y a lieu, durée d'utilisation possible plusieurs mois, alors que la moissonneuse est d'une durée d'emploi limitée.

Analysant les conditions d'introduction dans une société de nouvelles techniques et de nouveaux instruments agricoles, René Dumont a montré que, dans tel groupe social, il y avait toujours des cultivateurs qui allaient de l'avant, souvent ceux d'une nouvelle génération, d'autres étaient des attentistes, d'autres enfin des retardataires. Grâce aux premiers, et par étapes, techniques et équipement s'amélioraient au bénéfice de tout le groupe.

De grands changements se produisent donc, mais ils ne sont pas linéaires. Histoire de ce qui freine, histoire des obstacles, durée des intermittences. Fernand Braudel, dans son étude sur la « longue durée » en histoire (1958), les a incluses dans l'histoire des mentalités : il met, entre autres, celles-ci en cause, comme ayant été des « prisons de longue durée ». D'accord, pas d'accord, l'étude reste mémorable comme la thèse (1949) sur *La Méditerranée et le monde méditerranéen...* au 16e siècle.

● Des retards, c'est certain, se sont produits au point de vue technique ; les explications peuvent en être diverses et contradictoires. Mais parmi elles, il faut prendre en compte des expériences malheureuses, des erreurs responsables d'un retard général.

9

10

10: Très belle « faucille » de danse, provenant du village de Rumsiki, au sud-ouest d'Oudjilla (Cameroun nord), également dans les monts Mandara. Faucille d'apparat en cuivre ; exécutée sur place, « autrefois », dit l'informateur local. Exclusivement à l'usage des hommes, mais, comme les précédentes faucilles, utilisée à l'occasion de divers événements de la vie familiale et sociale célébrés collectivement. Comme les précédentes faucilles, elle n'est jamais utilisée dans un champ. La lame est sans ornement, mais à sa base se trouvent des décors en relief : cercles entourés de petites boules et « chaînettes » dont on retrouve le motif, en relief également, à la base du manche. 1968 (Inf. K. Schubert et R. Biannic-Imbert).

Orientation bibliographique

Généralités

A *Actes du premier congrès international d'Ethnologie contemporaine* (août 1971) Paris, Maisonneuve et Larose, 1973 : 248 p. (résumés). ■ *Agriculture et sociétés en Asie du Sud-Est*. Et. rur. nos 53-54-55-56, 1972 • *L'Asie du Sud-Est entre la Chine et l'Inde. Agriculture et pouvoir*. Id., Nos 89-90-91, 1983 : 7-246. Voir *Terroirs africains et malgaches* • **Amouretti M. C.** *A propos de l'histoire de l'outillage agricole... un appel à l'interdisciplinarité*. Grenoble, Le Monde alp. et rhod. 4, 1-2, 1976 : 183-194. ■ *Annales HES*. Paris, A. Colin, n° consacré aux *Techniques*, 1935. ■ *Anthropologie en France (L'). Situation actuelle et avenir*. Paris, CNRS, 1977, publ. 1979 : 572 p. ■ *Archives et Documents* (micro édition) ; publ. sous forme de microfiches. Paris, Institut d'Ethnologie, Musée de l'Homme (à partir de 1972). ■ *Atlas linguistiques et ethnographiques :* diverses régions de France. Paris, CNRS. A partir de 1950. Pour les pays étrangers, voir entre autres, *Ethnocartographie*, ci-après. ■ *Aubrac (L'), étude ethnologique, linguistique, agronomique et économique d'un établissement humain*. Paris, CNRS, 1970-1985 : 8 volumes. Sous l'impulsion et la direction de **Rivière G. H.** Publ. mise au point par **Brunhes Delamarre M. J.-** et **Segalen M.**

B **Bahuchet S.** *Ecologie et ethnoécologie parmi les Aka de la région de Kenya et Bagandou*. Dans *Encycl. des Pygmées Aka...* Paris, SELAS, 1983 : 34-44. ■ **Balassa I.** *(ed.) Getzeidebau in Ost und Mitteleuropa*. Budapest, Acad. Kiado, 1972 : 654 p. ■ **Balfet H.** *Technologie* dans *Éléments d'Éthnologie*, 2 : 44-79. ■ **Barrau J.** *De l'homme cueilleur à l'homme cultivateur : l'exemple océanien*. Cahiers d'Histoire mondiale, 10, 2, 1962 : 275-292 • *Origine de l'agriculture, domestication des végétaux et milieux contrastés*, dans *Langues et Techniques*, II : 305-310 • *Plantes et comportement des hommes qui les cultivent. L'œuvre ethnobotanique de A. G. Haudricourt*. La Pensée, 171, 1973 : 37-46 • *L'Asie du Sud-Est, berceau cultural*, Paris, Études rur. 1974 : 17-39, 53-56 • *Écosystèmes, civilisations et sociétés humaines : le point de vue d'un naturaliste*. Inf. Science sociale, 14, 1, 1975 : 21-34 • *Histoire naturelle et anthropologie*. L'espace géographique, VI, 3, 1977 : 203-209 • *Plantes et Hommes au seuil du XXIe siècle*. La Pensée, 234, 1983 : 65-74 • *La diffusion humaine des végétaux et des animaux envisagée d'un point de vue biogéographique*. C.R. Soc. Biogéogr., 59, 1, 1983 : 19-27 • — et **Dollfus O.** *Anthropologie, écologie, géographie, ethnoscience*. Voir *L'Anthropologie en France* : 223-250. ■ **Bastide R.** *Anthropologie appliquée*, Paris, Payot, 1972 : 248 p. ■ **Baticle Y.** *Étude comparée des fêtes de la moisson et des coutumes du Premier mai*. Voir *Archives et Documents* (code 50.585.07). ■ **Bernot L.** *Les paysans arakanais*. EPHE. Paris, Mouton et Cie, 1967 : 2 vol. • *Riziculteurs* dans *Éléments d'Ethnologie*, II : 86-127 • Voir *Langues et techniques*. ■ **Beutler C.** *Un chapitre de la sensibilité collective : la littérature agricole en Europe continentale du XVIe siècle*. Annales ESC, 5, 1973 : 1280-1301. • *Moissonneurs européens d'hier ? Moissonneuses indiennes d'aujourd'hui ? Contribution à l'étude de la femme et l'outil*. JATBA, XXXI, 1-2, 1984 : 33-43. ■ **Beyer E.** *Ethnologue et folklore. Suggestion pour une enquête technique*, Strasbourg, Bull. Fac. des Lettres, 34, 5, 1966 : 203-225. ■ *Blocage et freinage de la croissance et du développement*. Tiers Monde IEDES, VIII, 1967 : 192 p. ■ **Bloch M.** *Les caractères originaux de l'histoire rurale française*. Nouvelle éd., avertissement de **Febvre L.** Paris, A. Colin, 1952 : T. I, XVIII—264 p. ; T. II, supplém. par **Dauvergne R.**, XLIV-231 p. ■ **Bodiguel M.** *Les paysans face au progrès*. Paris, Presse. FNSP. 1975 : 177 p. ■ **Bonnamour J.** *Bilan de l'approche géographique des exploitations agricoles*, les Cahiers de Fontenay, géographie, 1977 : p. 5-64 • Voir aussi *Les Problèmes fonciers*. ■ **Bourde A. J.** *Agronomie et agronomes en France au XVIIIe siècle*. Paris, SEVPEN, 1967 : 3 vol. ■ **Bourgin G.** *Le partage des biens communaux*. Paris, Imp. Nle, 1908 : XXIV + 757 p. ■ **Bouteiller M.** *Sorciers et jeteurs de sort*. Paris, Plon, 1958 : XVIII-230 p. ■ **Braudel F.** *La Méditerranée et le monde méditerranéen à l'époque de Philippe II*. Paris, A. Colin, 1949 : 1160 p • *Histoire et Sciences sociales : la longue durée*, dans *Écrits sur l'Histoire*, Paris, A. Colin, 1969 : 41-83 • Voir *Histoire économique et sociale de la France*. ■ **Brunhes J.** *La géographie humaine*, Paris, Alcan, 1910 : un vol. : IV + 842 p • Id., 4e éd., Paris, PUF, 1934 : 3 vol. • Id., Éd. abr. établie par **Brunhes Delamarre M. J.-** et **Deffontaines P.** Paris, PUF, 1956 : 396 p • *La géographie humaine de la France*, Paris, Plon, 1920 et 1926 : 2 vol., e 2e avec **Deffontaines P.** • — et **Vallaux C.** *La Géographie de l'Histoire*, Paris, Alcan, 1921 : 718 p • Voir « Agriculture », « Élevage ». ■ **Brunhes Delamarre M. J.-**. *Jean Brunhes (1869-1930)*. Paris, B.N., Cté des Trx hist. et scient. ; dans *Les Géographes Français*, 1975 : 49-80 • *Géographie humaine et ethnologie*. Dans *Ethnologie générale*, 1465-1504 • *Un dialogue avec A. G. Haudricourt. Ethnologie, recherche et méthode*. La Pensée, 171, 1973 : 10-23. • Voir dans « Généralités » : **Brunhes, Deffontaines, Haudricourt.** *Géographie générale et régionale, L'Homme et la Charrue* ; Dans « Agriculture » : **Desvallées, Séguin.** Dans « Élevage » : **Durand-Tullou.**

C **Casanova A.** *Techniques, Société rurale et idéologie en France à la fin du XVIIIe siècle*. Paris, Les Belles Lettres, Ann. litt. Univ. de Besançon : 176 p. ■ **Cépède M.** *Agriculture et choix de technologies*. *Mondes en Développement*, 14, 1976 : 315-324. ■ **Chiva I.** *Les communautés rurales : problèmes, méthodes et exemple de recherche* Paris, UNESCO, 1958 : 48 p • Avant-propos de *Les Sociétés rurales*, catalogue, Paris, La Roue à livres, 1975 : 112 p • — et **Rambaud P.** *Les études rurales en France. Tendances et organisation de la recherche*. Paris, Mouton. 1972 : 369 p. ■ **Claval P.** *Essai sur l'évolution de la Géographie humaine*. Paris, Les Belles Lettres, 1969 : 130 p. ■ **Condominas G.** *L'exotique est quotidien. Sar Luk, Vietnam central*. Paris, Plon, 1965 : 556 p. (Terre Humaine) • Voir *Agriculture et Société* : 11-76 ■ **Cresswell R.** *Une communauté rurale de l'Irlande*. Inst. d'Ethn., LXXIV, 1969 : 571 p • *Les trois sources d'une technologie nouvelle*, dans *Langues et Techniques* II : 21-27 • *Transferts de techniques et chaînes opératoires*. Techn. et Cult. 2, 1983 : 143-153 • Voir *Éléments d'Ethnologie* et *Techniques et Culture* • — et **Godelier M.** *Outils d'enquête et d'analyse anthropologiques*, Paris, Maspéro, 1976 : 290 p. ■ **Cuisenier J.** *Art populaire en France*. Fribourg, Office du Livre, 1975 : 324 p • *La cartographie ethnologique au Musée des Arts et traditions populaires*, voir *Ethnocartographie en Europe* : 191-226. ■ **Cuisinier J.** *Les Muong. Géographie humaine et sociologie*. Paris, Inst. d'Ethn., XXII, 1946 : XX + 624 p. ■ *Culture Technique*. CRCT, n° 10 : *USA*, textes de la revue *Technology and Culture* et de chercheurs du Massachusetts Institute of technology (trad. en français). 1983 : 336 p.

D **Daumas M.** Voir *Histoire générale des Techniques*. ■ **Deffontaines J.-P.** *Une méthode de détermination des facteurs techniques limitant la production agricole en montagne*. Fourrages, 31 1967 : 1-17 • *Analyse de situation dans différentes régions de France. Freins à l'adoption d'innovations techniques*. Et. rur. 52, 1973 : 80-90 • Voir « Élevage » et **Accolas.** ■ **Deffontaines P.** *Géographie des religions*. Paris, Gallimard, 1948 : 440 p • — et **Brunhes Delamare M. J.-** *Atlas aérien de la France*, Paris, Gallimard, 5 tomes, 1961-1964 : 958 p., 1 500 ph. aériennes commentées • Voir **Brunhes** et **Brunhes Delamarre.** ■ **Derruau M.** *Précis de Géographie humaine*. Paris, A. Colin, 1961 : 574 p. ■ **Desvallées A.** *Les galeries du Musée des Arts et traditions populaires. Leçons d'une expérience muséologique*. Musées et collections publiques de France, 134, 1976 : 30 p • Voir *L'Aubrac* et « Élevage » • — et **Rivière G. H.**, coll. de **Glück D.** *Arts populaires des pays de France. I. Arts appliqués. Matières. Techniques et Formes*, Paris, Joël Cuénot, 1975 : 208 p. Pour II, voir **Glück D.** ■ *Développement (Le), idéologies et pratiques*. ORSTOM, 1983 : 246 p. ■ **Digard J.-P.** *La technique en anthropologie : fin de parcours ou nouveau souffle*. L'Homme, 19, 1, 1979 : 73-104. ■ **Dion R.** *Essai sur la formation du paysage rural français*, 1re éd., Tours, Arrault et Cie, 1934 ; 2e éd. Neuilly-sur-Seine, G. Durier éd., 1981 : 168 p. ■ **Duby G.** *L'économie rurale et la vie des campagnes en Occident médiéval (France, Angleterre, Empire, IXe-XVe siècles)*. Paris, Flammarion, 1962 : 2 vol • *Guerriers et paysans, VIIe-XIIe siècles*, Paris, Gallimard, 1975 : 308 p • Voir *Histoire de la France rurale*. ■ **Dumont R.** *Voyage en France d'un agronome*. Paris, M. Th. Génin, 1951 : 468 p • *Notes sur les implications sociales de la « Révolution Verte » en quelques pays d'Afrique*, Genève, UNSRISD, rapport 71.5, 1971 • *Sur les destinées de l'agriculture et de l'élevage, dans Géographie générale* : 1343-1360 • — et **Ravignan F. de,** *Nouveaux Voyages dans les Campagnes françaises*, Le Seuil, 1977 : 350 p • Voir « Agriculture. » ■ *Dynamique des systèmes culturaux traditionnels en Amérique tropicale*. Actes du XLIIe Congrès intern. des Américanistes. Paris, 1976.

E *Éléments d'Ethnologie*. **Cresswell R.** (ed.) I : *Huit terrains*. II : *Six approches*. Paris, A. Colin, 1975 : 320 et 284. ■ *Encyclopédie (L') ou Dictionnaire raisonné des Sciences, des Arts et des Métiers* par **Diderot, d'Alembert...** Paris, 1751-1772, 17 volumes, avec 11 volumes de planches. ■ **Ernle Lord.** *Histoire rurale de l'Angleterre*. Trad. de l'anglais par **Cl. Journot,** Gallimard, 1952 : 610 p. ■ *Ethnocartographie en Europe (L')*. Table Ronde internat., *Bilan et perspective de la cartographie ethnologique en Europe*, Aix-en-Provence, 1982. TIP, n° spéc., 1982-1983 : 367 p. ■ *Ethnologie et histoire. Forces productives et problèmes de transition*. **Ch. Parain** (ed.). Paris, Éd. Soc. 1975 : 576 p. ■ *Ethnologie française*. Revue trim. Centre d'ethnologie française, Musée des Arts et traditions populaires, Paris. ■ *Ethnologie générale* (un vol.) et *Ethnologie régionale* (2 vol.) sous la dir. de **Poirier J.** Paris, NRF, Gallimard, 1968 - 1978 : 1908, 1608, XVIII + 2076 p. (Encyclopédie de la Pléjade.) ■ *Ethnoscience. Premier Colloque d'*. (Ethnozoologie, Ethnozootechnie). Paris, MNHN. Voir *Table ronde Ethnoscience*, 1983. ■ *Ethnozootechnie*. **Laurens R.,** président. Publ., inform. et doc. Paris, 25 bd Arago. ■ *Études mongoles*. Centre d'Études mongoles. Univ. Paris X, 92001 Nanterre. Cahier 6, 1975 : 238 p. ■ *Études rurales*. Paris, Lab. d'anthrop. soc. Mouton éd., Paris, La Haye, New York. ■ **Evans-Pritchard E. E.** *Les Nuer. Description des modes de vie et des institutions politiques d'un peuple nilote*. Préface de **Dumont L.,** Paris, Gallimard, 1968 : 314 p.

F **Faucher D.** *La vie rurale vue par un géographe*, Toulouse, Inst. de Géogr., 1962 : VI + 319 p. ■ **Favret-Saada J.** *Les mots, la mort, les sorts. La sorcellerie dans le Bocage (en Mayenne)*. Paris, NRF, Gallimard, 1977 : 332 p • *Corps pour Corps, enquête sur la sorcellerie dans le Bocage*. Id., 1981 : 372 p. ■ *Fin des outils (La). Technologie et domination*. Colloque IUED. *Sociétés rurales, technologie et développement*. Paris, PUF-Genève, Cah. de l'IUED, 1978 : 336 p. ■ **Fourquin G.** *Les campagnes de la région parisienne à la fin du Moyen Age, du milieu du XIIIe siècle au début du XIVe siècle*. Paris, PUF, 1964 : 585 p • *Le temps de la croissance*, dans *Histoire de la vie rurale*, T.I : 373-547.

G **Geistdoerfer A.** *André Leroi-Gourhan : méthode d'analyse des techniques*. La Pensée, 171, 1973 : 60-74 • *Description des techniques matérielles*. Techn. et Cult. 1, 1976 : 60-99. ■ *Géographie générale*, sous la dir. de **Journaux A., Deffontaines P.** et **Brunhes Delamarre M. J.-** NRF, Gallimard, 1966 : 1934 p. (Encycl. Pléiade). ■ *Géographie régionale*, 1 et 2, sous la dir. de **Brunhes Delamarre M. J.-, Deffontaines P.** et **Journaux A.** NRF, Gallimard, 1975 et 1979 : 1732 et 1979 p. (Encycl. Pléiade). ■ **George P.** *Précis de géographie rurale*. Paris, PUF, 1978 : 350 p. ■ **Gille B.** *Histoire des Techniques*. Paris, Gallimard, 1978 : 1654 p. (Encyclopédie de la Pléiade). ■ **Glück D.** et **Rivière G. H.** *Arts populaires des pays de France. II*. Paris, Joël Cuénot, 1976 : 210 p • Voir **Desvallées A.** ■ **Godelier M.** *Infrastructures, Sociétés, Histoire*. Dialectiques 21, 1977 : 41-53. • *Les sciences de l'Homme et de la société en France*. Rapport par... Paris, DF, 1982, 2 vol. : 559 p. + 221 p. ■ **Gurvitch G.** *Société, technique et civilisation*. Cahiers Intern. de Sociol., XLV, 1968 : p. 5-16.

H **Haudricourt A. G.** *Domestication des animaux, culture des plantes et traitement d'autrui*, Paris, L'Homme, 1962 : 40-50 • *Nature et culture dans la civilisation de l'igname : l'origine des clones et des clans*. Id., 1964 : 93-104 • *La technologie, science humaine*. La Pensée, 115, 1964 : 28-35 • *La technique culturelle. Essai de méthodologie*. Dans *Ethnologie générale* : 731-822 • *Recherches d'ethno-histoire dans les Archipels de l'Océan Pacifique*. Le Courrier du CNRS, 5, 1972 : 35-38 • — et **Hédin L.,** *L'homme et les plantes cultivées*. Paris, NRF, Gallimard, 1943 : 243 p. (coll. Géographie humaine) • — et **Brunhes Delamarre M. J.-** *L'Homme et la charrue à travers le monde* Id., 1955 : 508 p. • Bibliogr. détaillée de A.G.H. jusqu'en 1970, dans *Langues et Techniques. Nature et Société* • Voir ci-après « Agriculture », « Élevage ». ■ **Herskovits M. J.** *Man and his work*, New York, Alfred A. Knopf, 1951. ■ **Hirschberg W.** (ed.) ; collab. dont **Janata A.** *Technologie und Ergologie in der Völkerkunde*, Berlin, Dietrich Reimer Verlag, T. 1 et 2, 1980 : 321 p. ■ *Histoire de la France rurale*, sous la dir. de **Duby G.** et **Wallon A.** Paris, Le Seuil, 1975-1977 : 4 tomes. ■ *Histoire économique et sociale de la France*, sous la dir. de **Braudel F.** et **Labrousse E.** Paris, PUF, 1970-1982 : 4 t., 8 vol. ■ *Histoire générale des techniques*, sous la dir. de **Daumas M.** Paris, PUF, 1962-1983 : 4 tomes. ■ *L'Homme, hier et aujourd'hui. Recueil d'études en hommage à André Leroi-Gourhan*. Avant-propos de **Sauter G.** Paris, éd. Cujas, 1973 : XIV + 795 p. ■ *Hommes (Les) et leurs sols. Les techniques de préparation du champ dans le fonctionnement et dans l'histoire des systèmes de culture*. Actes de la Journée d'étude « Agronomie-sciences humaines ». JATBA, XXIV, 2-3, 1977 : 281 p. ■ **Hommel R. P.** *China at work : an illustrated record of the primitive industries of China's masses... and then an account of Chinese civilization*. E.U., Cambridge, Mass. and London, M.I.T. Press. 1969 : X + 366 p.

I *Iconographie et histoire des mentalités*. Introd. de **Vovelle M.** (p. 3-22). Paris, CNRS, 1979 : 190 p. ■ *Impact social de la conception assistée par ordinateur*. C.R. des Journées d'études. TIP, 3, 1, 1971 : 50 p. Dans cette publication de technique moderne retenir la phrase suivante (p. 28-31) : « *Ne pas perdre le savoir-faire...* »

J **Jacobeit W.** *Eine Zäsur in der Geschichte der « Association internationale des Musées d'Agriculture »*. 7e Congrès Intern. de l'AIMA, Paris, 1984 : 4 p • Voir « Agriculture » et « Élevage ». ■ **Jest C.** *Dolpo. Communauté de langue tibétaine du Népal*. Paris, CNRS, 1975 : 482 p • Voir « Agriculture », « Élevage ».

K **Koechlin B.** *L'ethnotechnologie : une méthode d'approche des gestes de travail des sociétés humaines*. Geste et Image, 1982 : p. 13-39 • — et **Lajoux J.-D.** *Présentation du Centre de Documentation et de recherche sur la réalité gestuelle des sociétés humaines*. Table Ronde « Technologie culturelle ». MSH. Id. 1983 : 131-145 • — et **Lajoux J. D., Terrenoire J.P.** (ed.). *Anthropologie de la Gestuelle. Anthropologie de l'image*. Colloque *La pratique de l'Anthropologie aujourd'hui*, CNRS. Id., 1982 : 175 p. ■ **Kuhnholtz-Lordat G.** *La*

Signification des sigles :

AG : *Acta Geographica, Société de Géographie.*

AGF : *Association de Géographes Français (Bulletin de l').*

AFA : *Association Française des Anthropologues.*

AFMA : *Association Française des Musées d'Agriculture.*

AIMA : *Association Internationale des Musées d'Agriculture affiliée à l'ICOM.*

AMA : *Acta Museorum Agriculturae. Bull. des musées agricoles.*

AMIA : *Acta Museorum Italicorum Agriculturae.*

Atp : *Arts et traditions populaires (Musée et revue).*

ASEMI : *Asie du Sud-Est et Monde Insulindien.*

BMS : *Bulletin de Méthodologie Sociologique.*

BFI : *Bulletin Folklorique d'Ile-de-France.*

ÇAESAR : *Centre d'Anthropologie Économique et Sociale (Applications et Recherches).*

CDHS : *Centre de Documentation Sciences Humaines (CNRS).*

CERM : *Centre d'Études et de Recherches Marxistes.*

CIMA : *Centre International des Musées d'Agriculture.*

Terre incendiée. Essai d'agronomie comparée, Éd. Maison Carrée, Nîmes, 1938 : 360 p.

L *Labourage et pâturage : le patriarcat en campagne*. Nouvelles questions féministes. Éd. Alternatives, 5, 1983. ■ **Lacoste Y.** *Géographie du sous-développement : géopolitique d'une crise*. Préf. de **P. George.** Paris, PUF, 1976 : 292 p. ■ *Langues et Techniques. Nature et Société*. T. I et II. **Thomas M. J.** et **Bernot L.** (ed.). « En hommage à *A. G. Haudricourt* ». Paris, Klinksieck, 1971 : 400 et 416 p. ■ **Lecotté R., Menon P. L.** *Au village de France, la vie traditionnelle*. Paris, Bourrelier, 1945 : 212 p. ■ **Le Goff J.** *La civilisation de l'Occident médiéval*. Paris, Arthaud, 1964 • *Pour un autre Moyen Age. Temps, travail et culture en Occident. 18 essais*. Paris, Gallimard, 1978 : 422 p. ; voir entre autres, *Le temps du travail* (rôle de la cloche, par ex.) : 66-79 ; *Les paysans et le monde rural* (travail manuel, travail rural) : 108-130 ; *Culture savante et culture populaire* (228, n. 17, position par rapport à A. Varagnac) • *L'historien et l'homme quotidien* : 335-348 • Voir **Mane P.**, « Agriculture ». ■ **Lemonnier P.** *L'étude des systèmes techniques, une urgence en technologie culturelle*. Technique et culture, nouvelle série, I, 1983 : 11-34. ■ **Lerche G.** *The study of agricultural tools and tillage as a means of cooperation between related branches of sciences*. Intern. Congres of Anthr. Sc., Tokyo, III, 1968 : 14-15 • — et **Steensberg A.** *Agricultural Tools and Field Shapes. Twenty Five Years of Activity by the Intern. Secret*. (avec le concours de **Fenton A**). The National Museum, Copenhague, 1980 : 108 p • Voir **Steensberg,** et « Agriculture », « Élevage ». ■ **Leroi-Gourhan A.** *Archéologie du Pacifique Nord*. Paris, Inst. d'Ethnol., 1946 : XXIII + 530 p • *Le geste et la parole. I et II*. Paris, Albin Michel, 1964 et 1965 : 323 et 297 p • *Évolution et Techniques. I et II*. Id. nouv. éd. 1971 et 1973 : 350 et 512 p • *L'expérience ethnologique*, dans *Ethnologie générale* : 1816-1829 • *Ethnologie évolutive ou ethno-histoire*, dans *Ethnologie et Histoire* : 11-14 • Voir *L'Homme Hier et Aujourd'hui*. ■ **Le Roy-Ladurie Emm.** *Les paysans de Languedoc*. Paris, Mouton, 1966, 2 vol. : 745 et 292 p. • Éd. abrégée, Paris, Flammarion, 1969 : 371 p. • *Histoire du climat depuis l'An Mil*. Paris, Flammarion, 1967 : 382 p. ■ **Lévi-Strauss Cl.** *Tristes Tropiques*. Paris, Plon (Id. livres suivants), 1949 : 462 p • *Anthropologie structurale*. I, 1958 : 453 p. ; II, 1973 : 456 p. • *La Pensée sauvage*, 1962 : 408 p • *Mythologiques*. I, 1964 : 402 p. ; II, 1967 : 454 p. ; III, 1968 : 480 p. ; IV, 1970 : 688 p • *Le regard éloigné*. 1983 : 400 p • *Paroles données*. 1984 : 277 p • Un article où l'auteur précise sa plus exacte position vis-à-vis de l'Histoire : *Histoire et Ethnologie*. Annales ESC , 1983 • Voir **Mauss.**

M **Maurizio A.** *Histoire de l'alimentation végétale*. Paris, Payot, 1932 : 664 p. ■ **Mauss M.** *Les techniques du corps*. Comm. à la Soc. de Psych., Journ. de Psych., 1935 : 271-273 • *Manuel d'Ethnographie*, Paris, Payot, 1947 : 212 p. ; nouv. éd. 1967 : 264 p. • *Sociologie et Anthropologie*. Introd. de **Lévi-Strauss Cl.** Paris, PUF, 1973 : 544 p. (*Les techniques du corps* : 365-386) • Voir ci-après **Poirier J.** ■ **Mazoyer M.** *Évolution et différenciation des systèmes agricoles d'exploitation de la nature*. JATBA, 1977, XXIV, 2-3 : 267-275. ■ **Mendras H.** *Sociétés paysannes*. Paris, A. Colin, 1976 : 236 p. ■ *Milieu naturel, techniques, rapports sociaux*, **Raynaut Cl.** (ed.). Paris, CNRS, 1983 : 180 p. ■ **Morin Edg.** *Commune en France, Plodemet* (Plozevet). Paris, Fayard, 1967 : 287 p. ■ **Morris Desmond.** *La clé des gestes*. Paris, Grasset-Fasquelle, 1978 : 320 p., 470 ph.

N **Needham J.** *La science chinoise et l'Occident*. Paris, Le Seuil, 1973 : 254 p • — Avec des collaborateurs, *Science and Civilisation in China*, Cambridge, 1954 : 7 vol. en 12 parties.

P **Parain Ch.** *La Méditerranée. Les hommes et leurs travaux*. Paris, Gallimard, 1936 : 225 p (coll. Géographie humaine) • *Un nouveau mythe : la civilisation traditionnelle*. Paris, La Pensée, 23, 1949 : 93-98 • *Fondements d'une ethnologie historique de l'Aubrac*. *L'Aubrac, II*, 1971 : 25-116 • *Le problème de la diffusion réelle des progrès techniques dans l'agriculture romaine*. Cah. du CERM, 132, 1977 : 53-64 • *Outils, Ethnies et développement historique* (19 études de l'auteur réunies). Préf. par **Casanova A.,** Paris, Éd. Soc., 1979 : 504 p • Voir « Agriculture ». ■ **Pelras Chr.** *Technologie, Ethnographie, Ethnologie...*, dans *L'Homme Hier et Aujourd'hui* : 715-730. ■ **Petonnet C.** *On est tous dans le brouillard. Ethnologie des banlieues* (extraits). Geste et Image, 2, 1981 : 125-128. ■ **Pinchemel Ph.** *Aspects géographiques de l'aménagement d'un territoire*. Dans *Fondements rationnels de l'aménagement d'un territoire*. Paris, Masson 1985 : 8-33. ■ **Poirier J.** *Le constat ethnographique*. Dans *L'Homme Hier et Aujourd'hui* : 785-794 • Voir ci-avant, *Ethnologie* et *Ethnologie générale*. ■ *Problèmes fonciers dans l'agriculture française (Les)*. Séance org. par **Bonnamour J.,** Bull. Ass. de Géog. franç., n° 497-498, 1983 : 251-291. ■ **Prod'homme J.-P.** *Des jeunes ruraux devant l'avenir*. Actes du Colloque *Habitat et environnement des enfants en milieu rural*, Bordeaux, UNICEF, 1982 : 442-456 • *Sciences humaines et aménagement du territoire*. Voir *Fondements rationnels*, ci-dessus.

R **Ravis-Giordani G.** *Ethnologie et Politique. Le problème de l'Ethnocide*. La Pensée, 171, 1973 : 108-117. ■ *Rencontres de la géographie et de la sociologie*. Paris, M. Rivière et Cie, 1968 : 213 p. ■ *Revue de Géographie humaine et d'Ethnologie (La)*. **Deffontaines P., Leroi-Gourhan A., Brunhes Delamarre M. J.-** (ed.). Paris, Gallimard, 4 n^os^, 1948-1949 : 504 p. ■ **Reynolds Bairie.** *The relevance of material culture to Anthropology*. JASO, XIV, 2, 1983 : 209-217. ■ **Rivière G. H.** *Le musée de plein air des Landes de Gascogne. Expérience française d'un musée de l'environnement*. Ethnol. franç., 1971 : 87-93 • *L'écomusée*. 1er colloque d'Ethnosc. 1976 : 29-30 • *Musées et autres collections publiques d'Ethnographie*. Dans *Ethnologie générale* : 472-493 • Voir ci-avant, **Desvallées** et **Glück,** ainsi que *L'Aubrac, étude ethnologique*.

S **Salmona M.** *Transformation technique et vulgarisation scientifique*. Techn. et Cult. 1, 1983 : 71-100 • — et **Vriès H. de.** *Composantes affectives et cognitives du travail, diffusion des innovations en milieu rural*. POUR, 40, 1975 • Voir « Élevage ». ■ **Schlebecker J. T.** *Standards of Excellence for Living Historical Farm and Agricultural Museum*. National Museum of American Hist., Washington, Proceed. of the Ann. Meeting, 1975 : 1-6 • *The Changing American Farm. 1831-1981*. Id., 1981 : 20 p • Voir « Agriculture ». ■ **Sigaut Fr.** *Changement de point de vue dans l'agronomie française du XVIIIe au XXe siècle. De l'art à la technologie*. 4e Congrès Intern. des musées d'agricult., Reading (Gde-Bretagne, 1976). JATBA, XXIII, 1, 2, 3, 1976 : 19-32 • *Quelques notions techniques de base de l'ancienne agriculture en France*. Ethnol. franç., 7, 4, 1977 : 385-388 • *Sur la technologie de l'agriculture*. TIP, I, 1, 1979 : 5-15 • *Les Musées d'Agriculture dans le Monde et en France*. Techn. et Culture, 1984, 3 : 129-135 • *Ethnoscience et Technologie : les tâches de la Technologie...* Techn. et Cult., 5, 1985 : 15-17 • Voir « Agriculture », « Élevage ». ■ **Sorre M.** *Les fondements de la géographie humaine*. Paris, A. Colin. T. II, *Les fondements techniques*. Deux vol., 1950 et 1954 : 1031 p.

T *Table Ronde Ethnoscience : Dialogue et coopération entre sciences naturelles et sciences de l'homme et de la société*. Alpes-Maritimes, Valbonne-Sophia Antipolis, 1983. • *Techniques et Culture. Pour une ethnologie de l'acte traditionnel efficace*. Paris, MSH, 1, 1983 ; **Cresswell G.,** *Une nouvelle revue* : 5-6. ■ *Technologie und Ergologie*, voir **Hirschberg.** ■ *Terrain. Carnets du patrimoine ethnologique*. Ministère de la Culture, direct. du Patrimoine, 1, 1983. ■ *Terroirs africains et malgaches*. Et. rur., 37-38-39 ; 1970 : 556 p. ■ **Thomas M. J.,** voir *Langues et Techniques*. ■ *Tools and Tillage. A Journal on the History of the Implements of Cultivation and other Agricultural Processes*. **Steensberg A., Fenton A.** and **Lerche G.** (eds). National Museum of Denmark, Copenhague.

V **Van Gennep A.** *Manuel du folklore français contemporain*, Paris, A. et J. Picard, 1937-1958 : 9 vol. ■ **Voskvil J.-J.** *Les limites de la méthode cartographique dans Ethnocartographie en Europe*. TIP, 4, 1982-1983 : 105-116. ■ **Vovelle M.** *Histoire des mentalités. Histoire des résistances... ou les prisons de la longue durée*. TIP, I, 1979 : 16-39. (Très intéressant, mais pourquoi dénier son rôle, combien important, à la géographie ?)

W **White Lynn J.** *Technologie médiévale et transformations sociales*. Trad. de l'anglais par **Lejeune M.** Paris-La Haye, Mouton, 1969 : 190 p • *The expansion of technology 500-1500*. Dans *The Fontana Economic Hist. of Europe*, London and Glasgow, Fontana Books, I, 1969 : 42 p. ■ **Zonabend Fr.** *La mémoire longue, temps et histoire au village*. Paris, PUF, 1980 : 314 p.

Agriculture

A **Abelleira S.** *Techniques et instruments agricoles à Crosciano (Corse)*. Bull. Soc. Sci. Hist. et Natur. de la Corse, 101, 1981 : 85-117. ■ *Agriculture chinoise traditionnelle*. JATBA, 28, 3-4, 1981 : 376 p. ■ **Aitken R.** *Some Ploughs of Central France in 1938*. Vol. coll. 1949 : 37-46 • *Ploughs (Ards) of West Nepal*. Man, 218, 1963 : 169-172 • *Notes on Culter and Plough in the Basqueland*. Bilbao, 1964 : 5-15. ■ *Aubrac (L')*. Voir « Généralités ». Plusieurs vol ou chap. sur l'agriculture ; voir ci-après **Brunhes Delamarre.** ■ *Aubrac (L'). 10 ans d'évolution 1964-1973*. **Jest C.** et collab. Paris, CNRS, 1973 : 152 p. ■ **Avitsur S.** *La technologie agricole à Eretz (Israël) au cours du dernier quart du 19e siècle. Outils locaux améliorés contre outils européens importés*. CIMA, 7, 1985 (à paraître).

B **Balassa I.** *Die Haupttypen der Holzpflüge in Hungarn im 18. und 19. Jahrhundert*. Voir **Balassa,** « Généralités » : 441-485. ■ **Baratte J.** *Si la motoculture m'était contée*. Préf. **Tréfouël J.** Paris, GEP, 1976 : 200 p. (passage de l'outil à la machine) ■ **Bentzien U.** *Slawische Pfluggeräte und ihre Traditionen im östlichen Deutschland*. Deutsche Akad. der Wissenschaft zu Berlin, Lètopis, C 15, 1972 : 21-39. ■ **Blache J.** *L'essartage, ancienne pratique culturale dans les Alpes dauphinoises*. Rev. de Géogr. alp., 1923 : 572-573. ■ **Blanc J.** et **Philip.** *L'estrape, filet à foin (Queyras)*. Atp, 1956 : 2 p. ms. ■ **Bodjan W. H.** *Pfluggeräte in Armenier*. Voir **Balassa,** ci-avant. ■ **Bonniel J.** *La transmission et la transformation des savoirs en milieu vigneron*. Terrain, 1, 1983 : p. 23-30. ■ **Bouard M. de.** *Point de départ d'une enquête historique sur la charrue en Normandie*. Caen, Ann. de Normandie, 1965 : 53-76. ■ **Bratanic Br.** *Orace sprave centralnog Dijela balkanskog poluotoka* (Les instruments aratoires de la partie centrale de la péninsule balkanique, rés. en fr.). Éd. Musée de Belgrade, 1953 : 42-53. ■ **Bray Fr.** *The Evolution of the Mouldboard Plough in China*. Tools and Tillage, III, 4, 1979 : 27-39 • *Trends in agricultural history in the peoples Republic of China*. Chin. Sci., 5, 1982 : 35-41 • Voir *Needham J.* ■ **Brunhes J.** *L'irrigation... dans la Péninsule ibérique et en Afrique du Nord*. Paris, Masson et Cie, 1904 : 580 p • *Le problème technique des barrages-réservoirs en Algérie*. Alger, 1930, V. Heintz : 13 p. ; exposé et critiques • Voir « Généralités » : *Géographie humaine*, T. 2 • — et **Deffontaines P.** *La Géographie humaine de la France*. T. 2 : *Les Travaux et les Jours dans les campagnes. Vignerons, vignes et vins*. ■ **Brunhes Delamarre M. J.-** *Limites et diffusion de la « reille » en France*. Mois d'Ethn. Fse, 1951 : 97-98 • *L'étriche de la faux*. Atp, 3-4, 1958 : 286-287 • *A propos des faucilles à dents*. Atp, 1-4, 1960 : 182 • *La diffusion réelle des techniques agricoles*. Congr. Inter. Géogr., Stockholm, août 1960 : 2 p • *Recherches sur les instruments de labour*. Atp, 1967 : 291-293 • *Un mot, une plante, un outil agricole : les fourches en micocoulier de Sauve (Gard)*. Dans *Langues et Techniques*, II, 1971 : 29-32 • *Modalités d'insertions de nouvelles techniques agricoles dans des cadres, des structures traditionnelles en France : quelques exemples*. 1er Congr. intern. d'Ethnol. europ., 1973 : 119-120 • *Technique et outillage agricoles prémachinistes en Aubrac. Analyse des opérations*. Dans *L'Aubrac VI-2*. (Voir « Généralités »), 1982 : 25-152 • — et **Haudricourt A. G.** *A propos d'araire et de charrue, richesse des dossiers F 10, 350 à 356*. Paris, Arch. N^les^, Rev. Géogr. hum. et Ethnol., 2, 1949 : 96 • *Recherches technologiques et linguistiques, à propos de l'étriche de la faux*. Cong. inter. des Sc. anthrop. et ethn., C. R. 1er vol., 1963 : 517-519 • — et **Haudricourt A. G.** et **Chaurand J.** *Instruments agricoles pré-industriels du Marlois et de la Thiérarche*. Atp, 1-4, 1960 : 64-77 • — et **Hairy H.,** *Techniques de production : l'Agriculture*. Paris, éd. Musées nationaux, Atp, Guide ethnol. 4/5, 1971 : 72 p • Voir « Généralités », « Élevage ». ■ **Byhan A.** *La civilisation caucasienne*. Préf. et trad. G. Montandon. Paris, Payot, 1936 : 260 p.

C **Caro Baroja J.** *Los Pueblos del Norte de la peninsula iberica*. San Sebastian, 1973 : 303 p. ■ **Chernetsov A. V.** *Über die Enstchung und frühe Entwicklung des osteuropaïschen Pfluges und des russischen Sokha*. Tools and Tillage, II, 1, 1972 : 34-50. ■ **Cobbi J.** *Yamagobo : trois légumes japonais au carrefour de l'ethnobotanique el de l'ethnolinguistique*. JATBA, 1982 : 179-183. ■ **Collins E. J. T.** *Sickle to Combine : a review of Harvests Techniques from 1800 to the present day*. Univ. of Reading, Museum of English Rural Life, 1970 • *The Diffusion of the Threshing Machine in Britain*. Tools and Tillage, II, 1, 1972 : 16-33. ■ **Coutin P.** *Évolution de la technique des labours dans le Nord de la Limagne depuis le début du XIXe siècle jusqu'en 1938*. Folkl. Paysan, 1939 : 30-33. ■ *Culture sur brûlis et évolution du milieu forestier en Amazonie du Nord-Ouest*. Inst. d'Ethn. de Neuchâtel, Bull. Soc. Suisse d'Ethn., 1975, n° spécial.

D **Dalleinne E.** *Les corps de charrue et leur adaptation à l'évolution des labours*. JATBA, 23, 1977 : 199-213. ■ **Dascotte R.** *La préparation de la terre et les labours à Seneffe*. Belgique, Ann. Cercle Archéol. et Folkl. de La Louvière et du Centre, 8, 1970 : 115-138 • Id., 1, 1972 : 7-34 ; 2, 1973 : 5-42 • Voir « Élevage ». ■ **Dauzat A.** *Le village et le paysan de France*. Paris, Gallimard, 1941 : 219 p. (Le Paysan et la Terre). ■ **David J.** *L'outillage manuel de la ferme*. Documentation d'Hist. rurale, 1975 : 265 p. ■ **Delachaux C.** *Le tressage de la paille aux Pays d'Enhaut*. Schweizer. Archiv. für Volksk., Bâle, 1970 : 621-631. ■ **Dias J.** *Die portugiesischen und spanischen Pflüge*. LAOS, Ét. comparées de folkl. ou d'ethn. région. Stockholm, Almqvist and Wiksell, 1, 1951 : 121-128. Voir **Veiga de Oliveira** et « Élevage ». ■ **Dion R.** *Histoire de la vigne et du vin en France, des origines au 19e siècle*. Doullens (Somme), impr. Sevin, 1959 : 768 p • Voir « Généralités ». ■ **Dumont R.** *La culture du riz dans le delta du Tonkin. Étude et proposition d'amélioration des techniques traditionnelles de riziculture tropicale*. Paris, Sté d'ét. géogr. marit. et colon., 1935 : 435 p • Voir « Généralités ». ■ **Dunare N.** et collab. *Tara Bîrsei (Transylvanie)*. Cluj, 1972 : 476 p. (rés., table mat. en allem.) • *Moyens traditionnels dans l'agriculture des Monts Apuseni, première moitié du XXe siècle* (nombr. illustr., rés. en fr.) • *Apulum (Arheologie, Istorie, Etnografie)*, Alba Julia, XI, 1973 : 573-634 • Voir « Élevage ».

E *Enquête sur l'ancienne agriculture*. Ministère de l'Agriculture, 74 monographies, 1937, Arch. Musée Atp. ■ **Erixon S.** and **Steensberg A.** *International Conference for Research on Ploughing Implements*. LAOS III, 1955 : 102-105. ■ **Evans G. Ewart.** *Ask the fellows who cut the hay*. London, Faber and Faber Ltd, 1956, rééd. en 1975 : 262 p • *The horse in the Furrow*. Id., 1960 : 150 p • *The Farm and the village*. Id., 1969 : 182 p.

F **Fél E.** *und* **Hofer Th.** *Geräte der Atányer Bauern (Hongrie)*. Vorwort von **Steensberg A.** Kommission der Königl. Dänischen Akad. der Wissensch... Copenhague, 1973 :

CNRS : *Centre National de la Recherche Scientifique.*
CNRZ : *Centre National de la Recherche Zootechnique.*
CRCT : *Centre de Recherche sur la Culture Technique.*
CREPI : *Centre de Recherches Ethnologiques de Paris et de l'Ile-de-France.*
DF : *Documentation Française.*
EHESS : *École des Hautes Études en Science Sociale.*
EPHE : *École Pratique des Hautes Études.*
ERA : *Équipe de Recherches Associées.*
ESITPA : *École Supérieure d'Ingénieurs et de Techniciens pour l'Agriculture.*
Et. rur. : *Études rurales.*
ETB : *Laboratoire d'Ethnobotanique du MNHN.*
EZT : *Ethnozootechnie.*
FAO : *Food Agricultural Organization.*
FNSP : *Fondation Nationale des Sciences Politiques.*
IAO : *Istituto Agronomico per l'Oltremare. Florence.*
ICOM : *International Council of Museums.*
IEDES : *Institut d'Études du Développement Économique et Social.*

672 p. ■ **Fenton A.** *Early and Traditional cultivating implements in Scotland.* Edinburgh, Proceed of the Soc of entiquares of Scotland, 96, 1962-1963 : 264-317 • *Team Cultivation with the Spade in Scotland* (outils poussés). JATBA, XXIV, 2-3, 1977 : 77-90 • *The Northern Isles.* Edinburgh, J. Donald Ltd, 1980 : 732 p • Voir *The Spade* et *Tools and Tillage.* ■ **Festy O.** *L'agriculture pendant la Révolution française. Les conditions de production et de récolte des céréales. Etude d'histoire économique, 1789-1795.* Paris, Gallimard, 1947 : 466 p • *La place de l'agriculture dans le gouvernement de la France sous le Directoire et le Consulat.* Rev. d'Hist. économ, et sociale, XXXI, 2, 1953 : 113-127 • Voir « Élevage ». ■ **Fluckiger F.** *Die Terminologie des Kornreinigung in der Mondarten Mittel und Suditaliens.* Romanica Helvetica, XLVIII, 1954, C.R. par **Parain Ch.**, Atp, oct.-déc. 1955 : 391-392. ■ **Fonvielhe J. A.** *Un instrument aratoire du nord de l'Espagne : la laya.* Atp, 9, 1961 : 135-138. ■ **Forbes H.** *The « Thrice-ploughed field », cultivating techniques in ancient and modern Greece.* Dans *Expedition.* Philadelphie, The Univers. Pennsylvania Museum, vol. 19, 1, 1976 : 5-11. ■ **Forni G.** *Tipologia e Nomenclatura dell'Aratro tradizionale.* Milan, Acta Museorum Ital. Agricult., 6-7, 1981 : 220-225 • *L'agricultura prehistorica lombarda.* Dans *Muséo Lombardo...* Milan : 11-19. ■ **Franchet L.** *La houe et son rôle.* Rev. Scient., XVI, 1, 1938 : 11-21.

Gade D. W. and **Rios R.** *Chaquitaclla. The native Footplough and its Persistence in Central Andean Agriculture.* Tools and Tillage, II, 1, 1972 : 3-15. ■ **Galhano F., Veiga de Oliveira E., Pereira B.** *Outillage agricole au Portugal.* Alfais agricola portuguese, 1978 • Voir **Veiga de Oliveira, Pereira.** ■ **Garneret J.** *Abbé. Un village comtois. Lantenne, ses coutumes, son patois.* Paris, Les Belles Lettres, 1959 : 390 p. ■ **Gascon A.** *Le dangwara, pieu à labourer d'Éthiopie.* JATBA, XXIV, 2-3, 1977 : 111-123. ■ **Gille B.** *Petites questions et grands problèmes : la brouette.* La Recherche, 11, 1980 : 479-482 • Voir « Généralités ». ■ **Girard Fr.** *Les gens de l'igname. Les Buang de la vallée du Shake, district de Morobé. Nouvelle-Guinée.* JATBA, XIV, 8-9, 1967 : 287-338. ■ *Gospodarska in Druzbena Zgodovina Slovencev.* Ouvr. sur la Slovénie, plusieurs auteurs dont **Zwitter F.**, notre informateur. Yougoslavie, Ljubljana, 1970 : 650 p.

Hairy H. voir **Brunhes Delamarre.** ■ **Haudricourt A. G.** *La paille et la faucille, le foin et la faux.* Dans *Ethnologie et Histoire* : 49-51. Voir « Généralités », « Élevage » • — et **Brunhes Delamarre M. J.**- *Recherches techniques sur araire et charrue.* Paris, Le Mois d'Ethnogr. franç., 7, 1949 : 61-63 • *L'Homme et la charrue,* voir « Généralités » • Voir aussi ci-avant **Brunhes Delamarre** • — et **Hédin L.** *Hommes et Plantes cultivées.* Paris, Gallimard, 1943 : 234 p. (coll. Géographie humaine). ■ **Henninger R.** voir **Brunhes Delamarre.** ■ *Homme (L') et la Charrue à travers le Monde.* Voir **Haudricourt** et **Brunhes Delamarre.** ■ *Hommes (Les) et leurs sols...* Journées d'Ét. Agronomie, Sciences Humaines. Paris, 1976, JATBA, 1978 : 282 p.

Igname (L'). Séminaire intern., Antilles, Guadeloupe, Pointe-à-Pitre, 1980. Paris, INRA, 1981 : 296 p. ■ **Iinuma J.** *The Ne-no-hikara-suki of Shosôn.* Tools and Tillage, I, 2, 1969 : 105-116 • *The Development of Ploughs in Japan.* Id., IV, 3, 1982 : 139-154 • *La logique spatiale de l'agriculture japonaise.* L'espace géographique, 2, 1980 : 143-148 • *The role of the rural people as innovators of agricultural implements... in the 19th and 20th centuries in Japan.* CIMA 7, 1985 (à paraître dans AMA).

Jaberg K. und **Jud J.** *Sprach und Sachatlas Italiens und der Südschweiz.* Avec le concours de **Scheuermeier P., Rohlfs G.** et **Wagner M. L.**, Berne Bund, I-VIII : 1928-1940 (VII, VIII, culture, récolte) • Voir **Scheuermeier.** ■ **Jacobeit W.** *Zur Erforschung der bäuerlichen Arbeit und Wirtschaft in der Deutschen Volkskunde.* Deutsches Jahrb. für Volksk., 8, Teil II, 1962 • *Die bäuerlichen Arbeitsgeräte in der Museen der DDR.* Neue Museums Kunde, 1963, Heft 2 • Voir « Généralités », « Élevage ». ■ **Jaffreux M.** et **Prival M.** *Artisans et métiers d'Auvergne...* Préf. **Robert M.** Limoges, Ethn. Limousin, 1975 : 160 p • Voir *Gentianneur, berger communal.* ■ **Janata A., Kreiner J., Pauer E.** *Materialen zu Kuwa (Erdhacke) und Suki (Spaten). Bodenbaugeräte Japans I.* Wien, Arch. für Volkerk., 23, 1969 : 101-159 • *Zur Geschichte des Pfluges (Karasuki). Bodenbaugeräte Japans II.* Id., 24, 1970 : 207-264 • *Geräte der Tagoshirae-Feldbestellung und des TA-UE-Reisauspflanzens. Bodenbaugeräte Japans III.* Id., 25, 1971 : 125 p. ■ **Jest C.**, voir *L'Aubrac, étude ethnologique...* et *L'Aubrac, 10 ans d'évolution* • Voir « Généralités », « Élevage ». ■ **Jewel C.** (ed.). *A Sourcebook. Victorian Farming.* Winchester, Barry Shurlock, 1975 : 138 p. ■ **Jirlow R.** *Die Geschichte des Schwedischen Pfluges.* Stockholm, Nordiska Museet, 1970 : 140 p.

Kolendo J. *La moissonneuse antique en Gaule romaine.* Annales ESC, 1960 : 1099-1114 • *Avènement et propagation de la herse en Italie.* Varsovie, Archeologia, XXII, 1971 : 104-120. ■ **Kothe H.** *Erntemesser und Sichel in ihrer Bedeutung für die Fruhegeschichte der Landwirtschaft.* Folk-Liv, 21-22, 1957-1958 : 61-76 • *Slawische Pflugfunde Westlich der Oder.* Tools and Tillage, II, 3, 1974 : 186-188. ■ **Krüger F.** *Die Hochpyrenäen. A/ Landschaften...* (outillage agricole, transport...) ; **B/** Voir « Élevage ». Hamburg, Barcelone, 1935-1939 : 6 volumes • *Géographie des Traditions populaires en France.* Brésil, Mendoza, 1950 : 256 p.

Lagrange A. *La serpe à tailler la vigne en Bourgogne.* Atp. 1, 1953 : 15-32 • *Catalogue du Musée du vin de Bourgogne.* Id., 2, 1965 : 107-179. ■ **Laurain-Portemer M.** *La fête de la gerbe.* Laval, extr. Bull. de la Comm. Hist. et Archéol. de la Mayenne, LXVIII, 1963 : 3-43. ■ **Lechanteur F.** *Les mots et les choses.* Ann. de Normandie, 2, 1951 : 99-109. ■ **Lecomte Edg.** *Les labours à Godarville.* Belgique, La Louvière, El Mouchon d'Aunia, 6, 1984 : 4 p. ■ **Lecotté R.** *Le snobisme de l'outil (sur le commerce éhonté des anciens outils de travail, leur transformation en objets décoratifs et le détournement de leur fonction d'origine...).* Bull. Folkl. Ile-de-France, 1973 : 397-398 • Voir « Généralités ». ■ **Le Gall J.** *Les « falces » et la faux.* Rev. Archéol. classique, 1959 : 55-71. ■ **Le Lannou M.** *Pâtres et paysans de la Sardaigne.* Tours, Arrault, 1941 : VIII + 364 p • Voir « Élevage ». ■ **Lerche G.** *Observations on Harvesting with Sickles in Iran.* Tools and Tillage, I, 1, 1968 : 33-49 • *The Ploughs of Medieval Denmark.* Tools and Tillage, I, 3, 1970 : 131-149 • *Double paddle-spades in prehistoric context's in Denmark.* Id., III, 2, 1972 : 111-124 • — et **Steensberg A.** *Observations on Spade Cultivation in the New Guinea Highlands.* Id., II, 2, 1973 : 87-104 • *Tools and Tillage in Iran. Observations made in 1965 in the Province of Kerman.* Id., IV, 4, 1983 : 217-248 • Voir **Steensberg** et « Généralités ». ■ **Leser P.** *Entstehung und Verbreitung des Pfluges.* Münster in W., Anthropos Ethnol. Bibliotek., T. III, 3, 1931 : XVI + 678 p. Reprod. photogr. à Copenhague, ISRHAI, 1970, à l'initiative de **Steensberg A.** et **Lerche G.** ■ **Loup J.** *Pasteurs et agriculteurs Valaisans (Suisse).* Grenoble, F. Allier, 1965 : 679 p.

Mane P. *Calendriers et Techniques agricoles (France, Italie, XIIe-XIIIe siècles).* Préf. de **Le Goff J.** Paris, le Sycomore, 1983 : 354 p. ■ **Marcel-Robillard Ch.** *Le folklore de Beauce. Travaux et métiers paysans ; l'outillage traditionnel.* Paris, Maisonneuve et Larose, T. VIII des *Contributions au folklore des Provinces de France,* 1971 : 118 p. ■ **Marchisio H.** *La vie dans les campagnes chinoises.* Paris, éd. du Centurion, 1982 : 237 p. (Faire notre histoire.) Voir *Calendriers culturaux* : 65-71 • *Soixante ans de politique agraire en Chine. 1925-1985.* Dans *Une Chine rurale « responsabilisée »,* Lab. d'Anthrop. et de Sociol., Inst. Nl d'Écon. rurale, Amitié Franco-chinoise, 1985 : 17-27. ■ **Marinov V.** *Sur certains problèmes fondamentaux de l'aratrologie de la Bulgarie.* Milan, Riv. di Storia dell'Agricolt., 3, 1979 : 47-60. ■ **Marquet L.** *Le jeu de la charrue à Recht (Belgique).* Folkl. Stavelot-Malmédy, Saint-Vith, XLI, 1977 : 75-90. ■ **Maurel C.** *Les batteuses, ces formidables pourvoyeuses de sociabilité rurale.* PUF, Milieux, n° 18, 1984 : 9-15. ■ **Menon,** voir « Généralités », **Lecotté.** ■ **Meuvret J.** *Le problème de la subsistance à l'époque de Louis XIV.* I. *Les aspects techniques de la production des céréales.* Préf. de **Goubert P.** Paris-La Haye, Mouton, 1977 : 2 vol. ; texte : 244 p., notes : 224 p • Voir « Élevage ». ■ **Meyer-Lubke W.** *Zur Geschichte der Dreschgeräte.* Wörter Sache, I, 1909 : 211-244. ■ **Miège J.** et **Lyonga S. N.** (eds). *Yams-Ignames.* Oxford, Clarendon Press, 1982 : 411 p. ■ **Moltschanowa L. A.** *Die landwirtschaftlichen Geräte der belorussischen Bauernschaft im 19. Jahrh.* Dans *Balassa I* (voir « Généralités ») : 205-241 (entre autres, des sokha). ■ **Morlon P.** *Adaptation des systèmes agraires andins traditionnels au milieu.* Versailles, INRA, 1981 : 71 p. ■ **Mukhiadinov I.** *Traditionnal Tilling Implements utilized by the Pamir Nationalities... • Spade Digging... in the West Pamirs in the 19th and Early 20th centuries.* Tools and Tillage, III, 4, 1979 : 15-16, 45-48.

Needham J. Voir « Généralités ». Dans vol. 6, *Biology and Biological Technology : II, Agriculture* by Bray Fr. • Voir **Bray, Salaman** et « Élevage ».

Outillage agricole pour les régions arides et tropicales (L'). Étude prép. par **Hopfen H. J.** ONU, FAO, Rome, 1970 : 156 p.

Parain Ch. Voir « Généralités », *Outils, Ethnies...* • Voir *Les récipients à vendange.* Ann. Sté d'Ethnol. Fse, 1, 1950 : 31-37 • — et **Jest C.** *Communautés villageoises et exploitation agro-pastorales* (Aveyron). *L'Aubrac, III,* 1972 : 23-66. ■ **Parain J.-P.** *Le vignoble montluçonnais, étude ethnographique.* Bull. des Amis de Montluçon, 1955, et 1956 • *Monographie du vignoble de Saint-Pourçain,* un ex. dact. au Musée Atp, Paris, 1958, et une vitrine représentative dans la Galerie culturelle du Musée. ■ **Pereira B.** voir **Veiga de Oliveira E.** et **Galhano E.** « Agriculture », « Élevage ». ■ **Pinchemel Ph.** *Structures sociales et dépopulation rurale dans les campagnes picardes de 1836 à 1936.* Paris, A. Colin, 1957 (disparition matériel agricole et artisanats ruraux). ■ **Pingaud M. C.** *Paysans en Bourgogne. Les Gens de Minot* (Côte d'Or). Paris, Flammarion, 1978 : 300 p. ■ **Polge H.** *Le golde et le nabar.* Espagne, Pampelune, Cuadernos de Etnol. y Etnogr. de Navarra, 22, 1976. ■ **Pujol R.** *La culture étonnante de l'igname de Chine en France.* 1er Colloque Ethnoscience, Paris, 1977 : 41 • Voir « Élevage ».

Raulin H. *La dynamique des techniques agraires en Afrique tropicale du Nord.* Paris, Inst. d'Ethn., CNRS, 1967 : 202 p. ■ **Raum O. F.** *Die Kulturgeschichtliche Bedeutung des Xhora-Spatens* (Socha). Tools and Tillage, III, 2, 1972 : 99-100 • *Bemerkungen über die Afrikanischen Spaten* (Bêche). Id., III, 4, 1979 : 40-44. ■ **Ravis-Giordani G.** *Typologie et répartition micro-régionale des araires corses.* Études corses, 3, 1974 : 43-82 • Voir « Élevage ». ■ **Raybaut P.** *La récolte des olives en Provence orientale.* Le Monde alpin rhodanien, 1-4, 1982 : 505-517. ■ **Remacle L.** *Les noms du porte-seaux en Belgique romane.* Liège. Éd. du Musée de la Vie Wallonne, 1968, 200 p. ■ **Robert M.** *« Lo bilho » ou « liadou » en Haut-Limousin.* Bull. Soc. arch. et histor. du Limousin, LXXXIX, 1963 : 165-179. ■ **Royer Cl.** *Les vignerons. Usages et mentalités des pays de vignobles.* Paris, Berger-Levrault, 1980 : 256 p.

Sach Fr. Voir « Généralités ». ■ **Sardinas A.** *The Ropas Plow from the Island of Corfu, Greece.* Tools and Tillage, III, 3, 1978 : 139-149. ■ **Scheuermeier P.** *Bauernwerk in Italien, der Italienischen und Rätoromatrischen Schweiz. Eine Sprach und sachkundliche Darstellung landwirtschaftlicher Arbeiten und Geräte.* Erlenbach-Zürich, E. Reutsch Verlag, 1945 : 320 p. Préf. de **Jaberg K.** et **Jung J.** ■ **Schlebecker J. T.** *Agricultural Implements and Machines in the Collection of the National Museum of History and Technology.* Smithonian Stud. in History and Technology, Whashington, 17, 1972 : 58 p • *Tillage and crops on prairies and plains. America 1830-1960.* JATBA, 2-3, 1977 : 171-184. ■ **Sigaut Fr.** *Les conditions d'apparition de la charrue...* JATBA, XIX, 1972 : 442-478 • *L'agriculture et le feu. Rôle et place du feu dans les techniques de préparation du champ de l'ancienne agriculture européenne.* Paris-La Haye, Mouton, 1975 : 313 p • *Identification des techniques de récolte des graines alimentaires.* JATBA, XXV, 3, 1978 : 145-161 • *Note d'orientation sur la technologie de l'agriculture.* Technologies, idéologies et pratiques, II, 1, 1979 : 5-15 • *Techniques et société chez les cultivateurs de tubercules : quelques réflexions critiques.* Dans *Tubercules et pouvoirs* : 355-364. • *Labourer, pour quoi faire ?* Dans le dossier préparatoire à une des Tables rondes, Saint-Riquier, 1985 : 31 p • Voir ci-avant « Généralités » *Les Hommes et leurs sols* (139-169) et ci-après « Élevage » • — et **Ortiz Fr., Toffin G.** *Moissons sans faucilles : Asturies et Népal.* SEZEB, Bull. de liaison, 8, 1980 : 2-4. *Spade in Northern and Atlantic Europe (The).* **Garley A.** et **Fenton A.** (eds). Belfast, Ulster Folk Museum, Inst. of Irish Stud., 1970 : 258 p. ■ **Steensberg A.** *The Practice of Tilling Spades in Asia and Europe.* Proceed. of the Hungarian Agric. Museum, Budapest, 1971-1972 : 12-23 • *The Husbandry of food production. Introduction.* Phil. Trans. Royal Soc. of London, B, 275, 1976 : 43-54 • *Draved. An Experiment in Store Age Agriculture : Burning, Saving and Harvesting.* Copenhague, National Museum, 1979 : 116 p • *Borup ad 700-1400. A deserted Settlement and its Fields in South Zealand, Denmark,* 1983 : XIV + 228 p. (l'atlas a paru en 1968) • *New Guinea Gardens : A Study of Husbandry with Parallels in Prehistoric Europe.* Londres, New York, Toronto, Sydney, S. Francisco, Acad. Press, 1980 : XXVI + 224 p • — et **Lerche G.** *The use of single and double paddles-spades in Papua-New Guinea and Europe.* JATBA, XXIV, 2-3, 1977 : 131-137 • Voir aussi **Erixon, Fél, Lerche** et *Tools and Tillage,* « Généralités ».

Tauzia P. *Les laya du Pays Basque.* JATBA, XXIV, 2-3, 1977 : 97-106. ■ *Terroirs africains et malgaches.* Ét. Rur., 37-38-39, 1970 : 555 p. ■ **Thomas J. M. C.** et **Bahuchet S.** *Techniques, langage et société des chasseurs cueilleurs de la forêt centrafricaine.* Dans *Encyclopédie des Pygmées Aka.* SELAF, vol. I, 1981 : 143 p. ■ **Thompson A.** *The origin of a harvesting revolution : the development of the combine harvester in Australia, Canada and USA.* Tools and Tillage, III, 2, 1977 : 67-77. ■ **Tresse R.** *Le développement de la fabrication des faux en France de 1785 à 1827, et ses conséquences sur la pratique des moissons.* Annales ESC, 1955 : 341-358. ■ *Tubercules et pouvoir.* JATBA, n° spécial, XXIX, 3-4, 1982 : 219-370. ■ **Twidale C. R.** *Farming by the Early Settlers and the making of Ridges and Furrows in South Australia.* Tools and Tillage, I, 4, 1971 : 205-223. ■ *Types de cultures paysannes en Asie du Sud-Est et dans le monde insulindien.* Table ronde, CNRS, 1972, Bordeaux-Talence, Leget-CNRS, 1975 : 399 p. (Trx et Doc. de géogr. tropicale).

Urbancova V. *Development of the two sided plough in the district of Gemer* (Slovaquie). Résumé en anglais. Bratislava, Slovensky Narodopis, V, 5, 1957 : 491-507 • *Die Slowakischen Pfluggeräte im 19. und 20. Jahrhundert.* Voir *Balassa I* (« Généralités ») : 411-440 (charrue, versoir bois, avant-train bas à une ou deux roues).

Vajkai Z. *Ancient Agriculture and its implements in Peru.* Acta Ethn. Acad. Scient. Hongaricae, 29, 1-2, 3-4, 1980 : 91-119 ; 349-389. ■ **Veiga de Oliveira E., Galhano F., Pereira B.** *Alfara agricola portuguesa. Actividades agro-maritimas em Portugal.* Lisboa, Inst. di Alta Cultura, Centro des Estud. di Ethnologia, 1976 : 396 p • Voir « Élevage ». ■ **Velter A., Lamothe M.-J.** Phot. **Marquis J.** *Le livre de l'Outil.* Paris, éd. Hier et Demain,

IER : *Institut des Études Rhodaniennes.*

INRA : *Institut National de la Recherche Agronomique.*

ISRHAI : *International Secretariat for Research on the History of Agricultural Implements. Danemark.*

ISTRO : *International Soil Tillage Research Organization. Amsterdam.*

ITEB : *Institut Technique de l'Élevage Bovin.*

ITOVIC : *Institut Technique de l'élevage Ovin et Caprin.*

IUED : *Institut Universitaire d'Étude du Développement. Genève.*

JASO : *Journal of the Anthropological Society of Oxford.*

JATBA : *Journal d'Agriculture Traditionnelle et de Botanique Appliquée.*

LUD : *Organ Polskiego towar zystwa Ludoznawczego. Varsovie.*

MH : *Musée de l'Homme, Paris.*

MNE : *Maison Nationale de l'Élevage.*

MNHN : *Muséum National d'Histoire Naturelle, Paris.*

MSH : *Maison des Sciences de l'Homme, Paris.*

ONU : *Organisation des Nations Unies.*

1976 : 450 p. ■ **Vilkuna K.** *Die Pfluggeräte Finnlands.* Studie Fennica 16, Helsinki, 1971 • *Die Heumahd mit der Hausense. Festschrift Matthias Zender.* Stud. zur Volkskultur, Sprache und Landesgeschichte, Bonn, L. Ruhrscheid Verlag, 1972 : 690-707 • Voir « Élevage ». ■ **Vincze I.** *Rebmesser in Ungarn.* Hongrie, Budapest, Acta ethnogr. Academ. Scientif. Hungr., T. 7, 1958 : 61-95. ■ **Violant y Simorra R.** *El arado tradicional de la Comarca de Jaca...* Pirineos, VI, 15-16, 1950 : 187-215.

W **Watson A. M.** *Agricultural innovation in the early Islamic world : diffusion of crops and farming techniques 700-1100.* Cambridge Univ. Press, 1983 : 260 p. ■ **Watters R. F.** *L'agriculture itinérante en Amérique Latine,* FAO, Rome, 1971 : XII + 254 p. ■ **White K. D.** *Agricultural Implements of the Roman World.* Cambridge Univ. Press, 1967 : XVI + 232 p • *Farm equipment of the Roman World.* Id., 1975 : XVII + 258 p. ■ **Wu Shuren.** *La mécanisation agricole en Chine.* La Chine en construction, 9, 1985 : 30-34.

Z **Zichy J. G.** *Voyages au Caucase et en Asie Centrale. La description des collections,* par les Drs **Janko J.** et **de Posta B.** Budapest, T. I, 1897. ■ **Zwitter F.** Voir *Gospodarska...*

Élevage, transports ruraux

A *Abeille (L'). L'Homme, le miel et la cire.* Guide de l'expo. org. au Musée Atp, : éd. Réunion des musées nationaux, 1984 : 232 p. ■ **Accolas J.-P., Deffontaines J.-P., Aubin F.** *Les activités rurales en République populaire de Mongolie.* I. *Agriculture et élevage* • Voir « Généralités », Études mongoles 7-98. ■ **Allen J. V.** *Cowboy Lore.* The Naylor Co., San Antonio, Texas, 1933 et 1950 : 164 p. ■ *Animaux domestiques (Les) dans les parcs naturels et les zones difficiles.* Sté d'Ethnozootechnie, 1982 : 57 p. ■ **Amouretti M. C.** *L'iconographie du berger. Les sources grecques VIII-IIIe s. av. J.-C.* Dans *Iconographie et Histoire des Mentalités.* Paris, CNRS, 1979 : 155-167 • Voir « Généralités ». ■ **Arthaud A.** *La transhumance dans les Basses-Alpes.* Digne, Imp. Vial, 1963 : 85 p. (Cahiers de l'élevage, dir. par **Blanc J.,** no 260).

B **Ba A. S.** *L'art vétérinaire des pasteurs sahéliens.* Bull. de la Rech., 73, 1982 : 1-97. ■ **Barboff M. G.** *Les brodeurs de cuillères en Alentejo* (Portugal). Ronéoté, 1983 : 332 p. (nombreux colliers ovins et matériel pastoral figurés). ■ **Barrau J.** *Domestication, écologie et condition d'apparition du pastoralisme.* Voir *Études sur les Sociétés de pasteurs nomades,* I, 1973 : 51-69 • *Essai d'identification de la « race » porcine jadis élevée à la glandée dans la chênaie des alentours du Mont Ventoux en Vaucluse.* JATBA, 2, 1978 : 97-110 • Voir « Généralités ». ■ **Bassanoff N.** *Adjurations, conjurations, un des aspects magiques de la parole* (cf. vis-à-vis des animaux). Études mongoles : 123-147. ■ **Begouen Comte** et **Rozès de Brousse J.** *De l'ornementation des jougs.* I. *Les « surjougs » des vallées garonnaises.* II. *Les « jugos » et « cangas » du Nord du Portugal.* Toulouse, éd. du Muséum, 1944 : 16 p. ■ **Berg G.** *Sledges und Wheeled Vehicles, Ethnol. Studies from the View Point of Sweden.* Nordiska Museet, Handlingar, Stockholm-Copenhague, 1935 : 190 p. ■ *Bergers de France,* voir **Brunhes Delamarre.** ■ **Besche-Commenge B.** *Le savoir des bergers de Casabède.* I et II. Trx de l'Inst. méridion. Univers. Toulouse-Le Mirail, 1977 : 164 et 136 p. (coll. dir. par **Fossat J.-L.**). ■ **Blanc J.** *Colliers et sonnailles.* Dans *Moutons et bergers...* Paris, Maison des Chambres d'Agriculture, 1955 : 6-8 • *Le parc de triage.* Pâtre, déc. 1955 : 12-15 • *Collier,* mai 1962 : 3ff manuscrits (Atp) • Voir **Arthaud.** ■ **Bochet N.** *Le comportement des bovins, savoirs traditionnels et acquis scientifiques.* Dans *Les Bovins* : 91-105. ■ **Bodson L.** *La prière pour les animaux... en Grèce.* Dans *L'expression de la prière dans les grandes religions.* Colloque *Homo religiosus,* Louvain-Liège, 1980 : 149-172. ■ **Boissard F., Higelé P., Salmona M.** *Le moutonnier.* Rapp. de rech., CAESAR, 1976 : ronéoté. ■ **Bonte P.,** voir *Études sur les Sociétés de pasteurs nomades.* ■ **Bourillon L.** *Bâtons et fouets de berger provençal.* Pâtre, 59, 1958 : 53-57. ■ **Bouteiller M.** *Médecine populaire d'hier et d'aujourd'hui.* Paris, Maisonneuve et Larose, 1966 : 370 p. (nombreux passages concernant les animaux domestiques). ■ *Bovins (Les). Origine. Évolution de l'élevage.* Soc. d'Ethnoz. et Inst. techn. de l'élevage bovin. Ethnozootech., 32, 1983 : 201 p. ■ **Bresc H.** *Contributo a una ethnografia della Sicilia medievale. I marchi del bestiame.* Archeol. medievale, IV, 1977 : 531-540. ■ **Brisebarre A.-M.** *Bergers des Cévennes. Histoire et ethnographie du monde pastoral et de la transhumance en Cévennes.* Paris, Berger-Levrault, 1978 : 194 p. ■ **Brunhes Delamarre M. J.-** *Bergers de France.* Catalogue de l'exposition, avec un groupe de chercheurs. Musée Atp, 1962. Préface de **Rivière G. H.** G. P. Maisonneuve et Larose ; Atp, 1963 : 328 p • *Géographie et ethnologie de l'attelage au joug en France du XVIIe siècle à nos jours.* Tchécoslovaquie, Prague, Acad. des Sc., 1969 : 130 p • *Quelques aspects de l'élevage traditionnel en France : bergers et troupeaux communs.* Bull. de l'Ass. de Géogr. franç., 370, 1969 : 369-380 • *Le berger dans la France des villages. Bergers communs à Saint-Véran en Queyras (Hautes-Alpes) et à Normée en Champagne (Marne).* Une étude comparée d'ethnologie et de géographie humaine. CNRS, 1970 : 290 p • *Techniques de production : l'élevage.,* Guide ethnol. 6/7, RMN, Atp, 1972 : 64 p • *La place et le rôle de l'élevage du porc dans diverses communes populaires de Chine.* Dans *L'Homme et l'Animal,* 1973 : 535-540 • Enregistrement BM : *Bergers ambulants Oise, Eure,* 25-28 avril 1964 (Atp 64-21) et article à paraître (1986) • *Techniques et outillage agricole en Aubrac.* Voir *L'Aubrac, étude ethnol.,* VI-2, 1982 : tableaux 5 et 6, attelage, véhicules (100-118) • Voir ci-après **Durand-Tullou, Haudricourt** • Voir ci-avant « Généralités » et « Agriculture » • — et **Parain Ch.,** trad. et comment. à propos de la classification de **Jacobeit W.,** *Transhumance, nomadisme, estivage* (en allem.). Atp, 1963 : 189-190 • — et **Henninger R.,** *Transports ruraux.* Paris, RMN, Atp, Guide ethnol. 3, 1972 : 64 p ■ **Brunhes J.** et **Deffontaines P.** *La géographie humaine de la France.* T. 2, « Moyens régionaux de transports », « Les travaux et les jours... en pays de bocage et d'élevage » : p. 419, une courbe des travaux reprod. ici, fig. 13, conclusion ; « Types et sites d'élevages ».

C **Cabanel-Leduc R.** *L'élevage et le marquage du mouton en l'île d'Ouessant* (Finistère). Dans *Homme (L') et l'animal* : 543-552. ■ **Caro Baroja J.,** voir « Agriculture ». ■ **Casteret N.** *Une survivance préhistorique. Le cri rauque des montagnards.* Rev. de Comminges, Pyrénées centrales, LVI : 33-37. ■ **Chalkea E.** *L'élevage ovin et caprin chez des Sarakatsan de Zagori d'Épire.* Bull. SEZEB, 14, 1984 : 11-16. ■ *Cheval (Le) dans l'agriculture.* Ethnozoot., 30, 1982 : 143 p. ■ *Chien (Le). Évolution des races, de l'élevage et de l'utilisation du chien.* Ethnozoot., 25, 1979 : 112 p. ■ *Chiens de berger. Dressage et utilisation.* Paris, ITOVIC, 1976 : 112 p • Voir **Digard, Gilbert, Laurans, Planhol, Senecat, Vaugien.** ■ *Compost ou calendrier des bergers,* nombreuses éd. depuis 1493, voir *Berger de France.*

D **Darchen R.** *Le comportement constructeur des abeilles sociales.* Courrier du CNRS, 1978 : 39-45 • *Les ruches huastèques au Mexique.* Inf. apicoles, XXX, 1978 ■ **Dascotte R.** *Le joug, le tribart et le porte-seau dans le Hainaut oriental.* Belgique, Liège, Enquête Musée Vie Wallonne, XIII, 1972 : 145-148 • *A propos de la castration avec les dents.* Dans *Le congru et l'incongru,* Le Daily-Bull., La Louvière, 1976 : 3-15 • *La brouette.* Et. Mouchon d'Aunia, Haine-St-Paul, Belgique, 11, 1983 : 108-109 • Voir aussi « Agriculture. » ■ **Daubanton L.** *Instruction pour les bergers et les propriétaires de troupeaux.* Paris, Impr. Ph. D. Pierres, 1782 : 416 p. (3e éd. 1800, avec introd. de **Huzard**). ■ **Dauzat A.** *Géographie linguistique.* Paris, Flammarion, 1922 : 200 p. (voir entre autres, *ruche, abeille*). ■ **Davy J.** *L'apiculture en Normandie.* Parlers et traditions populaires de Normandie, T. 3, 9e fasc., 1970-1971 : 6-11. ■ *Débuts de l'élevage du mouton (Les).* Ethnozoot., 21, 1977 : 130 p. ■ **Deffontaines J.-P.,** voir « Agriculture » et **Accolas.** ■ **Deffontaines P.** *Notes sur la répartition des types de voitures* (en France). Tours, Arrault, 132 : 169-185 (carte) • Id., révisées, pour Congrès Folklore, 1938 : 117-123. ■ **Degois E.** *Le Bon Moutonnier.* Préf. de **Laurans R.** Paris, La Maison Rustique, 1970 : 258 p. ■ **Delage P.** *Les épouvantails dans l'espace et dans le temps.* Limoges, Ethnologia, 3, 1980 : 58-60. ■ **Delaporte Y.** *Les procédés d'identification des rennes par les Lapons : codes et systèmes indicateurs.* Voir *Élevage du renne chez les Lapons* : 33-39 • — et **Roué M.** *Lapp fur Coats : Clothing adaptation in a Pastoral Society.* Arch. Anthropol., XVIII, 2, 1980 : 64-67. ■ **Demougeot E.** *Le chameau et l'Afrique du Nord romaine.* Annales ESC, 1960 : 209-247. ■ **Desvallées A.** avec la collab. de **Lajoux J.-D.** et, **Royer Cl.** *Estivage bovin et fabrication du fromage sur la montagne.* Dans *L'Aubrac,* VI-1, 1979 : 330 p. ■ **Dias A.J.** *Aspectos da vida pastoril em Portugal.* Rev. de Etnogr., 4, T 2, 1965 : 333-387 • *Les troupeaux transhumants et leurs chemins.* CR XVIe Congr. Intern. de Géogr. Lisbonne, 1951 : 23-32 • Voir « Agriculture » (dans le Minho, huttes berger, etc.). ■ **Digard J.-P.** *Contraintes techniques de l'élevage sur l'organisation des sociétés de pasteurs nomades.* Voir *Études sur les sociétés de pasteurs nomades* : 33-50 • *Chiens de campement et chiens de troupeaux chez les nomades Baxtyâri d'Iran* (résumé). Ethnosc., 1er coll., 1976 : 92 (résumé) • *Techniques d'équitation et antagonismes sociaux : à propos de trois ouvrages récents. Techn. et Cult, 3, 1984 : 141-156.* ■ *Données ethnographiques II* sous la dir. de **Nguyen Khac Vien.** Études vietnamiennes, 41, 1975 : 208 p. (entre autres, utilisation des canards comme « chasseurs »). ■ **Dor R.** *Une recherche en cours : les huchements du berger turc.* Dans *Pastoralisme turco-iranien* : 13-21. ■ **Du Fouilloux J.** *La Vénerie...* Poitiers, de Marnef et Bouchetz fr., 1568 : VIII + 295 p. Page 286 : *Comme les bergères érodent leurs brebis,* chant et huchement des bergers. ■ **Dumas Champion F.** *Le rôle social et rituel du bétail chez les Massa du Tchad.* Africa, 1980, 50, 2 : 161-181. ■ **Dunàre N.** *Ornamentica traditionala comparata.* Ed. Meridiana, Cluj, 1975 : 150 p. (tasses, bâtons de berger, décor rose solaire, etc.) • Voir « Agriculture ». ■ **Durand-Toullou A.,** avec la collab. de **Brunhes Delamarre M.J.-** *L'ultime transhumance ovine en Aubrac.* Dans *L'Aubrac,* CNRS, T. 2, 1971 : 125-165.

E **Ekwall R. B.** *Fields on the Hoof : nexus of Tibetan nomadic pastoralism.* New York, Holt, Rinehart, Winston, 1968 : 100 p • Voir **Leeds A.** et **Vayda A. P.** ■ *Élevage (L') du renne chez les Lapons.* Dans *Prod. past. et Soc.,* 12, 1983 : 5-17. ■ *Élevage (L') en Grèce. Présent et avenir.* Ethnozootech. 18, 1977 : 74 p. ■ *Élevage (L') en Méditerranée occidentale.* Colloque intern., 1976. Paris. CNRS, 1977 : 282 p. ■ *Élevage ovin (L').* ITOVIC, Paris, Hachette, 1978 : 256 p • Voir aussi *Homme (L') et le mouton.* ■ *Ethnozootechnie, ses relations avec les sciences, son rôle pour un développement rural équilibré,* introd, par **R. Laurans.** Ethnoz., 20, 1976 : 25 p. ■ *Étude sur les sociétés de pasteurs nomades.* CERM, 1, 109, 1973 : 69 p. ; 2, 110, 1974 : 98 p. Voir **Barrau, Bonte, Digard.** ■ **Evans G. Ewart,** voir « Agriculture ».

F **Falvey L.** *Review of existing knowledge of ruminants in the highlands of northern Thailand ; and Goats...,* Thaï Journ. of Agric. Sci., 10, 1979 : 111-119 et 121-130. ■ **Farhrholz G.** *Wohnen und Wirtschaft im Bergland der oberen Ariège. Sach und Wortkundliches aus den Pyrenäen.* Hamburg, Seminar für roman Sprach und Kult. 1931 : XII + 164 p. ■ **Fenton A.** *Early Yoke types, in Britain.* Proceed of the Hungarian Agricultura Museum, Budapest, 1971-1972 : 69-75 • — et **Podolak J. et Rasmoussen** (eds). *Land Transport in Europe.* Copenhague, National Museum, 1973 • Voir **Gailey A.** ■ **Festy O.** *Les animaux ruraux en l'An III. Dossier de l'enquête de la Commission d'Agriculture et des Arts.* Paris, Gallimard, 1941 : 271 p • Voir « Agriculture ».

G **Galhano F.** *O carro de bois em Portugal.* Lisboa, Inst. de Alta Cultura, Centro de estud. de Ethnol., 1973 : 164 p • Voir **Veiga de Oliveira,** « Agriculture ». ■ **Galleti Abbé J.-A.** *Histoire illustrée de la Corse contenant environ 300 dessins...* Paris, Impr. Pillet, 1863 : 568 p. (berger, flûte, p. 180). ■ **Galtier Ch.** *Sonnailles et cornes* et *Notes sur la fabrication des forces à tondre les moutons.* Paris, Atp, 1962 : 8 et 181 p. dactyl. ■ **Gilbert L.** *Plus d'un million de moutons transhument encore en France.* Pâtre, 206, 1973 : 13-17 • *La transhumance, réalité économique.* Voir *Homme (L') et l'Animal* : 596-599 • *Les concours de chiens de berger au travail sur troupeaux.* Ethnoz, 28, 1981 : 39-40. ■ **Goe M. R.** *État actuel des recherches sur la traction animale.* Rev. mondiale de zootech., 45, janv.-mars 1983. ■ *Grand Kalendrier (Le) et compost des bergers avecq leur astrologie et plusieurs autres choses.* Impr. à Troyes par *Nicolas le Rouge,* 1524 : 108 p. ■ **Gunda B.** *Sommerschlitten in Nordungarn und in der Slowakei.* Tchécoslovaquie, Bratislava, Ethnol. Slav., VIII-IX, 1976-1977 : 121-138 • *Reindeer-Hobbles used by siberian people.* Voir *Élevage (L') du renne chez les Lapons* : 87-91.

H **Harrer H.** *Sept ans d'aventures au Tibet.* Trad. de l'allem. par **Daussy H.** Paris, Grenoble, Arthaud, 1953 : 275 p. (abeilles). ■ **Haudricourt A. G.** *De l'origine de l'attelage moderne.* Ann. 8, 1936 : 515-522, avec introd. de **Bloch M.** • *Origine de la « duga ».* Id., 2, 1940 : 34 • *Lumière sur l'attelage moderne.* Id., Hommage à M. Bloch, II, 1945 : 117-119 • *Contribution à la géographie et à l'ethnologie de la voiture.* RGHE, I, 1948 : 54-64 • *Relations entre gestes habituels, formes de vêtements et manière de porter les charges.* Id., 3, 1948 : 58-67 • *Les premières étapes de l'utilisation de l'énergie naturelle.* Dans *Histoire Générale des Techniques* (voir **Daumas,** « Généralités »), T. I, 1962 : 91-115 • Voir **Brunhes Delamarre,** « Généralités », « Agriculture » • — et **Brunhes Delamarre M. J.-** Voir dans *Homme (L') et la Charrue* (« Généralités »), chap. IX, *Géographie et ethnologie de la voiture* : 154-187. ■ **Hellio J.-F.** et **Van Ingen N.** *La transhumance en Aubrac.* Paris. Touring, 958, 1983 : 66-73. ■ **Henninger R.** Voir **Brunhes Delamarre.** ■ **Henry B.** (texte et photogr. de). *Des métiers et des hommes au village.* Paris, Le Seuil, 1975 : 128 p. ■ **Herskovits M.** *The cattle complex in East Africa.* Amer. Anthrop., 28, 1926 : 230-272, 361-380, 494-528, 633-664. ■ *Hirten Kulturen in Europa.* Catalogue Exp. 1966-1967. Bâle, Schweizer. Museum für Völks., 1966-1967 : 32 p. ■ *Homme (L') et l'Abeille,* Voir Pujol. ■ *Homme (L') et l'Animal.* 1er colloque d'Ethnoz., 1973, Inst. inter. d'Ethnosc. org. par **Pujol R.** avec particip. **Laurans R.** Paris, MNHN, 1975 : 648 p. ■ *Homme (L') et le mouton. Comportement et manipulation.* Éd. SPEOC, Tours, 1984 : 24 p. ; série d'images sur techniques de manipulation des ovins. ■ **Horio Hisashi.** *Farm Tools in the « Nôgu-Benri-Ron ». Intensive Hoe-Farming during the Edo Period in Japan.* Tools and Tillage, 2, 1973 : 83-86.

J **Jacobeit W.** *Jochgeschirr und Spanntiergrenze.* Deutsch. Jahrb. für Volksk., III, 1957 : 119-144 • *Schafhaltung und Schäfer in Zentraleuropa bis zum Begin des 20. Jht.* Berlin, Akad.- Verlag, 1961 : XVI + 604 p • Voir « Généralités », « Agriculture », **Brunhes Delamarre** et **Parain.** ■ **Jehan de Brie.** *Le Bon bergier ou le vrai régime et gouvernement des bergers et bergères.* Composé en 1379. Édition de Paris, 1514 : réimprimé sur cette éd., Paris-Lisieux, 1879 : XXII + 160 p. ■ **Jenkins J. G.** *Agricultural transport in Wales.* Cardiff, Nat. Museum of Wales, Welsh Folk Museum, 1962 : 118 p. ■ **Jest C.** *Le joug en Aveyron.* Atp. VII, 3-4, 1959 : 229-256 • *La société pastorale du Tibet de l'Ouest.* Voir *Homme (L') hier et aujourd'hui,* 1973 : 435-443 (yaks, chevaux) • Voir *L'Aubrac,* « Généralités », « Agriculture » • — et **Lajoux J.-D.** *Mon-*

ORSTOM : *Office de Recherches Scientifiques et Techniques d'Outre-Mer.*

Prod. past. Soc. : *Production pastorale et Société. Paris.*

RFA : *Revue Française d'Apiculture.*

RGE : *Revue Géographique de l'Est.*

RGHE : *Revue de Géographie Humaine et d'Ethnologie.*

RMN : *Réunion des Musées Nationaux.*

SEF : *Société d'Ethnographie Française.*

SEZEB : *Société d'Ethnozoologie et d'Ethnobotanique.*

eSz : *Société d'Ethnozootechnie.*

TIP : *Technologies. Idéologies. Pratiques. Université de Provence.*

Tools Till. *Tools and Tillage : a journal of the implements of cultivation and other agricultural processes.*

UISPP : *Union Internationale des Sciences Préhistoriques et Protohistoriques.*

UNESCO : *United Nations Educational Scientific and Cultural Organisation.*

UNRISD : *United Nations Research Institute for Social Developpment.*

tagnes» de l'Aubrac, carte et catalogue. Doc. annexe de *Aubrac (L'), étude ethnologique...* 1970 : 22 p. ■ **Johnson J.** *The introduction of the horse into Western Hemisphere*. Hispan. Amer. Hist. Rev., 23, 4, 1943 : 587-610. ■ **Juston Fr.** *Virabio. Souvenirs et réflexions sur le dressage des bovins*. AFMA, Bull. d'Inform., 3 juin 1984 : 21-31 (excellent). Introd. de **Spindler Fr.**

K

Koev I., Dimitrov Z. *Sculpture sur bois de bergers dans la région de la Sredna Gora*. Recueil de Folklore..., LV, Sofia, Acad. des Sc. de Bulgarie (rés. en fr.), 1976 : 97 p. (tasses à lait, à eau ; équipement berger...). ■ **Kramařic J.** *L'histoire de l'attelage comme facteur et témoin du développement ethnique, économique et social*. Dans *Ethnologie et Histoire* : 121-137.

L

Laurans R. *L'ethnozootechnie aux confins des sciences de l'Homme, de l'écologie et des techniques de l'élevage* • Voir ci-avant Ethnoz. : 5-12 • *Classification des sonnailles en tôle d'acier brasé*. Id., 8, 1972 : 9 • *Classification des sonnailles françaises* et *Les Tontes partielles*. Id., 8, 1973 : 9-18 • *Chiens de garde et chiens de conduite des moutons*. Id., 12, 1975 : 15-18 • *Les bovins et les transports routiers*. Id., 34, 1983 : 106-122 • *L'élevage du porc à l'époque médiévale*. Voir *L'Homme et l'Animal*. 1973 : 523-534 • *Rôle et utilisation des sonnailles de transhumance*. Id. : 585-594 • Voir *Homme (L') et l'animal*. ■ **Lebrun.** *Manuel complet du bourrelier et du sellier...* Paris, Librairie encyclopédique Roret, 1853 : 282 p. ■ **Lecomte J.** *Note sur la fonction pollinisatrice de l'apiculture et les conséquences qui en découlent*. Paris, Rev. franç. d'apiculture, 264, 1969 : 136-137. ■ **Leeds A.** and **Vayda A. P.** (eds). *Man, culture and animals : the role of animals in human ecological adjustements*. Washington, Amer. Ass. for Advancement of Sc., 1965 : 304 p. Voir, entre autres, *Bergers de lama dans l'Empire Inca* **(Murra),** *Société tibétaine et élevage* (**Downs** et **Ekvall),** *La vache sacrée en Inde* **(Marvin Harris).** ■ **Lefebvre des Noëttes Cdt.** *L'attelage et le cheval de selle à travers les âges. Contribution à l'histoire de l'esclavage*. Paris, A. Picard, 1931 : T. I, VII + 312 p. ; T. II, 247 fig. Des points de vue de l'auteur discutés par **Gille E., Faucher D.** et dans les «Annales ESC», n° *Techniques*. ■ **Le Goff J.** *Pour un autre Moyen Age*, voir «Généralités». ■ **Legros E.** *Les chants et la corne des pâtres*. Dans *Enquêtes du Musée de la Vie Wallonne. (1936-1947)*. Liège, 1949 : 81-93 • *Sur les types de ruches en Gaule romaine et leurs noms*. Id., 1969 : 132 p. ■ **Leizaola F.** *Algunos aspectos de la artesania rural en Navarra*. San Sebastian, Rev. Soc. de Ciencias Natur., 1971 : 549-561 (fabrication collier de bois, pots à lait, etc.). ■ **Le Lannou M.** *Voitures à timon fourchu des cours de ferme, Sardaigne, 1950*. Rev. géogr. de Lyon, 2, 1951 • Voir «Agriculture». ■ **Leroi-Gourhan A.** *La civilisation du renne*. Paris, Gallimard, 1936 : 178 p. (coll. Géographie humaine) • *Notes sur l'étude historique des animaux domestiques*. Dans *Livre jubilaire* **M. Zimmerman,** Lyon, Impr. Audin, 1949 : 379-388 • Voir «Généralités». ■ **Le Roy-Ladurie E.** *Montaillou, village occitan, de 1294 à 1324*. Paris, Gallimard, 1975 : 644 p. (vie de bergers) • Voir «Généralités». ■ **Letard E.** et **Théret M.** *200 ans de révolution dans l'élevage*. Paris, Chambre d'Agric., suppl. n° 125-126, 1957 : 44 p. ■ *Lettre de nos moulins (La). Lettre d'inform. du Centre de Découverte de l'Espace pastoral*. Les Deux Moulins, 04300 Forcalquier, n° 1, mai 1984. ■ **Levard F.** *Exploitation et remise en valeur de terrains de garrigues en Fenouillère (Pyrénées-Orientales) par l'élevage caprin extensif*. ESITPA, 27100 Le Vaudreuil, 1978 : 83 p. ronéot. ■ **Littauer M. A.** *Les premiers véhicules à roues*. La Recherche Scientifique, 14, 142, mars 1983 : 334-345 (genèse véhicules à discuter). ■ **Lizet B.** *Le cheval dans la vie quotidienne. Techniques et représentations du cheval de travail dans l'Europe industrielle*. Préface de **Leroi-Gourhan A.,** 1982, Paris, Berger-Levrault : 220 p. ■ **Louis A.** *Bergers de moutons et bergers de chameaux, hier et aujourd'hui*. Voir *Elevage (L') en Méditerranée occidentale* : 253-262. ■ **Luquet M.** *Le chien de berger de Beauce*. Paris, Crépin-Leblond, 1980 : 196 p.

M

Maintigneux-Blanc. *Les brebis dans l'assolement ou le troupeau sans berger*. Paris, Pâtre, mai-juin 1963 : 7-14. ■ **Manga J.** *L'art des bergers*. Hongrie, Budapest, éd. Corvina, 1972 : 90 p. ■ **Marcel-Dubois Cl.** et **Pichonnet-Andral M.-M.** *Musique et phénomènes paramusicaux*. Dans *L'Aubrac*, T.V : 165-290. ■ **Marchenay Ph.** *L'Homme et l'Abeille*. Préf. de **Chauvin R.** Paris, Berger-Levrault, 1977 : 244 p. (coll. Espace des Hommes) • *L'abeille, l'homme, le miel et la cire*. Paris, RMN, Atp, 1981 : 232 p. ■ **Marousa A.** *Ruches avec parois frontales au Musée d'apiculture de Radovljica*. RFA, 1978 : 25-28. ■ *Médecine vétérinaire populaire (La)*. Ethnoz., 1984 : 88 p. Voir, entre autres, *Saints guérisseurs, saints vétérinaires*. ■ **Métailié J.-P.** *Le feu pastoral dans les Pyrénées centrales*. Paris, CNRS, 1981 : 298 p. Les bergers allument des feux mais savent maîtriser ceux-ci ; n'est pas accusateur comme **Sclafert Th.** ci-après. ■ **Miège J.** *La vie rurale du Sillon alpin. Étude géographique*. Paris, éd. M.-Th. Génin, 1961 : 677 p. (transhumance, élevage). ■ **Millour G.** *Les saints guérisseurs et protecteurs du bétail en Bretagne*. Paris, Libr. celtique, 1946 : 128 p. ■ **Monthulé J.** *Questionnaire sur les bovins et les soins qu'on leur donnait* : inclus dans *Parlers et Traditions populaires de Normandie*, 1977, fasc. 36 : 428 questions.

N

Needham J., Voir «Généralités», *La Science chinoise et l'Occident*, p. 81 et suiv • Note 1, p. 77, avis Needham J. sur l'origine de l'étrier et opinion divergente White K. D • — et **Lu Gui-Zhen.** *Efficient Equine Harness. The Chinese inventions*. Physis, Riv. di Storia della Scienza, 2, 1960 : 121-162 (voir p. 43). ■ **Nolle J.** *L'animal de trait identifie l'agriculture*. Voir *Le cheval dans l'agriculture*, 1982 : 47-55 (préconise, avec véhémence, le maintien de l'utilisation du cheval en agriculture). ■ *Nomades et pasteurs*, voir **Planhol X. de.** ■ **Nguyen Khak Vien,** voir *Données ethnographiques*.

P

Parain Ch. Voir dans *Évolution des techniques agricoles*, élevage : 57-59 et 112-127 • Ainsi que *Esquisse d'une problématique des systèmes européens d'estivage à production fromagère*. Id. : 373-424 • Voir «Agriculture». ■ *Parcage en montagne dans le Puy-de-Dôme (Le)*. Boulade : dessin, description, usage. Pâtre, 45, juillet 1957 : 17. ■ *Pastoralisme turco-iranien (Le)*. Dossier Prod. past. et Soc. Paris, MSH, 11, 1982 (voir **Doz**). ■ *Pâtre*, Rev. mens. de l'élevage ovin, Paris, Maison de l'éleveur (ITOVIC). ■ **Peeters A.** *Intégration et conflits de l'agriculture et de l'élevage dans la vallée du Toulourenc (Vaucluse)*. Voir *Homme (L') et l'Animal*. ■ **Pereira B.** Voir «Agriculture» et ci-après **Veiga de Oliveira.** ■ **Pichonnet Andral M.-M.** Voir **Marcel-Dubois Cl.** ■ **Picon F.** *Pasteurs du Nouveau Monde. Adoption de l'élevage chez les Indiens Guajiros*. Paris, MSH, 1983 : 314 p. ■ **Planhol X. de.** *De la plaine pamphylienne aux lacs pisidans. Nomadisme et vie paysanne*. Paris, Maisonneuve, 1958 : 488 p • *Caractères généraux de la vie montagnarde dans le Proche-Orient et dans l'Afrique du Nord*. Ann. de Géogr., 1962 (contraste entre chameau et dromadaire ; les métissages) • *Nomades et pasteurs* : C. R. (depuis 1963), des ouvrages fr. et étrangers à ces sujets (important) ; quelques C. R. par **Cabouret M., Dollfus O.** • *Le chien de berger, développement et signification géographiques d'une technique pastorale*. Bull. Ass. de Géog. fr., 370, 1969 : 355-368 • *Le bœuf porteur dans le Proche-Orient et en Afrique du Nord*. Journ. de l'Hist. économ. et soc. de l'Orient, Leiden, Pays-Bas, XII, 3, 1969 : 298-321 • *L'évolution du nomadisme en Anatolie et en Iran. Étude comparée*. Budapest, Akad. Kiado, 1969 : 69-93. ■ *Porc domestique (Le)*. Ethnozoot., 16, 1976 : 194 p. ■ **Porée G.** et **Maspéro E.** *Mœurs et coutumes des Kmers*. Paris, Payot, 1938 : 272 p. (Ph. p. 129 ; texte : «labour par celui qui fait, qui joue le roi» : 154-156). ■ **Posey D. A.** *Keeping of stingless bees by the Kayapo Indian of Brasil*. Journ. Ethnobiol., 3, 1, 1983 : 63-73. ■ **Pousset J.** *Le cheval, énergie douce pour l'agriculture*. Besançon, La Lanterne, 1982 : 186 p. ■ **Pujol R.** *L'Agriculture et l'Ethnozoologie*. Extr. Acad. d'Agricult. de France, 1974 : 170-190 • *Les communautés humaines et leur milieu naturel. L'ethnozoologie*. Paris, «La Roue à livres», I, 1974 : 2 p • *Définition d'un ethnoécosystème... Interrelation homme-animal-truffe*. Voir *Homme (L') et l'Animal* : 91-114 • *Introduction aux Ethnosciences*. (Ethnozoologie, Ethnozootechnie). 1er Colloque d'Ethnosc., Paris, MHN, 1976 : 17-18 • *Des Plantes, des Animaux et des Hommes. Entretien avec...* par **Jacquet M.-C., Gérard E.** Paris, Notre Librairie (Afrique, océan Indien), 1981 : 29-40 • *L'Ethnozoologie au Muséum d'Histoire naturelle*. Anthropozoologica, 2, 1985 : 20-31 • *Le baudet du Poitou et les races domestiques en péril. Appel pour un musée des races domestiques en péril*. Inst. intern. d'Ethnosc., 1984 : 2 p • *Contribution à l'étude de la race ovine landaise*. La Grande Lande, colloque de Sabres. Publ. CNRS : 529-557. Conserver les races c'est aussi conserver certaines techniques riches d'enseignement • Voir *L'Homme et l'Abeille*, exposition et catalogue avec le concours de **Pujol R.,** 1979 : 32 p.

R

Races domestiques en péril. Dans *Ethnozootechnie* : 1re journ. d'Ét., 1974, publ. 1975 : 104 p. ; 2e journ., n° 22, 1978 : 147 p. ; 3e, à paraître. ■ **Ravis-Giordani G.** *Bergers corses : les communautés villageoises du Niolu*. Edisud, Aix-en-Provence, 1983 : 505 p. ■ **Remacle L.** *Les noms du porteseaux...* Voir «Agriculture» ■ **Rendon J.** *Les marques de propriété : commune de Gèdre* (Htes-Pyrénées). Rev. Trad. pop., XIX, 1904 : 272. ■ **Roche E.** *Les martyrs du travail (cheval, âne, mulet, bœuf)*. Paris, C. Delagrave, 1877, nouv. éd., 1882 : 360 p. ■ **Rochet N.** *Le comportement des bovins : savoirs traditionnels et acquis scientifique*. Dans *Les bovins*. 32, 1983 : 122-139. ■ **Roué M.** *Système de propriété et stratégie de marquage des rennes chez les éleveurs lapons de Kautokeino* (Norvège). Bull. liaison SEZEB, 8, 1980 : 13-16 • Voir présentation de *L'élevage du renne chez les Lapons*, Product. past. et Soc., 12, 1983 : 5-117. ■ **Royer Cl.** *Conditionnement des vaches et des veaux*. Voir Ethnosc. 1er colloque, «Généralités». ■ **Rozès de Brousse J.** Voir **Begouen.** ■ **Ryder M. L.** *The history of Sheep breeds in Britain*. Edinburgh, Agr. Hist. Rev., 12, 1, 1964 : 1-12 ; 2 : 65-82 • *Why preserve declining breeds of Livestock ?* Id., 1970 : 19-26 • *Survey of rare Mediterranean Sheep*. Id., 3 (1), 1976 : 17-19 • *Sheep and Man*. Londres, G. Duckworth, 1983.

S

Salmona M. *Résultats d'une étude psychologique de l'éleveur ovin*. Écon. rurale, 101, 3, 1974 : 43-50 • *Les fonctions affectives et intellectuelles remplies par l'animal pour l'éleveur et les motivations à devenir éleveur* (résumé). Voir *Ethnoscience*, 1er colloque : 38 • *Le travailleur et le travail agricole. Le système homme/animal et le système homme/plante. Présent et futur de la psychologie du travail*. 1er Congrès de psychologie de langue fse, Paris, éd. des EAP : 549-565 • *Un homme au travail, psychologie de l'éleveur de moutons*. CAESAR, 1978 : 39 • *Réactions du milieu agricole vis-à-vis des jeunes éleveurs*. POUR, 57, 1978 • *L'homme et la vache*. ITEB-CAESAR, Paris, MNE, 1978 : 44 p • — et **Vriès H. de.** *Un homme au travail. Résultats d'une étude exploratoire de psychoéconomie sur le travail et la personnalité de l'éleveur ovin*. Centre d'anthropologie écon. et sociale, Nanterre, 1973 : 87 p. ronéot • Voir «Généralités», et **Boissard F.** (ci-avant). ■ **Sato Sh.** *Pastoral Movements and the Subsistence Unit of the Rendille of Northern Kenya : with Special Reference to Camel Ecology*. Senri Ethnol. Stud., 6, 1980 : 1-78. ■ **Schrader L.** *Vorarlberg, modernité et traditions*. Atlas (revue), 130, 4, avril 1977. ■ **Sclafert Th.** *Cultures en Haute-Provence. Déboisement et pâturages au Moyen Age*. Paris, SEVPEN, 1959 : 274 p. (Les Hommes et la Terre). Voir **Métailié J.-P.** ci-avant. ■ **Senecat J.** *Le berger picard, chien de berger français. D'hier à aujourd'hui*. Les Amis du berger picard, Paris, Montils, 1979 : 116 p • Voir *Chiens de berger*. ■ **Sigaut Fr.** *Un tableau des productions animales*. JATBA, XXV, 2, 1978 : 119-123 • *Deux problèmes d'histoire des techniques des animaux domestiques : la castration des femelles (vaches), la répartition des animaux de bât en France*. Résumé, Ethnosc. 1976 : 47 • *Efficience des animaux de trait à Salme, Népal. Comparaison avec la vallée de Kathmandu* (Népal). Dans ce *Rapport de missions «techniques agricoles» au Népal*, 1970 : 42 p. ronéot., comparaison entre agriculture avec outils à bras ou attelés : 23-25 • *Les savoirs relatifs aux animaux domestiques, leur rôle historique et technologique*. Ethnoz., 20, 1980 : 16-22 • *Les débuts du cheval de labour en Europe*. Dans *Le Cheval en agriculture* : 33-46 • Voir aussi «Généralités», «Agriculture». ■ **Sion J.** *Quelques problèmes de transport dans l'Antiquité, le point de vue d'un géographe méditerranéen*. Annales HES, 1935 : 628. ■ **Smelhaus V.** *Graphische Kalender-Monatsbilder des 16. und beginnen den 17. Jahrhunderts im Staatsarchiv Trebon* (fig. : travaux des mois). AMA, 1974-1975 : 146-162.

T

Table ronde d'Ethnoentomologie (relation Homme-Insecte). Paris, Lab. d'Ethnobot. et d'Ethnozool. du Muséum (dont *Apiculture traditionnelle, utilisation des insectes par l'homme*), 1975. ■ **Tarr L.** *Chars, charrettes et charrois*. Paris, G. Kogan, 1979 : 326 p. ■ **Topalov A.-M.** *Le système alimentaire, phénomène social total. Un exemple. Le Porc. Langage et comportement en Provence alpine*. Aix-en-Provence, 1982 : 173 p. (Thèse Univ. Provence). ■ **Toulgouat P.** *Nouvelle contribution à l'étude des échasses*. Bull. de la Soc. de Borda, Aire-sur-Adour, 1974 : 120 p • *La maison de l'ancienne Lande*. Pau, éd. Marin-poney Jeune, 1977 : 136 p. (doc. sur les bergeries et notamment les «bergeries courbes»).

V

Vajda L. *Untersuchungen zur geschichte der Hirtenkulturen*. Wiesbaden, O. Harrassowitz, 1968 : 648 p. (importante étude sur le renne) • Voir «Agriculture». ■ **Vakarelski C.** *Die bulgarischen wandernden Hirtenhütten*. Acta ethnogr., Budapest, 5, 1966 : 1-78 ; 6, 1967 : 1-38. ■ **Vaugien P.** *L'évolution du chien de berger à travers les âges*. Paris, Pâtre, 99, déc. 1964 : 11-12. ■ **Veiga de Oliveira E., Galhano F., Pereira B.** *Sistemes de Atrelagem des Bois em Portugal*. Inst. Alta Cultura, Centro de Estud. de Ethnolog., Lisbonne, 1973 : 126 p. ■ **Vellard J. Dr.** *Une civilisation du miel*. Paris, Gallimard, 1938 : 192 p. (coll. Géographie humaine). ■ **Venema L. B.** *L'introduction de la traction bovine chez les Wolof du Saloum (Sénégal)*. Ét. rur., 84, 1981 : 87-99. ■ **Vilkuna K.** *Verwendung von Zugochsen in Finland*. Helsinki, Stud. Fennica, II, 1936 : 59-98 • *Zu Geschichte des finnischen Pferdes*. Id., XIII, 1967 : 1-48 • Voir «Agriculture». ■ **Violant y Simora R.** *El Pirineo español*. Madrid, 1949, voir *La vida pastoral* : 379-485 • *Posible origen y significado de los principales motivos decorativos y de los signos usados por los pastores pirenaieos*. Madrid, Rev. DTP, XIV, 1958 : 78-163 • Voir «Agriculture». ■ **Vissac B.** *Une seconde révolution de l'élevage*. Paris, Sc. et Avenir, nov. 1972 : 896-901 • *L'animal domestique révélateur des relations entre la Société et son milieu*. Jouy-en-Josas, INRA-CNRZ, 1978 • *Traction animale et systèmes agraires*. Dans *Le Cheval dans l'agriculture*, 1982 : 99-143 • Voir *L'Aubrac*, T. 1.

W

Wang Y. *Aperçu historique de l'élevage des poulets*. Voir *Agriculture chinoise* : 253. ■ **Werth A.** *Zur Verbreitung und Geschichte der Transporttierte*. Berlin, Zeitschr. der Gesellsch. für Erdk., 1940 : 181-204. ■ **Wheeler-Pires-Ferreira J., Pires Ferreira E., Kaulicke P.** *Domesticacion de los camelidos en los Andes Centrales durante el periodo preceramico : un modelo*. Journ. Soc. Am., LXIV, 1977 : 155-165. ■ **White K. D.** *Farm equipment*, voir «Agriculture» : plusieurs pages sur berger, vie pastorale. ■ **Wing E. S.** *Animal domestication in the Andes*. Dans **Reed Ch. A.** (ed.), *Origine of Agriculture*. Paris-La Haye, Mouton, 1977 : 837-859.

Y

Yak (Le). Son rôle dans la vie matérielle et culturelle des éleveurs d'Asie centrale. Ethnozootech., 15, 1976 : 200 p.